W0281932

Kohlhammer

Rolf Göppel

Aufwachsen heute

Veränderungen der Kindheit – Probleme des Jugendalters

Verlag W. Kohlhammer

Für Conny,
die das „Aufwachsen heute“ mit viel Einfühlung und Engagement begleitet und die sich den Veränderungen der Kindheit und den Problemen des Jugendalters Tag für Tag beherzt stellt.

Umschlag: Gestaltungskonzept Peter Horlacher
Gesamtherstellung:
W. Kohlhammer Druckerei GmbH + Co. KG, Stuttgart
Printed in Germany

ISBN 978-3-17-019811-1

Inhalt

Einleitung

In dem vorliegenden Band werden unterschiedliche Aspekte, die für das Aufwachsen von Kindern und Jugendlichen heute eine wichtige Rolle spielen, thematisiert. Im Zentrum stehen dabei subjektorientierte Fragestellungen: Wie gehen Kinder mit der Selbständigkeit um, die ihnen teils zugestanden, teils eher zugemutet wird? In welchem Verhältnis steht ihr Autonomiestreben zu ihrem Anlehnungsbedürfnis? In welche Zeitstrukturen und Zeitzwänge sind sie eingebunden und wie nehmen sie die „Beschleunigungstendenzen" unserer modernen Kultur wahr? Wie kommen sie mit der großen Vielfalt der Angebote und Optionen, ihre Freizeit zu gestalten und mit den diversen Erwartungen und Ansprüchen, auch dort musisch, sportlich und sozial möglichst aktiv zu sein, zurecht? Von welchen Faktoren hängt ihr persönliches Wohlbefinden, ihr subjektives Glückserleben ab? In welchem Maße sind Kinder und Jugendliche heute durch psychische Störungen und Verhaltensauffälligkeiten belastet? Welche Rolle spielen die Peergroup-Beziehungen und die immer einflussreicher werdenden jugendkulturellen Trends, Szenen, Moden für ihre Weltorientierung und für ihr Identitätsgefühl? Inwiefern stellen aggressive Verhaltensweisen von Kindern und Jugendlichen Versuche der Aufwertung einer „beschädigten Identität" und der Kompensation eines prekären Selbstwertgefühls dar?

Aber es geht in diesem Buch nicht nur um die Perspektive der Kinder und Jugendlichen, sondern auch um die Perspektive der Erwachsenen auf die entsprechenden Probleme: Wie haben sich hier die grundlegenden Fragestellungen und Deutungsmuster der Kindheitsforschung im Lauf der letzten 100 Jahre verändert? Was wird heute, angesichts der gängigen These, dass Kindheit ein sozialhistorisches „Konstrukt" sei, aus jenen traditionellen kinderpsychologisch-anthropologischen Bemühungen, das „Weltbild des Kindes", das Typische des Denkens, Fühlens und Erlebens auf unterschiedlichen Altersstufen zu beschreiben? Welche Verstehensbedürfnisse, Verstehensmöglichkeiten und Verstehensbarrieren bestehen zwischen den Jugendlichen und den Erwachsenen in ihrem Umfeld? Welche Wahrnehmungen und Problembeschreibungen herrschen im zeitgenössischen öffentlichen Diskurs über Kindheit und Jugend, wie er sich in den Medien und in der Flut der Elternratgeber widerspiegelt, vor und in welchem Verhältnis stehen diese Außenbeschreibungen zu den Selbstbeschreibungen der Kinder und Jugendlichen? Wie gesichert ist etwa die vielfach verbreitete These von der dramatischen Zunahme der Verhaltensauffälligkeiten bei Kindern und Jugendlichen?

Jürgen Oelkers hat den typischen öffentlichen Diskurs in diesem Feld folgendermaßen charakterisiert: „Auf merkwürdige Weise sind Nachrichten über Erziehung und Bildung fast immer *negativ* und verlagen Abhilfe. Die Nachrichten verknüpfen sich mit Signalwörtern, die Betroffenheit auslösen, wobei ganz unterschiedliche Ereignisse und Daten zu Metaphern verdichtet werden, die obwohl vage, unmittelbar mit Schrecken besetzt sind und offenbar Einstellungen beeinflussen können. Es sind abstrakte Nachrichten, solche der Statistik, mit der ‚Tendenzen' oder ‚Trends' beschrieben werden, die im Einzelfall nicht zutreffen und aber gleichwohl Wirklichkeit zu erfassen scheinen, die abschreckend wirkt und mindestens als unangenehme Komplizierung wahrgenommen wird" (Oelkers 2003, S. 1). Zu einigen jener „Signalwörter", die im gegenwärtigen öffentlichen Diskurs um die heutigen Bedingungen des Aufwachsens eine wichtige Rolle spielen, soll in diesem Buch eine kritisch-differenzierende Diskussion geführt werden: „Beschleunigung der Kindheit", „Kinder im Freizeitstress", „Vermehrte Selbständigkeitsforderungen an Kinder", „Niedergang des Kindheitsglücks", „Zunahme von Verhaltensstörungen". Das Bemühen dabei ist, ein möglichst realistisches, empirisch abgesichertes Bild der Konstellationen und Befindlichkeiten zu zeichnen und weder in Dramatisierungen noch in Problemverleugnungen zu verfallen.

Mit dem Begriff des *„Aufwachsens"* im Titel dieses Buches ist dabei bewusst ein eher neutraler, wenig theoretisch vorbelasteter Überbegriff gewählt. Die anderen denkbaren Schlüsselbegriffe wie *„Erziehung"*, *„Entwicklung"*, *„Sozialisation"* sind dagegen eher mit bestimmten theoretischen Traditionen und bestimmten Assoziationen verknüpft.

„Erziehung" als pädagogischer Zentralbegriff zielt primär auf das dyadische „Erzieher-Zögling-Verhältnis" und auf ganz bestimmte erzieherische Maßnahmen, die in ganz bestimmten Absichten von bestimmten Personen vollzogen werden, ab. Dabei ist jedoch, gerade im Hinblick auf die oben angedeuteten Fragen offensichtlich, dass Eltern, Lehrer, Kinder und Jugendliche sich hier zunächst einmal in komplexen Situationen wiederfinden und auf Probleme reagieren, die über ihr unmittelbares persönliches Verhältnis weit hinausgehen, dass sie sich mit Herausforderungen und Konflikten konfrontiert sehen, die bisweilen mehr durch die gesellschaftlichen Makrotendenzen und Zeitgeistströmungen als durch ihre individuelle Beziehungsgeschichte geprägt sind.

„Entwicklung" als Leitbegriff ist durch die entwicklungspsychologische Tradition geprägt und zielt, auch wenn es heute zweifellos viele Ansätze zu einer „differenziellen Entwicklungspsychologie" und damit zu einer Berücksichtigung unterschiedlicher Entwicklungskontexte gibt und somit auch in der Entwicklungspsychologie nicht mehr einfach von einer „Ausfaltung gegebener Anlagen" ausgegangen wird, letztlich doch auf so etwas wie eine Logik des allmählichen Aufbaus bestimmter kognitiver, emotionaler und sozialer Kompetenzen und weniger auf die Beschreibung aktueller Phänomene und Problemlagen im intergenerationalen Verhältnis.

„Sozialisation" als der Zentralbegriff der Sozialisationsforschung schließlich umfasst zwar das ganze Panorama der gesellschaftlichen Einflüsse, ist aber doch mehr auf „Wirkungen" im Sinne von „Prägungen" oder von „psychischen Niederschlägen" bestimmter Einflussgrößen auf bestimmte Persönlichkeitsstrukturen ausgerichtet und weniger auf die Prozesse der produktiven Auseinandersetzung mit Problemen, der subjektiven Verarbeitung von Erfahrungen und der interaktiven Aushandlung von Konflikten.

Der Begriff des *„Aufwachsens"* ist einerseits ein geläufiger Alltagsbegriff, er wurde aber auch von prominenten Kindheits- und Jugendforschern bewusst verwendet, um gerade die Komplexität der Zusammenhänge zwischen gesellschaftlichen Rahmenbedingungen, zeittypischen Problemdeutungen, generationsspezifischen Erziehungsmentalitäten und den subjektiven Verarbeitungsformen und Reaktionsweisen der Kinder und Jugendlichen in einer bestimmten Epoche zu beschreiben. In diesem Sinne hat Helmut Fend eine differenzierte *„Sozialgeschichte des Aufwachsens"* vorgelegt (Fend 1988), in der er verschiedene „Generationsgestalten" in ihrer Verwobenheit mit der jeweiligen gesellschaftlich-kulturellen Hintergrundsituation beschreibt. Es geht ihm dabei darum, „die Veränderung von Lebensverhältnissen und Bedingungen des Aufwachsens mit dem Wandel in Mentalitäten und Persönlichkeitsstrukturen der Heranwachsenden zu verbinden" (ebd., S. 11) und dabei jene Prozesse zu verstehen, die zur Ausprägung unterschiedlicher Denk- und Habitusformen bei den jeweiligen Jugendgenerationen geführt haben.

Während Fends Analysen zur Geschichte des Aufwachsens somit historisch-rekonstruktiv angelegt sind, hat Lothar Krappmann im Vorwort und im Resümee des X. Kinder- und Jugendberichts, für den er federführend verantwortlich war, eher zukunftsorientiert-appelativ die Entwicklung einer *„Kultur des Aufwachsens"* gefordert. In diesem Sinne schreibt er: „In diesem Bericht versuchen wir, die Bedingungen des Aufwachsens aus der Perspektive der Kinder zu analysieren. Unsere Schlussfolgerungen sind auf das Ziel ausgerichtet, Kindern und ihren Eltern stimmige Lebenszusammenhänge zu bieten, eine Kultur des Aufwachsens, die Kindern die Erfahrungen eröffnet, die sie zur Freude am Leben und zur Entwicklung ihrer Fähigkeiten brauchen und die es Erwachsenen leichter macht, mit Kindern zu leben, als es widersprüchliche Verhältnisse derzeit erlauben" (Krappmann 1998, S. 10).

Die Hoffnung, mit der Abfassung eines Textes, und sei es selbst ein Text im Range eines offiziellen Kinder- und Jugendberichts für eine Bundesregierung, dem anspruchsvoll Ziel näher zu kommen, „Kindern und Eltern stimmige Lebensverhältnisse zu bieten“, ist vielleicht etwas verwegen. Dennoch erscheint es durchaus wichtig, solche Zielperspektiven zu entwickeln und jene Schmerz- und Problempunkte, die diesen entgegenstehen, klar zu benennen und in die öffentliche Diskussion zu bringen. Gleichzeitig ist es wichtig – und dies kann man Krappmann und seinen Mitautoren durchaus zubilligen –, bei der Beschreibung der aktuellen Lage der Kindheit und Jugend nicht in die gängige Klage- und Niedergangsrhetorik zu verfallen, sondern differenziert die komplexen heutigen Realitäten und die darin enthaltenen „riskanten Chancen“ zu beschreiben.

Der Begriff der *„riskanten Chancen“* spielt natürlich auf jene soziologischen und sozialpsychologischen Analysen der gesellschaftlichen Veränderungstendenzen an, die im Umfeld der Individualisierungstheorie geliefert worden sind. Von Ulrich Beck und Elisabeth Beck-Gernsheim gibt es einen Sammelband mit dem Titel „Riskante Freiheiten“ (1994), in dem unter anderem über Wandlungstendenzen der Familie und der Kindheitsräume, über Ambivalenzen postmoderner Identitätsbildungsprozesse und über subjektive Konsequenzen der Individualisierung reflektiert wird. Die Chancen und die Freiheitsgewinne, die mit diesen Individualisierungstendenzen zusammenhängen, liegen unter der Perspektive des Aufwachsens vor allem darin, dass den individuellen kindlichen Sichtweisen, Wünschen, Willensäußerungen und Argumenten größerer Raum gewährt wird als früher. Bei entsprechenden Elternbefragungen in den letzten Jahrzehnten gab es eine markante Verschiebung in dem Sinne, dass auf die Frage „Auf welche Eigenschaften sollte die Erziehung der Kinder vor allem hinzielen?“ die Nennung des Erziehungsziels „Gehorsam und Unterordnung“ einen beständigen Rückgang und die Nennung des Erziehungsziels „Selbständigkeit und freier Wille“ eine beständige Zunahme erfahren haben. Dass damit das Erziehungsgeschäft in der Familie nicht unbedingt einfacher und konfliktfreier wird, liegt auf der Hand. Ulrich Beck und Elisabeth Beck-Gernsheim haben in der instruktiven Einleitung zu dem Sammelband „riskante Freiheiten“ auch die Kehrseiten dieser Individualisierungstendenzen beschrieben. Zentral ist für sie hierbei die „Entroutinisierung des Alltags“: die „Ebene von vorbewußten ‚kollektiven Habitualisierungen‘ von Selbstverständlichkeiten ist es, die mürbe wird, ins Denken und Verhandeltwerdenmüssen zerstaubt. ... Nachdenken, Überlegen, Planen, Aushandeln, Festlegen, Wiederrufen (und alles fängt immer wieder von vorne an): Das sind die Imperative der ‚riskanten Freiheiten‘“ (ebd. S. 17 f.). Und dies sind zugleich auch Imperative, die den Umgang zwischen Eltern und Kindern und damit die Erziehungssituation und das Aufwachsen von Kindern und Jugendlichen insgesamt heute nachhaltig prägen.

Heiner Keupp hat schon einige Jahre zuvor ein Buch vorgelegt, das direkt den Titel „Riskante Chancen“ trägt (Keupp 1988) und er hat diese Formulierung auch später immer wieder im Zusammenhang mit der von ihm geprägten Metapher der „Pachwork-Identität“ verwendet, die ihm große Resonanz beschert hat (Keupp 2005).

Die im Begriff der „riskanten Chancen“ auf den Punkt gebrachte Ambivalenz bezieht sich dabei auf das Spannungsverhältnis zwischen der Freisetzung von Zwängen und Limitierungen einerseits und dem Verlust von Sicherheit und Orientierung andererseits, ein Spannungsverhältnis, welches die ganze moderne Lebensführung durchzieht. Keupp beschreibt das damit zusammenhängende Problem mit den folgenden Worten: „Es hat sich ein tief greifender Wandel von geschlossenen und verbindlichen zu offenen und zu gestaltenden sozialen Systemen vollzogen. Nur noch in Restbeständen existieren Lebenswelten mit geschlossener weltanschaulich-religiöser Sinngebung, klaren Autoritätsverhältnissen und Pflichtkatalogen. Auf diesem Hintergrund verändern sich die Bilder, die für ein gelungenes Leben oder erfolgreiche Identitätsbildung herangezogen werden“ (Keupp 2005, S. 4 f.). Aber Keupp sieht durchaus auch die Chancen, die in dieser Entwicklung liegen, denn sie eröffnet eine „aktive und oft sehr kreative Eigenleistung der Subjekte bei der Arbeit an ihrer Identität“. Die „Identitätsbasteleien“ können in ihrer „spezifischen Ästhetik farbig und bunt erscheinen, und einige dieser Produkte können Bewunderung und Faszination auslösen“ (ebd.).

Es ist offensichtlich, dass dieses Spannungsverhältnis zwischen Optionsvielfalt und Orientierungsverlust nicht nur für die individuellen Prozesse der Identitätssuche von hoher Relevanz ist, sondern auch die Formen des Geschlechter- und des Generationenverhältnisses und damit die Ausgestaltung des familiären Lebens und des erzieherischen Umgangs nachhaltig beeinflusst, mithin also die ganze heutige „Kultur des Aufwachsens“ prägt.

Das Buch will in den einzelnen Kapiteln, die meist auf ganz konkrete Problemfragen bezogen sind, dazu beitragen, das, was sich hier angesichts der veränderten Bedingungen des Aufwachsens heute zwischen Eltern und Kindern, zwischen Lehrern und Schülern und zwischen den Kindern und Jugendlichen selbst abspielt, besser zu verstehen. Als Verstehens- und Deutungshilfe wird dabei häufig auf Aspekte der Psychoanalyse bzw. der Psychoanalytischen Pädagogik zurückgegriffen. Galten jene Orientierungen gerade in ihrer Ausrichtung auf Erziehungsfragen einstmals als besonders „modern“ und „progressiv“, weil sie die Utopie beflügelten, dass ein ganz anderes, freieres, selbstbestimmteres Aufwachsen möglich sei, ja weil sie sogar die Hoffnung nährten, dass über eine Veränderung der erzieherischen Verhältnisse die Gesellschaft als Ganze zu revolutionieren sei, so haben sich hier die Positionen deutlich gewandelt. Inzwischen sind es eher Stimmen aus dem Lager der Psychoanalytischen Pädagogik, die gegen bestimmte Tendenzen in der Kindheitsforschung davor warnen, dass Kinder nicht grenzenlos

„modernisierungsfähig“ sind und dass Kindheit nicht beliebig „konstruierbar“ ist, die also an der „altmodischen Ideen“ festhalten, dass es einerseits so etwas gibt wie „genuine Entwicklungsbedürfnisse von Kindern“, andererseits aber auch so etwas wie eine „natürliche Differenz“ zwischen Erwachsenen und Kindern und damit eine unvermeidliche Konflikthaftigkeit in ihrem Verhältnis. Gerade die „reife“, d. h. die faire, besonnene und doch standfeste Form des Umgangs mit jenen Konflikten stellt eine besonders wichtige Lernchance für die Heranwachsenden dar.

Von den Problemen, wie die genuinen Entwicklungsbedürfnisse von Kindern und Jugendlichen angemessen zu beschreiben sind, in welchem Verhältnis diese zu den gesellschaftlichen Entwicklungstendenzen stehen, welche die Prozesse des Aufwachsens heute immer stärker prägen, und wie Kinder und Eltern mit den Spannungen und Konflikten, die sich daraus ergeben, umgehen können, handelt dieses Buch.

I Veränderungen der Kindheit

KAPITEL 1

Kindheitsforschung damals und heute

Vom „Kongress für Kinderforschung" (1906) über Janusz Korczaks Phänomenologie des Kinderlebens bis zur Kindheitsforschung unserer Zeit

„Um der Zukunft willen wird gering geachtet, was es heute erfreut, traurig macht, in Erstaunen versetzt, ärgert und interessiert. Für dieses Morgen, das es weder versteht, noch zu verstehen braucht, betrügt man es um viele Lebensjahre."

JANUSZ KORCZAK

„Die Ansätze, Themen und Konzepte der neueren, sozialwissenschaftlichen Kindheitsforschung haben einen entscheidenden gemeinsamen Bezugspunkt in der Auffassung, daß Kinder als besondere Mitglieder der Gesellschaft und nicht nur als zukünftige Erwachsene gesehen werden müssen."

MICHAEL-SEBASTIAN HONIG/ANDREAS LANGE/HANS RUDOLF LEU

Nicht nur die Kindheit selbst, sondern auch die Kindheitsforschung ist dem historischen Wandel unterworfen. Deshalb soll zunächst aufgezeigt werden, wie sehr sich die wissenschaftlichen Annäherungen an das Phänomen „Kindheit" im Laufe des letzten Jahrhunderts, das ja oftmals auch als das „Jahrhundert des Kindes" tituliert wurde (Key 1902), verändert haben. Für diesen Vergleich soll eine exemplarische Mittlerfigur ins Zentrum der Betrachtung gerückt werden, eine Figur, die in gewissem Sinne in die zu Beginn des 20. Jahrhunderts aufkommende Kindheitsforschung eingebunden war, die aber – anders als die meisten damaligen Kindheitsforscher, die längst in Vergessenheit geraten sind – auch heute noch sehr hohes Ansehen in Pädagogenkreisen geniest und die auch für die aktuelle Kindheitsforschung noch einen wichtigen Bezugspunkt darstellt: Janusz Korczak. Ihm kommt wegen seiner uneingeschränkten Hingabe an die erzieherische Aufgabe, wegen seiner besonderen Sensibilität für die Belange der Kinder und natürlich auch wegen seines solidarischen Märtyrertodes wohl mehr als allen anderen „Klassikern der Pädagogik" so etwas wie die Rolle eines „Helden der Mitmenschlichkeit" und damit eines „Gewissens der pädagogischen Zunft" zu.

Damit ergibt sich zunächst einmal seine besondere Bedeutung im Hinblick auf eine pädagogische Ethik, für die Auseinandersetzung mit der Frage, welche elementaren Rechte Kinder besitzen, was Erwachsene ihnen schuldig sind und wie in den unvermeidlichen Konfliktsituationen sinnvoll vermittelt werden kann.

Aber auch im Hinblick auf eine angemessene Kindheitsforschung kommt Korczak ein Stück weit eine solche „Gewissensfunktion“ zu. Wohl kein anderer Klassiker der Pädagogik war „dichter dran“ am Erleben der Kinder, war aufmerksamer, sensibler und empathischer für ihre Sorgen, Nöte und Freuden als Korczak und keiner hat vor ihm mit solcher Genauigkeit und Differenziertheit über die Kinderwelt geschrieben. Auf der Rückseite der Taschenbuchausgabe von „Wie man ein Kind lieben soll“ wird in diesem Sinne eine sehr zutreffende Charakterisierung dieses Buches gegeben. Es ließe sich nämlich beschreiben „als ein Leitfaden, wie Eltern und Erzieher lernen können, ihre Kinder zu entdecken“. Es zeige, „wie man fragen oder sehen müßte, um das Richtige tun zu können“.

- Im Folgenden möchte ich zum einen darstellen, von welchen Vorstellungen die „Kinderforschung“ zu Beginn des 20. Jahrhunderts geprägt war und inwieweit und in welchen Zusammenhängen Korczak mit dieser „Kinderforschung“ seiner Zeit in Berührung gekommen ist.
- Dann soll dargestellt werden, wie die von Korczak selbst im Kontext seiner alltäglichen pädagogischen Arbeit praktizierte „Kindheitsforschung“ ausgesehen hat und welche Hoffnungen und Ansprüche bezüglich der künftigen Entwicklung einer „Wissenschaft vom Kind“ er hegte.
- Schließlich möchte ich im dritten Teil versuchen, gewissermaßen mit Korczak und seinen Vorstellungen davon, „wie man fragen oder sehen müßte, um das Richtige tun zu können“, einen Blick auf das aktuelle Feld der zeitgenössischen Kindheitsforschung zu werfen, um zu prüfen, inwiefern dort die „richtigen“ Fragen gestellt und die „richtigen“ Perspektiven eingenommen werden.

Während die Antworten auf die zweite Frage sich durchaus Korczaks Schriften entnehmen lassen, haben die Antworten auf die erste und auf die dritte Frage notwendig eher spekulativen Charakter. Im ersten Teil, in dem es um die historische Kindheitsforschung um 1900 geht, stehen dabei die Fragen im Hintergrund: „Was hat Korczak wohl davon mitbekommen?“, „Inwieweit hat es seine Sichtweisen beeinflusst?“. Im dritten Teil, in dem die Grundlinien der neueren sozialwissenschaftlichen Kindheitsforschung vergegenwärtigt und zur Diskussion gestellt werden sollen, dagegen eher die Frage: „Was hätte Korczak wohl dazu gesagt?“.

1 Janusz Korczaks Begegnung mit der Kinderforschung seiner Zeit

Janusz Korczak hat in seinen Werken sehr viel ausführlicher über die konkreten pädagogischen Schlüsselerfahrungen berichtet, die sein kinderpsychologisches und pädagogisches Denken geprägt haben, als über die theoretischen Einflüsse, die diesbezüglich für ihn bedeutsam wurden. So wissen denn auch die einschlägigen Korczak-Biographen nicht allzu viel hierüber zu berichten. Pelzer etwa stellt in Stichworten die Protagonisten und Modellprojekte der reformpädagogischen Bewegung von Ellen Key bis Maria Montessori, von Berthold Otto bis Ovid Decroly, von den Landerziehungsheimen bis zum „Weltbund zur Erneuerung der Erziehung" vor und betont dann emphatisch: „In Europa kam damals alles in Bewegung, was mit Erziehung zu tun hatte" (Pelzer 1987, S. 81). Seine Anmerkungen bezüglich der Frage, wie nun all dies Janusz Korczak affiziert hat, fallen jedoch recht spärlich aus: „In diesem Klima gründete Korczak das Dom Sierot, und auch wenn er faktisch wenig von der reformpädagogischen Bewegung mitbekam: Ihre Wellen schlugen bis Warschau und darüber hinaus. Aus der Literatur war Korczak der Name Maria Montessori geläufig, und jedem jungen Erzieher, der bei ihm arbeiten wollte, empfahl er die Lektüre von Makarenkos Pädagogischem Poem" (ebd., S. 83).

Bedeutsamer als die allgemeinen reformpädagogischen Zeitgeistströmungen, die ja auch von viel Pathos und von vielen Mythologisierungen des Kindes durchsetzt waren, dürften vermutlich jene Eindrücke gewesen sein, die Korczak während seines knapp einjährigen Berlin-Aufenthalts im Jahr 1907 gesammelt hat. 1904 hatte er sein medizinisches Studium an der Universität Warschau mit der Promotion abgeschlossen, danach als Lazarettarzt am Russisch-Japanischen Krieg teilgenommen und schließlich zwei Jahre an der Baumann-Berson-Kinderklinik gearbeitet. In diese Zeit fiel auch seine Mitarbeit bei den Sommerkolonien, über die er im dritten Kapitel von „Wie man ein Kind lieben soll" berichtet. Sein pädagogisches Interesse war also geweckt. Bezüglich seiner medizinisch-pädiatrischen Ausbildung war er von dem Gefühl beherrscht, „mit seinen Studien noch lange nicht zu Ende zu sein" (ebd., S. 29). Berlin galt zu jener Zeit als einer der weltweit führenden medizinischen Forschungs- und Studienorte. Und es war eines der Zentren der aufkommenden Heilpädagogik. In „Wie man ein Kind lieben soll" fasst Korczak selbst an einer Stelle den Ertrag seines „Berliner Lehrjahrs" zusammen: „Das Krankenhaus in Berlin und die deutsche medizinische Literatur lehrten mich, darüber nachzudenken, was wir gesichert wissen und langsam, systematisch vorzugehen" (Korczak 1967, S. 222). Die visionären Ideen einer „großen Synthese des Kindes" stammten dagegen eher aus der Zeit des nachfolgenden Paris-Aufenthalts.

Bernd Graubner hat versucht, jene Berliner Zeit Korczaks zu rekonstruieren (vgl. Graubner 1982). Er ist dabei auch auf eine Artikelserie gestoßen, die Korczak unter dem Titel „Eindrücke aus Berlin“ gewissermaßen als pädiatrisch-pädagogischer Auslandskorrespondent an die polnische Ärztezeitschrift „Krytika Lekarska“ geschickt hat. Die darin zum Ausdruck kommende Haltung Korczaks gegenüber dem, was er in Berlin erlebt, ist ambivalent: Einerseits hat er hohen Respekt für die Wohlausgestattetheit und Wohlorganisiertheit des öffentlichen Lebens, des Verkehrs, der Bibliotheken, große Bewunderung für die Fortschrittlichkeit der Wissenschaft, des Klinikwesens, der heilpädagogischen Einrichtungen. Andererseits hat er bisweilen den Eindruck, als interessierter polnischer Gasthörer und Hospitant nicht so ganz für voll genommen zu werden und er ist ziemlich befremdet über den „kapitalistischen Geist“, der die medizinische Wissenschaft und Ärztefortbildung Preußens durchweht: „Ein großer Jahrmarkt des Wissens; hier verkauft man alles, was sich verkaufen läßt – sogar ‚Photographieren für wissenschaftliche Zwecke‘, sogar ‚Toxikologie für die Gerichtsmedizin‘ – sogar einen Kurs in ‚Pathologie und Therapien für Sprachstörungen‘ und alles zu unterschiedlichen Preisen, je nach Seriosität der anbietenden Firma und nach Qualität der Ware“ (Korczak 1999a, S. 34 f.). Auch bezüglich der erhofften „persönlichen Lernzuwächse“ bei den teuer bezahlten medizinischen Kursen bleibt er eher skeptisch: „Der Kurs war vorzüglich, anständig, wichtig; er hat jedoch nicht nur nichts gelehrt, sondern nicht einmal Richtlinien für die künftige praktische Tätigkeit der Hörer vorgegeben“, die Vorlesungen hätten ihn „vor allem davon überzeugt, wie hochgelehrt die Vortragenden sind, wie angestrengt sie denken und arbeiten“ (ebd., S. 38).

Neben den diversen medizinischen Vorlesungen und Kursen, die er während seines Berlinaufenthalts belegte, hat Korczak sich auch intensiv darum bemüht, an verschiedenen Kliniken und heilpädagogischen Einrichtungen zu hospitieren, um die dortige Praxis im Umgang mit „Sorgenkindern“ (Korczak 1999b) kennen zu lernen: Sein Interesse galt vor allem dem Netz von Institutionen, das in Berlin für gefährdete und behinderte Kinder existierte und das aus Hilfsschulen, Fürsorgeerziehungsanstalten, heilpädagogischen Einrichtungen sowie kinder- und jugendpsychiatrischen Anstalten bestand. So erwähnt Korczak etwa, dass er vier Wochen in der von Theodor Ziehen geleiteten Klinik für psychische und Nervenkrankheiten hospitiert habe, dass er eine städtische Anstalt für epileptische Kinder, eine „Zentraleinrichtung für straffällig gewordene Knaben und Halbwüchsige“ und ein städtisches Erziehungshaus für verwahrloste Kinder (nämlich den später von Karl Wilker zum reformpädagogischen Modellprojekt gemachten „Lindenhof“) und eine Schule für entwicklungsgeschädigte Kinder besucht habe. Sehr detailliert schildert er den dortigen Unterricht, die unendlichen Mühen, um höchst bescheidene Lernfortschritte bei den Schülern zu erzielen. Mit Blick auf die dort gemachten Erfahrungen schreibt er: „Wer nicht in einer Schule für geistig behinderte und taubstumme oder blinde Kinder gelernt hat, Geduld und die Grundlagen der Didaktik zu üben, der wird niemals ein richtiger Lehrer werden können“ (Korczak 1973, S. 39).

Aber auch hier kommen neben dem Respekt für das differenzierte Fürsorge-, Anstalts- und Hilfsschulwesen, das er in Berlin kennen lernte, durchaus kritische Töne zur Sprache: So zeigt er sich irritiert über die mechanistischen Fragerituale, die den Unterricht in der Hilfsschule häufig prägen und verärgert über die arrogante Selbstgefälligkeit mancher Lehrer, die er dort getroffen hat: „‚Lohnt sich dieser gewaltige Arbeitsaufwand?‘ fragte ich einen der Lehrer. ‚Natürlich, wir verdienen doch 100 Mark mehr im Jahr als an den städtischen Schulen und unterrichten zwei Stunden weniger pro Woche‘. Schöpferische Ideale sucht man bei Pädagogen wohl vergeblich, sie sind nur verhältnismäßig gewissenhafte Vollstrecker von Instruktionen, die ihnen die höheren Beamten des Bildungsministeriums erteilen“ (Korczak 1999b, S. 629).

Doch außer dieser unmittelbaren Anschauung in den entsprechenden Einrichtungen – wie muss man sich die heilpädagogischen, kinderkundlichen, pädiatrischen Theoriekonzepte und Deutungsmuster vorstellen, die dort zu jener Zeit maßgeblich waren und denen Korczak in den Gesprächen mit den Mitarbeitern der Einrichtungen, die er besuchte, und bei der Lektüre einschlägiger Texte begegnete? Die Zeit um 1900, der Anbruch des von Ellen Key verkündeten „Jahrhunderts des Kindes“, war die Zeit, in der sich erstmals eine wissenschaftliche Kinderpsychologie und eine experimentelle Pädagogik formierten. Gleichzeitig war es eine deutliche Umbruchsphase im Verständnis „schwieriger Kinder“: Jene Phänomene, die früher als „sittliche Verwilderung“ und als „Verwahrlosung“ gedeutet wurden, wurden nun, unter dem Einfluss psychiatrischer Denkmuster, zunehmend als Ausdruck „psychopathischer Minderwertigkeit“, d. h. als Folge gehirnorganischer Abweichungen betrachtet (vgl. Göppel 1989).

2 Der Kongress für Kinderforschung 1906 in Berlin

Einen guten Eindruck vom Spektrum der Kinderforschung jener Zeit bekommt man aus der Lektüre des Berichts über den ersten „Kongress für Kinderforschung und Jugendfürsorge“, der vom 1.–4. Oktober 1906 als wissenschaftliches Großereignis mit über 700 Teilnehmern in Berlin stattgefunden hat und dessen schriftliche Dokumentation 1907, also gerade in dem Jahr, als Korczak nach Berlin kam, erschienen war (vgl. Schaefer 1907). Man darf vermuten, dass dieser Kongressband zum Korpus jener „deutschen medizinischen Literatur“ gehörte, die Korczak dazu anregte, darüber nachzudenken, was man zu jener Zeit gesichert über die Entwicklung und das Seelenleben von Kindern wusste; zumal da auf diesem Kongress erstmals die führenden Fachleute genau jenes Feldes zusammengekommen waren, für das Korczak sich so brennend interessierte. Theodor Ziehen, bei dem Korczak hospitiert hatte, gehörte zu den Initiatoren des Kongresses. Er war einer der führenden Vertreter der neuen Lehre von den „psychopathischen Konstitutionen", die zu Beginn des 20. Jahrhunderts großen Einfluss gewann (vgl. Ziehen 1912). Einen der Plenarvorträge auf dem Kongress hielt der Berliner Professor für Kinderheilkunde, Adolf Baginsky. Als Korczak 1942 im Zusammenhang seiner Bewerbung um die Stelle der Leitung eines Waisenhauses im Warschauer Getto einen Lebenslauf verfasste, nannte er Baginsky ausdrücklich als einen seiner wichtigsten medizinischen Lehrer.

Der Berliner „Kongress für Kinderforschung" war auf Initiative des Herausgeberkreises der „Zeitschrift für Kinderforschung" zustande gekommen, den Kongressvorsitz hatten der Berliner Pädagogikprofessor W. Münch und der Leiter der Jenaer Sophienhöhe, Johannes Trüper. Alles was Rang und Namen hatte in Sachen „Kinderforschung" – so nannte sich damals der interdisziplinäre Interessenverbund aus Pädagogen, Heilpädagogen, Kinderpsychologen, Kinderpsychiatern und Pädiatern – im deutschsprachigen Raum war dabei vertreten. Die Titel der Vorträge machen die Themenkreise, die zur Verhandlung anstanden, sowie die dafür verwendeten Begrifflichkeiten und Interpretationsmuster deutlich: Adolf Baginsky hielt einen Vortrag über „Die Impressionabilität des Kindes unter dem Einfluss des Milieus", Ernst Meumann über „Die wissenschaftliche Untersuchung der Begabungsunterschiede der Kinder und ihre praktische Bedeutung", Christian Ufer über „Das Verhältnis von Kinderforschung und Pädagogik". William Stern sprach über die „Grundfragen der Psychogenesis".

Diese Dokumente machen deutlich, welch weiten Weg an Differenzierung und Spezialisierung die Entwicklungspsychologie seit den dortigen Anfängen gegangen ist. Manche Problemstellungen wie etwa die damals durchaus leidenschaftliche Diskussion um die Frage des „psychogenetischen Parallelismus" wirken heute eher befremdlich und manche Berichte über irgendwelche spezielle Messungen und Untersuchungen an Kindern aus dem experimentalpsychologischen Laboratorium wirken heute eher kurios. Andererseits gab es Grundsatzdiskussionen, wie etwa die nach dem Verhältnis von Anlage und Umwelt oder die nach dem Verhältnis von kinderpsychologischer Grundlagenforschung und pädagogischer „Anwendung", wie sie in ähnlicher Form auch heute noch stattfinden. Weiterhin war ein Teil der Vorträge praktischen Fragen der Schulpädagogik, der Jugendfürsorge und der „Sozialhygiene" gewidmet und behandelte Themen wie „praktischer Unterricht", „Fürsorge für die schulentlassene Jugend", „Ferienkolonien" oder „Wohnungsnot und Kinderelend". Schließlich hatte der Kongress einen sehr deutlichen heilpädagogisch-kinderpsychiatrischen Einschlag. In diesem Sinne sprach etwa Theodor Heller über „Psychasthenische Kinder“, Gutzmann über „soziale Fürsorge für sprachgestörte Kinder“, Dix „Über hysterische Epidemien an deutschen Schulen“ und v. Rohden über „Jugendliche Verbrecher“. Insgesamt also ein sehr buntes Programm, das von prinzipiellen Fragen der seelischen Entwicklung bis zu ganz spezifischen Praxisproblemen im Rahmen der Jugendfürsorge reichte.

Einige Grundfragen und Grundlinien der damals in Berlin verhandelten Themen seien kurz angedeutet. Betont wurde immer wieder der Fortschritt, der schon allein darin besteht, dass sich die Vertreter der verschiedenen Disziplinen endlich zusammengefunden haben, um gemeinsam über die Sache des Kindes zu beraten.

Adolf Baginsky formulierte in seinem Eröffnungsvortrag u. a. auch mit Bezug auf autobiographische frühe Kindheitserinnerungen eine These, die später dann von der Psychoanalyse populär gemacht wurde, nämlich die von den prägenden Wirkungen frühkindlicher Erfahrungen. Es sei eine Tatsache, „...daß in der allerfrühesten Lebensperiode geschehene Ereignisse unauslöschlich die Psyche des Kindes gleichsam imprägnieren, daß die Impressionabilität eine ganz außerordentliche ist und die erlittene Impression eine fast unvertilgbar bleibende“ (Baginsky 1907, S. 14). Gleichzeitig postuliert er jedoch so etwas wie eine psychosomatische Theorie der Kinderkrankheiten, d. h. er deutet sie als Reaktionen des Kindes auf bestimmte belastende Milieuumstände und bringt zahlreiche Beispiele dafür, wie scheinbar organische Krankheiten wie etwa Asthma aber auch Krampf- und Lähmungserscheinungen allein durch die Aufnahme des Kindes ins Krankenhaus und den damit verbundenen Milieuwechsel verschwanden. Bei Kindern, so seine These, sei die „Verquickung der somatischen, also der physiologischen Vorgänge mit den psychischen – Vorstellungen und Empfindungen – ...unvergleichlich größer“ als bei Erwachsenen. Das Kind ändere sich „unter dem Eindruck des Milieus in seiner ganzen Persönlichkeit, in Habitus, Gedankenrichtung, Vorstellung und Willensbetätigung“ (ebd., S. 24 f.).

William Stern setzte sich in seinem Vortrag „Grundfragen der Psychogenesis“ mit dem angemessenen Verständnis kindlicher Entwicklung auseinander und deutete diese als eine „Folge von Metamorphosen“, die einer bestimmten Reifungslogik folge, wehrt sich aber sowohl gegen nativistische als auch gegen empiristische Übertreibungen und betont, dass das „Ineinandergreifen“ innerer und äußerer Faktoren „gar nicht innig genug zu denken“ sei (Stern 1907, S. 104).

Ufer stemmt sich eher gegen überzogene Ansprüche und Erwartungen an die neue Kindheitsforschung und warnt davor, die ganze pädagogische Tradition über Bord zu werfen, weil es ihr bisher nicht gelungen sei, den Gang der seelischen Entwicklung im Kindes- und Jugendalter genau zu entschlüsseln. Er zweifelt eher daran, „ob es der Kinderforschung jemals gelingen wird, diese Entwicklung genau und vollständig aufzuzeigen, so dass die Pädagogen ihr Schritt für Schritt folgen können“ (Ufer 1907, S. 31). Er betont die große interindividuelle Variabilität und fordert nachdrücklich, dass die Kindheitsforschung ein großes Augenmerk auf die Erforschung der „Unterschiede der Kindesnaturen“ legen müsse. Insbesondere das Problem der „mehr oder weniger krankhaften Seelenzustände“ bei Kindern liegt ihm am Herzen: „Je mehr die Kenntnis der psychopathologischen Erscheinungen des Kindes- und Jugendalters fortschreitet und sich ausbreitet, um so richtiger wird man manche Dinge beurteilen lernen, die heutzutage nicht selten gänzlich verkannt werden“ (ebd., S. 34). Deshalb fordert er nachdrücklich, dass die Lehrer während ihrer Ausbildung mit den Problemen der „psychopathischen Veranlagung“ vertraut gemacht werden sollten.

Diesem Thema hatte auch der Wiener Kinderpsychiater Theodor Heller seinen Beitrag mit dem Titel „Psychasthenische Kinder“ gewidmet. Dieser Beitrag ist insofern besonders spannend, als er bei nur geringfügigen sprachlichen Korrekturen fast als ein moderner Text über die Problematik des ADS-Syndroms gelesen werden könnte. Zunächst betont er die Zunahme psychopathischer Erscheinungen bei Kindern aufgrund der Veränderungen des modernen Lebens, dann beklagt er den Umstand, dass die eigentliche Problematik dieser Kinder von den Pädagogen meist verkannt würde: „Noch immer wird an vielen derartigen Kindern schweres Unrecht verübt, indem man von ihnen in Unkenntnis ihrer abnormen psychischen Beschaffenheit verlangt, daß sie sich mit unzureichenden Mitteln in ungeeigneten Verhältnissen ohne besondere erzieherische Maßnahmen normal entwickeln“ (Heller 1907, S. 146). Schließlich gibt er eine Symptombeschreibung, die durchaus einem aktuellen ADS-Ratgeber entnommen sein könnte: „Objektiv bemerken wir an den psychasthenischen Kindern Mangel an Ausdauer, auffallende Zerstreutheit. Sie sind nicht imstande, bei einer Arbeit auszuharren, schweifen bald ab, wenden sich immer neuen Aufgaben zu, die stets unvollendet und unvollkommen bleiben, so daß ihr Leben schließlich aus lauter Anfängen besteht, die keine Fortsetzung finden. Es ist klar, dass solche Existenzen den Anforderungen der Schule, geschweige denen des praktischen Lebens nicht standhalten können und früher oder später Schiffbruch erleiden müssen“ (ebd., S. 148).

Dies ist also der Horizont an pädiatrischer, kinderpsychologischer, heilpädagogischer Kindheitsforschung, dem Korczak in seiner Berliner Zeit begegnet sein dürfte. Er ist vor allem durch folgende Grundzüge geprägt:

- Ein *starkes neues Engagement für „die Sache des Kindes“* – weniger allerdings für die Rechte des Kindes im Sinne subjektiver Freiheiten und Ansprüche als vielmehr im Sinne von angemessener Betreuung, Erziehung, Fürsorge, Ernährung, Hygiene etc. Das Generationenverhältnis selbst, die

„Tatsache“, dass die Erwachsenen zuständig, d. h. verantwortlich und befugt sind, für und über Kinder zu entscheiden, wurde dabei nirgendwo in Frage gestellt. Dieser *philantropisch-paternalistische Geist* kommt recht schön in einem Gedicht zum Ausdruck, das auf dem „Begrüßungsabend“ des Kongresses zum Vortrag kam. Darin heißt es u. a.: „Doch werden treue Wünsche euch begleiten, die ihr der Jugend euch geweiht zum Horte, ihr Wesen immer voller zu erkunden, zu Fördern ihr Gedeihen, ihr Gesunden. Fürwahr es breitet sich das Feld gewaltig. Und fruchtbar eurem Schaffen, eurem Sinnen: Gefahr und Not der Jugend vielgestaltig, die Hilfe heischt von außen oder innen“ (Schaefer 1907, S. 4).

- Eine große *neuaufgekommene Faszination für die körperlichen, geistigen, seelischen Entwicklungsprozesse des Menschen*, für die Kräfte und die Gesetzmäßigkeiten, die diesen Wachstumsprozess bestimmen, und für die Frage, wie der ontogenetische Entwicklungsprozess mit dem phylogenetischen Entwicklungsprozess zusammenhängt. „Das Kinderland, das bisher immer vor uns lag, es beginnt doch jetzt erst, uns all seine Geheimnisse und Wunder aufzuschließen“, heißt es in einem Vortrag von William Stern über die „Psychologie des Kindes“.
- Dabei herrschte in diesem Feld der Kinderforschung weder eine religiöse oder mythologische Verklärung des Kindes vor, noch die sozialreformerische Utopie, durch neue Erziehung den neuen Menschen schaffen zu können (wie dies bei manchen reformpädagogischen AutorInnen der Fall war), sondern ein eher *nüchternes „wissenschaftliches“ Interesse für die „Natur“ des Kindes* und ein *pragmatisch-sozialreformerisches Interesse an der Verbesserung ganz konkreter Aspekte kindlicher Lebenswelten.*
- Unter dem *Anspruch „strenger Wissenschaftlichkeit“* und unter Nutzung der neuen Errungenschaft des „psychologischen Laboratoriums“ gab es bisweilen eine etwas merkwürdige *Konzentration auf bestimmte Einzelfunktionen*, auf die Erforschung isolierter Aspekte der Wahrnehmung, des Gedächtnisses, der „Ideenassoziation“ und der Reaktion auf bestimmte Reize.
- Gleichzeitig gab es in der aufkommenden Kinderforschung zu Beginn des 20. Jahrhunderts eine *Tradition genauer und subtiler Beobachtungen und Aufzeichnungen aus dem familiären Alltagsleben mit Kindern*, die später so nie mehr erreicht wurde. Das Ehepaar Clara und William Stern etwa hat im Jahr 1900 ein Forschungstagebuch begonnen, in dem sie das Aufwachsen ihrer drei Kinder Hilde, Günther und Eva von der Geburt bis zum 18. Lebensjahr in 23 Tagebüchern mit insgesamt knapp 5000 Manuskriptseiten dokumentieren.
- Das Interesse richtete sich dabei bevorzugt auf die *kreativen Hervorbringungen des kindlichen Geistes*, vor allem auf die Kindersprache, aber auch auf das Spiel und die Kinderzeichnung. Begleitend zum Kongress für

Kinderforschung in Berlin etwa gab es eine von William Stern organisierte Ausstellung freier Kinderzeichnungen.

- Ein ausgeprägtes Interesse bestand für die „*Vielfalt der Kindesnaturen*“, d. h. für die interindividuellen Differenzen, für unterschiedliche kindliche „Typen“, „Charaktere“, „Temperamente“, „Begabungen“.
- Damit verbunden war natürlich auch das Anliegen, diese Unterschiede irgendwie systematisch zu erfassen und zu ordnen und vor allem auch eine *besondere Faszination für seelische „Auffälligkeiten“, „Abweichungen“, „Abnormitäten“* und für die Problematik der Diagnostik und „Behandlung“ dieser Erscheinungen.
- Gerade bei der Erklärung dieser „Abnormitäten“ herrschte ein *psychiatrisches Denken* vor, das sehr stark *erbliche Dispositionen* in den Mittelpunkt stellte. Bezeichnungen wie „psychopathische“, „psychasthenische“, „neurasthenische“ oder einfach „nervöse“ Kinder waren gängig und diese „neue“ Sichtweise wurde als Fortschritt betrachtet gegenüber der früher üblichen Einschätzung solcher Abweichungen als „Bösartigkeiten“, „sittliche Verfehlungen“ oder als „Ausdruck von Willensschwäche“.
- Gleichzeitig gab es durchaus ein *Bewusstsein von den schädlichen Milieueinwirkungen* und entsprechende sozialhygienische Forderungen, die sich auf die Verbesserung der Wohn-, Arbeits-, Erziehungs- und Ernährungsverhältnisse in den unterprivilegierten Schichten richteten. Damit verbunden immer wieder drastische Schilderungen von Elendszuständen, die man sich heute kaum noch vorstellen kann.
- Wenn es auch vielfältige Kritik an gesellschaftlichen Entwicklungstendenzen gab, an der Hektik des modernen Großstadtlebens, an der Dekadenz des Zeitalters, am Verfall der Sitten, an der Überbürdung in den Schulen etc., so *wurde „Kindheit“ doch durchgängig als ein naturhaftes Phänomen verstanden* und nicht als etwas, was selbst historisch relativ und veränderbar wäre.

3 Janusz Korczak als Kinder- bzw. Kindheitsforscher

Wie mögen nun diese Eindrücke aus den unmittelbaren Begegnungen mit den heilpädagogischen Institutionen Berlins und aus der Begegnung mit den entsprechenden Theoriekonzepten in der Literatur der Kinderforschung jener Zeit auf Korczak gewirkt haben? Man findet in Korczaks Werk kaum explizite Auseinandersetzungen mit pädagogischen oder psychologischen Autoren seiner Zeit. Lediglich auf Sigmund Freud wird an einer Stelle im Hauptwerk Korczaks hingewiesen. Korczak bezieht sich darin zustimmend auf die damals hochumstrittenen „Forschungen Freuds über das Sexualleben der Kinder“, die zu einem „Verschwinden der liebgewordenen Illusionen von der

Reinheit des Kindes“ geführt hätten (Korczak 1967, S. 132). Ansonsten aber muss man eher implizit im Text nach möglichen Einflüssen, nach Parallelen und Abgrenzungen suchen.[1]

Wie lässt sich überhaupt die Art der Kinder- bzw. Kindheitsforschung charakterisieren, die Korczak selbst betrieben hat? Natürlich war Korczak nicht in dem akademischen Sinne „Kinderforscher“, dass er aufwendige Forschungsprojekte beantragt, ausgeklügelte Untersuchungspläne entworfen, systematische Datenerhebungen vorgenommen und komplexe Statistiken verfasst hätte[2]. Dennoch verstand er sich selbst nicht nur als Schriftsteller und als praktischen Pädagogen, sondern durchaus als „klinischen Forscher“ innerhalb der Kinderwelt. In diesem Sinne schreibt er: „Es irren jene, die da meinen, ich wäre, als ich das Krankenhaus um des Internats willen im Stich ließ, der medizinischen Wissenschaft untreu geworden. Nach acht Jahren Krankenhausarbeit hatte ich ausreichend begriffen, daß alles, was nicht so zufällig ist wie das Überfahrenwerden durch ein Auto oder das Verschlucken eines Nagels, bei einem Kind nur durch eine mehrjährige klinische Beobachtung erkannt werden kann; diese darf nicht sporadisch sein, wie bei einer Krankheitskatastrophe, sondern täglich, wie in den lichten Zeiten seines Wohlergehens“ (ebd., S. 222). Im unmittelbaren Anschluss daran findet sich dann übrigens jene Passage, in der Korczak auf seine Berliner Lernerfahrungen verweist!

Korczak führt die Parallele zwischen „klinischer Forschung“ im medizinischen und im pädagogischen Feld dann weiter: So wie er als Arzt Symptome festgestellt und sich daraus ein Urteil über die zugrunde liegenden organischen Prozesse gemacht hat, so gelte es auch für den Erzieher zunächst einmal, genau wahrzunehmen was ist und sich daraus ein Urteil über die zugrunde liegenden seelischen Prozesse zu bilden: „Als Erzieher habe ich gleichfalls Symptome vor mir: Lächeln, Lachen, Erröten, Weinen, Gähnen,

1 Dies hat natürlich deshalb zwangsläufig eher den Charakter plausibler Spekulationen als gesicherter Erkenntnisse. Zumal kaum bestimmt werden kann, in welchem Verhältnis die Erfahrungen jenes „Berliner Lehrjahres“ zu den zeitgenössischen polnischen pädagogischen und kinderpsychologischen Lehren stehen, mit denen Korczak sich während all der Jahre in Warschau auseinandergesetzt hat. Fest steht wohl lediglich, dass er sich mit großer Lernbereitschaft ins „Zentrum des pädiatrischen und heilpädagogischen Fortschritts“ begeben hat, das damals eben Berlin hieß.

2 Eine einzige Statistik findet sich übrigens in „Wie man ein Kind lieben soll“. Darin trägt Korczak die Häufigkeitsverteilung von Prügeleien zwischen den Kindern einer Sommerkolonie in Abhängigkeit von den von ihm geleiteten „Versammlungen“ an und versucht damit den allmählichen Erfolg dieser Maßnahme zu belegen (Korczak 1967, S. 271). Weiterhin ist bekannt, dass Korczak großen Wert auf das wöchentliche Wiegen gelegt hat und exakte Tabellen über Größen- und Gewichtszunahme seiner Kinder geführt hat (vgl. Korczak 1999c).

Schreien, Seufzen. Wie ein Husten trocken, feucht und erstickend sein kann, so gibt es ein Weinen unter Tränen, ein Weinen unter Schluchzen und ein fast tränenloses Weinen." Wichtig ist ihm dabei eine aufmerksame und zugleich gelassene, nicht eifernde, dramatisierende, moralisierende pädagogische Grundhaltung: „Die Symptome stelle ich ohne Hast und Zorn fest", sowie die Aufmerksamkeit fürs Detail. Fast könnte man von der Forderung nach einer „gleichschwebenden Aufmerksamkeit" sprechen: „Als Arzt und Erzieher kenne ich keine Nichtigkeiten, und verfolge auch das aufmerksam, was zufällig und wertlos zu sein scheint" (ebd., S. 233).

Am Ende des Kapitels über die Sommerkolonien findet sich eine weitere Analogie und damit ein weiterer bedeutsamer Hinweis darauf, wie Korczak sich eine angemessene Kinderforschung vorstellte: Korczak verweist auf den genialen französischen Insektenforscher Fabre, der sich rühmte, seine epochemachenden Beobachtungen an Insekten gemacht zu haben, ohne ein einziges zu töten. „Er erforschte ihren Flug, ihre Gewohnheiten, Sorgen und Freuden ... Es war ihm nie zuviel, mit klugem Blick verfolgte er die mächtigen Naturgesetze in ihren kaum wahrnehmbaren Vibrationen. Er war Volksschullehrer. Er forschte mit bloßem Auge." Entsprechend endet das Kapitel mit dem emphatischen Appell: „Erzieher, sei du ein Fabre der Kinderwelt" (ebd., S. 278).

Korczak hat mehrfach die Bedeutung von Tagebuchaufzeichnungen für den Erzieher hervorgehoben, um die flüchtigen Beobachtungen und Eindrücke im Umgang mit einzelnen Kindern vor dem Strudel des Vergessens zu bewahren. Vielleicht hat er in der Berliner Zeit von dem Tagebuchprojekt der Sterns erfahren. Diese hatten im Jahr 1907 ihre erste Veröffentlichung auf der Grundlage dieses Tagebuchmaterials, nämlich das Buch über die Entwicklung der Kindersprache, vorgelegt. William Stern charakterisierte später diese Art von forschender Materialsammlung folgendermaßen: „Meine Frau schrieb in ganz freier Form alles nieder, was bemerkenswert schien, bald kleine Vorkommnisse, Sprachäußerungen, Spieltätigkeiten usw., die sich eben ereignet hatten, bald zusammenfassende Rückblicke über einige Wochen. ... das Kinderstubenleben ... bot unzählige Gelegenheiten, um die Entwicklung der kleinen Seelen in jeder Hinsicht, in Sprache, Spiel, Willen und Charakter, Intelligenz, Gefühl, Anschauung, Kunstbetätigung usw. zu verfolgen und zu fixieren" (Stern 1924, S. 44).

Da Korczaks „Kinderstubenleben" komplexer war als das der Familie Stern, d. h. da er für sehr viel mehr Kinder Verantwortung trug, sind seine Aufzeichnungen zwangsläufig weniger „individuell-fallorientiert" als die der Sterns. Es tauchen bei Korczak kaum einzelne Kinder mit Namen auf, sondern es ist meist von „einem Kind" oder von „dem Kind" die Rede. Seine Aufzeichnungen sind auch weniger distanziert protokollierend, beobachtend und konstatierend, was sich ereignet, sondern Korczak ist stärker als Erzieher ins Geschehen involviert: All die kleinen alltäglichen Episoden sind ihm

Anlass zur Reflexion darüber, warum die Kinder so handeln wie sie handeln, welche Anliegen und Motive ihnen dabei wichtig sind, wie sie sich dabei innerlich fühlen, wie die anderen Kinder der Gruppe darauf reagieren und nicht zuletzt, auch zur ständigen Selbstprüfung, ob er den Kindern mit seinem erzieherischen Tun und Lassen gerecht geworden ist, ob er ihr eigentliches Anliegen begriffen, ihre Wut verstanden, ihre Enttäuschung gelindert hat. Es geht ihm in seinen Aufzeichnungen also nicht primär um Entwicklungsprozesse, nicht um die genaue Analyse der Abfolge bestimmter Entwicklungsschritte, sondern es geht ihm primär um Erziehungsprozesse, um das Universum der freundlichen und ärgerlichen, entspannten und konflikthaften, gewährenden und verbietenden, tröstenden und provozierenden Interaktionen zwischen Erwachsenen und Kindern, es geht um das Verstehen und Missverstehen, um das Achten und Verletzen und um das Anerkennen und Ignorieren.

Jürgen Oelkers hat denn auch zutreffend die „präzise Erziehungsphänomenologie" als das hervorstechende Merkmal von Korczaks Pädagogik hervorgehoben: „Korczaks Pädagogik der Freiheit beruht auf einer *Entmystifizierung des Kindes*, keineswegs ... auf einem naiven reformpädagogischen Erziehungsoptimismus. Weder die deutsche noch die internationale Reformpädagogik hat eine dermaßen *subtile und genaue Erziehungsphänomenologie* hervorgebracht, wie sie Korczaks umfassenden Beobachtungen zu entnehmen ist. ... Die theoretische Durchdringung des Erziehungsfeldes und nicht etwa vorgängiger Optimismus führt zu einer *realistischen Sicht des Kindes, die sich vorurteilsfrei dem Kind so nähert, wie es tatsächlich ist.* Keine Erbsünde, keine Naturmetaphysik, keine Geschichtsphilosophie, sondern einzig eine *präzise Erziehungsphänomenologie* stützt Korczaks Hauptthesen über Kindheit und Erziehung" (Oelkers 1983, S. 235 f.).

Neben dieser methodischen Besonderheit, die Korczak vom Mainstream der zeitgenössischen Reformpädagogik deutlich unterscheidet, ihn dagegen mit Teilen der zeitgenössischen Kindheitsforschung eher verbindet, gibt es auch inhaltlich, also bezüglich zentraler Grundüberzeugungen und bezüglich der maßgeblichen Interessen und Fragestellungen allerhand Gemeinsamkeiten zwischen Korczak und der Kindheitsforschung seiner Zeit. So war Korczak ausgesprochen skeptisch gegenüber hochfliegenden pädagogischen Machbarkeitsvorstellungen und er hielt diese Resistenz der Kinder gegenüber den erzieherischen Beeinflussungsversuchen sogar für ein Glück, d. h. er akzeptierte gewissermaßen ihr „Recht auf Eigensinn": „Zum Glück für die Menschheit können wir Kinder nicht dazu zwingen, erzieherischen Einflüssen und didaktischen Anschlägen auf ihren gesunden Menschenverstand und ihren Willen nachzugeben" (Korczak 1967, S. 40). Er war in seiner Pädagogik durchaus anspruchsvoll im Hinblick auf das, was er von sich, seinen Mitarbeitern, von der Organisation einer vernünftigen pädagogischen Einrichtung erwartete, aber er war eher bescheiden und zurückhaltend im Hinblick auf unmittelbare Wirkungserwartungen all dieser Anstrengungen bei den Kindern. So bringt er an einer Stelle die Quintessenz seiner Pädagogik recht prägnant auf den Punkt: „‚Du bist jähzornig', sage ich zu einem Jungen. ‚Nun ja, dann schlag nur zu, aber nicht zu fest; brause nur auf, aber nur einmal am Tag'. Wenn ihr so wollt, habe ich in diesem einen Satz meine ganze Erziehungsmethode zusammengefaßt" (ebd., S. 58).

Dies darf auch keineswegs als Fatalismus verstanden werden, sondern eher als Anerkennung unterschiedlicher Voraussetzungen bei unterschiedlichen Kindern, denn die graduelle Reduktion problematischer Verhaltensweisen ist ja durchaus ein sehr ehrbares pädagogisches Ziel. Diese Bescheidenheit hinsichtlich der pädagogischen Wirkmöglichkeiten hat sicher entscheidend damit zu tun, dass Korczak der Erblichkeit, der Vorstellung, dass es angeborene Unterschiede bezüglich der „Kindesnaturen" gibt, große Bedeutung zumaß. In diesem Sinn gab es für ihn gar nicht „das Kind an sich" oder „das Wesen des Kindes", sondern die Aufgabe des Erziehers bestand gerade darin, die temperamentsmäßigen Eigentümlichkeiten des individuellen Kindes zu erkennen und zu berücksichtigen. „Wollte man sich von zwei vollkommen entgegengesetzten Kindertypen her eine Meinung über das Kind an sich bilden, so könnte man ebensogut aus den Eigenschaften von siedendem Wasser und Eis zusammen auf das Wesen des Wassers schließen" (ebd., S. 56).

Den berühmten Anfangssatz von Rousseaus Emile, in dem dieser die ursprüngliche Güte des Menschen postuliert, die nur unter den Händen der Menschen verdirbt, müsste nach Korczak aufgenommen werden in eine noch zu schreibende „Sammlung von irrigen Meinungen, die von den Klassikern der Wahrheit und der Wissenschaft verkündet worden sind". Denn: „Rousseau beginnt seinen Emile mit einem Satz, dem die gesamte moderne Vererbungslehre widerspricht" (ebd., S. 152). Dies bedeutet jedoch wiederum nicht, dass Korczak eine weitgehend erbdeterministische Sicht menschlicher Entwicklung vertrat. Denn nicht nur bezüglich der kindlichen Temperamente ging er von einer großen Varianz aus, sondern auch bezüglich der unterschiedlichen Erziehungsmilieus. Das eigentlich spannende Thema war für ihn nun gewissermaßen die „Passung" zwischen kindlicher Anlage und familiärem Erziehungsmilieu: „Wenn ein dogmatisch-strenges Milieu die Erziehung eines passiv angelegten Kindes begünstigt, so eignet sich ein idealistisches Milieu als Nährboden für Kinder mit Anlagen zur Aktivität. Ich glaube, dass viele schmerzliche Überraschungen hier ihren Ursprung haben" (ebd., S. 63). Als Ziel schwebte ihm so etwas vor wie „voneinander abweichende Entwicklungsprofile für Kinder von verschiedenem Typus" (ebd., S. 70), nach Möglichkeit noch unter Berücksichtigung der unterschiedlichen Entwicklungsverläufe, die diese unterschiedlichen „Kindertypen" unter je unterschiedlichen Milieubedingungen nehmen.

Neben den anlagebedingten Dispositionen und der mangelnden Passung zwischen dem kindlichen Charakter und dem familiären Entwicklungsmilieu gibt es noch einen weiteren Faktor, der nach Korczak eine unmittelbare Umsetzung erzieherischer Intention in erzieherische Wirkung fragwürdig macht. Dies formuliert er als das „Gesetz von der Antithese" (ebd., S. 66) und er postuliert im kindlichen Subjekt eine „Kraft, die sich Beeinflussungen zu widersetzen vermag. ... Es ist ein Verteidigungsmechanismus des Widerstandes, der Gegenwirkung, der Selbstverteidigung, gleichsam der Selbsterhaltungstrieb des geistigen Organismus, wachsam, automatisch funktionierend" (ebd.). Dabei kann diese subjektive Selbstbehauptungstendenz, die durch das „Gesetz von der Antithese" postuliert wird, in beide Richtungen wirken: zu bedenklichen Fehlentwicklungen trotz günstiger erzieherischer Umgebung einerseits und zu erstaunlicher Widerstandskraft gegenüber problembelasteten Milieus andererseits.

Bezüglich des Umgangs mit Diagnosen wie „psychopathisch", „psychasthenisch", „neurasthenisch", „nervös" etc. ist Korczak sehr viel vorsichtiger und zurückhaltender als die deutschen Heilpädagogen jener Zeit: „Ein nervöses Kind – das sagt wenig. Wie so oft, wenn wir die Wirklichkeit nicht kennen, begnügen wir uns mit einem Namen für den unbekannten Inhalt" (ebd., S. 232). Korczak jedenfalls begnügte sich nicht mit Namen, mit diagnostischen Etiketten. Für ihn waren solche Diagnosen, die auf eine angebliche genetische Abweichung verwiesen eher offene Fragen als klare Antworten: „Ist ein nervöses Kind nervlich belastet, weil es von nervösen Eltern stammt, oder weil es von ihnen aufgezogen wurde? Wo ist die Grenze zu suchen zwischen Nervosität und übertriebener Feinheit der nervlichen Struktur, seiner seelischen Prädisposition?" (ebd., S. 61). Gegenüber der in der Kinderforschung herrschenden Tendenz, Abweichungen möglichst genau zu diagnostizieren und zu klassifizieren und die Kinder nach Möglichkeit einer spezifisch pädagogisch-psychiatrischen Sonderbehandlung zuzuführen, hat Korczak eher dafür plädiert, den Horizont dessen, was als pädagogisch „normal" und „erwartbar" gilt, weiter zu fassen und ohne psychiatrische Etiketten auszukommen: „Auf dreißig, vierzig Kinder muß es ein unnormales oder unmoralisches geben, ein sehr vernachlässigtes, ein boshaftes und asoziales, unverträgliches und ungeliebtes, ein gewalttätiges von wildwuchernder ungewöhnlicher Individualität, ein tollpatschiges oder schwächliches. Das muß so sein!" (ebd., S. 275). Beziehungsweise, Korczak hat von der anderen Seite her die schroffe Grenze zwischen „uns den Normalen" und „denen da mit dem moralischen Defekt" aufgelöst. So schließt er seinen Bericht über die Berliner heilpädagogischen Einrichtungen, wo er zuletzt auf das „weitreichende Gebiet der moralisch geschädigten Kinder" zu sprechen kommt, mit den folgenden, selbstkritisch an die Adresse der Erwachsenen gerichteten, Sätzen: „Unsere Gebrechen wie Unterwürfigkeit, Kompromißbereitschaft, Feigheit, sind Gebrechen unserer kranken schwachen Nerven. Wir fürchten uns vor dem Elend der Vereinsamung, vor Schmerz, vor Strafe, vor dem Verlust der Bequemlichkeit, denn uns mangelt es an psychischer und moralischer Gesundheit, die imstande wäre, allen Gemeinheiten ins Gesicht zu schlagen, jede Schmähung zu bespeien und mit stählerner kämpferischer Hand jeder gerechten Sache zum Sieg zu verhelfen" (Korczak 1999b, S. 66 f.).

Auch bezüglich eines anderen Merkmals, das heute recht selbstverständlich und üblicherweise mit Berufung auf Piaget der Kindheit insgesamt als typisches Defizit unterstellt wird, war Korczak eher skeptisch, nämlich bezüglich des kindlichen „Egozentrismus". Zwar schildert er typische Belege dafür, dass die kindliche Weltsicht durchaus dazu neigt, sich selbst als den „Mittelpunkt aller Dinge und Erscheinungen" aufzufassen. Dann aber führt er aus, dass dies nicht auf ein strukturelles kognitives Defizit, sondern auf einen „Mangel an Erfahrung" zurückzuführen sei und er fragt wiederum kritisch an die Adresse der Erwachsenen zurück, die sich schwer tun, die Welt aus der Perspektive des Kindes zu betrachten: „Unser Verhältnis zu Kindern – ist es nicht Ausdruck des Egozentrismus der Erwachsenen?" (ebd., S. 82). Man ist erstaunt, diese Sätze, die wie eine Kritik an Piaget klingen, in einem Werk zu lesen, das 1914–1916, also zu einer Zeit verfasst wurde, als Piaget selbst kaum den Kinderschuhen entwachsen war.

Insgesamt lässt sich somit die von Korczak praktizierte und in seinen Büchern dokumentierte Kindheitsforschung durch folgende Merkmale beschreiben:

- Kennzeichnend ist die *narrative Orientierung*, d. h. die erzählerische Vergegenwärtigung konkreter Erfahrungen und Beobachtungen im Umgang mit Kindern. Diese werden in einer Sprache geschildert, die nahe an der Alltagssprache bleibt, die die Komplexität und Facettenhaftigkeit der pädagogischen Realität zu bewahren sucht und sie nicht sogleich mit theoretischen Deutungsmustern überzieht. Oelkers hat in diesem Zusammenhang auch von einer „poetischen Pädagogik" gesprochen (Oelkers 1984).
- Bedeutsam ist ferner eine *verstehende Orientierung*. Korczak bleibt nicht bei der bloßen Deskription beobachteter Sachverhalte stehen, vielmehr mahnt er ausdrücklich, sich in die Lage der Kinder einzufühlen, die Welt mit ihren Augen zu sehen, ja bisweilen die Kinder besser zu verstehen, als sie sich selbst verstehen: „Wenn ein Kind etwas will, aber nicht weiß, warum, verbirgt es vielleicht die eigentlichen Gründe oder ist sich ihrer nicht sicher. Es ist die Kunst des Erziehers, diese halbbewußten Motive zu erfahren, manchmal nur zu vermuten und oftmals nach langem Suchen zu entdecken". Ausdrücklich fordert Korczak dazu auf, sich für den Gedanken „Dahinter steckt doch etwas" (Korczak 1967, S. 266) offen zu halten, sich nicht mit dem oberflächlichen Schein zufrieden zu geben.
- Die *phänomenologische* Orientierung. Phänomenologie, hier nicht verstanden als Suche nach dem „*Wesen*" einer Sache oder gar nach dem

„*Wesen des Kindes*“, sondern in einem bescheideneren Sinn als „Kunst des genauen, möglichst vorurteilsfreien Hinschauens“, als wache Aufmerksamkeit, auch auf scheinbar unbedeutende und nebensächliche Dinge. Besonders beeindruckend ist für mich in dieser Hinsicht Korczaks Sammlung von Kinderfragen. In dem Buch „Wie man ein Kind lieben soll“ werden auf 20 Seiten einfach jene spontanen Fragen zusammengetragen, die Kinder über „Gott und die Welt“ stellen, und allein aus dieser schlichten Sammlung lässt sich ein plastischerer Eindruck über die besondere Art des kindlichen Erlebens und seiner Bemühungen, die Welt zu begreifen, gewinnen als aus mancher entwicklungspsychologischen Abhandlung.

- Die *Subjektorientierung*: In Korczaks Schriften kommt in besonders prägnanter Form jener Aspekt zum Ausdruck, den Nohl als das pädagogische Kriterium schlechthin benannt hat: „Die Einstellung auf das subjektive Leben des Zöglings“ (Nohl 1935), d. h. das Kind als Subjekt seiner eigenen Lebens- und Sinnerschließungen anzusehen und, soweit dies möglich ist, dessen subjektive Erlebnisperspektive nachzuvollziehen.
- Die Eingebundenheit der Kindheitsforschung in einen *Beziehungskontext*. D.h. Korczak reflektiert nicht aus der distanzierten Position des unbeteiligten Beobachters heraus, sondern aus der Position des alltäglichen Umgangs und der Vertrautheit, aus der Position desjenigen, der sich auf die Kinder einlässt, der sich um sie sorgt, der sich mit ihnen freut, der mit und bisweilen an ihnen leidet.
- Weiterhin ist Korczaks Kindheitsforschung in einen *pädagogischen Handlungskontext* eingebunden. Er trägt Verantwortung für die Kinder. Kindliche Motive und Bedürfnisse richtig einzuschätzen, unterschwellige Prozesse in der Kindergruppe zu verstehen, ist für ihn elementar wichtig, um in den konkreten Situationen angemessen handeln zu können. Gerade auch die Reflexion über die Misserfolge, die Irrtümer, die Erfahrungen des Scheiterns stellen damit eine wichtige Erkenntnisquelle dar. Jene Sätze, die Korczak dem Kapitel über die „Sommerkolonien“ als Motto voranstellt, scheinen mir ein auch heute noch durchaus aktuelles Programm pädagogischer Forschung zu enthalten: „Sage lieber, welche Hoffnungen du selbst hegtest, welchen Täuschungen du erlagst, auf welche Schwierigkeiten du gestoßen bist, wie sehr du gelitten hast, als du der harten Wirklichkeit begegnetest, welche Fehler du begingst, und, als du sie korrigiertest, wie du dich gezwungen sahst, von geheiligten Grundsätzen abzugehen, auf welche Kompromisse du eingegangen bist“ (Korczak 1967, S. 234).
- Zentral wichtig für Korczaks Zugang zum Kind ist weiterhin das *Bewusstsein von der Differenz*. Der Differenz einerseits, die *zwischen den Kindern* besteht aufgrund der Vielfalt von Typen, Temperamenten, Charakteren, der unaufhebbaren Differenz andererseits, die durch die tiefgreifende Fremdheit *zwischen Erwachsenen und Kindern* bedingt ist.

- Damit verbunden ist dann auch das *Bewusstsein für die Vorläufigkeit und die Ungesichertheit all unseres Wissens über Kinder.* „Es gibt keine ‚Kinder an sich' – es sind Menschen; aber mit einer anderen Begriffsskala, einem anderen Erfahrungsschatz, anderen Trieben und anderen Gefühlsreaktionen. Denk immer daran, dass wir sie nicht kennen" (ebd., S. 156), so warnt er den Leser. Und an anderer Stelle dieses Buches, das sich in so vielen subtilen Beobachtungen und Reflexionen um ein Verständnis des Kindes bemüht, heißt es: „Wir kennen das Kind nicht, schlimmer noch, wir kennen es nur aus Vorurteilen" (ebd., S. 226).
- Neben dieser anthropologisch-phänomenologischen Perspektive auf *Kinder*, bei der es primär um eine möglichst genaue Erfassung ihrer Weltsicht, ihres Denkens und Fühlens geht, hat Korczak *Kindheit* durchaus auch schon *als sozialen Status* begriffen. So hat er etwa von Kindern *als einer unterdrückten Minderheit* gesprochen und auf ihre Benachteiligung im gesellschaftlichen Verteilungskampf hingewiesen. In diesem Sinn hat er auch ganz handfeste politische Forderungen erhoben: „Machen wir Bilanz, berechnen wir, wieviel dem Kinde danach vom Gesamteinkommen zusteht, wieviel ihm als sein rechtmäßiger Anteil nicht aus Gnade und nicht aus Almosen zukommt" (Korczak 1970, S. 24).

4 Vom Untergang der „*Kinder*forschung" und vom Aufstieg der „*Kindheits*forschung"

Das interdisziplinäre Forschungsparadigma, das sich mit Blick auf das Kind zu Beginn dieses Jahrhunderts im Schnittfeld von Pädagogik, Heilpädagogik, Psychologie und Psychiatrie formierte und das auf dem Berliner Kongress einen ersten Höhepunkt erlebte, firmierte unter der Bezeichnung „*Kinderforschung*". In der „Zeitschrift für Kinderforschung" (1896–1944) hatte diese Bewegung ihr wichtigstes Publikationsorgan. Mit dem Niedergang dieser Zeitschrift verlor auch der Begriff „Kinderforschung" und das gemeinsame Anliegen an Bedeutung. In der Zeit des Nationalsozialismus dominierten eugenische, erb- und rassenbiologische Konzepte und volkswirtschaftliches Kosten-Nutzen-Denken die Theorie der Heilpädagogik und Kinderpsychiatrie und ideologische Drill- und Führerpädagogik die Praxis der Pädagogik. Korczak und seine Kinder haben die Unmenschlichkeit jenes Zeitgeistes in seiner ganzen Härte erfahren müssen. Nach dem zweiten Weltkrieg differenzierten sich die Disziplinen immer mehr und Sozialpädiatrie, Kinderpsychiatrie, Pädagogische Psychologie, Entwicklungspsychologie, Sonderpädagogik, Sozialpädagogik, Erziehungswissenschaft und Sozialisationsforschung gingen zunehmend getrennte Wege. Gegen Ende des 20. Jahrhunderts hat sich allerdings unter dem Titel „*Kindheitsforschung*" ein neues interdisziplinäres Paradigma konstelliert und in kurzer Zeit eine umfangreiche Literatur hervorgebracht. Dieses neue Paradigma unterscheidet sich jedoch grundlegend von dem was einstmals unter „Kinderforschung“ verstanden wurde.

Auch bei der neuen „Kindheitsforschung“ handelt es sich um ein interdisziplinäres Unternehmen. Lange spricht von den „Mutterdisziplinen“ Entwicklungspsychologie und Sozialisationsforschung, von denen sich das neue Paradigma zunehmend emanzipiert hätte (Lange 1995, S. 55). Zinnecker nennt Bildungssoziologie, Erziehungswissenschaft, Entwicklungs- und Pädagogische Psychologie, Sozial- und Kulturgeschichte, Literaturwissenschaft, Volkskunde und Ethnologie als die Gebiete, die zur Entstehung des neuen Feldes beigetragen hätten (Zinnecker 2000, S. 203). Zu verstehen ist die ganze neue Bewegung sicherlich auch nicht ohne den Einfluss der Forschungen zur Geschichte der Kindheit, speziell der Werke von Ariès (1975) und deMause (1977). Bei aller Gegensätzlichkeit ihrer Bewertungen bezüglich der langfristigen geschichtlichen Entwicklungstrends des intergenerationalen Verhältnisses als Ausgrenzungs- oder als Fortschrittsgeschichte haben doch diese Werke erst das Bewusstsein für die historische Relativität von Kindheit geweckt. In diesem Sinne schreibt Hartmut von Hentig in seinem Vorwort zur deutschen Ausgabe von Ariès' „Geschichte der Kindheit“: „Von Kindern meinen wir, sie seien wie das Gras – zu allen Zeiten gleich. Erst die Jugendlichen scheinen am Wandel der Gesellschaft, an der Geschichtlichkeit teilzunehmen. ... Daß dies nicht so ist, habe ich jetzt gelernt: Die heutigen Kinder sind ganz offensichtlich die Kinder *ihrer* Zeit und ihrer Umwelt, sie sind ihr entlarvendster Spiegel“ (Hentig 1975, S. 32).

Nicht die ontogenetischen *Wandlungen des individuellen Kindes* im Laufe seines Aufwachsens, d. h. im Durchgang durch die typischen altersbedingten Reifungs- und Entwicklungsprozesse stehen im Zentrum der neueren Kindheitsforschung, auch nicht die diversen Formen der Abweichungen und Probleme vom „normalen „Entwicklungsgang“, wie dies in der Kinderforschung um die Jahrhundertwende der Fall war, sondern die *Wandlungen der Kindheit als eines historischen Phänomens, eines gesellschaftlichen Segments, eines sozialen Gebildes, eines kulturellen Musters*. Dieses wird konstituiert durch entsprechende, speziell für Kinder geschaffene Einrichtungen und Regelungen, Angebote und Erwartungen einerseits, durch Belastungen und Gefährdungen, Ausgrenzungen und Zumutungen, die mit der „strukturellen Rücksichtslosigkeit“ der Gesellschaft gegenüber Kindern verbunden sind, andererseits. „Kindheit“ in diesem Sinne ist nicht eine naturwüchsige Gegebenheit, nicht ein anthropologischer Grundtatbestand, sondern eine Angelegenheit, die auf das engste zusammenhängt mit gesellschaftlichen Modernisierungs- und Individualisierungsprozessen. In diesem Sinne ist „Kindheit“ etwas, das geprägt wird, u. a. von der gesellschaftlichen Organisation der Arbeit und der Freizeit, von den Formen des Wohnungsbaus und der Verkehrsplanung, von den demographischen Entwicklungen und der Renten-

und Steuergesetzgebung, von der Ausstattung der Kindergärten und von der Gliederung des Schulsystems, von der rasanten Entwicklung der Unterhaltungsmedien und von der Ausweitung eines speziell auf Kinder zugeschnittenen Warenmarktes, von den Veränderungen in den Geschlechterverhältnissen und in den Familienstrukturen, von den kinderkulturellen Angeboten und von der pädagogischen Ratgeberliteratur und natürlich von den sich wandelnden Vorstellungen in den Köpfen der Erwachsenen und den damit zusammenhängenden Erziehungsmentalitäten, also den Überzeugungen davon, wie Kinder sind, was von ihnen zu erwarten und was ihnen zuzugestehen und zuzumuten ist.

Da offensichtlich eben auch letzteres einem historischen Wandel unterworfen ist, hat der Gedanke von der „Kindheit als Konstrukt" in der neueren Kindheitsforschung einen zentralen Status. In diesem Sinne heißt es bei Lange: „Die Kindheit als Ausdruck von sozialen Erfindungen und sozialen Konstruktionsprozessen zu sehen", sei „eine in der neueren Literatur in verschiedensten Varianten nachweisbare Figur wissenschaftlichen Argumentierens, die für die Kindheitsforschung zum Teil geradezu einen konstitutiven, den Gegenstand begründenden Charakter annimmt" (Lange 1995, S. 56). Entsprechend gelten dann auch alle Fragen nach dem „Kindgemäßen" (vgl. Bittner 1981a, 1991b) oder nach den spezifisch „kindlichen Bedürfnissen" (vgl. Göppel 1998) als anachronistisch und ideologisch befrachtet.

In diversen Forschungsprojekten wurden den gesellschaftlichen Veränderungstrends bezüglich der Kindheit nachgegangen und umfangreiches Datenmaterial wurde zusammengetragen um die Lage und den Wandel der Kindheit hierzulande zu beschreiben. Dabei wurden zahlreiche Schlagworte geprägt, um diese Veränderungstendenzen auf den Begriff zu bringen. Schon Hentig hat in seinem Ariès-Vorwort die moderne Kindheit mit der Charakterisierung als „Fernsehkindheit, pädagogische Kindheit, Schulkindheit, Zukunftskindheit, Stadtkindheit, Kinder-Kindheit" (Hentig 1975, S. 32) auf eine vielzitierte Formel gebracht. Weitere Begriffe zur Beschreibung der Veränderungstrends, die in der Diskussion eine Rolle spielen, sind etwa: „Verhäuslichung", „Verinselung", „Verselbständigung", „Verfrühung", „Versportung" „Isolierung", „Egalisierung", „Emotionalisierung", „Destabilisierung" „Institutionalisierung", „Pädagogisierung", „Mediatisierung", „Technisierung", „Kommerzialisierung", „Medikalisierung", „Therapeutisierung", „Juridifizierung", „Biographisierung" etc.

Die Kindheitsforschung beschäftigt sich also in erster Linie damit, wie *Kindheit als sozialer Raum,* als ein komplexes Möglichkeits-, Zumutungs- und Erwartungsgefüge, welches die Gesellschaft für den Nachwuchs bereit hält, beschaffen ist. Auch wenn immer wieder vor einseitigen, romantisierenden, die Situation der Kinder in früheren Epochen verklärenden, Bewertungen gewarnt wird, lässt sich generell in jener Kindheitsforschung doch eine deutliche Tendenz wahrnehmen, die Entwicklung der letzten Jahrzehnte eher unter dem Aspekt eines Verlustes an Lebensqualität bzw. einer Zunahme der Problembelastung der Kinder zu bilanzieren.

Obwohl die Kindheitsforschung somit natürlich auch maßgebliche *Sozialisationsfaktoren* beschreibt und analysiert, unterscheidet sie sich doch deutlich von der Sozialisationsforschung traditioneller Prägung. Ja, sie grenzt sich bisweilen scharf davon ab und versteht sich gewissermaßen als Gegenprogramm dazu. Dem Sozialisationsparadigma wird nämlich vorgeworfen, dass es gar nicht wirklich an *Kindern als Kindern*, also an ihren gegenwärtigen Vorstellungen, Ansprüchen und Bedürfnissen interessiert sei, sondern dass sie sie nur im Hinblick auf die Prozesse der gelingenden oder misslingenden Integration in die Erwachsenengesellschaft, mithin im Hinblick auf ihre *künftige Rolle* im Blick habe. Kinder sollen demnach nicht mehr als *„Werdende"*, als *„In-Entwicklung-Begriffene"*, sondern als *„Seiende"*, als *„vollwertige Mitglieder der Gesellschaft"* betrachtet werden (vgl. Wilk/Bacher 1994, S. 12, vgl. a. Zinnecker 1996).

Die neue Kindheitsforschung interessiert sich entsprechend weniger für die *Wirkungen* jener Faktoren, die das Aufwachsen von Kindern heute bestimmen, versucht erst recht nicht, entsprechende Wirkungen als Niederschläge in bestimmten Persönlichkeitsmerkmalen isolierend zu messen, sondern sie nimmt viel stärker die individuellen *Umgangsweisen* der Kinder mit jenen komplexen Lebensbedingungen in den Blick und versucht, diese differenziert zu beschreiben. Nicht das Kind als „Opfer", als „Produkt gesellschaftlicher Verhältnisse", sondern das „produktiv realitätsverarbeitende Subjekt" (Hurrelmann 1983), das Kind als Person, als Akteur, als Manager seines Alltags, als aktiver Gestalter seiner Beziehungen, ist das implizite Leitbild dieser Kindheitsforschung. Es geht in den einschlägigen empirischen Studien zum Beispiel darum, wie Kinder ihre Zeit einteilen, wie sie Räume erobern und umfunktionalisieren, wie sie ihre Freizeit organisieren, wie sie Verabredungen treffen, Freundschaften bilden, Konflikte schlichten, Freizeiteinrichtungen nutzen, mit den Medien umgehen, Kaufentscheidungen fällen etc.

In Kurzform lassen sich die zentralen Merkmale der neueren sozialwissenschaftlichen Kindheitsforschung vielleicht folgendermaßen zusammenfassen:

- Ausgangspunkt ist ein Verständnis von *Kindheit als historisch wandelbares, durch und durch gesellschaftliches Phänomen.*
- Im Zusammenhang damit und unter dem Einfluss konstruktivistischer Denkmuster wird Kindheit üblicherweise als *„soziales Konstrukt"* gefasst und damit werden dann alle Versuche, nach der „Natur" oder dem „Wesen" des Kindes, nach seinen „wahren Bedürfnissen" oder seinem „spezifischen Weltbild" zu fragen, als Ontologisierungen zurückgewiesen.
- Die *Kritik wendet sich* damit auch *gegen die traditionelle Entwicklungspsychologie* mit ihren Phasenmodellen und ihren Beschreibungen der kindlichen Kompetenzen und Problembearbeitungsweisen als defizitär

gegenüber der der Erwachsenen *und gegen die traditionelle Sozialisationstheorie* mit ihrem Interesse an den langfristigen, „prägenden Wirkungen" bestimmter Sozialisationsfaktoren oder bestimmter Milieus. Beiden wird vorgeworfen, dass sie zu sehr am Kind als „Werdendem" und zu wenig am Kind als „Seiendem", d. h. an seiner gegenwärtigen Lebenslage und Lebensqualität interessiert seien.

- Demgegenüber wird das *Kind als Akteur* untersucht, der sich eigenständig handelnd mit den Gegebenheiten seiner Umwelt auseinandersetzt, seine Beziehungen gestaltet, seine Zeit einteilt, seine Räume erobert, seine Interessen zu realisieren versucht. Im Mittelpunkt steht die Frage, wie Kinderalltag zustande kommt.
- Ein zentraler Leitbegriff der neueren Kindheitsforschung ist in diesem Sinn der der *„Selbständigkeit"*. So heißt es etwa bei Preuss-Lausitz/Rülcker/Zeiher, Untersuchungen über die gegenwärtige Lage hätten ergeben, „daß sich ein zentrales Moment heutiger Kindheit im Begriff ‚Selbständigkeit' fassen lässt" (1990, S. 7).
- Aufgrund der hohen Bedeutung, welche dem Merkmal der „Selbständigkeit" zugesprochen wird, ist *ein beliebtes Bild in der neueren Kindheitsforschung das des „kleinen Erwachsenen"*. In diesem Sinne heißt es etwa bei Hurrelmann: „Da unsere Kinder durch den Zwang der Verhältnisse notgedrungen zu ‚kleinen Erwachsenen' geworden sind, müssen wir sie nun auch wie Erwachsene behandeln" (Hurrelmann 1994, S. 77).
- Insgesamt gibt es eine starke Verbindung zwischen der neueren Kindheitsforschung als einer „internationalen Wissenschaftsbewegung" und der entsprechenden internationalen *Kinderrechtsbewegung*: „Die neue sozialwissenschaftliche Kindheitsforschung am Ende des Jahrhunderts ist eindeutig politisch unterfüttert. Sie ist getragen von der Kinderrechtsbewegung und dem Interesse, den politischen und gesellschaftlichen Status von Kindern und von Kindheit zu verbessern" (Zinnecker 1999, S. 74).
- Methodisch herrschen in der neuen Kindheitsforschung einerseits *fragebogenbasierte Surveyerhebungen* vor, um die Einstellungen, Präferenzen, Interessen, Wünsche, Befürchtungen und Befindlichkeiten von Kindern zu beleuchten (Zinnecker/Silbereisen 1996, Zinnecker/Behnken/Maschke/Stecher 2002, Wilk/Bacher 1994, Milhoffer 2000, Bucher 2001). Kinder werden nun von der Meinungsforschung als relevante Zielpersonen, als kompetente Gesprächspartner über ihre Lebensverhältnisse anerkannt. Andererseits gibt es aber auch eine starke *Tendenz zu ethnographischen Methoden* (vgl. Zinnecker 1995, Schäfer 1997). D.h. Kinder werden gewissermaßen mit „fremdem Blick" dabei beobachtet und begleitet, wie sie in der Schule miteinander interagieren, wie sie Konflikte aushandeln (Krappmann/Oswald 1995), Geschlechterrollen konstruieren (Kelle/Breidenstein 1999) oder wie sie in unterschiedlichen großstädtischen Milieus ihre Freizeit gestalten (Zeiher/Zeiher 1994). Als zentrales metho-

disches Problem steht dabei der Anspruch zur Diskussion, als erwachsener Forscher Darstellungen *„aus der Perspektive von Kindern"* zu liefern (vgl. Schäfer 1997, Honig/Lange/Leu 1999).

- Im Mittelpunkt des Interesses steht die *Kultur der Kinder*, ihre Interaktionen untereinander, nicht die Interaktionen mit Erwachsenen. Selbst dann, wenn der Beobachtungsort die Schule ist, wird der *pädagogische Kontext als solcher eher ausgeblendet.* D.h. es geht in der neuen Kindheitsforschung kaum um Fragen der Angemessenheit und Legitimität bestimmter pädagogischer Haltungen und Handlungsformen im Umgang mit Kindern oder um die Reaktionen der Kinder auf die pädagogischen Angebote und Intentionen der Erwachsenen.
- Wenn Kinder im Rahmen von Forschungsprojekten *differenziert und typisiert* werden, dann nicht mehr nach Temperament, Naturell, Begabung, Entwicklungstempo oder nach pathologischen Abweichungen und Auffälligkeiten, sondern eher *nach „Modernisierungsgrad"* (du Bois-Reymond/Büchner/Krüger/Ecarius/Fuhs 1994), nach *„Individualisierungsgrad"* (Wilk/Bacher 1994), nach *„Risikobelastung"* oder nach *„Lebenszufriedenheit"* (Zinnecker 1997, Bucher 2001).

5 Janusz Korczak und die neue Kindheitsforschung – eine Mutmaßung

Was hätte wohl Korczak zu dieser neuen sozialwissenschaftlichen Kindheitsforschung gesagt? Ich denke, er wäre zunächst sicherlich beeindruckt gewesen, von der Intensität und Differenziertheit, mit der sich die Wissenschaft dem Thema Kindheit zugewandt hat, von der Fülle an Material, welche über die Lebenssituation von Kindern zusammengetragen wurde, von der Art und Weise, wie Kinder als kompetente Auskunftspersonen in eigener Sache heute von der Forschung ernstgenommen werden, wohl auch über die Leidenschaft, mit der sich Erwachsene in diesem Zusammenhang für die Stärkung der Rechte der Kinder einsetzen.

An einem Punkt hätte er wohl mit einigem Recht darauf verweisen können, dass bestimmte Forderungen, die heute im Rahmen der Kindheitsforschung mit dem revolutionären Gestus der grundlegenden Innovation und der Umstürzung aller bisherigen Perspektiven verkündet werden, von ihm vor knapp 90 Jahren schon in ganz ähnlicher Weise erhoben worden sind. Die Forderung nämlich, Kinder in ihrem gegenwärtigen Status und in ihren gegenwärtigen Ansprüchen als Kinder ernst zu nehmen, sie in ihrem gegenwärtigen Sein als Kinder zu achten und entwicklungspsychologische Betrachtungen und pädagogische Forderungen nicht primär von ihrer künftigen Persönlichkeit her, sprich von den erwünschten, erhofften, angestrebten Entwicklungs- und Erziehungszielen her zu denken und zu begründen. „Um der Zukunft willen wird gering geachtet, was es heute erfreut, traurig macht, in Erstaunen versetzt, ärgert und interessiert. Für dieses Morgen, das es weder versteht, noch zu verstehen braucht, betrügt man es um viele Lebensjahre“ (Korczak 1967, S. 45). Mit dem berühmten „Recht des Kindes auf den heutigen Tag“ war nämlich genau diese Betonung der zeitlichen „Nahperspektive“ gemeint, keineswegs jedoch ein Recht des Kindes darauf, einfach stets den momentanen Launen zu folgen, allein der eigenen Lust zu leben oder rücksichtslos nur die eigenen Interessen gelten zu lassen. Jürgen Oelkers hat die provokative Frage gestellt „War Korczak Pädagoge?“ und er hat recht überzeugend deutlich gemacht, dass Korczak mit zwei bis dahin ganz selbstverständlich geltenden Grundüberzeugungen der abendländischen pädagogischen Tradition gebrochen hat, nämlich einerseits mit der Vorstellung, dass Erziehung primär für die Gestaltung der *Zukunft* des Kindes zuständig sei, und andererseits mit der Vorstellung, dass Pädagogik über die *Mittel* verfüge, dies auch nach Plan leisten zu können. In dieser Tradition war ein Pädagoge jemand, „der das Handeln so gestalten kann, daß ferne zukünftige Ziele erreichbar werden“ (Oelkers 1982, S. 54). Korczak behauptet nun nach Oelkers „nicht mehr und nicht weniger, als daß die Erziehung den Zukunftsbezug aufgeben muß und trotzdem sinnvoll sein kann“ (ebd., S. 52). „Was Korczaks Pädagogik fundamental unterscheidet, ist der Ausgang vom Sein statt vom Werden der Kinder“ (ebd., S. 49). Damit werden einerseits der Kern von Oelkers Titelformulierung und andererseits die Nähe Korczaks zu zentralen Forderungen der heutigen Kindheitsforschung deutlich.

Bezüglich eines anderen zentralen Punktes in der modernen Kindheitsforschung hätte sich Korczak dagegen wohl eher verwundert die Augen gerieben, nämlich bezüglich den in der neueren Literatur zur Kindheitsforschung häufig auftauchenden Tendenzen zur radikalen konstruktivistischen Relativierung aller Aussagen über Kinder. Verbunden damit ist dann häufig auch eine gewisse Tendenz zur Negierung der generationalen Differenz, wie sie etwa in der Rede vom Kind als „kleinem Erwachsenen“ offensichtlich wird. Unter der forcierten Betonung des Aspekts der „Selbständigkeit“ werden dabei insbesondere all die Aspekte von Angewiesenheit, Hilfsbedürftigkeit, Ausgeliefertheit verleugnet, die Kindheit eben auch ausmachen. Hier wird deutlich, dass in der neueren sozialwissenschaftlichen Kindheitsforschung eine ausgesprochene Tendenz zur „Political Correctness“ herrscht (vgl. Zinnecker 1999), für die alle Formulierungen, die auch nur entfernt an die Rede vom „Kind als Mängelwesen“ erinnern könnten, mit einem ausgeprägten Tabu belegt sind.

So heißt es etwa in dem weitverbreiteten „Grundkurs Erziehungswissenschaft“, in dem der Herausgeber, Dieter Lenzen, selbst den Artikel zum Stichwort „Das Kind“ geschrieben hat: Die Zuschreibung „Kind“ sei gewissermaßen eine pädagogische Erfindung zur Legitimation der erzieherischen Ambitionen der Erwachsenen: „Zum Kind wird jetzt alles definiert, was ‚noch nicht' ist: reif, erwachsen, verantwortlich, fähig, gebildet, ausgebildet... Das gemeinsame Merkmal dieses ‚noch nicht' heißt *Mündigkeit.* Wer noch nicht mündig ist, ist Kind" (ebd., S. 357). Alle Aussagen über Kinder sagen somit für Lenzen letztlich mehr über den Erwachsenen, der sie formuliert aus, als über Kinder. – Natürlich, so muss man hinzufügen, sagen auch solche Sätze wie die oben zitierten wiederum etwas aus über die Erwachsenen sowie über das Verhältnis, das moderne Kindheitsforscher zu ihrem Gegenstand haben.

Vor lauter Furcht, mit der eigenen Forschung ein Wissen hervorzubringen, das als pädagogisches „Verfügungswissen" verstanden werden könnte, beschreibt die jüngere soziologische Kindheitsforschung tendenziell Kinder „als hätten sie das ‚Großwerden' schon hinter sich" (Honig 1996, S. 338).

Luise Winterhager-Schmid hat weiterhin gezeigt, dass in der neueren sozialwissenschaftlichen Kindheitsforschung eine ausgeprägte Tendenz besteht, Beschreibungen und Analysen unterschiedlicher Formen heutigen Kinderlebens unter der Hand normativ zu wenden. Es würde nämlich „ein der Moderne kompatibles neues Kindheitsmuster als Trendsetter und Zukunftsvision von Kindheit mit normativem Gehalt aufgeladen" und es gehöre „zu den auffälligen Paradoxien, dieses neuen normativen Musters, dass alles, was terminologisch bisher dem Status ‚Kind' zugesprochen wurde – Kindheit als Familienkindheit, Schutz-, Anlehnungs- und Anleitungsbedürftigkeit von Kindern, ihre leiblich-seelische Verwundbarkeit; kurz ihre Kindlichkeit –, als Zeichen von defizitärer Zurückgebliebenheit beurteilt wird" (Winterhager-Schmid 2002, S. 28).

Ebenso wie Jürgen Oelkers mit seiner Betonung des „Seins" im Gegensatz zum „Werden" bei Korczak dessen Berührungspunkt zur modernen Kindheitsforschung markiert hat, hat er mit einer weiteren Charakterisierung des Korczak'schen Denkens auch den grundlegenden Unterschied zur heutigen Kindheitsforschung auf den Punkt gebracht: „Korczak sieht genau, welche Differenzen zwischen der kindlichen Welt und der Welt des Erwachsenen bestehen, selbst wenn er sie ‚nur' mit Erfahrungsunterschieden erklärt. ... Gegenüber der pädagogischen Tradition, die das Kind erzieherisch *verändern* will, fordert Korczak, die kindliche Welt zu *schützen*" (Oelkers 1982, S. 53).

Für Korczak hätte wohl weder die Rede von der „Konstruktion" von Kindheit (Scholz 1994) noch die von der „Dekonstruktion" von Kindheit (Zeiher 1996), weder die von ihrer „Erfindung" (Reich 1998) noch die von ihrem „Verschwinden" (Postman 1983), weder die von ihrer „Liquidierung" (Hengst 1981) noch die von ihrer „Auflösung" (Brinkmann 1987) viel Sinn gemacht. Ihm ging es um Achtung vor den Kindern als Wesen mit eigener Würde und um Respekt vor der Kindheit als eines Lebensbezirks mit eigenem Charakter, der den Erwachsenen nur sehr begrenzt zugänglich ist.

Kapitel 2

„Kinder denken anders als Erwachsene..."

Was wird aus dem „magischen Weltbild des Kindes" angesichts der Rede von der „Kindheit als Konstrukt"?

„Das gewichtige Interesse der Erziehungslehre an der Psychoanalyse stützt sich auf einen zur Evidenz gebrachten Satz: Ein Erzieher kann nur sein, wer sich in das kindliche Seelenleben einfühlen kann, und wir Erwachsenen verstehen die Kinder nicht, weil wir unsere eigene Kindheit nicht mehr verstehen. Unsere Kindheitsamnesie ist ein Beweis dafür, wie sehr wir ihr entfremdet sind. Die Psychoanalyse hat die Wünsche, Gedankenbildungen, Entwicklungsvorgänge der Kindheit aufgedeckt; alle früheren Bemühungen waren in ärgster Weise unvollständig und irreleitend."

Sigmund Freud

So, wie es im Hinblick auf die Kindheit selbst wenig Sinn macht, die Geschichte der Kindheit als permanente Fortschrittsgeschichte bzw. als bloße Niedergangs- und Verfallsgeschichte zu rekonstruieren (vgl. deMause 1977, Aries 1975, Postman 1983, Lenzen 1994), so ist es auch im Hinblick auf die Kindheitsforschung wohl nicht angemessen, davon auszugehen, dass es sich hier um eine streng lineare Fortschrittsgeschichte in dem Sinne handelt, dass unser Wissen um kindliche Entwicklung und kindliche Bedürfnisse dabei ständig nur erweitert, ausdifferenziert und gefestigt wird. Vielmehr gibt es auch in diesem Bereich Umbrüche, Moden, „Paradigmenwechsel". Es gibt Themen, Fragen, methodische Zugänge, die für eine bestimmte Zeit ins Zentrum der Aufmerksamkeit rücken und dann wieder an Attraktivität verlieren oder gar als verpönt gelten. Und es besteht damit natürlich potentiell die Möglichkeit des Rückschritts, des Ausblendens von Fragen und des Ignorierens und Vergessens von Erkenntnissen, die für ein angemessenes Verständnis von Kindern eigentlich bedeutsam sind. Ein Thema, das einstmals großes wissenschaftliches Interesse fand (vgl. Hansen 1965, Zulliger 1966) und das heute eher an den Rand gedrängt erscheint, ist die Frage nach der Entwicklung und nach den qualitativen Besonderheiten des kindlichen „Weltbildes".

Zwei Tendenzen bestimmen maßgeblich die jüngere Diskussion zum Thema Kindheit und kindliches Lernen. Die eine lässt sich als „konstruktivistisch" beschreiben, die andere als „bildungstheoretisch". Beide Tendenzen hängen zusammen und beide haben gewissermaßen ein „doppeltes Gesicht": Unter der konstruktivistischen Perspektive auf die Kindheit wird einerseits die Frage nach der Eigenart der kindlichen Welterkenntnis gestellt: *Wie konstruiert sich der kindliche Geist seine Welt?* Wie schafft er Ordnung und Struktur in der Vielfalt der Eindrücke und Erfahrungen, die auf ihn einstürmen? Hier könnte man nun durchaus eine große Nähe zu dem Thema des „kindlichen Weltbildes", das oben als ein gegenwärtig eher vernachlässigtes charakterisiert wurde, vermuten. Bei näherer Betrachtung erweist sich jedoch, dass trotz der ständigen Rede vom „Konstruktcharakter" kindlicher Welterkenntnis (und menschlicher Welterkenntnis schlechthin) meist gar kein rechtes Interesse für die alters- und entwicklungsspezifische Typik, gar für die „Gesetzmäßigkeiten" dieser Konstruktionsleistungen besteht, sondern dass diese Rede in der Regel lediglich dazu dient, die Vorstellung der Möglichkeit der direkten Instruktion, der unmittelbaren Übertragung von Wissensbeständen des Lehrenden in den Geist des lernenden Kindes, zurückzuweisen. Die Betonung geht dahin, dass diese Konstruktionen subjektiv seien, damit eben gerade *keinen* Regeln, „Gesetzmäßigkeiten" oder Typiken folgten, sondern eher von idiosynkratischen Vorerfahrungen, Interessen und Aufmerksamkeiten abhingen.

Andererseits wird häufig aber auch in sozialhistorisch-relativistischem Sinn die Frage nach dem Konstruktcharakter von Kindheit selbst gestellt: *Wie konstruieren Erwachsene zu unterschiedlichen Zeiten und in unterschiedlichen gesellschaftlichen Kontexten Kindheit?* Welche Eigenarten, Bedürfnisse, Kompetenzen und Defizite werden Kindern dabei jeweils zugeschrieben? Welche Bilder von Kindheit werden von wem mit welchen Interessen entworfen und finden unter welchen gesellschaftlichen Bedingungen Verbreitung?

Auch die bildungstheoretische Perspektive auf die Kindheit kommt in sehr unterschiedlichen Varianten vor. Einerseits richtet sich hier das Interesse, gerade im Blick auf die frühe Kindheit, auf die individuellen, autochtonen, schöpferischen Prozesse der Weltaneignung. Frühkindliche Bildung wird dann primär als „Selbst-Bildung" im Medium von Spiel und Phantasie verstanden. Pädagogisch geht es darum, das „andere Denken" des Kindes besser zu verstehen, es als bedeutsam zu achten und ihm Anregung und Entfaltungsraum zu bieten.

Andererseits richtet sich, gerade im Zusammenhang mit der PISA-Debatte, das Interesse auf die institutionellen und ökonomischen Aspekte der besseren Nutzung von Bildungszeit und von „Bildungsressourcen" und entsprechend wird zunehmend beklagt, dass der traditionelle Kindergarten seinem Bildungsauftrag nicht gerecht würde, weil dort bisher zu wenig systematische Sprachförderung, Denkschulung und Welterklärung betrieben würde. Entsprechend wird dann das „andere Denken" des Kindes eher als defizitär betrachtet und es geht im pädagogischen Kontext darum, dieses naive kindliche Denken durch Aufklärung und Unterweisung, durch Experimentieren und Üben möglichst früh den „besseren", „richtigeren", „korrekteren" Weisen des erwachsenen Weltverstehens anzunähern.

Wie ist nun die psychoanalytische Tradition der Kindheitsforschung und der Frühpädagogik in Bezug auf die hier skizzierten Spannungsfelder einzuordnen?

1 Das psychoanalytische Bild vom Kind und die moderne Kindheitsforschung

In den Sätzen des vorangestellten Zitats hat Sigmund Freud 1913 prägnant den zentralen Grund zusammengefasst, weshalb seiner Meinung nach die Erziehungslehre – heute müsste man hinzufügen: die Erziehungswissenschaft – ein „gewichtiges Interesse" an der Psychoanalyse haben müsste. Und gleichzeitig steckt in diesen Sätzen auch ein durchaus „gewichtiger Anspruch": Der Anspruch nämlich, eben jene verborgene Welt der kindlichen Wünsche, Gedankenbildungen und Entwicklungsvorgänge entdeckt und erschlossen zu haben und damit die Perspektive des Kindes, seinen Blick auf die Welt, authentisch darstellen zu können. Dabei geht Freud durchaus von einer naturalistischen, ontologisierenden Grundvorstellung aus. Er spricht von den „gesichertsten Ermittlungen der Psychoanalyse über die Kindheit" (GW Bd. VIII, S. 419) und an anderer Stelle von den „schwierigen Aufgaben, ... die *konstitutionelle Eigenart des Kindes* zu erkennen, aus kleinen Anzeichen zu erraten, was sich in seinem *unfertigen Seelenleben* abspielt" (GW Bd. XV, S. 161). Die heute so populäre Rede von der Kindheit als „sozialem Konstrukt", als einem Phänomen, das irgendwann erfunden wurde und irgendwann auch wieder verschwinden könnte (vgl. Postman 1983), wäre ihm durchaus fremd gewesen. Natürlich geht es ihm auch – die Rede von dem *unfertigen Seelenleben* macht es deutlich – um das Kind als „Werdenden", als „Mensch in Vorbereitung". Tatsächlich ist sein kinderpsychologisches Interesse in erster Linie von seinem klinisch-therapeutischen Interesse her motiviert. Es geht ihm darum, die Wurzelgründe der Neurosen des Erwachsenen in bestimmten Kindheitserfahrungen und Kindheitsvorstellungen zu erforschen. „Der unbekannte Kontinent Kindheit drängte aus dem Schatten der angestrengten Suche nach der Ursache des neurotischen Leidens hervor als selbständiges Erkenntnisziel" (Lorenzer 1979, S. 30).

Obwohl Sigmund Freud Vater von sechs Kindern war und obwohl er auch schon zu der Zeit, als diese zum Teil noch in den Windeln steckten, leidenschaftlich an den Fragen der Genese des Psychischen und der Bedeutung, welche die infantilen Erfahrungen und Erlebnisweisen dabei spielen, interessiert war, hat er selbst jedoch keine systematischen Beobachtungen an seinen

Kindern durchgeführt. So wendet er sich im Februar 1897, als seine eigenen sechs Kinder zwischen einem und neun Jahren alt waren, an seinen Brieffreund und Partner im wissenschaftlichen Gedankenaustausch, Wilhelm Fließ, mit der Bitte, ihm Auskunft zu geben, „wann der Ekel bei kleinen Kindern auftritt und ob es eine ekelfreie Periode des jüngsten Alters gibt". Freud wusste, dass Fließ ein Notizbuch führte, in welchem er jeden Tag systematische Aufzeichnungen über die Entwicklung seines ersten Sohnes machte und dabei insbesondere sämtliche Spuren sexueller Aktivität verzeichnete. Auf die an sich selbst gestellte rhetorische Frage, warum er nicht selber „in die Kinderstube gehe und bei Annerl Versuche mache", gibt er die schlichte Antwort: „Weil ich bei 12 1/2 Arbeitsstunden keine Zeit dazu habe und die Weiblichkeit meine Forschungen nicht unterstützt" (Freud 1887, S. 245).

Direkte Beobachtungen an Kindern, zu denen er später dann seine Schüler und Freunde ausdrücklich „anzueifern" pflegte (GW Bd. VII, S. 244), waren ihm willkommene Bestätigungen für das, was er auf dem Weg der Rekonstruktion in der Analyse erwachsener Patienten erschlossen hatte. Freilich ging es in dieser frühen psychoanalytischen Kinderforschung nie um bloße oder gar um systematische Beobachtung dessen, was Kinder tun und sagen, sondern vielmehr um reichlich theoriegetränkte Deutung dessen, was sich an eigentlichen Wünschen und Ängsten und an verborgenen Gedanken *dahinter* verbirgt. Es ging eben darum, „aus kleinen Anzeichen zu erraten", was sich im *„unfertigen Seelenleben* abspielt". Die Geschichte vom „Kleinen Hans" ist ein eindrucksvolles Dokument dafür. Freud lässt keinen Zweifel daran, dass er letztendlich besser Bescheid weiß über die Probleme und Motive des Knaben als dieser selbst. Denn Hans stellt für ihn gewissermaßen nur das individuelle Exempel für eine von ihm erkannte universelle Gesetzmäßigkeit der kindlichen Entwicklung dar. Und Hans selbst ist vom Wissen Freuds so sehr beeindruckt, dass er seinen Vater auf dem Heimweg fragt, ob der Herr Professor einen direkten Draht zum lieben Gott hätte.

In der modernen Kindheitsforschung geht es dagegen eher darum, verfestigte Kindheitsbilder zu dekonstruieren, Kindheit als historische relatives, von bestimmten gesellschaftlichen Konstellationen abhängiges Konstrukt zu erweisen, Kinder selbst mit ihren Wahrnehmungen und Urteilen zu Wort kommen zu lassen, Kinder als „Seiende", in ihrer gegenwärtigen Befindlichkeit und mit ihren gegenwärtigen Bedürfnissen und Sorgen ernst zu nehmen. Die Theoriebildung ist dezidiert „anti-naturalistisch", das Entwicklungskonzept wird „als Metapher der Bevormundung" zurückgewiesen (Honig/Leu/Nissen 1996, S.11). Nicht mehr *„das* Kind" und seine spezifische Weise des Erlebens, Denkens und Fühlens ist eigentlicher Gegenstand der Forschung, auch nicht die Prozesse der Entwicklung oder der Sozialisation, sondern die „generationale Ordnung", die Mechanismen, in denen aus der „menschlichen Nachkommenschaft" durch gesellschaftliche Konstruktionen „Kinder" allererst gemacht werden (vgl. Alanen 1994). In der jüngeren Kindheitsforschung besteht eine ausgeprägte Tendenz, die Differenz zwischen Kindern und Erwachsenen zu relativieren, bisweilen fast zu negieren. So ist bei zahlreichen Autoren die Rede von den Kindern als „kleinen Erwachsenen" zu finden, ohne dass recht klar gemacht würde, wie wörtlich bzw. wie weit metaphorisch diese Rede verstanden werden soll. Jürgen Zinnecker hat jüngst darauf hingewiesen, „daß die neue Kindheitsforschung das ‚wissende Kind' akzentuiert" und dass die durch diese Kindheitsforschung geprägte neue politische und pädagogische Korrektheit fordere, „den partnerschaftlichen und gleichberechtigten Bürger-Status der Kinder" anzuerkennen (Zinnecker 1999, S. 69f.). Bei Helga Zeiher heißt es an einer Stelle, wo sie nachdenklich über das eigene Tun als Kinderforscherin reflektiert: „Werden nicht durch Begriffe, in denen Kinder und Erwachsene unterschieden werden, Differenzen und damit auch die Minorisierung der Kinder, die in der Gesellschaft besteht, durch Kindheitsforschung reproduziert? Trägt Forschung durch ihre Verstehensbemühungen zur Verselbständigung von schon vorhandenen Kindheitsbildern bei? Wäre nicht vielmehr alle Besonderheit der Kinder als Erwachsenenkonstruktion zu dekonstruieren" (Zeiher 1996, S. 444). Ich habe mich an anderer Stelle mit dieser Tendenz kritisch auseinandergesetzt (vgl. Göppel 1997) und will deshalb hier nicht weiter darauf eingehen, sondern die Frage stellen, wie Freud und in seiner Nachfolge psychoanalytische Pädagogen diese Differenz zwischen Kindern und Erwachsenen bestimmt haben.

Zunächst scheint klar, dass Freud in seiner Art des Zuganges zum Thema „Kindheit" alle Verfehlungen, Anmaßungen und Irrtümer, die die moderne Kindheitsforschung der traditionellen Kinderforschung vorwirft, begangen hat. Seine Sicht auf die Kindheit ist unhistorisch, naturalistisch, ja zum Teil von evolutionsbiologischen Elementen (angeborene Phantasien, Wiederholung der Phylogenese in der Ontogenese etc.) durchsetzt. Sie ist defizitorientiert, familienzentristisch und sie hat in erster Linie die Konsequenzen kindlicher Erfahrungen für die psychische Befindlichkeit des späteren Erwachsenen, also nicht das Kind als „Seienden", sondern als „Werdenden", das „Kind als Vater des Mannes", im Blick. Dennoch hat wohl kein anderer Autor das Bild vom Kind im 20. Jahrhundert so nachhaltig geprägt wie Freud. Er hat sich, wie das eingangs erwähnte Zitat zeigt, durchaus auch selbst als eine Art „Entdecker der Kindheit" gesehen, zumindest als ein Entdecker der „wahren Kindernatur" und der entscheidenden seelischen Konflikte und Prozesse jener Entwicklungsphase. Und er hat die ausgeprägte Differenz zwischen Kindern und Erwachsenen und die großen Missverständnisse betont, die mit der infantilen Amnesie, dem Unvermögen, die frühen Denk- und Erfahrungsweisen zu erinnern, zusammenhängen. Ja gerade das „ungläubige Erstaunen, mit welchem die gesichertsten Ermittlungen der Psychoanalyse über die Kindheit aufgenommen werden", ist für ihn ein Indiz für „die Distanz, welche unser Seelenleben, unsere Wertungen, ja unsere

Gedankenprozesse von denen auch des normalen Kindes trennt" (GW Bd. VIII, S. 419). Die Analyse des Erziehers sah er als eine Möglichkeit zur partiellen Überbrückung jener Differenzen und jener Verstehensbarrieren. Er ist durchaus auch mit dem aufklärerischen Anspruch aufgetreten, den Mitmenschen die Augen für die wahre, aber verborgene Wirklichkeit des Kindes zu öffnen. Dies ist die eine Seite.

Gleichzeitig hat er auf der anderen Seite die Differenz zwischen Erwachsenen und Kindern in zentralen Punkten relativiert. Mit der Lehre von der infantilen Sexualität hat er eine Dimension menschlicher Erfahrung, die bisher als klares Differenzkriterium galt, als durchgängiges, also auch für die Kinder schon bedeutsames Lebensthema in Anschlag gebracht. Dies ist ihm denn auch von vielen zeitgenössischen Kritikern als „Entharmlosung" (Stern), als „Destruktion der Kindheit" (die eben traditionell mit Asexualität, „Unschuld", „Reinheit" assoziiert war) und somit als schwerer Frevel übelgenommen worden. Der fünfjährige Knabe als „kleiner Ödipus, der den Vater ‚weg', beseitigt haben möchte, um mit der schönen Mutter allein zu sein, bei ihr zu schlafen" (GW Bd. VII, S. 345), dies ist in der Tat eine sehr markante Variation des Themas vom Kind als „kleinem Erwachsenen".

Darüber hinaus hat er auch noch von der anderen Seite her diese Differenz nivelliert: Indem er nämlich zeigte, in welch hohem Maße Erwachsene in ihren seelischen Konflikten an die Denk-, Wunsch-, und Erlebnisweisen der Kindheit fixiert sind, wieviel nichtüberwundene Kindlichkeit also noch in den meisten erwachsenen Kulturmenschen steckt. Lorenzer, der in diesem Zusammenhang vom „infantil-reduktionistischen Selbstmißverständnis der Psychoanalyse" spricht, hat später diesen Aspekt noch zugespitzt, indem er betonte, dass sämtliche „Aussagen über die infantile Lebensgeschichte, ihre Typik und prozessuale Abfolge ... abgeleitete Schlüsse aus der Erkenntnis der erwachsenen Persönlichkeit hier und heute" seien. „Der Infantilität der Erwachsenen in der gegenwärtigen Situation also" (Lorenzer 1979, S. 33). „Das Mißverständnis Historiographie der infantilen Geschichte zu sein" habe „die Psychoanalyse selbst um ihren besten Fund gebracht: erschlossen zu haben, daß im Erwachsenen lebenslang die Spannung von Sinnlichkeit und Bewußtsein die Basis seiner wunschorientierten Lebenspraxis ist. ‚Kindheit' ist – die psychoanalytische Grundeinsicht radikal genommen – keine überwundene Phase der Lebensgeschichte, sondern eine bleibende ‚Wirklich'-keit" (ebd.).

2 Bedeutungsvarianten des Satzes: „Kinder denken anders als Erwachsene"

„*Kinder denken anders als Erwachsene*", dieser Titelsatz kann in verschiedener Weise verstanden werden: Er ist zunächst einmal kaum zu bestreiten, wenn es um konkrete Interessen, um konkrete Weltaspekte, konkrete Inhalte des Denkens geht. Viele Dinge, die bisweilen im Denken und Phantasieren von Erwachsenen eine wichtige Rolle spielen, wie etwa Prüfungsthemen, Publikationsvorhaben, Projektanträge etc., kommen im Denken von Kindern kaum vor und umgekehrt interessieren sich Erwachsene in der Regel wenig für Puppenküchen, Pingu-Filme und Pokémon-Karten. Und wenn sie sich doch einmal auf jene Dinge einlassen, dann weichen ihre Urteile darüber oft ziemlich von denen ihrer Kinder ab.

Natürlich gibt es daneben auch viele andere Lebensbereiche und Lebensthemen, die prinzipiell für Erwachsene und für Kinder gleichermaßen von Relevanz sind, bei denen sich aber dennoch die jeweiligen Vorstellungen und Denkweisen deutlich unterscheiden, ja, wo sich schon im Laufe der Entwicklungsjahre die Bedeutungen, die Kinder mit bestimmten Begriffen verknüpfen, deutlich wandeln. In diesem Sinne sind in der Entwicklungspsychologie vielfältige Studien unternommen worden, um die „naiven“ Vorstellungen und die sich wandelnden Konzepte zu untersuchen, die Kinder auf verschiedenen Altersstufen von moralisch relevanten Problemen wie Recht und Unrecht, Lüge und Strafe, von sozialen Phänomenen wie Freundschaft und Streit oder Versöhnung und Wiedergutmachung, von psychischen Vorgängen wie Gedanken, Wünschen, Überzeugungen und Träumen, von körperlichen Prozessen wie Verdauung und Fortpflanzung, Krankheit und Tod, von physikalischen Phänomenen wie Blitz und Donner, Wind und Wolken, von religiösen Themen wie Gott und dem Leben nach dem Tod und von vielen anderen Dingen haben.

Eine weitere Bedeutungsvariante des Satzes *„Kinder denken anders als Erwachsene“* wäre in unmittelbaren Zusammenhang mit Studien der neueren Kindheitsforschung zu bringen, die unter der Leitfrage nach der subjektiv erlebten Lebensqualität von Kindern und deren Bedingungen standen. Denn dort wurden in manchen Studien (etwa bei Wilk/Bacher 1994 oder bei Zinnecker 1998) sowohl die Kinder als auch die Eltern in nahezu identischen Fragen um ihre jeweilige Einschätzung von bestimmten Aspekten der Familiensituation und des Erziehungsklimas gebeten. Und dabei war es spannend zu sehen, in welchen Punkten sich die Einschätzungen der Eltern und der Kinder weitgehend deckten und wo es markante Diskrepanzen gab, wie zum Beispiel hinsichtlich der Zeit, die die Eltern für ihre Kinder zur Verfügung haben, oder hinsichtlich der Konflikthäufigkeit in der Familie.

„Kinder denken anders als Erwachsene“, dieser Satz umreißt natürlich insgesamt ein viel zu weites Thema, als dass es sinnvoll auf wenigen Seiten zu bearbeiten wäre. Gewissermaßen die ganze kognitive Psychologie des Kindes- und des Erwachsenenalters in all ihren Verzweigungen könnte man vergleichend darunter thematisieren. Es geht im Folgenden nicht um offensichtliche Interessensunterschiede zwischen Erwachsenen und Kindern, nicht um Unterschiede im „bereichsspezifische Wissen“ in diesem oder jenem Be-

reich, auch nicht um die Differenzen in der Einschätzung der Familiensituation aus der Kinder- und Erwachsenenperspektive, sondern es geht um die grundsätzlichere Frage nach dem „kindlichen Weltbild". Es geht darum, ob es so etwas gibt, wie eine beschreibbare „Typik des Weltzuganges" in bestimmten Altersstufen, und es geht darum, ob es heute, angesichts der Kritik der neueren Kindheitsforschung, überhaupt noch legitim ist, über diese Frage nachzudenken.

3 Das Weltbild des Kindes I: Hans Zulliger

Der Titelsatz dieses Kapitels steht in Anführungszeichen. Es handelt sich um ein Zitat von Hans Zulliger, der eben an einer Stelle sagt: „Kinder denken anders als Erwachsene" ... „Und man tut gut daran, dem Kind in seinem Denken mit gleichem Denken zu begegnen, damit es einen verstehen könne" (Zulliger 1966, S. 35 und S. 42). Zulligers ganzes Lebenswerk kann als ein Versuch angesehen werden, dem Leser in unzähligen Geschichten und Beispielen diese andere Art des kindlichen Denkens nahe zu bringen. Die wichtigsten Charakteristika des kindlichen Denkens hat er mit den Stichworten „prälogisch", „animistisch", „anthropomorphisierend" und „magisch" umrissen.

Ganz offensichtlich wandelt Zulliger bei seiner Beschreibung in den Spuren von Freuds Werk Totem und Tabu. Zwar ist dies keine kinderpsychologische, sondern eine kulturanthropologische Studie. Aber immerhin hatte Freud dort bekanntlich eine Strukturähnlichkeit im Denken von „Wilden", Neurotikern und Kindern postuliert und diese u. a. an den Begriffen „Animismus", „Magie" und „Allmacht der Gedanken" festgemacht. Alle drei Aspekte hängen miteinander zusammen und stehen im Gegensatz zum logisch-kausalen, rationalen Denken: Die Dinge der Welt werden als belebt und beseelt erfahren, den eigenen Vorstellungen, Wünschen und Ängsten wird unmittelbare Wirkung auf die Ereignisse der Außenwelt zugesprochen. In seiner Begeisterung für die Freud'sche Lehre und in seinem Bestreben, den Lesern in möglichst großer Drastik vor Augen zu führen, wie sehr die genuine Perspektive des Kindes durch die mangelnde Fähigkeit der Erwachsenen, sich in das kindliche Denken einfühlen zu können, verkannt wird, schießt Zulliger bisweilen freilich weit über das Ziel hinaus:

„Wir sehen ein Kind mit einem Holzscheit spielen. Es hat es in Lumpen gewickelt, es spricht mit ihm, es läßt sich – durch seinen eigenen Mund – vom Scheit mitteilen, was dieses will, möchte und denkt. Es hält mit ihm Zwiesprache, reicht ihm Essen und Trinken, bettet es in eine Kartonschachtel als ‚Wiege' usw. Und wir sagen lächelnd: ‚das Kind nimmt das Scheit für seine Puppe – es phantasiert das Holzstück in eine Puppe und spielt mit ihr – und dies entspricht dem anthropomorphisierenden Denken nach Kinderart'.

Wir irren. Das Scheit ist nicht *'an Stelle'* der Puppe, es ist nicht einmal nur *'die'* Puppe: *es ist das Kind des Kindes,* und was es mit dem Scheite treibt, ist viel mehr als das, was uns Erwachsenen ein ‚Spiel' bedeutet. Das mit dem Scheit spielende Kind hält das, was wir für sein ‚Spielzeug' auffassen, für sein *lebendiges* Kind, das es pflegt. Nur dann, wenn wir dies begriffen haben, können wir uns in das spielende Kind einfühlen und eindenken und verstehen, daß es um sein Scheit Tränen der bittersten Trauer weinen, höchste Freuden und tiefstes Herzeleid empfinden kann. Man nehme dem Kind sein ‚Kind' weg und werfe es in den Ofen – man wird erschrocken sein über die Reaktionen des (wirklichen) Kindes! Wir haben einen glatten Mord begangen – und unser Kind fühlt in starrem Erschrecken, wozu wir fähig sind und – was es selber von unserer Seite her erwarten könnte!" (Zulliger 1967, S. 14 f.).

Ist dies eine korrekte Beschreibung des kindlichen Denkens und Erlebens? Stimmt es, wenn Zulliger behauptet, das Kind würde noch nicht zwischen äußerer und innerer (phantasierter) Realität unterscheiden? Sind Kinder tatsächlich so in ihre Spielphantasie versunken, dass sie die Ebene des Spiels, des „als ob" nicht mehr von der Ebene des „in Wirklichkeit..." unterscheiden können? Wenn man spielenden Kindern zusieht, kann man feststellen, dass sie gar keine besondere Mühe damit haben, sich in fließendem Wechsel auf beiden Ebenen zu bewegen. Schon rein sprachlich kommen gerade im sozialen Rollenspiel mit mehreren Kindern immer wieder Formulierungen vor wie „das wäre jetzt..." oder „du wärst jetzt...", wenn neue Rollen, neue Gegenstände oder neue symbolischer Bedeutungen in die Spielhandlung eingeführt werden. Beobachtet man Kinder beim freien sozialen Rollenspiel, so kann man feststellen, dass die Phasen der Absprachen über die Aspekte und über die Veränderungen des imaginären Szenarios bisweilen mehr Zeit in Anspruch nehmen als die Spielsequenzen selbst.

Sicherlich wird ein Kind empört sein, wenn man seine Puppe, und sei es auch nur ein Holzscheit, das es sich selbst hergerichtet und zurechtphantasiert hat, ins Feuer wirft. Aber dies ist wohl mehr eine Empörung über den mangelnden Respekt für seinen Besitz, für sein Spiel, für das, was ihm wichtig ist, als eine wirkliche Verwechslung mit einem „Mord an einem Kind". (Ich erinnere mich durchaus daran, dass meine Tochter sich auf das Heftigste empören konnte, wenn ihr Bruder, um sie zu ärgern, ihre Puppen malträtierte, dass sie mir aber andererseits des Öfteren mit der größten Gelassenheit ihre Puppe zur Reparatur brachte, wenn der Kopf mal wieder abgegangen war.)

Mir geht es gar nicht so sehr um diese Zulliger-Geschichte als solche und auch nicht um das Problem der Differenzierung von Spiel- und Phantasieebene, das ja in der Geschichte der Entwicklungspsychologie durchaus schon eine längere Tradition hat (vgl. dazu Hoppe-Graff/Mäckelburg 1991), sondern vielmehr um das Problem, das sich aus dem *Anspruch* ergibt, mit dem Zulliger die Geschichte vorträgt: Wie und mit welchem Recht können wir überhaupt so etwas wie eine Typik des kindlichen Denkens, des kindlichen

Weltverständnisses behaupten? Welches Maß an Sicherheit können wir dabei haben? Wie kommt es, dass ein so erfahrener Kinderpsychologe und Kindertherapeut wie Zulliger in einer so zentralen Frage offensichtlich so sehr daneben liegt? Gibt es tatsächlich prinzipielle, strukturelle Unterschiede im Denken des Kindes und des Erwachsenen, oder ist es einfach so, dass Kinder „universelle Novizen" sind, dass sie sich eben mit vielen Dingen noch nicht entsprechend auskennen und in ihrem Denken nur begrenzte Komplexitätsgrade verarbeiten können.

Die „Revolution in der Säuglingsforschung" hat in den letzten Jahren zu einer tiefgreifenden Revision grundlegender psychoanalytischer Vorstellungen über diese frühe Lebensphase geführt. Das Leitmotiv vom „kompetenten Säugling" (vgl. Dornes 1993) hebt hervor, dass die Fähigkeiten des Säuglings, die Umwelt differenziert zu erfassen, Zusammenhänge herzustellen oder Präferenzen zu äußern, von den lange Zeit maßgeblichen Konzepten (Freud, Spitz, Mahler u. a.) massiv unterschätzt wurden. Unterschätzen vielleicht auch die traditionellen psychoanalytischen Konzepte über das Welterleben der älteren Kinder deren Kompetenzen? Handelt es sich bei Zulligers Thesen vom „prälogischen", „animistischen", „anthropomorphisierenden" und „magischen" Denken der Kinder gar im Sinne Zeihers um ideologische Differenzbehauptungen, die der Minorisierung der Kinder dienen, um Erwachsenenkonstruktionen also, die zu dekonstruieren wären?

Die These vom prälogischen, animistischen, magischen Denken der Kinder ist ja nicht nur eine Zulliger'sche Idee, sondern sie kann durchaus als ein Kernstück psychoanalytischer Kinderkunde gelten und wurde u. a. auch von Anna Freud, Selma Fraiberg, Bruno Bettelheim, Bogyi/Spiel und vielen anderen nachdrücklich vertreten und in zahlreichen Episoden beschrieben.

4 Das Weltbild des Kindes II: Jean Piaget

Anders als bei vielen anderen psychoanalytisch-kinderpsychologischen Thesen, wie zum Beispiel jenen von den Phasen der Libidoentwicklung und von den ödipalen Wünschen und Ängsten, besteht bei der Frage nach der strukturellen Besonderheit des kindlichen Denkens immerhin noch der Vorteil, dass der neben Freud wohl einflussreichste Kinderpsychologe des 20. Jahrhunderts, nämlich Jean Piaget, in seiner Beschreibung der typischen Weisen der Welterfassung von Kindern Thesen vertrat, die den psychoanalytischen durchaus ähnlich sind. Sehr viel systematischer als Freud und mit sehr viel größerer wissenschaftlicher Vorsicht als Zulliger hat sich Piaget in seinem Buch: „Das Weltbild des Kindes" (Piaget 1980) mit diesen Fragen beschäftigt. Auch bei ihm spielen dabei die Begriffe „kindlicher Animismus" und „Magie" eine wichtige Rolle. Das Buch enthält hunderte von ausführlich zitierten

Passagen aus „klinischen Interviews“, also Gesprächen mit Kindern, in denen es darum ging, die Kinder durch geschicktes Fragen und Nachfragen dazu zu bringen, ihre impliziten Welterklärungen explizit zu machen, ihre privaten Vorstellungen über die Natur des Denkens und der Träume, über die Merkmale des Lebendigen und den Lauf der Gestirne, über die Entstehung von Wind und Gewittern und über den Ursprung der Berge und Seen etc. preiszugeben. Die Belege für die magischen Praktiken der Kinder bilden dabei eine gewisse Ausnahme in Piagets Buch. Sie stammen nämlich nicht aus direkter Beobachtung oder Befragung von Kindern, sondern aus den retrospektiven Erinnerungen Erwachsener, die von bestimmten Ritualen, von Denk-, Handlungs- und Vermeidungstrategien berichten, mit denen sie als Kinder versuchten, das Schicksal in ihrem Sinne zu beeinflussen, Wünsche in Erfüllung gehen zu lassen und Unheil zu vermeiden. Hier, wo es nicht nur um die Erklärung der Welt, sondern um die Einflussnahme auf den Weltlauf geht, handelt es sich vielleicht um den Kern jener geheimen Gedanken, die Kinder nicht so ohne weiteres einem erwachsenen Interviewer preisgeben. – Wohl auch deshalb, weil sie durchaus ahnen, dass sie mit den magischen Verknüpfungen, die sie bilden, von der Erwachsenenlogik abweichen.

All die kindlichen Aussagen zu den verschiedenen Wirklichkeitsbereichen, die er gesammelt hat, sind für Piaget Ausdruck einer übergreifenden Tendenz, die er folgendermaßen zusammenfasst: „Das Kind hält immer zuerst seinen eigenen Standpunkt für absolut. ... Das Kind glaubt, die Sonne folge ihm, die Wolken folgten ihm, die Dinge seien immer so, wie es sie sieht (unabhängig von der Perspektive, der Entfernung usw.). Im gleichen Maße, wie es die Subjektivität seines Standpunktes übersieht, betrachtet es sich selbst als das Zentrum der Welt. Daraus ergeben sich die verschiedenen finalistischen, animistischen und quasi-magischen Vorstellungen...“ (ebd., S. 110). Diese Grundhaltungen gegenüber der Welt bedingen und verstärkten sich nach Piaget wechselseitig: „Weil das Kind nicht zwischen dem Psychischen und dem Physischen unterscheidet, erscheint ihm jedes physische Phänomen als mit Absicht beladen, und andererseits meint es die gesamte Natur gehorche den Menschen und seinen Eltern. Die meisten Körper und Ereignisse, auf die das Kind magisch einzuwirken versucht (da es nicht anders auf sie einwirken kann), erscheinen ihm deshalb von einem – wohlgesinnten oder feindseligen – Gefühl und Willen durchdrungen“ (ebd., S. 135).

Dies sind in der Tat recht markante Differenzbehauptungen. Eine besondere, durch typische Wahrnehmungs-, Denk- und Handlungsmuster ausgezeichnete Weise des kindlichen In-der-Welt-Seins wird postuliert. Die Aspekte „Egozentrismus“, „Finalismus“, „Animismus“, „Artifizialismus“ und „Magisches Denken“ als Merkmale der Phase des „präkausalen Denkens“ gehören seit langem auch in der Entwicklungpsychologie durchaus zum Standardwissen zahlreicher Lehrbücher. Für Piaget bestand kein Zweifel daran, dass Kinder anders denken als Erwachsene und ihn interessierte gerade die Frage, wie Kinder im Laufe der Entwicklung zu immer komplexeren und realitätsadäquateren Wirklichkeitskonstruktionen kommen. Auch wenn sich Piaget in diesem Sinne zu Recht als „Konstruktivist" verstand, so war er doch seinem „Forschungsgegenstand Kindheit" gegenüber durchaus „Realist". Ähnlich wie Freud wäre Piaget der These, dass auch Kindheit selbst wiederum ein bloßes „Konstrukt" sei, wohl höchst verwundert gegenübergestanden. Gerade diese Idee ist jedoch mehr oder weniger Allgemeingut in der neueren Kindheitsforschung. In diesem Sinne stellen Kelle und Breidenstein in einem aktuellen Literaturüberblick ganz zutreffend fest, „daß kaum eine neuere Publikation aus dem Kontext der Kindheitsforschung ohne den Hinweis auskommt, daß es sich bei Kindheit um eine ‚soziale Konstruktion' handelt, konstruiert in mannigfaltigen gesellschaftlichen Diskursen und Institutionalisierungen" (Kelle/Breidenstein 1996, S. 49). „Kindheit als Konstrukt" – diese These ist, so populär sie derzeit auch sein mag, letztlich eine Killerphrase, die jedes differenziertere Nachdenken über die Frage nach den Besonderheiten des kindlichen Wahrnehmens und Welterlebens erschlägt! Ian Hacking hat in seinem kleinen Buch „Was heißt ‚soziale Konstruktion'? – Zur Konjunktur einer Kampfvokabel in den Wissenschaften" (Hacking 1999) eine längst fällige kritische Auseinandersetzung mit dem verbreiteten Trend in den Sozialwissenschaften, alles und jedes zum „sozialen Konstrukt" zu erklären, vorgelegt.

5 Das Weltbild des Kindes III: aktuelle entwicklungspsychologische Tendenzen

Nun ist man beim Lesen von Piagets Buch jedoch tatsächlich bisweilen erstaunt über die Antworten der von ihm befragten Kinder. Dabei bezieht sich das Staunen weniger auf die Antworttendenz als solche, sondern mehr noch auf die zugehörigen Altersangaben. Man wird beim Lesen das Gefühl nicht los, dass heutige Kinder in entsprechendem Alter, also Kinder die mit der „Sendung mit der Maus", mit „Löwenzahn", „Siebenstein", „Discovery" und anderen informativen Sendungen, in denen Kindern die Welt erklärt wird, aufgewachsen sind, weniger naiv auf Piagets Fragen antworten würden.

Als Beispiel mögen Piagets Befunde zur Erklärung des Phänomens dienen, dass Sonne und Mond unseren Bewegungen scheinbar folgen. Piaget analysierte dafür die Antworten der Kinder auf die Frage: „Was macht die Sonne (der Mond), wenn du spazieren gehst?" und kam in der Analyse zahlreicher kindlicher Antworten zu folgenden Ergebnissen:

„Wir haben drei Stadien gefunden. Im ersten glaubt das Kind, die Sonne und der Mond folgten ihm, etwa wie ein Vogel auf Dachhöhe. Dieses Stadium dauert im Mittel bis etwa 8 Jahre, man findet es aber auch noch bei 12-

jährigen. In einem zweiten Stadium nimmt das Kind gleichzeitig beides an, dass die Sonne uns folge und dass sie uns nicht folge. Das ist ein Widerspruch, der dem Kind durchaus bewusst ist und den es so gut wie möglich aufzuheben versucht: Die Sonne ist unbeweglich, aber ihre Strahlen folgen uns nach, oder die Sonne bleibt an Ort und Stelle, aber sie dreht sich so, dass sie uns immer sieht usw. Das Durchschnittsalter der Kinder dieses Stadiums beträgt 8–10 Jahre. Von durchschnittlich 10–11 Jahren an weiß das Kind schließlich, dass es nur so aussieht, als ob die Sonne und der Mond uns folgen würden und dass diese Täuschung auf die große Entfernung der Gestirne zurückzuführen sei. Vom Animismus her gesehen sind die beiden ersten Stadien animistisch, während im dritten der auf die Gestirne bezogene Animismus im Allgemeinen verschwindet. Im ersten Stadium spricht das Kind der Sonne und dem Mond offen und frei Bewusstsein und Willen zu“ (Piaget 1980, S. 177).

Selbst wenn auch heute noch sehr viel irreführende Vorstellungen hinsichtlich der Bewegungen der Gestirne in den Köpfen der Kinder (und der Erwachsenen!) kreisen, so werden heutige Achtjährige, die in der Regel schon einmal Fernsehbilder von der ersten Mondlandung und Teleskopaufnahmen von den Protuberanzen auf der Sonnenoberfläche gesehen haben, kaum noch glauben, Sonne und Mond folgten ihnen wie ein Vogel auf Dachhöhe. Und wenn man erst einmal Bilder von der staubigen Steinwüste gesehen hat, auf der in dicke Raumanzüge verpackte Astronauten unbeholfene Sprünge machen, bzw. von dem brodelnden Feuerball, der glühende Gasmassen ins All schleudert, dann dürfte es auch schon einem Kindergartenkind schwer fallen, diesen Gebilden Bewusstsein und Willen zuzusprechen. (Selbst wenn sie auf ihren eigenen Bildern immer noch die Sonne mit lachendem Gesicht ins Eck malen.)

Der interessanten Frage, ob und wie sich die Antworttendenzen heutiger Kinder von denen, die Piaget in den zwanziger Jahren untersucht hat, unterscheiden, sind Buggle und Westermann-Duttlinger in einer entsprechenden Replikationsstudie an 5–8-jährigen Kindern nachgegangen. Sie fanden, wie zu erwarten, eine klare Tendenz in dem Sinne, dass Antworten mit animistischer Deutungstendenz bei den Fünf- und Sechsjährigen häufiger vorkommen als bei den Achtjährigen. Jedoch stellen sie auch bei den jüngeren keineswegs ein durchgängiges Deutungsmuster dar, sondern eines, das neben und zusammen mit nichtanimistischen, kausalen, „materialistischen“ Erklärungen vorkam. Im Hinblick auf den Zeitpunkt des Umschlags von überwiegend animistischen zu nichtanimistischen Deutungsmustern kommen sie zu der Einschätzung, dass seit Piagets Untersuchung „eine auf das Lebensalter bezogene Vorverlegung von ca. 3 Jahren“ stattgefunden habe (Buggle/Westermann-Duttlinger 1988, S. 8). Zudem konnten sie zeigen, dass die Tendenzen zu animistischen bzw. nichtanimistischen Deutungen durchaus auch vom Ausmaß der Leseaktivität des Kindes und vom beruflichen Status der Eltern abhängig sind.

Buggle und Westermann-Duttlinger sind mit der gleichen Interviewmethode wie Piaget vorgegangen und haben prinzipiell ähnliche, wenn auch zeitverschobene Antworttendenzen gefunden. Man könnte dies als interessante Ergänzung, bzw. Detailkorrektur zur Kenntnis nehmen im Sinne eines: „Heutige Kinder sind eben ein Stück aufgeweckter, frühreifer, informierter". Dabei würde jedoch ignoriert, dass Piagets Thesen zum Weltbild des Kindes in der aktuellen entwicklungspsychologischen Diskussion auf einer viel grundsätzlicheren Ebene in Frage gestellt werden. Sabine Pauen hat jüngst in einer kritischen Evaluation neuerer experimenteller Forschungsergebnisse explizit die Frage aufgeworfen: „Überlebt der Animismus?" und kommt dabei zu folgendem Fazit: „Faßt man alle geschilderten Beobachtungen zusammen, so ergibt sich der Schluß, daß die Animismushypothese in der von Piaget formulierten Form nicht mehr haltbar ist. Obwohl Kinder bis zum Ende der Grundschulzeit typische ‚Fehler' im verbalen Gebrauch der Begriffe ‚lebendig' und ‚Lebewesen' machen, kann dies nicht als ein Indiz für eine animistische Grundhaltung oder ein egozentrisches Weltbild gewertet werden. ... Eine festgelegte Abfolge bestimmter Stadien läßt sich nicht ausmachen" (Pauen 1997, S. 111).

Noch umfassender hat sich Beate Sodian mit Piagets Thesen zum kindlichen Weltbild auseinandergesetzt und auch sie kann zahlreiche Belege anführen, die nahe legen, „daß Piagets Annahme, Vorschulkinder verfügten nicht über die Grundprinzipien unseres kausalen Denkens, falsch ist" (Sodian 1995, S. 629). So reagieren auch Vorschulkinder, ja z. T. sogar Säuglinge mit deutlicher Überraschung, wenn sie in trickreichen experimentellen Anordnungen Vorgänge beobachten, bei denen scheinbar die Gesetze der Schwerkraft, der Impulserhaltung oder der Massenkonstanz außer Kraft gesetzt sind. Sie haben ganz offensichtlich die Erwartung kausaler physikalischer Wirkungen. Selbst bezüglich des zentralen Kernstücks von Piagets Denken, dem Egozentrismus und der damit verbundenen Unfähigkeit zur Dezentrierung, zur Relativierung des eigenen Standpunktes – das ja durch klassische Versuche wie das Drei-Berge-Experiment eindrucksvoll belegt zu sein schien – meldet Sodian erhebliche Zweifel an und sie kann zeigen, dass „Kinder schon sehr viel früher fähig sind zu verstehen, daß ein und dasselbe Objekt aus unterschiedlichen Wahrnehmungsperspektiven unterschiedlich aussehen kann. ... Es kann also nicht stimmen, daß Vorschulkinder durchweg ‚egozentrisch' sind, wie Piaget annahm" (ebd., S. 627).

Nun leugnet freilich auch Sodian nicht, dass es gewichtige Unterschiede im Denken des Kindes und des Erwachsenen und somit auch markante Veränderungen im Laufe des Entwicklungsprozesses gibt. Sie bestreitet auch keineswegs, dass bei Kindern typische und gegenüber Instruktion bisweilen relativ hartnäckige Denkfehler beim Lösen bestimmter Aufgaben zu beobachten sind. Sie bezweifelt jedoch, dass es jene von Piaget behaupteten bereichsübergreifenden Entwicklungsschübe in den Grundstrukturen des

Denkens gibt. Statt einer einheitlichen Phasenabfolge mit einer durchgängigen Entwicklungslogik auf der Ebene der basalen kognitiven Strukturen, die dann in alle unterschiedlichen Entwicklungsbereiche von der Entwicklung des physikalischen und kosmologischen Denkens bis hin zum moralischen Denken „ausstrahlt“, plädiert Sodian für eine stärkere Betrachtung und Differenzierung der jeweiligen bereichsspezifische Entwicklungsprozesse. Diese Prozesse sieht sie teils einfach als allmähliche Bereicherung und Ausdifferenzierung angeborenen bzw. früh vorhandenen Wissens, teils auch als bereichsspezifische Restrukturierungen dieser Wissensbestände, gewissermaßen als intrapsychische „Paradigmenwechsel“, in denen das Kind zu neuen, komplexeren Erklärungsmustern und Begriffssystemen in Bezug auf den jeweiligen Weltausschnitt kommt.

6 Das „prälogische“, „animistische“, „anthropomorphisierende“ und „magische“ Denken des Kindes – von der modernen Entwicklungspsychologie als „Konstrukt“ entlarvt?

Stehen die traditionellen Beschreibungen des kindlichen Weltbildes von Zulliger und Piaget also gewissermaßen auf „verlorenem Posten“, sind sie nun als Erwachsenenkonstrukte endgültig dekonstruiert? Ist es also Zeit, jene Klassiker der Kinderkunde endgültig im historischen Wachsfigurenkabinett verschwinden zu lassen? Dies wiederum zu behaupten wäre wohl zu voreilig. Dagegen spräche auch schon der reiche Schatz an erinnerten und erzählten Beispielen für solch eigentümliche kindlichen Denkprozesse, wie sie in der autobiographischen und auch in der kinderpsychotherapeutischen Literatur zu finden sind. Bei genauer Betrachtung laufen all die neueren entwicklungspsychologischen Untersuchungen, die die traditionellen Thesen in Frage stellen, eigentlich nur darauf hinaus, dass sie belegen, dass Kinder nicht *ausschließlich* auf eine solche „egozentrische“, „prälogische“, „animistische“, „anthropomorphisierende“, „magische“ Weltsicht beschränkt sind, dass sie schon früher *auch* zu jenen Denkoperationen fähig sind, die nach traditioneller Lehre erst späteren Entwicklungsphasen zugeschrieben wurden. Man muss die Aufgaben in den entsprechenden Experimenten nur sehr klar und einfach strukturieren, dann sind z. B. auch sehr kleine Kinder schon in der Lage zu erkennen, dass ihr Gegenüber eine andere Wahrnehmungsperspektive hat als sie selbst. Insofern stellen all die neueren Untersuchungen zu dieser Thematik eigentlich nur die überzogene These in Frage, dass Kinder bis zum Grundschulalter *einzig und allein* auf dieses „egozentrische“, „prälogische“, „animistische“, „anthropomorphisierende“, „magische“ Denken fixiert seien. Keineswegs kann man aber aus der neueren Erkenntnis, dass schon früher als bisher angenommen auch „erwachsenenähnliche“ kausale Denkmuster bei Kindern vorkommen, den Umkehrschluss ziehen, dass animistisches und magisches Denken bei Kindern überhaupt keine Rolle spielte. Bittner hat einmal den Denkstil des späten Kindergarten- und frühen Grundschulalters als „phantastischen Realismus“ bezeichnet (Bittner 1996, S. 158) und in dieser paradoxen Formulierung kommt recht schön der widersprüchliche Charakter jenes Denkens zum Ausdruck. Kinder versuchen, sich mit ihren Denkmitteln einen Reim auf viele Probleme und Phänomene zu machen, die sie noch nicht in ihrer ganzen Komplexität durchschauen können. Natürlich greifen sie dabei zur Erklärung des Unbekannten auf das zurück, was ihnen bekannt ist. Die Realität, die ihnen recht früh aus eigenem Erleben ganz unmittelbar bekannt ist, ist nun eben einmal die „mentale Realität“ des Wünschens und Wollens, des Glaubens und Wissens, des Beabsichtigens und Vermeidens sowie die „Handlungsrealität“ des Tuns und Lassens, des Belohnens und Bestrafens, des Machens und Bastelns. Und wenn man diese erste und ursprünglichste Theorie zur „Erklärung dessen, was passiert“, auf die Phänomene der äußeren Welt überträgt, dann ergeben sich nun einmal fast zwangsläufig all die Charakteristika des kindlichen Denkstils, wie sie von Zulliger und Piaget beschrieben wurden.

Aus der folgenden kleinen Geschichte von Axel Hacke, einem spontanen kindlichen Schöpfungsmythos, geht sehr schön hervor, wie ein Kind seine persönliche Erfahrungswelt – hier eben die des Bastelns – auf die Lösung eines Welträtsel – hier dem nach der Entstehung des Menschen – anwendet:

„Am liebsten sitze ich mit Anne auf dem Sofa und lasse mir von ihr die Welt erklären. Meistens fängt das so an, daß sie ein paar Fragen stellt, zum Beispiel: ‚Papa, warum ist heute Sonntag?‘ Oder: ‚Warum gibt es Leute mit spitzen Nasen?‘ Oder: ‚Wenn ein Riese auf einem Planeten steht, ist der Planet dann immer noch höher?‘

Dann sitze ich da und bin klein, blöd und unfähig, weil ich keine einzige Frage beantworten kann, ja, weil ich sie nicht einmal verstehe. Ich sage dann: ‚Ach Anne, erklär‘ du mir lieber was.‘ Und Anne sagt: ‚Gut, dann erklär‘ ich dir, wie ein Mensch gemacht wird!

‚Hoppla‘, denke ich, ‚woher weiß sie das denn mit ihren sechs Jahren?‘

Anne sagt: ‚Zuerst wird der Kopf gemacht, aus Ton. Die Haare und die Knochen werden da hineingetan. Dann wird die Haut darüber gemacht, und oben macht man Löcher hinein, damit die Haare hinauswachsen können. Dann werden die Knochen gemacht und mit Haut bespannt – das sind dann die Lippen. Die muß er rot anmalen, der liebe Gott. Dann werden die Zähne reingesteckt und weiß angestrichen. Wie man die Augen macht, weiß ich nicht, aber die müssen ganz vorsichtig angemalt werden, damit der Spiegel nicht kaputtgeht; in den Augen spiegelt sich ja alles. Dann wird der ganze Rest gemacht, wieder aus Ton und wieder Haut drüber. Und ganz am Anfang muß ja erst noch der liebe Gott vom lieben Gott gemacht werden, weil der liebe Gott macht ja alles, auch sich selber'.

Ich war erstaunt, weil ich davon keine Ahnung gehabt hatte. Später hat Anne dann wieder Fragen gestellt. Als ich ihr aus Pippi Langstrumpf im Taka-Tuka-Land das Kapitel vorlas, in welchem Pipis Vater, der Negerkönig Efraim I., vorkommt, hat Anne wissen wollen: ‚Papa, warum bist du kein Negerkönig?' Und ich wußte wieder keine Antwort, verdammt" (Hacke 1992, S. 71 f.).

7 Welche Bedeutung kommt dem „prälogischen", „animistischen", „anthropomorphisierenden" und „magischen" Denken des Kindes in der neueren Debatte um den Bildungsanspruch des Kindergartens zu?

Im Gefolge des „PISA-Schocks" ist in Deutschland auch eine ziemlich heftige Debatte um die Versäumnisse und Unzulänglichkeiten der Frühpädagogik entbrannt. Zwar hat es kaum einer so ungeschminkt und direkt formuliert, aber der Grundtendenz nach liefen die Klagen doch auf den Vorwurf hinaus, die traditionelle Kindergartenpädagogik vergeude mit ihrer Ideologie vom „Schonraum" und vom „freien Spiel" als der angemessenen Hauptbeschäftigung für die 3–6-jährigen Kinder wertvolle Lernzeit und werde so ihrem Bildungsauftrag nicht gerecht. In diesem Sinn fragt etwa Susanne Roux: „‚Verbuddeln wir unsere Kindheit im Sand?', versäumen wir es, wesentliche Bildungschancen zu nutzen beim ‚Trödeln im Spielparadies'?" (Roux 2002, o.S.).

Den vielleicht radikalsten Vorschlag gegen diese Art von „Lernzeitverschwendung" hat wohl Dieter Lenzen in der Denkschrift „Bildung neu denken" vorgelegt. Er fordert, künftig eine Einschulung der Kinder möglichst bereits mit vier Jahren und eine enge Zusammenarbeit zwischen dem Kindergarten und der Grundschule (Lenzen 2003). Die Begründung für diesen radikalen Vorschlag ist bei ihm strikt bildungsökonomisch: Angesichts der absehbaren demographischen Entwicklung sei es notwendig, junge Menschen wesentlich früher als bisher als qualifizierte Arbeitskräfte für den Arbeitsmarkt freizusetzen. Entsprechend müsse auch der Einstieg in die Bildungslaufbahn früher erfolgen.

Vielleicht hat dieses Ausblenden der pädagogischen Diskussion darüber, was Kindern in welchem Alter gemäß und bekömmlich ist, auch mit der radikal konstruktivistischen Sicht von Kindheit zu tun, die Lenzen schon früher vehement vertreten hat. Nur damals eher mit konträren Konsequenzen als heute. „Kindheit" ist ihm eine Konstruktion der Erwachsenen, die sich ihre Vorstellungen davon wie Kinder sind, wie sie denken und fühlen, was sie brauchen und was sie gefährdet, nach ihren eigenen Interessen „zurechtbasteln". Als den eigentlichen Sinn dieser Kindheits-Konstruktionen „entlarvt" Lenzen dort die Sicherung gesellschaftlicher Hierarchien und die Selbstlegitimation des pädagogischen Berufsstandes. Weiter wird dann auch noch viel Häme und Spott über die psychologischen Altersnormkonzepte und über die naiven „(beamteten) Vertreter einer Staatsschule" ausgegossen, die meinen, sie müssten intervenieren, „wenn eines der ihnen in Obhut gegebenen Kinder ‚abweicht'": „Aus der Tatsache, daß der kleine Carsten, daß die kleine Julia im ersten Schuljahr motorisch noch nicht so weit entwickelt sind, wie die Mehrzahl der Klassenmitglieder und deswegen ihre Buchstaben unleserlich krakeln, folgt gerade nicht, daß diese Abweichung beseitigt werden muß" (Lenzen 1995, S. 356), und es wird dann auf das Konzept der Waldorfschule verwiesen, das hier gelassen auf die „interne Entwicklungslogik jedes Individuums" vertraut. Damals wurde pädagogische Sorge um die rechtzeitige Förderung von Kindern mit Entwicklungsrückständen als interessengeleitete ideologische „Klientelbeschaffungsstrategie" gebrandmarkt. Nun ist nicht mehr viel vom Vertrauen auf die interne Entwicklungslogik des Kindes zu spüren und die schulische Anregung und Unterrichtung der Kinder kann auf einmal gar nicht früh und systematisch genug anfangen. Man staunt schon etwas über diese merkwürdigen Wandlungen in den Ansichten eines führenden Vertreters der (beamteten) Erziehungswissenschaft.

Angesichts der neuen Kritik an der „Schonraumpädagogik" des Kindergartens und der neuen energischen Forderungen nach einer effektiveren Nutzung der frühkindlichen Lernzeiten könnte man fast ein wenig den Eindruck haben, dass sich die Geschichte wiederholt. Auch in der Phase der Bildungsreform in den sechziger und siebziger Jahren war von einer „Bildungkatastrophe" (Picht 1964) die Rede und auch dort wurde beklagt, dass die traditionelle Kindergartenpädagogik Kinder verdumme und wertvolle Bildungspotentiale brach liegen lasse. Hinzu kamen damals lerntheoretische Belege für erstaunliche Lernfähigkeiten im frühen Alter sowie die Wende hin zu einem dynamischen, plastischen Begabungsbegriff (Roth 1969). Entsprechend gab es Tendenzen, Frühlese- und Intelligenzförderprogramme in den Kindergarten einzuführen und damit den Bereich der Frühpädagogik deutlich stärker zu verschulen. Schon 1972 hat Andreas Flitner vor der Übertreibung solcher Ansprüche gewarnt und mit seinem Buch „Spielen – Lernen" eine Lanze für das Spiel als wichtigstem Medium der kindlichen Weltaneignung gebrochen. In seinem Vorwort zu diesem Buch beschreibt er die neuen Tendenzen kritisch: „Nachdem die Vorschulerziehung nicht mehr aus einem Punkt, dem Lese- oder Intelligenztraining, zu kurieren war, setzte man Neben- und Kontrapunkte: Mathematikprogramme, Realien-Lehrgänge, Sprachprogramme, Musikkurse und schließlich Programme für das Sozialverhalten kleiner Kinder. Man hat zum Glück noch keine Einrichtung gesehen, in der das alles durchgeführt würde. Und gewiss hätten sich gegen solche Absichten die Erzieher oder die Kinder bald zur Wehr gesetzt ... Es wird darum Zeit, auf das eigentliche Medium und den Hauptinhalt der Kleinkinderziehung zurückzulenken: auf das Spiel“ (Flitner 1972, S. 10). 1996 hat Flitner sein Buch in überarbeiteter Neufassung herausgebracht und die damalige Diskussion und sein damaliges Anliegen noch einmal rekapituliert: „Anfang der siebziger Jahre erschien mir die Spielpädagogik und das Verständnis des Kinderspiels unmittelbar bedroht durch eine Modewelle des Kleinkinder-Lernens, der Frühlesebewegung und der Propaganda für Lern- und Intelligenzspiele aller Art. ... Kinder lernen, so war die Pointe, in der Fülle ihres eigenen und freien Spiels, auch eines behutsam geförderten Spiels, unendlich viel mehr als mit den Trainingsleitern und Lernsequenzen der Intelligenzförderer“ (Flitner 1996, S. 9).

Als „Sieger“ aus dieser Debatte um eine angemessene, zeitgemäße Konzeption der Kindergartenpädagogik ging damals der „Situationsansatz“ hervor, der sich sowohl von der klassisch-fröbelschen Tradition der Spielpflege als auch von den neueren Konzepten des isolierten Intelligenz- und Funktionstrainings abgrenzte und der statt dessen die „relevanten Lebenssituationen“, also die gesellschaftlichen Orte, Institutionen und Probleme (Postamt, Krankenhaus, Behinderung, etc.), mit denen Kinder konfrontiert sind/sein können, zum Ausgangspunkt eines differenzierten Curriculums machte, bei dem also mehr das soziale und alltagspraktische Lernen im Mittelpunkt stand (vgl. Zimmer 1982, 1984).

Gegen diese überwiegend auf „Nützlichkeit“, d. h. auf Alltagsfertigkeiten und gesellschaftliche Handlungsfähigkeit ausgerichtete pädagogische Konzeption hat Bittner versucht, in einer ziemlich heftig geführten Debatte, eine Vorstellung „kindgemäßer“ Elementarpädagogik zu vertreten, die stärker den Bereich der Förderung der kindlichen Phantasietätigkeit und des Spiels in den Mittelpunkt stellt (vgl. Bittner 1981a, 1991b). In seinem Buch „Kinder in die Welt, die Welt in die Kinder setzen“ hat er diese Vorstellung noch einmal prägnant zusammengefasst: „Pädagogische Aufgabe wäre es also, die Phantasie des Kindes im Vorschulalter nicht übermäßig zu lenken, zu trainieren und damit zu korrumpieren, sondern ihr einen Raum zu geben, in dem sie sich entfalten kann: durch Spielmaterial, das wenig strukturiert und damit für kreative Sinngebung offen ist, durch sprachliches Material, das der Phantasietätigkeit Nahrung gibt – und nicht zuletzt durch Märchen und biblische Geschichten“ (Bittner 1996, S. 159).

In der Nach-PISA-Diskussion ist nun auch der Situationsansatz, der die Kindergartenpädagogik in den letzten Jahrzehnten dominierte, in die Kritik geraten. So meint etwa Fthenakis, der maßgeblichen Einfluss auf die jüngere Entwicklung in der Elementarpädagogik genommen hat: „Die vorschulischen Einrichtungen haben ein pädagogisches Konzept, den so genannten Situationsansatz, über Jahrzehnte angewandt, ohne diese Konzeption bezüglich ihres Beitrags an der Stärkung kindlicher Entwicklung und kindlicher

Kompetenzen zu hinterfragen. Hinzu kam, dass in unseren Einrichtungen die kognitive Entwicklung des Kindes nicht angemessen gefördert wurde“ (Fthenakis 2003). Fthenakis selbst hat inzwischen im Auftrag des bayerischen Sozialministeriums ein eigenes Curriculum für den Vorschulbereich entwickelt, das zum verbindlichen „Bildungsplan“ für die bayerischen Kindertagesstätten werden soll.

Der Gegensatz zwischen den maßgeblichen aktuellen Vorstellungen innerhalb der deutschen Frühpädagogik, wie Bildungsprozesse von Kindern im Vorschulalter angemessen zu verstehen und entsprechende Angebote zu konzipieren sind, lässt sich auf die Formeln: „Bildung als ‚Selbstbildung'“ versus „Bildung als Ko-Konstruktions-Prozess“ bringen. Erstere Vorstellung wird etwa von Gerd Schäfer vertreten. In seinem Buch „Bildungsprozesse im Kindesalter. Selbstbildung, Erfahrung und Lernen in der frühen Kindheit“ (Schäfer 1995) hat er diese Sichtweise entfaltet und in einem neueren Text heißt es an zentraler Stelle: „In diesem Sinne muss man sagen, dass frühkindliche Bildung in erster Linie Selbst-Bildung ist und dass diese Bildung entlang den Erfahrungen gewonnen wird, die Kinder in ihren Lebenszusammenhängen machen“ (Schäfer 2002, S. 24). Eine ähnliche Konzeption von frühkindlicher Bildung als „Selbstbildung“ liegt dem Bundesmodellprojekt „infans“ zugrunde, das unter der Leitung von Hans-Joachim Laewen steht: „Die Bildungsprozesse der Kinder sind Konstruktionsprozesse, mit denen sie eine innere, virtuelle Welt in Kopf und Körper schaffen, die sie in der äußeren Welt handlungsfähig werden lässt“ (Laewen 2002). Er kritisiert die Vorstellung, man müsse Kinder belehren und unterweisen, und fordert stattdessen von den Pädagogen eher eine Haltung genauen Beobachtens und empathischen Verstehens der kindlichen Fragen und ihrer Such-, Entdeckungs- und Konstruktionsprozesse. Dies würde damit auch die Forderung nach dem Respekt für die „prälogischen“, „anthropomorphisierenden“, „animistischen“, „magischen“ Aspekte des kindlichen Denkens einschließen.

Anders dagegen Fthenakis, dem diese Position offensichtlich zu zurückhaltend ist und der sehr viel stärker fordert, die Kinder möglichst früh durch aktive pädagogische Impulse in die richtigen, angemessenen Formen des Denkens und der Welterfassung einzuführen und ihnen jene kognitiven Kompetenzen nahe zu bringen, die für späteres Lernen wichtig sind. In diesem Sinne expliziert er den Bildungsbegriff, der dem Bildungsplan für die bayerischen Kindertagesstätten zugrunde liegt: „Das Kernstück des Planes besteht in einer Neudefinition von Bildung: Bildung ist als sozialer Prozess zu verstehen und nicht mehr als Selbstbildungsprozess. An diesem sozialen Ko-Konstruktions-Prozess beteiligen sich Kinder, Eltern, Fachkräfte und Erwachsene“ (Fthenakis 2003). Besonderes Gewicht wird in diesem Konzept auf Lernkompetenzen und metakognitive Aspekte gelegt. Zwar wird der Welterschließung, etwa durch Imitation und Variation von Erwachsenenrollen- und Tätigkeiten im Spiel, durchaus noch eine wichtige Rolle zugestanden, gleichzeitig aber wird das „bloße Spielen“ der Kinder doch als irgendwie defizitär betrachtet. Am Beispiel des bei Vorschulkindern so beliebten Kaufladen-Spiels macht Fthenakis deutlich, wie er sich eine entsprechende „pädagogische Anreicherung“ des Kinderspiels in frühpädagogischen Einrichtungen vorstellt:

„Nehmen Sie einen Kaufladen: Die Kinder lernen viel, indem sie kaufen und verkaufen. Was sie aber nicht lernen, ist die Reflexion darüber, dass sie lernen, was sie lernen und wie sie lernen. In einem metakognitiven Arrangement müsste die Erzieherin mit den Kindern vor dem Spiel die Ziele gemeinsam definieren. Die Komplexität des Kaufladens muss den Kindern angemessen vermittelt werden – die Perspektive des Verkäufers, des Käufers, des Lieferanten, die unterschiedlichen Bewertungen und Erwartungen. Auch die Frage nach der Rolle des Geldes muss geklärt werden. Für Kinder ist es einfach da. Sie haben seine Rolle in diesem komplexen Geschehen nicht begriffen. Das Wissen darum ist die Voraussetzung für lernmethodische Kompetenz. Außerdem muss die Erzieherin mit den Kindern immer wieder reflektieren, was sie gelernt haben, es dokumentieren und zum Abschluss noch einmal darüber sprechen. Die Kinder müssen in der Lage sein, ihr Wissen auch anderen Kindern zu vermitteln. Dieser ganze Aspekt wird in den Einrichtungen momentan nicht hinreichend beachtet“ (ebd.).

Es fragt sich freilich, ob die Vorschulkinder so viel Interesse an all dieser Art von Aufklärung und Unterweisung über die ökonomischen Sachverhalte des Waren- und Geldverkehrs haben, ob sie tatsächlich vor dem Spiel gemeinsam mit den Erzieherinnen die „(Lern)ziele“ ihres Spiels „definieren“ wollen und ob sie im Anschluss daran gar auf metakognitiver Ebene darüber reflektieren wollen, was sie nun dabei gelernt haben. Implizit wird das Spiel letztlich dadurch entwertet, wenn es mehr oder weniger nur noch als Aufhänger für solche kognitiven Belehrungen und als Vehikel für metakognitiven Einsichten dient.

In der neueren Bildungsdiskussion und gerade auch in der Diskussion um frühkindliche Bildungsprozesse wird gerne auf die Gehirnforschung und ihre neueren Einsichten in Aufbau, Entwicklung und Funktion des menschlichen Gehirns, als des physischen Substrats allen menschlichen Lernens, Bezug genommen. Diese neurologischen Sachverhalte gelten gemeinhin als besonders harte, unverrückbare Voraussetzungen und Rahmenbedingungen für sämtliche Ideen und Programme, menschliche Bildung zu fördern. Deshalb sei hier auf die Aussage eines renommierten deutschen Gehirnforschers verwiesen, der sich häufig auch mit der Frage nach der Relevanz seiner Erkenntnisse für pädagogische Zusammenhänge befasst hat. In seinem Beitrag „Was kann ein Mensch wann lernen“ in dem Band „Die Zukunft der Bildung“ kommt Wolf Singer zu folgendem Fazit: „Die Existenz zeitlich gestaffelter sensibler Phasen für die Ausbildung verschiedener Hirnfunktionen führt zu dem Postulat, dass das Rechte zur rechten Zeit verfügbar sein oder angeboten werden muss. Es ist nutzlos und womöglich sogar kontraproduktiv, Inhalte anzubieten, die nicht adäquat verarbeitet werden können, weil die entsprechenden Entwicklungsfenster noch nicht offen sind. Da bislang nur wenig experimentelle Daten darüber vorliegen, wann das menschliche Gehirn welche Informationen benötigt, ist es wohl die beste Strategie, sorgfältig zu beobachten, wonach die Kinder fragen. Ich habe ausgeführt, dass das Gehirn bei der Organisation seiner Entwicklung die Initiative hat und sich die jeweils benötigten Informationen selbst sucht. Es sollte demnach ausreichen und wäre wohl die optimale Strategie, sorgfältig darauf zu achten, wofür sich das Kind jeweils interessiert, wonach es verlangt und wodurch es glücklich wird" (Singer 2002, S. 95).

Diese vorgeschlagene Strategie scheint mir sehr plausibel und sie enthält gleichzeitig eine sehr starke Aufforderung dazu, in pädagogischer Hinsicht nicht nur die Fragen, die die Kinder stellen, ernst zu nehmen, sondern auch ihre eigenen Antwortversuche und damit eben auch die phantasievollen, magischen Weltdeutungen, mit denen sie für sich selbst Wege zur Beantwortung ihrer Fragen und zum Verständnis der rätselhaften Phänomene, mit denen sie täglich konfrontiert sind, suchen.

All dies soll freilich keineswegs so verstanden werden, als gäbe es im Bereich der Elementarpädagogik keinen Veränderungsbedarf, als könne man sich bequem auf die Position zurückziehen, dass die Kinder sich die benötigten Anregungen und Informationen schon selber suchen. Es soll auch nicht bestritten werden, dass es durchaus zahlreiche Kindergärten gibt, in denen eine eher ideenlose, routinemäßige, wenig inspirierende Atmosphäre vorherrscht, in denen sich wenig Spannendes, Interessantes, Herausforderndes, Staunenswertes und Beglückendes ereignet, in denen die Erzieher wenig sensibel sind für die kindlichen Fragen und die dahinterstehenden Weltdeutungen und in denen sich Kinder deshalb häufig unterfordert und gelangweilt fühlen.

Es soll auch keineswegs bestritten werden, dass die frühe und gezielte sprachliche Förderung für Kinder nichtdeutscher Herkunft im Kindergarten, wie sie im Rahmen der PISA-Debatte gefordert wurde, wichtig ist, damit diese Kinder nicht gleich von Anfang an aufgrund ihrer mangelnden Sprachbeherrschung in der Schule „abgehängt" sind oder dass Programme zur Förderung der phonologischen Bewusstheit im Kindergarten wirksam und damit segensreich zur Prävention von Lese-Rechtschreibschwäche in der Grundschule sein können (vgl. Schneider 2001). All dies soll nicht in Frage gestellt werden. Bedenklich wäre es freilich, wenn überhaupt nur noch solche Inhalte und Programme, die der gezielten Förderung spezifischer kognitiver und sprachlicher Kompetenzen dienen, im Kindergarten als wirklich relevant und bedeutsam betrachtet würden und wenn das freie Spielen und Phantasieren der Kinder als bloße „Spielerei" oder gar als „Zeitverschwendung" entwertet würden.

Lenzen hat in seinen Ausführungen über das „Konstrukt Kind" gemeint, zum Kind werde gemeinhin „alles definiert, was ‚*noch nicht*' ist: reif, erwachsen, verantwortlich, fähig, gebildet, ausgebildet" (Lenzen 1995, S. 357). Vielleicht ist gerade der Blick auf die kindliche Phantasietätigkeit und auf das kindliche Spiel geeignet, zumindest an einem Punkt dieses Verhältnis umzukehren und Respekt vor den geistigen Leistungen des Kindes, vor seiner Fähigkeit zur Weltschöpfung, zur lustvollen Imagination und zur kreativen Umdeutung hervorzurufen. Denn in dieser Hinsicht muss man ja in der Regel bei den Erwachsenen eher ein *„nicht mehr"* konstatieren.

Kapitel 3

„Verplante Kindheit"? – Kinder im „Freizeitstress"?

Paradoxien der „optimalen Nachwuchsförderung"

„Kindheit heute ist kein Kinderspiel mehr. Konnten Kinder früher einfach auf die Straße zum Spielen gehen, wo sie ganz sicher die Nachbarschaftskinder trafen, müssen sie heute ihre Freizeit organisieren. Sie müssen sich verabreden wie die Erwachsenen, sie haben einen gefüllten Terminkalender wie die Erwachsenen – und sie sind gestresst wie die Erwachsenen. Wie kleine Manager planen sie ihr Leben."

Helga Zeiher

„Die intensive Nachfrage in den Gruppendiskussionen, ob sie denn wirklich noch genügend Zeit zum Draußen-Spielen mit Freundin und Freund haben, wurde von fast allen Kindern bejaht."

Ursula Nissen

Wenn, wie im letzten Kapitel beschrieben, die Vorschulzeit, die bislang eher als ein Refugium des zweckfreien Spiels, der Phantasietätigkeit, des Herumtollens galt, heute im Gefolge von PISA zunehmend unter Bildungs-Trainings- und Förderaspekten betrachtet wird und damit zwangsläufig auch stärker unter Zukunfts-, Leistungs- und Zeitnutzungskriterien gesehen wird, dann gilt dieser Trend natürlich auch für jene Zeit, die ältere, schulpflichtige Kinder an den Nachmittagen außerhalb der Schule verbringen. Zwar ragt die Schule mit den Hausaufgaben schon immer auch in diese „außerschulischen Zeiträume" hinein. Dennoch galt traditionell, dass die „Freizeit"– wenn sie denn nicht von Verpflichtungen zur Mithilfe im Haushalt oder im landwirtschaftlichen Betrieb usurpiert war – primär der Erholung und Entspannung der Kinder zu dienen habe. Hier ist nun in der jüngeren Diskussion über die veränderte Kindheit immer häufiger von den „überfüllten Terminkalendern" und vom „Freizeitstress" heutiger Kinder die Rede. In diesem Sinne bin ich vor kurzem vom Vorsitzenden des Elternbeirats eines Gymnasium angefragt worden, ob ich dort nicht einen Vortrag zum Thema „Das verplante Kind" halten könne. Diese Titelformulierung, legt eine kritische, problemzentrierte Sicht auf die heutige Kindheit nahe. Dass Kinder heute in der Regel *ge*plant werden und sich nicht einfach quasi automatisch, schicksalhaft mit Sexualität und Ehe einstellen, wie dies über Jahrhunderte der Fall war, gehört sicherlich zu den Dingen, die das Eltern-Kind-Verhältnis am grundlegendsten verändert haben. Diese Veränderung hin zum „*ge*planten Kind" wird man aber im Sinne des bekannten Slogans: „Jedes Kind hat ein Recht darauf, erwünscht zu sein" wohl überwiegend begrüßen. (Wobei hier die ganze komplexe, durch die Möglichkeiten der Gentechnik neu entstandene Problematik des geplanten, perfektionierten, „fehlerfreien" Wunschkindes ausgeklammert bleiben soll).

Der Rede vom „*ver*planten Kind" dagegen lässt sich kaum etwas Positives abgewinnen. Die Vorsilbe „*ver-*" in Kombination mit einem kindlichen Attribut impliziert im Allgemeinen Negatives: das *ver-*wöhnte, *ver-*wahrloste, *ver-*zogene, *ver-*nachlässigte Kind. Nun also das „*ver*plante Kind"! „*Verplant*", dies erweckt primär Assoziationen an exakte Ordnung, rigide Struktur, an Bürokratie, Zwang und Unfreiheit, also Assoziationen, die in diametral entgegengesetzte Richtung dessen gehen, was wir gemeinhin als typische Merkmale der Kindheit betrachten: Spontaneität, Kreativität, Unbeschwertheit, Zeitlosigkeit, Tagträumen, Trödeln, Aufgehen im Hier und Jetzt, in der Faszination des Augenblicks ...

Ich habe diesen vorgeschlagenen Titel dann schließlich doch akzeptiert, ihn nur mit einem Fragezeichen versehen, um deutlich zu machen, dass hier tatsächlich eine offene Frage behandelt werden und nicht ein Beitrag zur gängigen Krisen- und Niedergangsrhetorik im Blick auf die Kindheit geliefert werden sollte.

1 Schlagworte zur Kennzeichnung moderner Kindheit

Die Kindheitsforschung hat versucht, die Vielzahl der Veränderungstendenzen, die das Kinderleben betreffen, zu bündeln und auf bestimmte Begriffe zu bringen. Als solche Tendenzen sind u. a. beschrieben worden:

Emotionalisierung: Die Rolle der Kinder in den Familien hat sich einerseits durch die geringere Kinderzahl, andererseits durch die Tatsache, dass die Kinder in den modernen Kleinfamilien keine ökonomische Funktion mehr haben – als Arbeitskräfte etwa in der Landwirtschaft oder im häuslichen Handwerksbetrieb bzw. als spätere Erben und Versorger –, tief greifend geändert. Mit dem Wunsch nach Kindern ist heute dagegen primär die Hoffnung auf eine Vitalisierung des Lebens, auf Unmittelbarkeit, Vertrautheit und dauerhafte verlässliche Beziehungsnähe verbunden. Kinder bekommen damit einen viel größeren emotionalen Wert für die Eltern, aber sie sind gleichzeitig nicht selten mit der unausgesprochenen Erwartung konfrontiert,

Sinnlieferanten für das Leben ihrer Eltern zu sein. Von daher gewinnt natürlich auch die optimale Förderung ihrer Talente durch vielfältige Angebote und Aktivitäten außerhalb der Schule sowie die indirekte Teilhabe an ihren musikalischen Fortschritten und sportlichen Erfolgen für die Eltern eine andere Rolle.

Destabilisierung: Die familiären Rahmenbedingungen kindlicher Entwicklung sind durch die stetige Zunahme von Scheidungen und durch die Pluralisierung von Familienformen tendenziell brüchiger geworden. Auch wenn nur eine Minderheit der Kinder bisher unmittelbar betroffen ist, so bleibt doch auch die mittelbare Betroffenheit, die heute wohl als Regelfall angesehen werden muss, d. h. das Miterleben, dass die Eltern von Freunden sich trennen, dass manche Klassenkameraden nur mit einem Elternteil zusammenleben oder aber „zwei Väter“ haben, dass manche die Wochenenden im Wechsel an verschiedenen Orten verbringen etc. wahrscheinlich nicht ohne Wirkung auf das Bewusstsein der Kinder hinsichtlich dessen, was ganz generell von zwischenmenschlichen Beziehungen zu erwarten und womit unter Umständen zu rechnen ist. Hier mag dann bisweilen auch die Gestaltung der Freizeit mit der Kompensation von Schuldgefühlen zu tun haben, nach dem Motto: „Ich kann meinem Kind zwar keine heile Familienwelt bieten, dafür scheue ich aber weder Kosten noch Mühe, um ihm seine Hobbys vom Reiten bis zum Snowboarden zu ermöglichen.

Egalisierung: Die Umgangsformen zwischen Erwachsenen und Kindern haben sich geändert. Der Autoritätsvorsprung, der früher Erwachsenen mehr oder weniger selbstverständlich aufgrund ihrer Erwachsenenrolle zukam und der sich u. a. in der Anrede (Sie/Du, Onkel, Tante), in den Begrüßungsgesten (Diener, Knicks), in den generellen Vorstellungen darüber, welche Verhaltensformen gegenüber Erwachsenen angemessen sind und welche nicht, ausdrückte, ist weitgehend geschwunden. Eltern-Kind-Beziehungen haben sich von Befehls- zu Verhandlungsbeziehungen gewandelt. D.h., Eltern sind heute sehr viel mehr darum bemüht, ihre Ge- und Verbote dem Kind gegenüber argumentativ zu begründen, und Kinder sind recht früh und selbstverständlich in familiäre Entscheidungen etwa über Anschaffungen oder Freizeitunternehmungen einbezogen. Entsprechend haben sich auch die elterlichen Leitbilder dessen, was „gelungene Erziehung“ ausmacht, gewandelt. Standen früher Gehorsam, Ordnungsliebe und Fleiß eher im Vordergrund, so legen heutige Eltern mehr Wert auf Selbständigkeit und freien Willen und eben auf die möglichst vielfältige Förderung aller Begabungen des Kindes. Gleichzeitig bedeutet dies auch, dass die Kinder sehr viel selbstverständlicher und offensiver die Ermöglichung entsprechender Aktivitäten einfordern. Sei es das eigene Schlagzeug oder die Teilnahme am Skikurs.

Isolierung: Die zurückgehende Geburtenrate und die damit verbundene abnehmende Geschwisterzahl sowie die Ausdünnung mancher Wohnquartiere, was die Zahl der dort lebenden Kinder anbelangt, führt dazu, dass sich für viele Kinder die Zahl der problemlos im Nahbereich erreichbaren potentiellen Spielpartner reduziert. Gemeinsame Spielmöglichkeiten ergeben sich seltener spontan und bedürfen somit häufiger der ausdrücklichen Absprache. Spiele finden dadurch häufiger paarweise statt, und jene größeren Kindergruppen, die sich früher autonom formierten und die klassische „Straßenkindheit“ prägten, kommen immer seltener zustande. Entsprechend ergibt sich ein größerer Planungsbedarf, wenn es darum geht, Spielkontakte zu organisieren.

Verhäuslichung: Es gibt einen deutlichen Trend, bei Mädchen noch ausgeprägter als bei Jungen, dass Kinder mehr Zeit als früher im Haus verbringen. Dies hängt zum einen mit der Tatsache zusammen, dass die häusliche Umgebung durch den zunehmenden Straßenverkehr für viele Kinder als Spiel- und Aufenthaltsort immer ungeeigneter wurde, zum anderen aber auch damit, dass Kinder heute häufiger über eigene Kinderzimmer mit entsprechend üppiger Spielzeugausstattung verfügen. Ein weiterer Faktor hierbei ist der, dass viele Kinder durch das Fernsehen täglich über lange Zeiträume an die Wohnung „gebunden“ sind.

Verinselung: Kinder, zumal Kinder in der Stadtkultur, haben weniger Chancen, sich die Welt in konzentrischen Kreisen selbständig zu erobern, sondern ihr Alltag besteht schon früh aus oftmals räumlich weit auseinanderliegenden „Inseln“, d. h. unterschiedlichen Betreuungs-, Spiel- oder Lernorten. Die Distanzen zwischen jenen Orten können dabei oft nur mit elterlichen Chauffeurdiensten überwunden werden, und die Eltern sind in diesem Sinne viel stärker als in früheren Generationen als Organisatoren der Freizeitaktivitäten ihrer Kinder tätig. Im Sinne der „optimalen Nachwuchsförderung“ sind sie heute in der Regel auch zu viel größeren finanziellen und zeitlichen „Investitionen“ in diesen Bereich bereit.

Institutionalisierung: Immer mehr Kinder verbringen tendenziell immer größere Anteile ihres Alltags in speziell für Kinder geplanten und organisierten Einrichtungen wie Kinderkrippe, Kindergarten, Kindertagesstätte, Schule, Hort etc. Dies hängt in erster Linie mit dem gewandelten Rollenverständnis der Frauen und der zunehmenden Tendenz zur mütterlichen Berufstätigkeit zusammen, aber auch mit jenem unausgesprochenen, aber einflussreichen Gebot der „optimalen Förderung“ des Kindes und den damit entstandenen spezialisierten Einrichtungen wie Kinderkunstschulen, Musikalische Früherziehung, Ballettschulen, Kindersportgruppen etc.

Pädagogisierung: Kinder haben dadurch außerhalb der Familie überwiegend Kontakt mit professionellem, pädagogisch ausgebildetem Fachpersonal. Entsprechend sind sie stärker als früher mit erzieherischen Ansprüchen und Erwartungen, mit pädagogisch geplanten Arrangements und Inszenierungen, konfrontiert. Innerhalb der Familien erzeugt einerseits jenes „Gebot der optimalen Förderung des Nachwuchses“ oftmals einen beträchtlichen Leistungsdruck, andererseits führt der Verlust traditioneller Orientierungen über den richtigen Umgang mit Kindern, die Pluralität von Erziehungsmodellen,

-empfehlungen, -stilen, mit denen sich Eltern konfrontiert sehen – damit verbunden häufig auch einer stärkeren Tendenz zur Reflexion und Problematisierung des eigenen erzieherischen Handelns –, bisweilen zum Verlust von Unbefangenheit und Spontaneität. Nichts ist mehr selbstverständlich im Umgang mit Kindern.

2 Niedergang der Kindheit?

Man sieht: die aktuelle Diskussion zum Thema Kindheit steht – auch wenn bisweilen betont wird, dass man sich vor einer romantischen Verklärung früherer Kindheitssituationen hüten müsse – tendenziell doch unter dem Vorzeichen, dass die Bedingungen des Aufwachsens für Kinder immer schwieriger und ungünstiger werden. Preuss-Lausitz u. a. haben diese gewisse Einseitigkeit beim Blick auf die Kindheit einmal auf die folgende Formel gebracht: „Fast alle (Untersuchungen) wollen die *Missratenheit* der Kinder und Jugendlichen erklären. Kaum wird danach gefragt, ob Kinder heute zum Beispiel selbständiger, kritischer, kenntnisreicher und angstfreier sind als früher, und wenn ja, welche *glücklichen* Umstände dies bewirkt hätten" (Preuss-Lausitz u. a. 1983, S. 11).

Die Rede von der „verplanten Kindheit" spielt in der aktuellen Kindheitsdiskussion dabei auf ein bestimmtes Teilsegment innerhalb dieses größeren Krisenszenarios an. Es geht um die These, dass Kinder sich heute nicht mehr urwüchsig, ihrem eigenen Entwicklungstempo und Entwicklungsrhythmus gemäß entwickeln könnten, dass sie nicht mehr – wie es eigentlich der „Natur des Kindes" entspräche – frei und spontan über ihre Zeit bestimmen könnten, sondern dass sie (unter dem Druck der Eltern) schon früh einer Vielzahl von pädagogisch geplanten, organisierten Angeboten „ausgesetzt" seien und sich damit (auch außerhalb der Schulzeit) einer zeitlich und räumlich komplex strukturierten Alltagsroutine zu unterwerfen hätten.

In diesem Sinne schreibt etwa die renommierte Kindheitsforscherin Helga Zeiher: „Kindheit heute ist kein Kinderspiel mehr. Konnten Kinder früher einfach auf die Straße zum Spielen gehen, wo sie ganz sicher die Nachbarschaftskinder trafen, müssen sie heute ihre Freizeit organisieren. Sie müssen sich verabreden wie die Erwachsenen, sie haben einen gefüllten Terminkalender wie die Erwachsenen – und sie sind gestresst wie die Erwachsenen. Wie kleine Manager planen sie ihr Leben. Wenn sie dies nicht tun, dann bleiben sie alleine und isoliert" (Zeiher 1990, S. 20).

Und noch kritischer gegen die Mittel- und Oberschichteltern gewandt, ist bei Zöllner in dem Kapitel „Vom Kurs(un)wesen" zu lesen: „Kinderstress, Unruhe, unechte Betriebsamkeit sind Folgen des modernen Kurs(un)wesens. Das Prestige von Eltern und Kind steigt, wenn mehrere statuskonforme Ausbildungen laufen. Kurse begleiten das Kind in allen Lebensstufen: Vom Mutter-Kind-Turnen über Spielgruppe, Malen für Vorschulkinder und Theaterspielen arbeitet es sich vor bis zu den Musik-, Sprach-, und Sportlektionen. Verschiedene Aspekte halten diesen Trend am Leben. Kursbesuche dokumentieren die finanziellen Möglichkeiten. Je exklusiver, weiter entfernt, ausgefallener, teurer, desto besser. Privatlehrer für zu Hause für das Musikinstrument, in den Ferien für das Skilaufen sind höchst prestigeträchtig. Kursbesuche belegen ferner, daß die Erziehung den Eltern ein Anliegen ist. ... Das Kurswesen dient den Eltern zur Entlastung von Schuldgefühlen. Was auch immer im Lebenslauf des Kindes auftreten wird, wir haben alles getan, weder Zeit, Kosten, Mühe gescheut, um gute Voraussetzungen zu schaffen. Voraussetzungen wofür? Für eine Leistungsgesellschaft, in der nur zählt, wer auch im Bereich Kenntnisse genügend auf der Haben-Seite aufweisen kann. ... Das Kurswesen ist auch Ausdruck einer unserer Grundhaltungen, die da heißt: Nicht-warten-Können. Wir haben verlernt, Dingen ihren Lauf zu lassen, Zeit zu geben" (Zöllner 1994, S. 61 f.). In der populären Zeitschrift Psychologie heute wurde das Problem auf die knappe Formel gebracht: „Eltern wollen immer nur das Beste – und rauben im Förderwahn ihrem Nachwuchs die Luft zum Atmen" (Krumpholz-Reichel 2002, S. 79).

Vielleicht fühlen sich jetzt manche der Leser ertappt und peinlich berührt, weil sie mit ihren Kindern, als sie noch kleiner waren, in bester Absicht das Mutter-Kind-Turnen oder die musikalische Früherziehung besuchten oder weil sie ihren Kindern regelmäßigen Instrumentalunterricht, Reit-, Ballett- oder Tennisstunden finanzieren. Die Eltern tun all dies in der Regel ja vor allem deshalb, weil sie ihren Kindern etwas Gutes tun wollen, weil sie der gängigen pädagogischen Meinung folgen, dass die frühe und vielseitige Förderung der motorischen und kognitiven Fähigkeiten sowie der musischen Interessen besonders wichtig sei. Und nun bekommen sie zu hören, dass ganz andere Motive dahinter ständen, dass es dabei in Wirklichkeit nur um die Entlastung von Schuldgefühlen und um die Befriedigung eigener Ambitionen der Eltern ginge. Wie man es macht, ist es scheinbar falsch in der Erziehung.

3 Was ist das rechte Maß und das rechte Profil für die Freizeitaktivitäten eines Kindes?

Wenn Elternvertreter sich für einen Infoabend zum Thema „Das verplante Kind" einen Erziehungswissenschaftler als Referenten einladen, dann besteht natürlich die Hoffnung, dass dieser bitteschön möglichst genaue Auskunft darüber geben möge, wie denn nun das rechte Maß und die rechte Auswahl von Förder- und Freizeitangeboten für ein Kind aussehen könnten. Etwa so, wie ein Ernährungswissenschaftler Auskunft über die notwendigen Ernährungsbausteine, über den alterstypischen Bedarf an Eiweißen, Kohlehydraten, Mineralstoffen, Vitaminen etc. und damit auch Vorschläge für eine ausgewogene Ernährung geben kann.

Freilich ist es mit der geistigen, musischen oder sportlichen „Diätetik", also mit der Frage, was Kindern eines bestimmten Alters hier bekömmlich ist, weit schwieriger bestellt als mit der ernährungsbezogenen.

Das hat verschiedene Gründe. In erster Linie natürlich den, dass es keinen einheitlichen Grundbedarf an sportlichen, musischen oder geselligen Freizeitaktivitäten bei Kindern und Jugendlichen gibt, sondern individuell sehr unterschiedliche Begabungen und Interessenlagen. Und auch quantitativ lässt sich kaum eine verbindliche Empfehlung geben. Während manche Kinder ihre Zeit am liebsten ganz ohne feste Termine zur freien Verfügung haben, um ihrer Leselust nachzugehen und um individuelle Verabredungen mit Freundinnen zu treffen, gibt es andere, die mit Zähigkeit dafür kämpfen, dass sie neben dem Klavier- und dem Ballettunterricht, der Pfadfindergruppe und dem Chor nun auch noch in den Töpferkurs gehen dürfen. Es gibt Spezialisten, die ihre ganze freie Zeit ihrer besonderen Leidenschaft, sei es dem Schachspiel oder dem Reiten widmen, und es gibt Generalisten mit vielseitigen und häufig wechselnden Interessen.

Es bedarf einer sehr individuellen Einschätzung des jeweiligen Kindes und der jeweiligen sozialen, familiären, schulischen Gesamtlage, um zu beurteilen, welche Zahl an Aktivitäten und regelmäßigen Terminen hier angemessen und sinnvoll ist. Entsprechend kann die Intention engagierter und pädagogisch verantwortlicher Eltern sowohl dahin gehen, ihrem Kind bestimmte zusätzliche Aktivitäten nahe zu legen (etwa wenn es durch allzu einseitige Computerinteressen in eine eher isolierte, autistische Position zu geraten droht), als auch dahin, die Zahl der gleichzeitig verfolgten Interessen einzuschränken (etwa dann, wenn sie den Eindruck haben, dass ihr Kind sich in der Vielzahl von Aktivitäten und Terminen verliert oder wenn sie Sorge haben, dass sich all dies nicht mehr mit den schulischen Verpflichtungen vereinbaren lässt).

Ein anderer Grund, warum sich ein Erziehungswissenschaftler nicht einfach hinstellen und normative Vorgaben machen, also gewissermaßen ex cathedra den rechten Umgang mit der zur Verfügung stehenden Zeit und den rechten Umgang mit der Vielfalt an kinderkulturellen Angeboten verkünden kann, ist der, dass es hierbei um Fragen der individuellen Lebensgestaltung und damit letztlich um unterschiedliche Vorstellungen vom „guten Leben" geht, die sich bei einzelnen Kindern bzw. bei einzelne Familien herausgebildet haben. Empfehlungen oder gar „richtige Lösungen" können hier kaum mit dem Anspruch wissenschaftlicher Autorität gegeben werden.

Ein dritter Grund ist schließlich der, dass niemand hier als neutraler Beobachter auf einer exzentrischen Position steht, von wo aus die Dinge objektiv betrachtet werden könnten, sondern dass man als Zeitgenosse und

Familienvater natürlich genauso in die entsprechenden Abwägungen und Zweifel, Auseinandersetzungen und Konflikte eingebunden ist, wie andere Zeitgenossen und Familienväter auch. Die Ambivalenz ist kaum aufhebbar: Einerseits die Faszination für die Vielfalt der Angebote und Optionen, die heutigen Kindern und Jugendlichen offen stehen, das Gefühl, dass es so viele interessante Dinge in der Welt zu entdecken und zu erproben, so viel Wichtiges zu lernen und zu üben gibt, dass es bisweilen fast schmerzlich ist, so viel davon zwangsläufig links liegen lassen zu müssen. Andererseits, die Überzeugung, dass weniger oft mehr ist, die Sorge, dass sich die Kinder übernehmen, dass sie sich in der Vielfalt der Aktivitäten irgendwie verlieren, dass sich aus dem Wunsch, überall mitzumachen und dabei zu sein, (selbst wenn es sich um lauter Tätigkeiten handelt, die eigene Initiative und Engagement erfordern), vielleicht doch auch wieder eine gewisse Konsum-„Kick-“ oder „Zappmentalität“ entwickeln könnte und dass es eher darauf ankäme, das „eigene Ding“, die „eigene Domäne“ zu entdecken, jenen Bereich, wo man wirklich mit Leidenschaft und Begeisterung von einer Sache ergriffen ist.

So kann man als Autor kaum über dieses Thema schreiben, ohne auch das aktuelle Freizeitprogramm, den Wochenplan der eigenen Kinder unter die Lupe zu nehmen:

Der bei Abfassung dieses Textes 13-jährige Sohn hat folgende regelmäßigen Termine: Dienstagnachmittag: Gitarrenunterricht, Donnerstagnachmittag: Neigungskurs-Badminton an der Schule. Hinzu kommt für eine begrenzte Zeit von 10 Wochen: Mittwochnachmittag ein Tauchkurs. (Im Rahmen ihrer Zulassungsarbeit bietet eine Sportstudentin einen solchen Kurs an seiner Schule an und der Sohn hatte das Glück, einen der begehrten Plätze zu ergattern.) Ihm ist es im Prinzip wichtig, neben den Hausaufgaben und den festen Terminen genügend Zeit zur freien Disposition zu haben. Wann immer das Wetter es zulässt, treffen sich die Jungs der Nachbarschaft zum Inline-Hockey auf dem nahen Kirchplatz, wenn nicht, dann sind Computer-Spiele, „Magic-Karten“, Lesen und Musikhören die derzeit wohl häufigsten Freizeitbeschäftigungen.

Bei der 9-jährigen Tochter ist der Stundenplan regelmäßiger Termine noch dichter: Dienstags Neigungsgruppe zur Verschönerung der Schule, mittwochs Chor und Querflötenunterricht, donnerstags Ballett. In den Wochen vor Weihnachten nahm sie noch an einem Keramikkurs teil, bei dem Krippenfiguren gestaltet wurden. Hinzu kommen nicht selten noch Termine beim Kieferorthopäden oder beim Kinderarzt.

Dass all diese Termine gelegentlich familiären Stress erzeugen, ist nicht zu leugnen. Aber es ist, gerade im Hinblick auf die Musikinstrumente, ja nicht nur der wöchentliche fixe Unterrichtstermin, der Stress verursachen kann. Beide Kinder werden natürlich von Seiten der Eltern dazu angehalten, ihre Instrumente auch noch täglich zu Hause zu üben. Letzteres geschieht freilich keineswegs immer mit der erwünschten Regelmäßigkeit und oft auch nicht mit der erwünschten Konzentration und Motivation. Nicht selten ist gerade dieses Üben der Musikinstrumente mit allerhand Gezerre und Genörgel verbunden.

Bisweilen – wenn das Üben der Instrumente wieder einmal eher zäh und konfliktreich gelaufen ist – hat die Eltern auch schon der Gedanke beschlichen, dass man sich eigentlich eine Menge Geld und Nerven sparen könnte, wenn man die ganze Geschichte einfach sein ließe. Eine musikalische Hochbegabung liegt bei den Kindern offensichtlich nicht vor, eine Amortisation der getätigten Investitionen durch eine Solistenkarriere ist kaum in Sicht. Auch die Hoffnung auf spätere gemeinsame Hausmusikabende in trauter Runde spielt dabei keine Rolle. (Die Vorstellung ist schon deshalb unrealistisch, weil die Eltern selbst dazu gar nichts beitragen könnten.) Gegebenenfalls, so könnte man sich sagen, kann ja jeder auch später noch ein Instrument lernen, falls das Musizieren sich eines Tages dann doch noch als ein echtes Herzensanliegen herausstellen sollte. Was in aller Welt bringt uns, was bringt Eltern überhaupt dazu, dennoch mit einiger Zähigkeit an dem eingeschlagenen Weg festzuhalten? Sind wir einfach dem traditionellen bürgerlichen Ideal verhaftet, dass „ein Instrument spielen“ eben zum Bildungskanon dazugehört? Wollen wir den Kindern einfach die Chance auf jene Freude, auf jene Bereicherung, die der Selbstausdruck durch Musik ja doch potentiell ins Leben eines Menschen bringen kann, offen halten? Ist nicht gelegentlich etwas davon auch jetzt schon bei den Kindern zu spüren und hängen sie nicht trotz des Gemeckers an „ihrem Instrument“?

Oder ist es so, dass es letztlich nur darum geht, mit den musikalischen Ambitionen unserer Freunde und Bekannten und deren Kinder mitzuhalten? Geht es vielleicht doch um die Entlastung von Schuldgefühlen? Beziehungsweise darum, dass die Kinder stellvertretend das realisieren sollen, was in unserer eigenen musikalischen Bildungsgeschichte zu kurz gekommen ist? Handelt es sich also insgesamt um eine typische moderne Familiensituation mit ambitionierten Eltern und einer typischen verplanten Kindheit? Sind auch wir dem „Kurs(un)wesen“ verfallen, das „Kinderstress, Unruhe, unechte Betriebsamkeit“ mit sich bringt?

4 Inszenierte und organisierte Kulturangebote *für* Kinder als Chance oder als Enteignung der ursprünglichen Kultur *der* Kinder?

Es ist keine Frage, dass sich in den letzten Jahrzehnten eine deutliche Verschiebung hinsichtlich der Art und Weise, wie Kinder ihre Zeit außerhalb der Schule verbringen, ergeben hat. Zeiher und Zeiher fassen diese Veränderungen folgendermaßen zusammen: „Im Vergleich zu den vorangegangenen Generationen treffen Kinder heute für sehr viel mehr ihrer Tätigkeiten auf vorgefertigte, detailliert spezialisierte Entwürfe, sei es in gegenständlicher Form als institutionalisierte Arrangements und Programme, oder in der Zuordnung von besonderen Räumen, Zeiten und Personal: Auf Spielvorgaben einer besonderen ‚Kinderkultur' in Medien und Konsumartikeln und in Kinderzimmern voller Spielzeuge; auf Bewegungsvorgaben in Spielplatz und Sportgeräten und in Sporttrainingsprogrammen; auf Veranstaltungen in vielerlei Kinderfreizeiteinrichtungen; auf Lehrpläne musik- und kunstpädagogischer Kurse und vieles mehr. Wo die Alltagswelt nicht speziell für Kinder ausgeformt ist, ist sie für anderes spezialisiert und dadurch für Kinder ungeeigneter als zuvor. Kinder leben in dieser Polarität: mit Dingen und Programmen, in deren Tätigkeitshülsen sie hineinschlüpfen können und sollen, und mit einer im Übrigen von Möglichkeiten sehr entlehrten Welt" (Zeiher/Zeiher 1991, S. 246).

Diese Tendenz kann man natürlich kulturkritisch vor allem als Verlust bilanzieren: Als Verlust an kindlicher Freiheit, Kreativität, Phantasie, Spontaneität, Unbeschwertheit und als Verlust an selbstverständlicher Teilhabemöglichkeit am Alltag der Erwachsenen. So sind manche Kindheitsforscher denn auch der Meinung, dass die traditionelle „Kultur *der* Kinder" (also ihre Spiele, ihre Phantasien, ihre autonom gestalteten Freundschafts- und Gruppenbeziehungen, ihre Streifzüge und Erkundungen etc.) zunehmend durch eine von Erwachsenen arrangierte „Kultur *für* Kinder" ersetzt wird. In diesem Sinne ist bisweilen auch von einer „Inszenierung der Kindheit" (Beck-Gernsheim 1987) die Rede.

Schon vor fast 30 Jahren, also noch lange bevor die Kindheitsforschung sich des Themas angenommen hat, hat Michael Ende diese Tendenz in seinem schönen Buch „Momo", das ja vor allem eine Parabel auf die Zeitökonomie und Planungswut des modernen Menschen ist, karikiert: Unter dem Einfluss der „grauen Herren", der Agenten des Zeitsparideologie, befällt die Erwachsenen dort die folgende Sorge: „Kinder sind das Menschenmaterial der Zukunft. Die Zukunft wird eine Zeit der Düsenmaschinen und der Elektronengehirne. Ein Heer von Spezialisten und Facharbeitern wird notwendig sein, um all diese Maschinen zu bedienen. Aber anstatt unsere Kinder auf diese Welt von morgen vorzubereiten, lassen wir es noch immer zu, daß viele von ihnen Jahre ihrer kostbarsten Zeit mit nutzlosen Spielen verplempern. Es ist eine Schande für unsere Zivilisation und ein Verbrechen an der künftigen Menschheit!" (Die aktuelle Diskussion um die Folgen, die aus der PISA-Studie für die Elementarpädagogik zu ziehen seien, lässt grüßen!) Als Lösung des Problems werden dann in dem Buch „Momo" sogenannte „Kinder-Depots" eingerichtet, spezialisierte, pädagogisch geplante Institutionen zur effektiven Nutzung der Kinderzeit: „Davon, daß sie sich selbst Spiele einfallen lassen durften, war natürlich keine Rede mehr. Die Spiele wurden ihnen von den Aufsichtspersonen vorgeschrieben, und es waren nur solche, bei denen sie irgendetwas Nützliches lernten. Etwas anderes verlernten sie freilich dabei, und das war: sich zu freuen, sich zu begeistern und zu träumen. Nach und nach bekamen die Kinder Gesichter wie kleine Zeit-Sparer. Verdrossen, gelangweilt und feindselig taten sie, was man von ihnen verlangte. Und wenn sie doch einmal sich selbst überlassen blieben, dann fiel ihnen nichts mehr ein, was sie hätten tun können“ (Ende 1973, S. 186 f.).

5 Wie äußern Kinder sich selbst zu ihrer Freizeit? – Ergebnisse der empirischen Kinderfreizeitforschung

Eine solche polemisch überspitzte Darstellung von Entwicklungstrends ist dem Schriftsteller erlaubt. Als Erziehungswissenschaftler freilich ist man gehalten, erst einmal zu sehen, was denn nun an empirischen Studien und Befunden darüber vorliegt, wie Kinder heute ihre Freizeit verbringen und wie sie selbst die Dinge wahrnehmen und erleben. Ist es tatsächlich so, dass sie entsprechende Kursangebote hauptsächlich auf elterlichen Druck hin besuchen bzw. dass sie bzw. ihre Eltern damit in erster Linie Nützlichkeitserwägungen verbinden? Ist es tatsächlich so, wie es der Titel „Das ‚verplante Kind‘ – Kinder im Freizeitstress“ nahe legt, dass die heutigen Kinder Stress erleben durch die Häufung der Termine, die sie zu koordinieren haben? Dass sie unter der Vielfalt der Angebote und Verpflichtungen leiden, weil sie nicht mehr genügend Zeit zum freien Spiel haben?

Wenn man sich entsprechende Kinder-Zeitbudget-Studien ansieht, dann hat man eigentlich den Eindruck, dass die Aktivitäten zwar durchaus vielfältig sind, dass die freien, nichtorganisierten Anteile wie etwa „Drinnen spielen“, „Malen, Zeichnen“, „Mit der Familie zusammensein“, „Draußen spielen, etwas unternehmen“, „Fernsehen“, „Musik hören“, „Bücher lesen“, „Ausruhen, Träumen“ doch noch bei weitem den überwiegenden Teil der Freizeit ausmachen (vgl. BMFSFJ 1998, S. 65).

Im Zusammenhang mit seiner Studie über das Kindheitsglück ist auch Bucher der Frage nachgegangen, in welchem Maß Kinder selbst sich in ein enges Zeitregiment eingezwängt fühlen und unter der Terminfülle leiden. Zu diesem Zweck hat er in seinem umfangreichen Fragenkatalog Items aufgenommen, wie die folgenden: „Ich habe genug Freizeit“, „Ich kann in meiner Freizeit machen, was mir Spaß macht“, „Wenn ich will, kann ich hinaus ins Freie (Spielplatz, in den Wald)“. Dabei waren jeweils zwischen 80% und 90% der Kinder der Meinung, dass dies für sie täglich oder zumindest mehrmals die Woche zuträfe. Bucher hält denn auch durch seine Daten die „Klischees“, dass heutige Kinder „keine Freizeit mehr“ hätten, „stets gestresst“ seinen und „ihre freien Stunden nicht mehr mit sinnvoller, beglückender Tätigkeit füllen“ könnten, für „gründlich widerlegt“ (Bucher 2001, S. 159 f.). Gleichzeitig wird aus Buchers Studie die hohe Relevanz der ausreichenden und erfüllten Freizeit für das subjektiv eingeschätzte Kindheitsglück sehr deutlich. Denn je positiver die Kinder ihre Freizeitsituation eingeschätzt haben, desto höher war auch die bilanzierende Einschätzung ihres Kindheitsglücks insgesamt. Dieser Faktor erklärte nach Bucher „mehr Varianz des Kindheitsglücks als alle gängigen demographischen Variablen, einschließlich des Umstands, ob die Eltern getrennt sind oder nicht" (ebd., S. 161).

Am differenziertesten hat sich wohl das Deutsche Jugendinstitut in einer Studie mit dem bezeichnenden Titel: „Was tun Kinder am Nachmittag?", für die mehr als 1000 Acht- bis Zwölfjährige und deren Eltern befragt wurden, den verschiedenen Aspekten der Freizeitgestaltung der Kinder zugewendet. Dabei wurde auch versucht, alters-, geschlechts-, schicht- und lebensraumspezifische Differenzierungen hinsichtlich des kindlichen Freizeitverhaltens vorzunehmen (DJI 1992). Es ging den AutorInnen jedoch nicht nur darum, das jeweilige Aktivitätsspektrum zu erfassen, sondern vor allem auch um die Frage: „Wie beurteilen eigentlich die Kinder selbst ihre Freizeit?" Einige Ergebnisse dieser Studie seien kurz vorgestellt:

- Die Mehrzahl der Kinder verfügt über ein vielfältiges Aktivitätsspektrum, das sich sowohl auf den musisch-kulturellen als auch auf den motorisch-sportlichen Bereich erstreckt. „Sie malen, basteln, fahren Skateboard, spielen mit dem Game-boy, aber auch Räuber und Gendarm, fahren mit dem Rad, gehen schwimmen, musizieren, sehen fern und lesen. Und sportlich aktive Kinder betätigen sich auch im musisch-kreativen Bereich und umgekehrt; traditionelle Spiele (Versteckspielen, Verkleidungsspiele, Gesellschaftsspiele etc.) werden ebenso ausgeübt wie sogenannte Modismen (Telespiele, BMX Rad fahren etc.)" (Ledig 1992, S. 36).
- Es gibt eine deutliche Tendenz in dem Sinn, dass Jungen im sportlichen Bereich aktiver sind, Mädchen dagegen im musisch-kreativen Bereich.
- Fasst man alle organisierten, institutionalisierten Angebote für Kinder zusammen (also kirchliche Gruppen, Sportvereine, freiwillige schulische Neigungsgruppen, Ballett- und Musikschulen, Bastel- und Töpferkurse etc.), dann ergibt sich folgendes Gesamtbild: „Immerhin ein knappes Fünftel (19%) der befragten Kinder nimmt überhaupt kein derartiges Angebot in Anspruch. Die Mehrzahl der Kinder allerdings nutzen solche Angebote: 32% nutzen ein Angebot, 27% zwei Angebote, 15% drei Angebote, 6% vier Angebote und 2% nutzen sogar fünf bis sechs Angebote."
- Schichtspezifisch betrachtet, ist die Nutzung in der oberen Mittelschicht eindeutig am stärksten. „In allen Altersgruppen und in allen Schichten nutzen Mädchen institutionalisierte Freizeitangebote häufiger als Jungen" (Ledig 1992, S. 159).

- Auf die Frage, auf wessen Wunsch hin die Kinder die entsprechenden Angebote von Vereinen und Gruppen besuchen, gaben die Kinder fast immer an, dass es ihr eigener Wunsch war, an der entsprechenden Aktivität teilzunehmen. Wenn man die Kinder umgekehrt ganz allgemein danach fragte, welche Wünsche sie denn für ihre Freizeit hätten, dann gaben sie in der Regel just die Tätigkeiten an, denen sie derzeit nachgingen. Fragt man sie direkt danach, ob sie denn noch genügend Zeit zum freien Spiel und für spontane Unternehmungen hätten, dann wird diese Frage von fast allen Kindern bejaht.
- Im Erleben der Kinder sind es also nicht die Eltern, die sie zu bestimmten Aktivitäten drängen, sondern oft sind es Gleichaltrige, die in einer bestimmten Aktivität schon engagiert sind, von denen die Anregung ausgeht. Deshalb kann die Wahrnehmung regelmäßiger, organisierter und geplanter Aktivitäten auch nicht unbedingt den freien geselligen Aktivitäten mit Freundinnen und Freunden gegenübergestellt werden, denn nicht selten sind die für bestimmte Aktivitäten fest liegende Termine zugleich auch die regelmäßigen Treffpunkte mit Freundinnen und Freunden.
- Jedoch war bei der Wahrnehmung von organisierten Freizeitangeboten durch die Kinder ein Einfluss der Eltern nachweisbar. Es handelte sich freilich weniger um einen Einfluss im Sinne einer direkten elterlichen Lenkung, sondern eher um einen Einfluss im Sinne eines Modellernens bzw. der Übertragung bestimmter Lebensstile: Wenn die Eltern selbst stark im Vereins- und Gruppenleben engagiert waren, dann waren meist auch die Kinder in mehrere entsprechende Aktivitäten eingebunden (Sportvereine, kirchliche Jugendgruppen, Musikschulen etc.).
- Trotz gelegentlicher Klagen von Vereinen über Nachwuchsmangel in den letzten Jahren gibt es einen deutlichen Trend zur „Versportung des Kinderalltags". 1959 waren nur 15% der 6 bis 14-jährigen Mitglieder eines Sportvereins, 1988 waren es schon 69%. Dabei hat sich gleichzeitig eine Verschiebung hin zu gewissen modernen Trendsportarten wie Tennis, Basketball oder Volleyball ergeben, während die Zahlen beim Fußball eher rückläufig sind. Das Engagement im Sportverein umfasst in der Regel nicht nur das wöchentliche Training, sondern auch noch Wochenendtermine bei Verbandsspielen, Turnieren und Lehrgängen. Häufig sind hier auch die elterlichen Fahr- und Betreuungsdienste gefordert, so dass bisweilen die ganze Planung des Familienwochenendes davon in Beschlag genommen ist.
- Trotz dieser Verschiebung hin zu Trendsportarten steht Fußball bei Jungen nach wie vor an der Spitze der Beliebtheit. Die Domäne der Mädchen ist dagegen das Turnen. Bei Sportarten wie Tennis oder Leichtathletik ist das Verhältnis zwischen den Geschlechtern dagegen ziemlich ausgeglichen.
- Auch die „Kinderkulturangebote" – darunter werden in der Regel Dinge wie Musikunterricht, Ballettunterricht, Mal-, Bastel- oder Töpferkurse,

> Kindertheater und Kinderzirkusprojekte etc. zusammengefasst – haben in den letzten Jahren eine deutliche Expansion erfahren. Dabei ist die Nutzung solcher Angebote deutlich geschlechts- und milieuabhängig unterschiedlich verteilt. Hier sind es vor allem die Kinder der oberen Mittelschicht, die in diesen Bereichen engagiert sind. Mädchen in deutlich höherem Umfang als Jungen. Diese Angebote sind bisweilen mit erheblichem finanziellem und zeitlichem Aufwand für die Eltern verbunden. Von daher ist die milieuabhängig unterschiedliche Nutzung nicht weiter überraschend.

Zum Schluss wird in einer Kapitelüberschrift der DJI-Studie exakt jene Frage gestellt, die auch die Leitfrage dieses Kapitels darstellt, nämlich: „Verplante Kinder?“ (Nissen 1992, S. 162). Mit Blick auf die Daten wird dieses populäre Attribut zur Kennzeichnung heutiger Kindheit dann jedoch in zweifacher Hinsicht eingeschränkt: Erstens entsprechen keineswegs alle Kinder dem Freizeitmuster, das mit diesem Stichwort angedeutet ist, und zweitens erleben selbst die Kinder, die ihm formal entsprechen, dies keineswegs so negativ, wie es oftmals in den kulturkritischen Kindheitsdebatten unterstellt wird: „Das Kind, das dem Bild des vielseitig aktiven Freizeitkindes, das unterschiedliche Termine an unterschiedlichen Orten wahrnimmt und dementsprechende Fähigkeiten zur Planung braucht, am ehesten entspricht, kann aufgrund der dargestellten Ergebnisse als weiblich, der oberen Mittelschicht angehörig und das Gymnasium besuchend beschrieben werden“ (ebd., S. 164). Die meisten Kinder erleben diese Termine jedoch nicht als von außen aufgezwungene Belastung, sondern eher als attraktive, selbstgewählte, strukturierende Momente im Wocherhythmus. Zum Teil machen die Aktivitäten einfach Spaß, zum Teil sind sich die Kinder durchaus auch bewusst, damit in gewissem Sinne „kulturelles Kapital“ (Bourdieu 1987) anzusammeln und sie sind im Prinzip stolz darauf (auch wenn das Klavierüben in der konkreten Situation hier und jetzt dann doch eher als lästig erlebt wird).

6 Eltern im Stress durch das Freizeitmanagement ihrer Kinder?

Es soll nicht bestritten werden, dass es Fälle gibt, wo sich Kinder mit ihrem Freizeitprogramm übernehmen. Es soll auch nicht bestritten werden, dass es Eltern gibt, die ihre Kinder mit allzu großem Ehrgeiz bedrängen, die tatsächlich unerfüllte eigene Wünsche und missglückte eigene Ambitionen auf ihre Kinder projizieren. Sei es in Sachen Tennis, Fußball, Klavierspiel oder Ballett.

Für die allermeisten Kinder jedoch ist die ängstliche Sorge, sie könnten wegen ihrer diversen organisierten Freizeitaktivitäten unter die Rubrik „verplante Kindheit“ fallen und damit Schaden an ihrer Persönlichkeit oder an ihrem Kindheitsglück nehmen, eher unnötig. In der Regel haben die Kinder durchaus ein Gespür dafür, was ihnen bekömmlich ist, und wehren sich entsprechend gegen Zumutungen, die dem entgegen laufen. Meist ist ihr leitendes Kriterium für die Freizeit eh das der Spaßmaximierung. Entsprechend organisieren sie sich zielstrebig ihre Zeit nach den Hausaufgaben. In gewissem Sinn ist es ja doch ein „Luxusproblem“ bzw. fast ein bisschen paradox, wenn Eltern sich nun ernste Gedanken darum machen, ob sich ihr Kind eventuell zu viele attraktive Angebote und Termine in den Wochenplan gepackt hat. Nachdem man sich zuerst Sorgen darüber machte, ob man als Eltern dem „Gebot der optimalen Förderung des Nachwuchses“ (vgl. Beck-Gernsheim 1990, S. 168) auch hinreichend entspricht, ob man dem Kind also auch wirklich genügend Entwicklungsanregungen, Förderimpulse und Bildungsmöglichkeiten hat zukommen lassen, macht man sich nun im nächsten Schritt Sorgen darüber, ob diese Fülle von Anreizen und Angeboten nicht vielleicht Stress für die Kinder bedeuten könnte. (Wobei die Kinder selbst, wie gesehen, in der Regel gar kein Problem damit haben.) Muss man tatsächlich Mitleid haben mit den „verplanten Kindern“, die montags zum Klavierunterricht, mittwochs ins Ballett und freitags zum Reiten gehen und die in den Weihnachtsferien auch noch einen Skikurs besuchen? Mir scheint dies eher eine übertriebene Sorge. Bedauernswerter erscheinen mir in der Regel eher jene Kinder, die aus Gründen mangelnder elterlicher Unterstützung bzw. aus finanziellen Gründen kaum Chancen haben, an jenen attraktiven Angeboten teilzunehmen, an denen sie gerne teilnehmen würden.

Die ängstliche Sorge um das rechte Maß und das optimale Profil von Freizeitangeboten für den eigenen Nachwuchs ist seinerseits vielleicht schon Ausdruck einer überzogenen Kindzentriertheit. Dass häusliche Verpflichtungen, die Mithilfe in Haus und Hof, Kinder an der Wahrnehmung ihrer Bildungswünsche und ihrer diversen Freizeittermine hindern, kommt im Gegensatz zu früher heute kaum noch vor. In autobiographischen Texten, die vom Aufwachsen in früheren Zeiten berichten, kann man bisweilen einen Eindruck gewinnen, mit welcher Inbrunst und Sehnsucht Kinder sich damals gewünscht haben, die Eltern mögen es ihnen zeitlich und finanziell ermöglichen, ein Musikinstrument zu erlernen (vgl. Ledda 1980).

Heute im Zeitalter ausgeprägter Kindzentriertheit erwarten Kinder nicht selten eine permanente und automatische Bereitschaft der Eltern, als „Hilfstruppen“ für ihre Unternehmungen zur Verfügung zu stehen. Stress bringt die aufwendige und vielfältige Freizeitorganisation der Kinder ja oftmals mehr für die Eltern, deren Organisations-, Betreuungs- und Chauffeursdienste dafür immer wieder ganz selbstverständlich in Anspruch genommen werden. So heißt es etwa in der leicht karikierenden Übertreibung einer Journalistin: „...Geigenunterricht, Ballett und Fechten, Basteln und Chor. Rein ins Auto und raus aus dem Auto. ‚Meine Tochter‘, sagt eine Mutter, ‚hat einen Terminkalender, der ist voller als meiner.‘ Die Tochter ist sieben, und was sie und ihre Mutter machen würden, wenn Mami nicht den Zweitwagen hätte – nicht auszudenken. Mamis Termine sind Chauffeurstermine. Sie kennt alle Geheimparkplätze vor Klavierschulen, Schwimmhallen und neuerdings der Praxis des Zahnarztes, der ... die Spangen verpaßt“ (nach Beck-Gernsheim 1994, S. 125). Läuft hier nicht doch etwas schief im Generationenverhältnis, wenn Mütter sich in diesem Sinn überwiegend als Freizeitmanagerinnen und Chauffeurinnen ihrer Kinder verstehen? Von daher wäre es vielleicht auch an der Zeit einmal danach zu fragen, wie es mit den „verplanten Müttern“ aussieht, ob und in welchem Maße es eigentlich sinnvoll ist, wenn Eltern ihren eigenen Alltag ganz nach den Freizeitterminen der Kinder ausrichten?

KAPITEL 4

Beschleunigung und Entschleunigung in Entwicklungs- und Bildungsprozessen

Gibt es bei Kindern und Jugendlichen ein Bedürfnis nach Langsamkeit?

> *„Darf ich nun die wichtigste und nützlichste Regel jeder Erziehung aufstellen? Sie heißt nicht: Zeit gewinnen, sondern Zeit verlieren"*
>
> J.J. ROUSSEAU

Mit der Klage über die zunehmende „Verplantheit" heutiger Kindheit, des Eingespanntseins in enge, bedrängende, Zeitstrukturen, die kaum noch Raum für Muse, Entspannung, kreatives Nichtstun lassen, steht eine andere Klage in engem Zusammenhang: die Klage über die Zeitknappheit und die zunehmende „Beschleunigung" unseres Alltagslebens im Allgemeinen und der Entwicklungs- und Bildungsprozesse von Kindern im Besonderen. Entsprechend gibt es immer häufiger Forderungen nach „Entschleunigung" unserer Lebensverhältnisse, nach angemessenen Entwicklungsspielräumen für Kinder und nach bewusster Kultivierung von Langsamkeit, Bedächtigkeit, Gründlichkeit im Zusammenhang mit Bildungsprozessen. Diese kritische Gegenströmung wendet sich gegen den pädagogischen Zeitgeist, der zunehmend auf die Effektivierung, die Optimierung und auf die Beschleunigung von Lernprozessen sowie auf die Standardisierung und Rationalisierung von Bildungsprozessen setzt. Demgegenüber wird dabei nicht selten auf die „anthropologische Entwicklungslangsamkeit" von Kindern und auf ihr Bedürfnis nach „Eigenzeit" verwiesen. Diese Argumentationsmuster, den bedenklichen gesellschaftlichen Veränderungen und Forderungen in kulturkritischer Absicht die „genuinen Entwicklungsbedürfnisse" der Kinder entgegen zu halten, entspricht einer altehrwürdigen Tradition, die sich mindestens bis auf Rousseaus „Emile" zurückverfolgen lässt und die auch in der Geschichte der psychoanalytischen Pädagogik stets eine wichtige Rolle spielte. Hier wird diese Kritik an den Bedingungen des Aufwachsens nun formuliert unter dem spezifischen Aspekt des Umgangs mit Zeit. Und zwar mit Zeit im doppelten Sinne: mit biographischer Lebens- und Entwicklungszeit von Kindern einerseits und mit alltäglicher Zeitstrukturierung, Zeitnutzung und Zeitknappheit in der Umwelt des Kindes andererseits.

Somit steht das Thema „Beschleunigung und Entschleunigung in Entwicklungs- und Bildungsprozessen“ im größeren Rahmen der kulturkritischen Auseinandersetzung mit der Frage, wie wir in unserer Gesellschaft mit der uns zur Verfügung stehenden Zeit umgehen. Seit jeher stellt der Umgang mit der Zeit einen zentralen Kristallisationskern der Kulturkritik dar. Und damit steht letztlich unser gesamter moderner westlicher Lebens-, Arbeits-, Bildungs- und Freizeitstil zur Debatte. Diese Diskussion über den Umgang mit der Zeit und über die Folgen von Eile, Hast und Unruhe für den Menschen ist überaus breit und komplex. Und sie ist natürlich nicht ganz neu. Deshalb zunächst ein ganz kurzer schlaglichtartiger Rückblick darauf, wie das Thema von großen Geistern früherer Epochen behandelt wurde. Denn auch in Zeiten, die wir aus heutiger Perspektive eher noch für beschaulicher und gemächlicher halten, wurde schon heftig über die Beschleunigung des Lebens geklagt.

1 Historische Thematisierungen der Sorge um die Beschleunigung des Lebens

Schon Rousseau hat den „Kariben“, den natürlich lebenden „Wilden“ beschworen und in seiner Art der heiter-gelassenen Lebensführung dem „gekünstelten“ und „gesitteten“ Menschen seiner Zeit gegenübergestellt: „Der wilde und der gesittete Mensch weichen in dem Grunde ihres Herzens und in ihren Neigungen so weit voneinander ab, dass der eine verzweifeln würde, wenn er das hätte, wobei sich der andere glücklich schätzt. Jener sehnt sich nur nach Ruhe und Freiheit, er will nur leben und untätig bleiben. Gegen alles Übrige ist er noch unempfindlicher als der unempfindlichste Stoiker. Der immer tätige Bürger hingegen schwitzt, arbeitet und quält sich unaufhörlich, um sich noch mühsamere Beschäftigungen zu verschaffen. Er arbeitet sich tot, um leben zu können, oder nimmt sich das Leben um unsterblich zu werden“ (Rousseau 1995, S. 264). Goethe hat 1825 die faszinierende Wortneuschöpfung „veloziferisch“ als Verschränkung von „velocitas“ und „Luzifer“ geprägt, um das ihn so sehr irritierende und beunruhigende Phänomen der Beschleunigung des Lebenstempos zu seiner Zeit zu beschreiben (vgl. Osten 2003, S. 471). Freud zitiert 1908 in seinem Text „die kulturelle Sexualmoral und die moderne Nervosität“ zeitkritische Äußerungen eines W. Erb, der ihm als ein „hervorragender Beobachter“ des „modernen Kulturlebens“ gilt, welches schon zu seiner Zeit von vielen Nervenärzten für die „wachsende Nervosität“ der Menschen verantwortlich gemacht wurde. Darin heißt es unter anderem: „Durch den ins ungemessene gesteigerten Verkehr, durch die weltumspannenden Drahtnetze des Telegraphen und Telephons haben sich die Verhältnisse in Handel und Wandel total verändert: alles geht in Hast und Aufregung vor sich, die Nacht wird zum Reisen, der Tag für die Geschäfte benützt, selbst die ‚Erholungsreisen' werden zu Strapazen für das Nervensystem. ... Die erschlafften Nerven suchen ihre Erholung in gesteigerten Reizen; die moderne Literatur beschäftigt sich vorwiegend mit den bedenklichsten Problemen, die alle Leidenschaften aufwühlen, die Sinnlichkeit und Genusssucht, die Verachtung aller ethischen Grundsätze und aller Ideale fördern; ... unser Ohr wird von einer in großen Dosen verabreichten, aufdringlichen und lärmenden Musik erregt und überreizt, die Theater nehmen alle Sinne mit ihren aufregenden Darstellungen gefangen." – Obwohl Freund diese Problembeschreibung durchaus zu teilen schien, hat er sie als pauschalen Erklärungsgrund für die „moderne Nervosität" doch nicht ganz akzeptiert, sondern auf dem spezifischeren ätiologischen Faktor der Unterdrückung des Sexualtriebs als zentraler Ursache für die Neurosenentstehung beharrt (Freud 1908, S. 15).

Auch die Auswirkungen der modernen Zeitumstände auf die Entwicklung der Kinder wurden um jene Zeit schon heftig beklagt. Im Jahr 1906 fand in Berlin ein großer internationaler Kongress für Kinderforschung statt, der gewissermaßen als Initialzündung für die Entwicklung der Kinderpsychologie und Heilpädagogik hierzulande gelten kann. Auf diesem Kongress hat der Wiener Psychiater Theodor Heller einen Vortrag über „Psychasthenische Kinder" gehalten. Er kritisiert zwar jene Stimmen, die verbreitete „Kindernervosität" allein als eine „moderne Krankheit ... als ein Symptom der allgemeinen gesellschaftlichen Degeneration, die unaufhaltsam fortschreitet", auffassen und verweist auf die „abnorme Veranlagung", die hier ebenfalls eine wichtige Rolle spiele. Er bringt dann aber eine Charakterisierung jener „psychasthenischen Kinder", die sehr stark an die Beschreibungen der heute so viel diskutierten ADHS-Symptomatik erinnert: „Objektiv bemerken wir an den psychasthenischen Kindern Mangel an Ausdauer, auffallende Zerstreutheit. Sie sind nicht imstande, bei einer Arbeit auszuharren, schweifen bald ab, wenden sich immer neuen Aufgaben zu, die stets unvollendet und unvollkommen bleiben, so daß ihr Leben schließlich aus lauter Anfängen besteht, die keine Fortsetzung finden. Es ist klar, daß solche Existenzen den Anforderungen der Schule, geschweige denen des praktischen Lebens nicht standhalten können und früher oder später Schiffbruch erleiden müssen" (Heller 1907, S. 148).

2 Die aktuelle Diskussion um Beschleunigung und Entschleunigung des Lebens

Ich will nun nicht eine ganze Geschichte der Kulturkritik unter dem Aspekt von Tempo, Hetze und Beschleunigung ausbreiten, sondern will unmittelbar in die aktuelle Diskussion um dieses Thema springen. Ein wichtiges Stichwort für die aktuelle Diskussion hat Stan Nadolny mit seinem Buch „Die Entdeckung der Langsamkeit" geliefert (Nadolny 1987). Obwohl es darin überhaupt nicht um eine Kritik heutiger gesellschaftlicher Verhältnisse geht, sondern einfach mit John Franklin eine Romanfigur entworfen wird, die durch ihre ungewöhnliche Langsamkeit in allen Wahrnehmungs-, Denk- und Reaktionsprozessen aus der Rolle fällt (gerade dadurch aber auch zu großen historischen Leistungen befähigt wird), musste diese suggestive Titelformulierung seitdem für unzählige Veranstaltungen an Volkshochschulen, Familienbildungsstätten und Meditationszentren herhalten. Im Schlepptau dieses Erfolgs sind Bücher mit Titeln wie „Mut zur Langsamkeit" (Lara 1996), „Die Kreativität der Langsamkeit" (Reheis 1996), „Anleitung zur Langsamkeit" (Rötlein 2004) und „Die Kraft der Langsamkeit" (Stutz/Merz 2005) erschienen.

Milan Kundera hat mit seinem Buch „Die Langsamkeit" ebenfalls ein Lob auf dieselbe verfasst. Die Frage danach, welcher Umgang mit der Zeit dem Menschen förderlich ist, war auch schon zentrales Thema in Michael Endes Kinderbuchklassiker Momo (Ende 1973). In Peter Hoegs Buch: „Der Plan von der Abschaffung des Dunkels" (1995) wird die Schuluhr und damit die Verfügung über die Zeitmessung und die Zeitordnung zum zentralen Symbol der Macht in pädagogischen Institutionen.

Im Feuilleton ist die Kritik am Lebenstempo und an den Zeitzwängen der Moderne ein ebenso beliebtes Thema wie in populären psychologischen und pädagogischen Zeitschriften. Dort ist die Thematisierung des Umgangs mit der Zeit auf das engste verknüpft mit jenem psychologischen Konzept, dass trotz seiner Vagheit in den letzten 30 Jahren eine erstaunlich steile Karriere sowohl in der akademischen als auch in der Alltagspsychologie gemacht hat, nämlich mit dem Konzept des „Stress".

In regelmäßigen Abständen gab es in der Zeitschrift „Psychologie heute" Themenhefte zum „Zeitproblem". Diese erschienen unter Titeln wie z. B.: „Langsam, langsam! – warum Sie in Ruhe mehr erreichen" (Geissler u. a. 1992), „Zeit genug! – Wie sie dem Zeitstress entkommen" (Roming 1998), oder, schon wieder mit kritischem Unterton gegen den aktuellen Trend: „Sehnsucht nach Entschleunigung – Der Kult um die Langsamkeit" (Fritsch 1996). Es gibt passende Lebenshilfebücher zur „Lebensentschleunigung", etwa mit dem Titel „Slow down your life" (Rötlein 2004) oder „Slow life" (Honore 2004) und es gibt seit geraumer Zeit sogar eine originelle Homepage mit der Adresse www.entschleunigung.de, auf der nichts anderes zu lesen ist als der Hinweis: „langsam, langsam, ... die Inhalte dieser Seite müssen erst noch erstellt werden".

Bei dem Begriff „Entschleunigung" handelt es sich übrigens um eine interessante Wortneuprägung. Physikalisch stellt „Beschleunigung" die erste Ableitung der Geschwindigkeit nach der Zeit dar, also die Zunahme der

Geschwindigkeit pro Zeiteinheit. Der entgegengesetzte Prozess der Abbremsung oder Verzögerung, also der Abnahme von Geschwindigkeit pro Zeiteinheit, wird in der Physik nicht mit „Entschleunigung“ bezeichnet, sondern dort ist dann eben von „negativer Beschleunigung“ die Rede.

Im Duden sucht man zwischen den Begriffen „Entschleimung“ und „Entschließung“ vergeblich nach dem Begriff „Entschleunigung“. Gibt man ihn freilich bei Google ein, so erhält man über 20.000 Treffer. Meist stehen die entsprechenden Beiträge im Kontext von Themen wie „Stressabbau“, „Steigerung von Lebensqualität“ und „Wellness“. Bisweilen aber auch im Zusammenhang mit der Kritik am „Turbokapitalismus“.

Peter Glotz hat dem Thema einen kritischen Essay mit dem Titel: „Kritik der Entschleunigung“ gewidmet (Glotz 1999). Kurz vor seinem Tod hat er sich mit dem „Beschleunigungskritiker“ Karlheinz A. Geißler ein Streitgespräch über den gesellschaftlichen Umgang mit dem zunehmenden „Beschleunigungsdruck“ geliefert. Dabei geht Glotz im Gegensatz zu Geißler angesichts des internationalen Wettbewerbs von der Unvermeidlichkeit der Beschleunigungstendenzen aus: „Das sind Auswirkungen der modernen Kommunikationstechniken, das ist der digitale Kapitalismus. Wir kommen an einer Beschleunigung nicht vorbei“ (Glotz/Geißler 2005, S. 25). Geißler dagegen macht den interessanten Vorschlag, bei der volkswirtschaftlichen Gesamtrechnung eines Landes nicht nur den Güterwohlstand als Indiz für Reichtum zu berücksichtigen, sondern auch den „Zeitwohlstand“ (ebd., S. 28).

Fast ein wenig tragisch wirken im Nachhinein die einleitenden persönlichen Bemerkungen von Peter Glotz, der im Alter von 66 Jahren an Krebs gestorben ist: Er habe schon immer sehr schnell gelebt, habe wenig Talent zur Muse und zur Langsamkeit. Und schließlich: „Ich habe einen ganz eigenen Rhythmus. Aber ich habe beschlossen, mit 70 Jahren die Füße hochzulegen. Mal sehen was dann passiert“ (ebd., S. 24). Nicht selten passieren im Leben Dinge, die die exakte langfristige Lebenszeitplanung als vermessen und die Verschiebung des Zeitgenusses auf später als fragwürdig erscheinen lassen.

3 Kulturelle Unterschiede im Umgang mit der Zeit und deren Folgen für die Befindlichkeit der Menschen

Jeder, der gelegentlich ins Ausland reist, weiß, dass der Umgang mit der Zeit in unterschiedlichen Kulturen höchst unterschiedlich geregelt ist, dass es sehr verschiedene Lebenstempi und Lebensrhythmen gibt. Es gibt offensichtlich hektischere, schnelllebigere Kulturen und es gibt gemächlichere, gelassenere, ja vielleicht sogar phlegmatische Kulturen. In bestimmten Gesellschaften spielt die Pünktlichkeit eine sehr wichtige Rolle im Kontext zwischenmenschlicher Umgangsformen und in anderen sind die Toleranzspielräume, von denen ganz selbstverständlich ausgegangen wird, sehr viel größer. Auch die Einstellung zum Müßiggang, zum Nichtstun und zur Faulheit ist von Kultur zu Kultur höchst unterschiedlich. In manchen gilt das „dolce far niente", der entspannte Genuss des Nichtstuns, als erstrebenswerte Süße des Lebens, in anderen, stärker von einer calvinistischen Arbeitsethik geprägten Kulturen, geraten die Menschen eher in Verlegenheit und bekommen Schuldgefühle, wenn sie einmal nichts zu tun haben und entsprechend werden Müßiggänger dort eher misstrauisch beäugt. Natürlich sind auch innerhalb eines jeden Landes die diesbezüglichen interindividuellen Differenzen beträchtlich, dennoch gehört das durchschnittliche Lebenstempo wohl zu den interessantesten Indikatoren einer kulturellen Identität. In diesem Sinne hat Robert Levine seinem Buch „Eine Landkarte der Zeit. Wie Kulturen mit der Zeit umgehen" das folgende Zitat von Jeremy Rifkin vorangestellt: „Jede Kultur hat ihren eigenen, einmaligen zeitlichen Fingerabdruck. Ein Volk kennen heißt die Zeitwerte kennen, mit denen es lebt" (Levine 1999, S. 15).

Levine hat bei seinen vielfältigen Reisen und Auslandsaufenthalten nicht nur sorgfältig auf die Details im jeweiligen kulturellen Verhältnis zur Zeit geachtet und dies in zahlreichen Episoden beschrieben, er hat als empirischer Sozialpsychologe auch systematische kulturvergleichende Forschungen darüber angestellt. Anhand von drei ganz schlichten, aber relativ einfach und objektiv zu erhebenden Indikatoren hat er versucht, den „Lebenstakt" in 31 verschiedenen Ländern auf der ganzen Welt zu vergleichen. Zudem hat er innerhalb der USA das Lebenstempo in 36 Städten miteinander verglichen. Die Indikatoren, die er dabei verwendete, waren die durchschnittliche Gehgeschwindigkeit von zufällig ausgewählten Fußgängern, die durchschnittliche Zeit, die ein Angestellter am Postschalter benötigte, um eine Standardbriefmarke zu verkaufen, und schließlich die durchschnittliche Genauigkeit von 15 zufällig ausgewählten Uhren an Bankgebäuden in wichtigen Geschäftsvierteln von Städten. Aus der kombinierten Analyse dieser Werte mit den jeweiligen ökonomischen und soziodemographischen Daten der einzelnen Länder extrahierten Levine und seine Mitarbeiter fünf Grundfaktoren, die das Tempo der Kulturen in der ganzen Welt bestimmen. Levine hat sie auf folgende Formeln gebracht (vgl. Levine 1999, S. 37 f.):

- Wohlstand – Je gesünder die Wirtschaft eines Ortes, desto höher sein Tempo.
- Der Grad der Industrialisierung – Je entwickelter ein Land ist, desto weniger freie Zeit bleibt pro Tag.
- Einwohnerzahl – Größere Orte haben ein schnelleres Tempo.
- Klima – Heißere Orte haben ein langsameres Tempo.
- Kulturelle Werte – In individualistischen Kulturen bewegt man sich schneller als in vom Kollektivismus geprägten.

Im Gegensatz zum PISA-Ranking nimmt Deutschland in der Lebenstempo-Tabelle einen Spitzenplatz ein und wird hier nur von der Schweiz und Irland überboten. Auf den weiteren Plätzen folgen Japan, Italien und England. Acht der neun „schnellsten Länder" der Erde sind in Westeuropa zu finden. USA und Kanada liegen im Mittelfeld und am Ende liegen Brasilien, Indonesien und Mexiko.

Innerhalb der USA gibt es ein Gefälle in dem Sinne, dass die Städte im Nordosten ein höheres Lebenstempo aufweisen als die Städte in Kalifornien. Boston, New York und Buffalo stehen hier an der Tabellenspitze, Sacramento und Los Angeles am Tabellenende.

Interessant ist nun, dass Levine seine Ergebnisse auch mit Daten zur Lebensqualität, sprich, zur Gesundheit, zum Wohlstand, zum psychischen Wohlbefinden und zur sozialen Hilfsbereitschaft an den entsprechenden Orten korreliert hat. Im Hinblick auf die Gesundheit ging es speziell um koronare Herzerkrankungen. Hier gibt es in der psychosomatisch orientierten Kardiologie schon lange die These, dass es so etwas wie typische „Herzinfarktkandidaten" gibt, die als „Typ-A-Personen" beschrieben werden und die sich vor allem dadurch auszeichnen, dass sie ständig „unter Strom zu stehen" scheinen, d. h. von einem permanenten Gefühl des Zeitdrucks, der Feindseligkeit und der Konkurrenz geprägt sind: „Ein von Eile geprägtes Lebenstempo gehört zu den Elementen, die den Typ A definieren. Menschen vom Typ A gehen und essen meist schnell, sind stolz darauf, dass sie immer pünktlich sind und sich mehreren Aktivitäten gleichzeitig zuwenden können. Sie haben wenig Geduld mit der ‚Langsamkeit' anderer und haben beispielsweise die Gewohnheit, Sätze für Sprecher zu vervollständigen, die ihnen zu lange brauchen, um sich zu artikulieren" (ebd., S. 208). Beim Vergleich der „Lebenstempowerte" bestimmter Städte und Länder mit der jeweiligen Häufigkeit von Todesfällen infolge koronarer Herzerkrankungen an diesen Orten, zeigte sich ein eindeutiger Zusammenhang: „An schnellen Orten war die Wahrscheinlichkeit eines Herztodes erheblich größer. Das galt für unsere Untersuchung von 31 Ländern ebenso wie von 36 Städten der Vereinigten Staaten" (ebd., S. 209).

Inzwischen gibt es auch Ableger von Levins Forschungen zum spezifisch kulturell geprägten Lebenstempo in Deutschland. Olaf Morgenroth von der TU Chemnitz hat bei fast 6000 Passanten aus 20 verschiedenen deutschen Städten die durchschnittliche Gehgeschwindigkeit erfasst und fand heraus, dass die Leute in Städten wie Hannover, Dresden und Stuttgart um knapp 8 Prozent schneller unterwegs sind als in Städten wie Trier, Saarbrücken oder Passau. Die Ergebnisse sind nicht ganz konsistent, aber der Tendenz nach bestätigen sich auch in Deutschland die von Levine herausgefundenen Zusammenhänge, dass das höhere Tempo mit höherem Pro-Kopf-Einkommen und mit höherem Herzinfarktrisiko verbunden ist. Auch scheint es ein gewisses Nord-Süd-Gefälle zu geben, das vermutlich mit dem Trend zusammenhängt, dass das Tempo in traditionell protestantisch geprägten Städten etwas höher ist als in den gemächlicheren katholischen Städten in Deutschlands Süden (vgl. Paulus 2005).

Bezüglich der Zusammenhänge zwischen Lebenstempo und Lebenszufriedenheit ergab sich in den USA ebenso wie in Deutschland ein Ergebnis, das gängigen Erwartungen eher widerspricht. Es zeigte sich nämlich, dass ein höheres Lebenstempo auch mit einer höheren Lebenszufriedenheit einherging. Levine führt dies auf den vermittelnden Faktor der größeren wirtschaftlichen Prosperität in „schnelleren Regionen" zurück. Da materieller Wohlstand in der Regel statistisch eng mit Lebenszufriedenheit gekoppelt ist, ergab sich so indirekt auch der positive Zusammenhang zum Lebenstempo. Hohe statistische Durchschnittswerte hinsichtlich der subjektiven Lebenszufriedenheit gehen also durchaus zusammen mit hohen Werten bezüglich des Vorkommens von Phänomenen, die gemeinhin eher als der Ausdruck der Belastung, des Scheiterns oder des Unglücks gelten. So gibt es etwa auch das Paradox, dass die durchschnittliche Ehezufriedenheit in den Ländern am höchsten ist, in denen auch die Scheidungsrate am höchsten ist, und dass sowohl die Selbstmordrate als auch die Einschätzungen des subjektiven Wohlbefindens in individualistischen Kulturen höher ausfallen als in kollektivistischen.

Eine weitere gängige Annahme ist die, dass in beschleunigten Kulturen das soziale Miteinander, die zwischenmenschliche Hilfsbereitschaft leidet. Denn diese erfordert ja in der Regel, dass Menschen sich in ihren eigenen Handlungsplänen unterbrechen lassen, nicht einfach vorbeieilen, sondern sich Zeit nehmen, um anderen zu helfen. Levine und Mitarbeiter sind dieser Frage mit Hilfe einer Reihe von interessanten kleinen sozialen Experimenten im realen Lebenskontext nachgegangen. Es ging dabei etwa um die Bereitschaft, einem Passanten einen „aus Versehen" verlorenen Stift nachzutragen, Geld zu wechseln, bei einem „Missgeschick" zu helfen, verlorene Gegenstände einzusammeln etc. Leider wurden diese Experimente nur im inneramerikanischen Städtevergleich durchgeführt. Hier ergab sich nun jedoch keineswegs, wie vermutet, ein klarer Zusammenhang zwischen Lebenstempo und Hilfsbereitschaft. Letztere war gerade in den „langsamen" kalifornischen Städten besonders schwach entwickelt. Hier waren letztlich mehr die regional unterschiedlich ausgeprägten sozialen Normen und Traditionen hinsichtlich der Freundlichkeit gegenüber Fremden und hinsichtlich der Verpflichtung zur Hilfe entscheidend.

Obwohl Levine in seinen subjektiven Erfahrungsschilderungen durchaus Sympathie für das Langsamere, Gemächlichere erkennen lässt, kommt er im Hinblick auf seine empirischen Studien doch zu dem Fazit: „Ein schnelles Lebenstempo ist an sich weder besser noch schlechter als ein langsames" (S. 211). Levines Studien sind kultur- und regionalvergleichend angelegt. Immer wurden dabei Erwachsene befragt. Eine Altersdifferenzierung kommt darin nicht vor. Dabei ist es unter entwicklungspsychologischer Perspektive ja eine durchaus reizvolle Frage, ob auch bestimmte Lebensalter „unterschiedliche Geschwindigkeiten" und entsprechend unterschiedliche Zeitbedürfnisse haben. Dass ältere Menschen in ihren Bewegungen und Reaktionen oftmals langsamer werden, mehr Bedürfnis nach Ruhe und Kontemplation haben und bisweilen auch äußern, dass sie mit dem Tempo der Gegenwart „nicht mehr mitkommen" ist bekannt. Wie aber verhält es sich im Hinblick auf Kinder- und Jugendliche? Welchen Zeittakt haben sie selbst und welche „Zeitmodi" sind ihnen angemessen?

4 Aspekte der *pädagogischen* „Beschleunigungsdiskussion"

Das im Hinblick auf den Umgang der Erwachsenen mit der Entwicklungs- und Lebenszeit von Kindern vielleicht bedeutsamste Buch zum Thema stammt von dem renommierten Kinderpsychologen David Elkind und trägt den Titel „Das gehetzte Kind – werden unsere Kleinen zu schnell groß?" (Elkind 1991).

Die pädagogische Kritik an den Bedingungen des Aufwachsens in modernen westlichen Industriegesellschaften, die in diesem und anderen Büchern unter den Stichworten „Hektik", „Hetze", „Stress" enthalten ist, ist bei genauer Betrachtung sehr vielfältig und geht in ganz unterschiedliche Richtungen. Deshalb sollen zunächst die verschiedenen Dimensionen der pädagogischen „Beschleunigungskritik" stichpunktartig etwas systematischer entfaltet werden.

- Betont wird die zeitliche *Verkürzung der Kindheit,* die Tatsache, dass sowohl aus der Perspektive der Erwachsenen als auch aus der Perspektive der Heranwachsenden der Übergang in die typischen Erlebens- und Verhaltensformen des Jugendalters immer früher erfolgt. In diesem Sinn heißt es beim Kinder- und Jugendforscher Klaus Hurrelmann: „Die Kindheit wird immer kürzer, sie beträgt fast nur noch die ersten zehn Jahre" (Hurrelmann 2002, S. 2). Eine maßgebliche Bedeutung für diese Verkürzung der Kindheit hat die sogenannte „Säkulare Akzeleration", die Tatsache, dass das durchschnittliche Menarchealter in den letzten 120 Jahren kontinuierlich gesunken ist, nämlich von damals 17 auf heute etwa 13 Jahre (vgl. Flammer/Alsaker 2002, S. 76). Ein eindrucksvoller Beleg dafür, wie stark kulturelle Faktoren der Lebensführung selbst auf elementare biologische Reifungsprozesse durchschlagen.
- Beklagt wird das *„Verschwinden der Kindheit"*, d. h. Verlust der „Kindlichkeit des Kindes", der „natürlichen Besonderheit des Kindes", die inhaltlich oftmals mit Attributen wie „Unbeschwertheit", „Unbefangen-

heit“, „Naivität“, „Hingabe an Spiel und Phantasie“ etc. verknüpft wird. Für diese Tendenz zum Verschwinden und Verblassen jener spezifisch kindlichen Form des „In-der-Welt-Seins“ werden in der Tradition von Postmans berühmtem Buchtitel oftmals die Medien und der durch sie verursachte „Geheimnisverlust“ und die damit wiederum verbundene Erosion der Generationengrenzen haftbar gemacht, aber auch die wenig „kindgemäße“ Zeitökonomie des modernen Lebens, in welche Kinder immer früher eingebunden werden.

- An die Adresse der Pädagogen und der pädagogischen Institutionen richtet sich der Vorwurf der *Überforderung von Kinder,* indem ihnen zu früh zu Vieles und zu Anspruchsvolles zugemutet und abverlangt würde. Aus der Erwägung heraus, wichtige frühe Lernzeiten nicht einfach ungenutzt mit „bloßem Kinderspiel“ verstreichen zu lassen, sondern zentrale Kompetenzen früh gezielt und systematisch zu fördern und damit Entwicklungspotentiale „optimal auszuschöpfen“, erwüchse ein immer größerer Leistungsdruck schon in früher Kindheit. Das beliebte „Hänschen-Argument“ wird dann bisweilen mit Rousseaus Diktum gekontert, dass nicht „Zeit gewinnen, sondern Zeit verlieren“ die „wichtigste und nützlichste Regel jeder Erziehung“ sei (Rousseau 1996, S. 72). Diejenigen, die eine Intensivierung und Effektivierung der „Lernzeitnutzung“ anstreben, sprechen im Hinblick auf die traditionelle Elementarpädagogik dagegen vom *„Verplempern von Lernchancen“*, aber auch im Hinblick auf die weitere Schul- und Studienzeit wird das *„Verbummeln von Lebenszeit“* beklagt und eine Straffung der Bildungsgänge gefordert. Weil sich diese Klage mit volkswirtschaftlichen Bestrebungen nach Einsparungen im Bildungssektor und mit der rentenpolitischen Notwendigkeiten der Ausweitung von Lebensarbeitszeit deckt, wird die Dauer des Gymnasiums derzeit in nahezu allen Bundesländern von 9 auf 8 Jahre verkürzt (ohne dass dabei jedoch eine entsprechende Kürzung der Lehrplaninhalte vorgenommen wurde, sodass die „G8-Diskussion“ vor allem unter den Stichworten der „Zeitknappheit“ und der „Überforderung“ läuft).
- Nicht nur im Hinblick auf das schulische Pensum, also auf das *„Zuviel in zu knapper Zeit“* wird das Thema der Überforderung von Kindern diskutiert, sondern auch im Hinblick auf die zunehmende Tendenz, Kindern in immer früherem Alter mit immer größeren Erwartungen in Sachen *Selbständigkeit* zu konfrontieren. Hier geht es also eher um ein *„Zuwenig in zu langer Zeit“* – nämlich zuwenig Obhut, Betreuung, Fürsorge und Unterstützung – und damit letztlich um zu wenig Möglichkeit, wirklich Kind zu sein. Das Ganze dabei noch unterfüttert durch ein von der Kindheitsforschung selbst bisweilen propagiertes Ideal der „hochmodern-individualisierten Kindheit“, das *Kinder als „kleine Erwachsene“* stilisiert und die *„Selbständigkeit“* als die Zentralkategorie heutiger Kindheit in den Mittelpunkt rückt (Preuss-Lausitz/Rülcker/Zeiher 1990). Die Kritik an dieser

neuen Kindheitsnorm und ihrer bedenklichen Folgen steht im Mittelpunkt von Luise Winterhager-Schmids Text über die „Beschleunigung der Kindheit" (2002), in dem es u. a. heißt: „Zur Norm erhoben wird ein Kind, das schon früh in der Lage ist, Kindlichkeit frühestmöglich aufzugeben. Es geht um die modernitätskompatible Beschleunigung von Kindheit" (ebd., S. 28).

- Ein weiterer gängiger Punkt der Kritik an den Zeitstrukturen der heutigen Sozialisationsbedingungen bezieht sich auf die *„Verplantheit des Kinderlebens"*. Kinderalltag sei heute durch die Ausdehnung der Unterrichtszeit in den Nachmittag, aber auch durch Hausaufgaben, Nachhilfestunden, Musikunterricht, Sporttraining, durch Vereinsaktivitäten und durch die Wahrnahme kinderkultureller Angebote so durchstrukturiert, die Wochenpläne der Kinder so ausgefüllt, dass die Kinder „kleinen Managern" glichen, die nur mehr mit Terminkalendern zurechtkämen. Dadurch bliebe zuwenig Zeit für ungeplante Spielaktivitäten und spontane Entdeckungen, für das Tagträumen und Trödeln, für das Entspannen und Bummeln.
- Da auch die Eltern durch ihre beruflichen Verpflichtungen einerseits, durch ihre eigenen Freizeitinteressen andererseits in dichte Terminpläne eingezwängt seien, käme es zu einem zunehmenden *Verknappung der gemeinsam verbrachten Familienzeit* von Eltern und Kindern und damit zu einem *Verlust von Struktur, Ordnung, Rhythmus, Verlässlichkeit* (Zettel am Kühlschrank als Kommunikationsmedium, „Mikrowellenfamilie" etc.) und damit zu einem Verlust von gemeinsamen Ritualen, Mahlzeiten, Spielen, Unterhaltungen, Aktivitäten – überhaupt von geteilter Zeit zwischen Eltern und Kindern.
- Die Verschärfung gesellschaftlicher Problemlagen, die Zunahme der Komplexität des Alltags von Eltern und Kindern einerseits, die hohen Erwartungen an die Selbstständigkeit und Leistungsfähigkeit der Kinder andererseits führten unweigerlich immer wieder zu *Hektik, Stress, Ungeduld, Anspannung bei den Beteiligten. Damit auch zu einer vermehrten Konflikthäufigkeit in den Familien* und zu *Gefühlen der Überforderung, des Ungenügens und des Versagens.* Dies wiederum schlage sich bei den Kindern in einer erhöhten Nervosität, in der Zunahme von Konzentrationsstörungen, Verhaltensauffälligkeiten und stressbedingten psychosomatischen Beschwerden wie etwa Kopfschmerzen, Schwindel oder Schlafstörungen nieder. Diesen Trend bringt Hurrelmann auf die Formel vom „Verlust der sozialen Ozonschicht": „Viele Kinder müssen heute ohne jene psychische und soziale Schutzschicht auskommen, die Eltern und Gesellschaft Heranwachsenden früherer Generationen wie selbstverständlich bereitstellten. Einen Schonraum für ihre Entwicklung kennen die Kinder der 90er Jahre nicht" (Hurrelmann 1994, S. 72). Gerade weil sich die stressbedingten Belastungs- und Krankheitssymptome von

Erwachsenen und Kindern scheinbar angleichen, hat Hurrelmann seinen Text mit dem paradoxen Titel: „Die alten Kinder“ überschrieben und damit gewissermaßen die Gefahr der „*Frühvergreisung*“ heutiger Kinder beschworen.

- Unter den Sozialisationseinflüssen, die zur Beschleunigung des Kinderlebens und zur Hektik des Alltags beitragen, wird in der Regel den *Medien* eine besonders negative Rolle zugewiesen. Und auch hierbei kommt der Zeitaspekt wieder in einem doppelten Sinn ins Spiel. Einmal eben im Sinne Postmans, dass Kinder *durch dieses Medium „vor der Zeit“ mit allen möglichen Irrungen und Wirrungen der Erwachsenenwelt konfrontiert* werden. Dann aber auch, ganz unabhängig von den konkreten Inhalten, in dem Sinn, dass von einer massiven *Reizüberflutung durch die Medien gesprochen wird, d. h. dass einfach zu viele Impulse in zu kurzer Zeit auf die Betrachter einstürmten* und dass die Verarbeitung dieser Impulse das kindliche Gehirn überfordere. In der Tat zeichnen sich ja gerade die für Kinder produzierten *Zeichentrickfilme* durch eine besondere Hektik aus. Bei den von Kindern und Jugendlichen vielgesehenen *Videoclips* mit ihren bisweilen aberwitzig schnellen Schnittfolgen fühlen sich ältere Betrachter oftmals irritiert, weil sie diese Filmsprache kaum noch verstehen. Viele *Computerspiele* sind so aufgebaut, dass der Spieler beständig mit blitzschnellen Ausweichbewegungen oder präzisen Gegenschlägen auf Gefahren bzw. auf Attacken „feindlicher“ Wesen, reagieren muss, die plötzlich in der virtuellen Bildschirmwelt aus dem Nichts auftauchen. Im Verlauf des Spieles beschleunigt sich dann in der Regel das Tempo des Auftauchens dieser bedrohlichen Wesen beständig. Beobachtet man Kinder beim Spiel mit diesen Computergames, dann kann man unschwer feststellen, mit welch großer innerer Anspannung sie vom Bildschirmgeschehen gebannt sind. Bernd Ahrbeck hat die psychische Gesamtkonstellation dieser Situation recht prägnant auf den Punkt gebracht: „In diesen Computerspielen repräsentiert sich etwas, das mitunter als extreme Verdichtung zeittypischen Erlebens angesehen wird: Monotonie und erregende Reizüberflutung, hektische Zeitknappheit und Schwinden der Zukunftsdimension, sofortige Erfolgserwartung und fehlender Bedürfnisaufschub, Dominanz des Zweckrationalen und Omnipotenzfantasien über die innere und äußere Welt“ (Ahrbeck 2004, S. 131).
- Das *Internet* ist ein weiteres Medium, das neben den oftmals problematischen inhaltlichen Themen, zu dem es Kindern Zugang gewährt, allein schon durch die Form der Präsentation der Inhalte eine neue Haltung gegenüber der Welt und der Zeit nahe legt. Schon der Begriff „*Surfen*“ deutet die Oberflächlichkeit und Geschwindigkeit an, mit der hier in der Regel über Inhalte „hinweggehuscht“ wird. Man blättert nicht einfach wie in einem Buch von Seite zu Seite, wo jede Seite als Seite *dieses* Buches doch mit den vorigen in sinnvollem Zusammenhang steht, sondern *man klickt*

sich von Link zu Link und springt damit gewissermaßen frei flotierend durch Raum und Zeit in ganz divergente, überraschende, zufällige Kontexte, die an unterschiedlichen Orten und zu unterschiedlichen Zeiten von unterschiedlichen Personen erdacht und gestaltet wurden.

- Auch eine andere technische Errungenschaft, die von Kindern und Jugendlichen heute sehr selbstverständlich genutzt wird, hat wohl deutlichen Einfluss auf die Zeitstrukturen des Alltagslebens und der sozialen Bezüge: das Handy. Die naheliegenden Folgen, die die mit diesem Wunderding ermöglichte ständige Erreichbarkeit hat, lassen sich folgendermaßen beschreiben: *Verlust an Verbindlichkeit, Verlässlichkeit, „Planungssicherheit". Alles gilt „bis auf weiteres", „bis zum nächsten Anruf"*. Damit einher geht eine Tendenz, Dinge in der Schwebe zu halten. Langfristige Festlegungen und Abmachungen werden durch kurzfristige Zusagen, Absagen, Veränderungen ersetzt. Es kommt zu einer permanenten Sondierung, „wo läuft was?" Wo findet das interessanteste Treffen, das attraktivste Event statt? Das Ganze dabei noch ständig verknüpft mit der Sorge, sich eventuell nur mit der „zweitbesten Option" begnügen zu müssen. In einem Bericht über die Veränderung des jugendlichen Gesellungsverhaltens unter dem Einfluss der neuen Kommunikationsmittel wurde dieser Trend kürzlich folgendermaßen auf den Punkt gebracht: „Heute trifft man sich nicht mehr um halb neun vor dem Getränkemarkt, sondern sobald Anja sich meldet, die mit Flo schon auf dem Weg zu Tine ist, aber noch auf Nachrichten von Pele, Fips und Emma wartet, die unterdessen auskundschaften, wo was geboten ist. Mit einem Wort: Es ergibt sich." Das hört sich zunächst entspannt an, wie eine Befreiung vom Diktat der Uhr und der Pünktlichkeit, hat aber durchaus seine Kehrseiten. Es ergibt sich nämlich ein permanenter Stress, auf dem Laufenden zu sein und nichts zu versäumen, denn „ihre größte Angst ist ja, dass sie zurückgelassen werden, dass die Gruppe ohne sie weiterzieht" (Der SPIEGEL 10/2005, S. 96). Hurrelmann hat in der jüngsten Shell Jugendstudie das in diesem Sinn sondierende, „*egotaktischen Verhalten*" als das prägnanteste Charakteristikum der aktuellen Jugendgeneration beschrieben und Opaschowski hat in seinem Buch „Generation @" die Befürchtung geäußert, die Generation @ wird „schneller, vielleicht nervöser" leben, „geprägt von der *Angst, etwas zu versäumen*". 41 Prozent der von ihm befragten Jugendlichen erwarten, dass Menschen sich künftig „*durch ihr Leben zappen* werden wie heute durch die TV-Kanäle" (vgl. Opaschowski 1999, S. 47).
- All diese Einflüsse zusammen führen, so die gängige Kritik an der „Beschleunigung des Alltags", zu *Hektik, Rastlosigkeit, Getriebenheit und Zerrissenheit* des modernen Menschen, zu einer *Neigung zur Hyperaktivität*, zu einer Kultur des „time is money" und zu einer Illusion des „schneller – größer – besser". Verloren gehen dabei Qualitäten wie Entspannung, Geduld, Gelassenheit und Gemütlichkeit.

- Ein weiterer Kritikpunkt bezieht sich auf die sich zunehmend ausbreitende „*Simultankultur*“, d. h. auf die sich ausbreitende Tendenz, im Sinne des „*Multitasking*“ immer mehrere Dinge gleichzeitig zu tun. Freisprechanlagen, Hörbücher, Laufbänder am Bildschirmrand mit aktuellen Nachrichten und Börsenkursen und Bildschirme am Laufbandrand im Fitnessstudio mit Soaps und Videoclips sind Ausdruck dieser Tendenz. Karlheinz Geißler findet den „*neuen Sozialcharakter des Simultanten*“ insbesondere unter Jugendlichen weit verbreitet: „Jungen Menschen gelingt es offensichtlich problemlos, sich in öffentlichen Verkehrsmitteln per Knopf im Ohr mit ihrer Lieblingsmusik beschallen zu lassen, dabei eine SMS an Freunde und Freundinnen zu verschicken und gleichzeitig dem Kontrolleur den gültigen Fahrausweis vorzuzeigen“ (Geißler 2002, S. 30). Ernst spricht in Anlehnung an Gergen im Zusammenhang mit dieser Tendenz zur Gleichzeitigkeit und zur Übersättigung mit disparaten Wahrnehmungen, Eindrücken und Informationen von einer „*überfüllten Psyche*“ und von einem *Verlust der einheitsstiftenden Funktion des Ich*. „Das Ich als ‚psychischer Kern des Menschen‘ als unverwechselbarer Charakter, der alle Lebensbezüge färbt und organisiert, scheint heute ... nur noch eine Fiktion zu sein, ein längst von der Wirklichkeit überholtes Ideal aus romantischer und rationalistischer Vorzeit“ (Ernst 1991, S. 23).
- Als Kehrseite all dieser Entwicklungen wird dann gerade unter pädagogischen und bildungstheoretischen Aspekten immer wieder der Verlust jener für echte Bildungserfahrungen notwendigen Voraussetzungen wie Muse, Sorgfalt, Konzentration, Ausdauer, Hingabe, Achtsamkeit, Gründlichkeit und Nachdenklichkeit beklagt. Unter dem Aspekt der Lebensqualität und des sozialen Miteinanders aber auch der Verlust von Unmittelbarkeit, Spontaneität, Gelassenheit, Gemütlichkeit und Geselligkeit durch den zunehmenden Zeitdruck und die zunehmende Verplanung des Tagelaufs.

Soweit ein Überblick über das Panorama der aktuellen Kultur- und Zeitgeistkritik speziell unter pädagogischen und unter temporalen Aspekten.

5 Haben Kinder ein Bedürfnis nach Langsamkeit?

All diesen aus pädagogischer Sicht bedenklichen Tendenzen werden nun häufig die „genuinen Bedürfnisse“ des Kindes entgegengesetzt. Luise Winterhager-Schmid spricht von der „kindlichen Entwicklungslangsamkeit“ als einem quasi anthropologischen Faktor, den die psychoanalytische Pädagogik gegenüber modernen erziehungswissenschaftlichen Zeitgeistströmungen in Erinnerung bringen müsse. „Kinder brauchen ihre Langsamkeit“, heißt es etwa in Andreas Flitners Text „Zeit sparen – Zeit nehmen – Zeit schenken“ (Flitner 1989, S. 491) und Günther Bittner beklagt in seinem Text „Das

Teilzeit-Kind", das, was heutigen Kindern am meisten fehle, sei das ungeplante, ungenormte, unmittelbare Leben frei von Zeitzwängen und vorgegebenen Zeitrastern. „Leben" in diesem Sinne heiße: „sein und tun, was gerade getan sein will, unabsichtlich, alltäglich, naturwüchsig sozusagen" (Bittner 1989, S. 484).

Bittner weist in seinem Text aber auch darauf hin, dass zwar alle mehr oder weniger wortreich über die modernen Lebensbedingungen, über die zunehmende Zeitknappheit und den damit verbundenen Stress klagten, dass es aber gleichzeitig einen heimlichen Konsens, ein heimliches Einverständnis mit den entsprechenden Tendenzen gibt: „Diese Entwicklungen sind so unaufhaltsam, weil im Grunde alle mehr oder weniger einverstanden sind mit ihnen. Von der zunehmenden Rationalisierung und Mechanisierung des gesellschaftlichen Lebens profitieren im Grunde alle" (ebd.). Alle wollen mobil sein, alle wollen an den Errungenschaften der neuen Kommunikationstechnik teilhaben, alle wollen günstige Konsumartikel, alle wollen ein vielfältiges mediales Unterhaltungsangebot. – Der Preis bzw. die Kehrseite unserer materiellen, mobilen und medialen Ansprüchlichkeit ist das Gefühl der Hektik und der Zeitknappheit.

Die Klage über die Beschleunigung des Lebens, über Hektik, Hast und Stress scheint zudem eine typische Erwachsenenklage zu sein. Von Kindern und Jugendlichen hört man sie deutlich seltener.

Es stimmt wohl, dass Kinder eigene und andere Zeitrhythmen haben als die Erwachsenen der Industrie-, Büro- und Ämterwelt. Je jünger sie sind, desto mehr leben sie gegenwartsgebunden außerhalb der offiziellen linearen Organisations- und Planungszeit. Sie tun sich schwer, längere Zeiträume gedanklich zu überblicken. Die Einheit, in der sie für sich Zeiträume anschaulich machen, ist bis ins Grundschulalter hinein das „Wie-oft-noch-schlafen?". Auch für die Alltagstermine verlassen sie sich gerne auf die Hinweise und Strukturierungshilfen der Erwachsenen, auf das „Du-hast-heute-Nachmittag-Flöte", oder „Du-musst-jetzt-dann-los". Sie sind vergesslich, sie trödeln, bummeln, träumen gerne. Ihr innerer Zeittakt ist zweifellos weniger bewusst und gleichförmig als bei Erwachsenen. Er ist situations- und stimmungsabhängiger. Aber ist er tatsächlich langsamer? Kinder sind ja in der Regel auch ungeduldiger, hibbeliger, hektischer, sprunghafter, zappeliger als Erwachsene. Gemächlichkeit, Bedächtigkeit, Beschaulichkeit sind nicht gerade kinder- oder jugendtypische Attribute.

Kinder klagen wohl auch häufiger über Langeweile als über „Stress". Die Situation, dass einmal einen ganzen Tag lang „gar nichts los ist", eine Situation, die stressgeplagte Erwachsene bisweilen herbeisehnen, ist für sie eher ein Horror.

Es dürfte auch höchst selten vorkommen, dass ein Kind oder ein Jugendlicher von sich aus über die „Reizüberflutung" durch die Medien und die modernen Kommunikationstechniken klagt. Auch dies ist eine ganz typische

Erwachsenensorge. Die hektische Machart der gängigen Zeichentricksendungen für Kinder und das Schnitttempo der Videoclips sind ganz offensichtlich auf den visuellen Geschmack des entsprechenden „Kundenkreises" zugeschnitten. Das heißt noch nicht, dass es Kindern und Jugendlichen gut tut, permanent einem solchen Stakkato von Bildern und fragmentierten Handlungsfetzen ausgesetzt zu sein. Aber man muss erst einmal zur Kenntnis nehmen, dass sie diese hektische visuelle Darbietungsform offensichtlich langsameren, „ganzheitlicheren", „gemächlicheren" Formen vorziehen, dass es von der subjektiven Seite der Jugendlichen her also eher ein Bedürfnis nach Action, nach intensiven Stimuli, nach Reizdichte gibt als ein Bedürfnis nach Kontemplation, Ruhe und Langsamkeit.

Auch im Hinblick auf die lebenszeitbezogene Entwicklungslangsamkeit ist kaum damit zu rechnen, dass Kinder gegen das protestieren, was ihnen hier an vermeintlicher „Verfrühung" zugemutet wird. Denn in aller Regel handelt es sich dabei heute in unseren Breitengraden ja nicht um die Überforderung von Kindern durch Kinderarbeit oder durch übermäßige Verantwortlichkeiten für Haus und Hof oder für kleinere Geschwister. Es handelt sich eher um „Überforderungen", die auf der Konsum- und Rezeptionsseite angesiedelt sind. Und auch hier ist es so, dass jene Stimmen, die im Zusammenhang mit den Medien und dem damit verbundenen Konfrontiertwerden mit allen Geheimnissen und Abgründen der Erwachsenenwelt vor einem „Verschwinden der Kindheit" warnen, sicher nicht die originären Befürchtungen der Kinder selbst artikulieren. Diese haben in der Regel keineswegs das subjektive Empfinden, dass ihnen etwas abhanden kommen könnte, das ihnen lieb und teuer ist, wenn sie Filme betrachten oder Computerspiele spielen, die eigentlich noch nicht für ihre Altersgruppe bestimmt sind.

Kindsein heißt „Kleinsein und Großwerdenwollen" hat einmal jemand die grundlegende Befindlichkeit jenes Alters auf den Punkt gebracht. Bei Jugendlichen ist das Anrennen gegen jene Grenzen und Einschränkungen, die ihnen aus Altersgründen gemacht werden, noch vehementer. Es ist für medienkritische Eltern heute unendlich schwer, hier gegen das Drängen und gegen die List des Nachwuchses noch irgendwelche Beschränkungen durchzusetzen.

Ein kleines Schlaglicht aus den persönlichen Erziehungserfahrungen hierzu: Im Hinblick auf die Fernsehprogramme bin ich trotz heftiger Debatten standhaft geblieben und habe mich gegen den immer wieder vorgetragenen Wunsch nach einer Satellitenschüssel oder einem Kabelanschluss erfolgreich zur Wehr gesetzt – wohl wissend, dass dieses „Einknicken" dann permanente Diskussionen um „hochwichtige" Serien und Soaps, die man „unbedingt sehen muss", nach sich gezogen hätte. Die durch die Zimmerantenne bedingte Reduktion des Fernsehangebots auf die drei öffentlich-rechtlichen Sender schränkte das zu empfangende Trash-Spektrum bisher von vorn herein erheblich ein.

Bei der Anschaffung des Computers habe ich zwar ausdrückliche und sogar schriftlich fixierte Abmachungen darüber getroffen, dass keine Computerspiele und DVDs jenseits der maßgeblichen Altersbeschränkungen darauf zum Einsatz kommen. Dadurch, dass auf den meisten Computern heutzutage auch noch CD-Brenner installiert sind und sich Daten somit beliebig vervielfältigen und im Freundeskreis verteilen lassen, hat man als Eltern jedoch immer weniger Kontrolle darüber, was auf den kleinen Silberscheiben, die in den Rucksäcken der Kinder und ihrer Freunde hin und her wandern, alles darauf ist und was somit an gewalthaltigem oder pornographischem Film- und Spielmaterial in die Kinderzimmer gelangt. Die bei der Anschaffung des Computers geschlossenen Vereinbarungen wurden also immer wieder unterlaufen und so stellte das „Medienthema" in den letzten Jahren einen der heftigsten familiären Reibungs- und Konfliktpunkte dar, bei dem ich auch vor gelegentlichen Lösch- und Konfiszierungsaktionen nicht zurückgeschreckt bin, mir dafür allerdings in den Augen meines Sohnes (der sich darauf berief, dass alle seine Kumpels entsprechende Spiele spielten und entsprechende Filme sähen, und dass dies ihnen und ihm keineswegs schaden würde) den Ruf eines „hoffnungslos rückständigen, medienhysterischen Bewahrpädagogen" eingehandelt habe. Das Argument, dass die Angaben zu den Altersfreigaben der diversen Medienprodukte auf die „Bedürfnisse der jeweiligen Altersgruppe" abgestimmt seien, hätte ihm sicherlich keinen großen Eindruck gemacht.

6 Kann die moderne Erziehungswissenschaft und Kindheitsforschung überhaupt noch etwas über kindliche Bedürfnisse aussagen?

Gegenüber solchen Protesten der Betroffenen hinsichtlich der Bevormundung bei der Beurteilung, was ihre „wahren Bedürfnisse" sind, konnten Eltern, Erzieher und Lehrer früher immer noch die Differenz zwischen subjektiven und objektiven Bedürfnissen geltend machen, konnten darauf verweisen, dass, auch wenn es den Kindern und Jugendlichen nicht unmittelbar einleuchtet, die erzieherische Verantwortlichkeit und der kinderpsychologische Sachverstand es gebiete, bestimmte Einflüsse von ihnen fernzuhalten, somit in ihrem eigenen Entwicklungsinteresse gegen ihre momentanen Konsumwünsche zu entscheiden.

Hier gräbt sich jedoch die moderne Kindheitsforschung in gewissem Sinn zunehmend selbst das Wasser ab. Die dort vorherrschende forcierte Betonung, dass Kindheit ein Konstrukt sei, ein Konstrukt, das von Erwachsenen zu bestimmten Zeiten und aus bestimmte Interessen heraus auf eine bestimmte Art und Weise konstruiert würde, macht es nahezu unmöglich, an der traditionellen Argumentation der stellvertretenden Verantwortlichkeit festzuhalten. Denn mit der Rede, dass etwas „ein Konstrukt" sei, ist immer impliziert, dass es auch auf ganz andere Art und Weise konstruiert werden könnte. Bei Lenzen liest sich dies etwa folgendermaßen: „Zu definieren, was ein Kind ist (bzw. was die Bedürfnisse eines Kindes sind – *Ergänzung R.G.*), heißt also etwas zu konstruieren, das Kind, den Erwachsenen, den Menschen. Das Ergebnis sind *Konstrukte*" (Lenzen 1995, S. 343). Das „Konstrukt Kind", meint er, sei „nicht im empirischen Sinn wahrheitsfähig" (ebd.). Und er lässt auch keinen Zweifel daran, was die eigentlichen Interessen sind, die hinter jenen Konstruktionen stehen. Für ihn ist klar, „daß wir das ‚Kind' als Objekt unserer Beeinflussung brauchen, um Hierarchien zu etablieren, um unsere Gesellschaft beherrschbar zu machen" (ebd., S. 358). Seiner Meinung nach dienen jene Kindheitskonstruktionen, die den Kindern die Mündigkeit und damit die Befähigung zur freien Selbstbestimmung absprechen, vor allem der Selbstlegitimation des Pädagogenstandes: „Weil es Pädagogen in großer Zahl gibt, muß gewissermaßen bewiesen werden, daß es hinreichend Unmündige gibt, die sich als Klientel eignen ... Die Pädagogik braucht für ihre Selbstlegitimation die Annahme, daß Menschen eines bestimmten Alters die genannten Voraussetzungen zur Selbstbestimmung nicht erfüllen" (ebd., S. 360). Meinem Sohn wäre dieses Argumentationsmuster sehr entgegen gekommen!

Die Rede von den kindlichen Bedürfnissen wurde in der traditionellen Pädagogik jedoch keineswegs nur abwehrend und einschränkend, sondern meist eher wohlwollend und fürsorglich verwendet. Mehrheitlich dient diese Rede weniger der Aufforderung, Kinder von dem fernzuhalten, was ihrer Entwicklung schaden könnte, oder ihnen etwas aufzudrängen, was sie zumindest in der konkreten Situation meist nicht so sehr schätzen („Grenzen", „klare Regeln"), als vielmehr als Plädoyer, Kindern jene Dinge zukommen zu lassen, die ihrer Entwicklung förderlich sind und die sie sich auch subjektiv wünschen. In diesem Sinne hat ein psychoanalytischer Autor, nämlich Bruno Bettelheim, mit seinem Buch „Kinder brauchen Märchen" ein Titelmuster geprägt, an das sich dann viele andere angehängt haben:

- Kinder brauchen Märchen (Bettelheim 1990[5])
- Kinder brauchen Bücher (Bettelheim/Zelan 1993)
- Kinder brauchen Liebe (Bettelheim/Rosenfeld 1993)
- Kinder brauchen ihre Mütter (Hunter 1993)
- Kinder brauchen Männer (Parke/Sawin 1978)
- Kinder brauchen Großmütter (Schönfeld 1996)
- Kinder brauchen Großeltern (Mors 1990)
- Kinder brauchen feste Regeln (Gürtler 1993)
- Kinder brauchen Rituale (Kaufmann-Huber 1997[9])
- Kinder brauchen Ruhe (Krämer 1993)

- Kinder brauchen Grenzen (Rogge 1993)
- Kinder brauchen Ordnung (Nelsen 1994)
- Kinder brauchen Orientierung (Wichtmann 1996)
- Kinder brauchen Werte (Dosick 1996)
- Kinder brauchen Abenteuer (Lang 1992)
- Kinder brauchen Bewegung (Zauner 1991)
- Kinder brauchen ihren Sport (Nickel 1990)
- Kinder brauchen Bewegung (Hoffmann 1997)
- Kinder brauchen Selbstvertrauen (Berne/Savary 1997[3])
- Kinder brauchen emotionale Intelligenz (Gottman 1997)
- Kinder brauchen Tiere (Lacher 1979)
- Kinder brauchen böse Eltern (Bastian 2001)
- Kinder brauchen Erziehung (Ahrbeck 2004)

Man kann diese Liste von Buchtiteln als Ausdruck heutiger medial vermittelter Kindheitskonstruktionen auffassen und man kann natürlich fragen, um welche Art von Aussagen es sich überhaupt handelt, wenn postuliert wird, Kinder bräuchten dieses oder jenes. Ist das eine Tatsachenaussage oder eine Sollensaussage? Es liegt wohl irgendwo dazwischen. Eine Tatsachenaussage wäre es, wenn eine klare Wenn-dann-Relation formuliert würde, etwa in dem Sinn: „*Wenn* man will, dass Kinder sich seelisch gesund, sozial kompetent, vielseitig interessiert etc. entwickeln, *dann* brauchen sie...“. In diesem Sinne sind wohl auch die meisten der oben genannten Titel gemeint. Da aber in diesem Sinn in der genannten Literatur kaum einschlägige empirische Belege präsentiert werden, da andererseits offensichtlich ist, dass es durchaus Kinder gibt, die auch ohne die oben genannten Bedingungen, zumindest ohne Großeltern, Sport, Haustiere, Rituale oder Märchen heranwachsen, ohne deshalb unmittelbare Schäden an Leib und Seele zu nehmen, wären die Titel als Tatsachenaussagen wohl angemessener im Sinne einer Wahrscheinlichkeitsrelation zu formulieren: Das Vorliegen der Entwicklungsbedingungen A, B, C erhöht die Wahrscheinlichkeit des Auftretens der wünschenswerten Persönlichkeitsmerkmale X, Y, Z.

Die genannten Bücher sind überwiegend der Sparte „Erziehungsratgeber“ zuzuordnen und die Auflagenhöhen dieser Bücher könnten die Autoren erziehungswissenschaftlicher Fachbücher vielfach vor Neid erblassen lassen. Es gibt offensichtlich beim pädagogisch interessierten Publikum einen großen Bedarf an Orientierung bezüglich der kindlichen Bedürfnisse und es gibt offensichtlich eine große Zahl von Autoren, die sich berufen fühlen, darüber Auskunft zu geben. In der Tat entspricht es ja auch durchaus der Erwartung des Durchschnittsbürgers an die Pädagogik, dass diese etwas darüber auszusagen habe, was die Grundbedürfnisse von Kindern sind und wie deren Erfüllung in unterschiedlichen Lebensaltern und Lebenslagen gewährleistet werden kann. Gleichzeitig wird man aber feststellen, dass die offizielle Erziehungswissenschaft in dieser Hinsicht sehr zurückhaltend ist und dass Aussagen dieser Art in der neueren Kindheitsforschung schnell unter das Verdikt des „Essentialismus“ und des „Paternalismus“ fallen. Vom „Wesen des Kindes“ und von seinen „anthropologisch gegebenen Grundbedürfnissen“ zu sprechen, klingt angesichts solch „progressiver“ Positionen wie der von Dieter Lenzen irgendwie hoffnungslos antiquiert. Von „Bedürfnissen“, gar „Grund-“ oder „Urbedürfnissen“ *wissenschaftlich* zu sprechen, ist prinzipiell schwierig, weil es sich dabei eben um sehr vage, schillernde Begriffe handelt, bei denen sich deskriptive und normative Aspekte in eigentümlicher Weise überschneiden. Andererseits „stellen Grundbedürfnisse gleichsam die Innenseite, die anthropologische Dimension der kindlichen Entwicklung dar“ (Süßmuth 1990, S. 61), so dass eine Auseinandersetzung mit diesem Thema für die Pädagogik unerlässlich erscheint (vgl. Göppel 1997).

7 Die psychoanalytische Pädagogik als „letzte Bastion“ bei der Verteidigung der kindlichen Bedürfnisse?

Es waren immer wieder psychoanalytische Autoren und Autorinnen, die darauf hingewiesen haben, dass Kinder nicht beliebig anpassungsfähig an gesellschaftliche Wandlungstendenzen sind, und die sich deshalb gegen bestimmte Zumutungen und für die Berücksichtigung der kindlichen Grundbedürfnisse stark gemacht haben. Sei es Anna Freud, die sich intensiv mit der Frage nach dem Wohl des Kindes bei Sorgerechtsentscheidungen befasst hat, sei es Bruno Bettelheim, der die psychohygienische Bedeutung von Märchen für die Entwicklung von Kindern beschrieben hat und überhaupt die Rolle von Imagination und Phantasie für die Entwicklung einer differenzierten „Seelenlandschaft“ betont hat, sei es Günther Bittner, der vor einer Überforderung der Kinder durch eine all zu schonungslose Umsetzung des „Situationsansatzes“ im Kindergarten gewarnt und der auf die Dilemmata hingewiesen hat, die sich häufig aus der Berufstätigkeit beider Eltern für die Erziehung ergeben, sei es Helmut Figdor, der herausgearbeitet hat, was Eltern tun können, um in Trennungskonflikten die unvermeidlichen seelischen Verletzungen des Kindes in einem erträglichen Ausmaß zu halten, sei es Wilfried Datler, der in subtilen Beobachtungsstudien die Belastungen untersucht hat, die für kleine Kinder mit früher Fremdbetreuung in der Krippe verbunden sind, sei es Luise Winterhager-Schmid, die gegen das von der neueren Kindheitsforschung propagierte Ideal des „modernisierten“, „autonomen“, „frühreifen“ Kindes die psychoanalytische Pädagogik dazu aufgefordert hat, „dringend ihre *Argumente zur Entschleunigung* von Kindheit und Moderne“ vorzutragen.

Einerseits sollte die psychoanalytische Pädagogik dieser Fragelinie treu bleiben. Andererseits sollte sie sich jedoch davor hüten, sich selbstgefällig als die Instanz in Pose zu werfen, die unmittelbaren Zugang zu den wahren kindlichen Bedürfnissen hat und verlässlich darüber Auskunft geben kann. Zu unterschiedlich sind in ihrer eigenen Tradition die Antworten darauf ausgefallen, was Kinder brauchen, was ihnen schadet und was ihnen bekömmlich ist. Anna Freud hat in einem kritischen Rückblick auf die frühen Entwicklungsjahre der psychoanalytischen Pädagogik und der damals noch als Leitstern dienende Idee der „Neurosenprophylaxe" durch eine optimal auf die kindlichen Bedürfnisse zugeschnittene Erziehung skeptisch vermerkt: „Ein Rückblick auf das erste halbe Jahrhundert psychoanalytischer Erziehungslehre läßt keinen Zweifel an ihrem unfertigen und widerspruchsvollen Charakter. Im Ziel an die Neurosenprophylaxe gebunden, wechseln die pädagogischen Ratschläge mit den wechselnden Vorstellungen vom Ursprung der Neurosen" (A. Freud 1968, S. 16).

Für das zweite halbe Jahrhundert psychoanalytischer Pädagogik dürfte die Bilanz auch nicht sehr viel günstiger ausfallen. Auch hier gab es innerhalb des Lagers der psychoanalytischen Pädagogik durchaus sehr unterschiedliche Vorstellungen über die Ursprünge von seelischen und sozialen Fehlentwicklung und über die angemessenen Erziehungshaltungen. Die vermutlich „publikumswirksamste", meistgelesene deutschsprachige Autorin, die sich in jener zweiten Jahrhunderthälfte aus psychoanalytischer Sicht zu Erziehungsfragen geäußert hat, war wohl Alice Miller. Ihre Position ist bekanntermaßen radikal antipädagogisch in dem Sinne, dass sie sich nicht gegen diese oder jene Art von Erziehung aussprach, „sondern gegen Erziehung überhaupt" (Miller 1980, S. 118). Sie hat das Thema Erziehung auf ihre ganz eigene Art mit dem Thema „Bedürfnisbefriedigung" in Zusammenhang gebracht: „Sämtliche Ratschläge zur Erziehung der Kinder verraten mehr oder weniger deutlich zahlreiche sehr verschieden geartete *Bedürfnisse der Erwachsenen*, deren Befriedigung dem lebendigen Wachstum des Kindes nicht nur nicht förderlich ist, sondern es geradezu verhindert" (ebd., S. 119).

Wie anders ist da der Tenor aktueller Bücher aus psychoanalytischer Feder zum Thema „Erziehung" und „kindliche Bedürfnisse". Etwa wenn Till Bastian ein Buch mit dem Titel „Kinder brauchen böse Eltern" schreibt und Eltern darin auffordert, sich von der Vorstellung eines „freundschaftlichen", „kumpelhaften" Verhältnisses zu den eigenen Kindern zu verabschieden und statt dessen bewusst die Rolle eines Sparringspartners für notwendige Auseinandersetzungen und angemessene Konfliktaustragung anzunehmen (Bastian 2001, S. 165 f.). Oder wenn Bernd Ahrbeck ein Buch mit dem Titel „Kinder brauchen Erziehung" schreibt, Eltern und Erzieher darin an ihre pädagogische Verantwortung erinnert und gegen die verbreitete Tendenz zur Konfliktvermeidung in der modernen Pädagogik wettert: „Man möchte Kinder möglichst partnerschaftlich, ohne Zwang und Kontrolle, aufwachsen lassen, so daß sie eigenen Interessen folgen und sich ihren Bedürfnissen gemäß entwickeln können. Kinder sollen gelobt, anerkannt und geliebt werden, sich durch Gewährenlassen wohlfühlen und dadurch Selbstachtung und Selbstvertrauen entwickeln. Ein solches Erziehungsverständnis kreist vor allem um das narzisstische Wachstum" (Ahrbeck 1997, S. 77). So wie Alice Miller alle Formen von Verhaltensstörungen, Abweichungen, psychischen Fehlentwicklungen auf die Erziehung zurückführt, die am Anfang stand, und statt Erziehung die empathische Pflege des narzisstischen Wachstums des Kindes forderte, führt Ahrbeck nun einen Großteil der gegenwärtigen Erziehungsprobleme auf genau solche Erziehungshaltungen, die primär auf Pflege des narzisstischen Wachstums ausgelegt sind, zurück: „Die gegenwärtige Misere resultiert ... wesentlich aus Erziehungskonzepten, die sich allzu sehr auf das narzisstische Wachstum konzentrieren und Konflikte vermeiden" (ebd., S. 84). Diametral entgegengesetzter könnten die pädagogischen Problemdeutungen und die daraus abgeleiteten Empfehlungen kaum sein!

8 Nicht „Langsamkeit", sondern „erfüllte, gemeinsame Zeit" als primärer Kinderwunsch

Die Rede von den „kindlichen Bedürfnissen" ist einerseits prekär – es handelt sich dabei eben nicht um empirisch gegebene Sachverhalte, die präzise ermittelt und irgendwann in einem definitiven Katalog festgelegt werden könnten, sondern um Aspekte, die mit Einfühlung, Interpretation und Bewertung zu tun haben. Zugleich ist die Frage nach den kindlichen Bedürfnissen, danach, was Kindern in bestimmten Lebensaltern und Lebenssituationen gut tut, was sie in ihrer Entwicklung fördert und was sie gefährdet, für die Pädagogik aber unaufgebbar. Die Vorstellung, dass Kindheit ein bloßes „gesellschaftliches Konstrukt" sei, dass es Kindheit je nach gesellschaftlich-historischen Umständen geben oder auch nicht geben könne, dass sie irgendwann entdeckt worden sei und irgendwann vielleicht auch wieder verschwinde, dass sie so oder so konstruiert werden könne und damit mehr oder weniger beliebig sei, führt jedes ernsthafte Nachdenken über kindliche Bedürfnisse ad absurdum. Selbst die radikalen Vertreter dieser sozial-konstruktivistischen Position sind hier bei genauerer Lektüre merkwürdig widersprüchlich. So äußert Postman im Schlusskapitel seines Buches zunächst die Vermutung, dass „Kindheit ... einzig und allein ein Produkt der Kultur" sei und er rechnet gar mit der Möglichkeit, „daß die Kindheit ein zeitweiliger ‚Irrweg' innerhalb der Kulturgeschichte ist – so wie die Pferdekutsche oder das schwarze Geschnörkel auf weißen Buchseiten" (Postman 1983, S. 162). Der allerletzte Satz des Buches geht dann jedoch in eine ganz andere Richtung. Er lautet: „Es ist nicht vorstellbar, daß unsere Kultur vergißt, daß sie Kinder braucht. Aber daß Kinder eine Kindheit brauchen, hat sie schon halbwegs vergessen" (ebd., S. 171). Dies zielt nun doch eher wieder in Richtung anthropologisch gegebener Grundbedürfnisse von Kindern, die irgendwie erkennbar und benennbar sind, denn nur auf dieser Grundlage ist ja eine Kritik der gegenwärtigen gesellschaftlichen Verhältnisse und der aktuellen „Kindheitskonstruktionen", die diesen Grundbedürfnissen nicht gerecht werden, überhaupt möglich.

Wie genau die kindliche Bedürfnislage im Hinblick auf die Zeitdimension, d. h. auf die Beschleunigung von Lebenstempi, auf die Offenheit oder Verplantheit von Zeitstrukturen, auf die biographische Akzeleration oder Verzögerung beschaffen ist, ist noch schwerer zu bestimmen. Hier gibt es offensichtlich auch sehr große interindividuelle Unterschiede. Es bleibt der Eindruck, dass es sich bei vielen kulturkritischen pädagogischen Klagen in dieser Hinsicht eher um typische Erwachsenenbedenken und -befürchtungen handelt, weniger um die originären Sorgen und Probleme der Kinder und Jugendlichen selbst. Dies bedeutet jedoch keineswegs, dass diese Sorgen damit als unbedeutend und gegenstandslos gelten können. Mir ging es darum zu zeigen, dass es sich bei den „Beschleunigungstendenzen" von Kindheit und Jugend keineswegs nur um Phänomene handelt, die als Zumutung seitens der Erwachsenenkultur an die Kinder und Jugendlichen herangetragen werden, sondern dass es starke Beschleunigungskräfte gibt, die von den Kindern und Jugendlichen selbst ausgehen. Sie fordern ihrerseits nämlich in der Regel keineswegs den Schutz vor „nicht altersadäquaten" Angeboten der Medien oder der Konsumindustrie, sondern sie unterlaufen trickreich die einschlägigen Bestimmungen und Beschränkungen. Sie fordern auch nicht Muse, Beschaulichkeit, eine allgemeine Verlangsamung des Lebenstempos, sondern sie wollen eher „Fun", „Action", „Speed", „Thrill". „Here we are now, entertain us!" lautet die markante Refrainzeile in dem Nirvana Kultsong „Smells like Teen Spirit", der so ein wenig als die Hymne einer Jugendgeneration gilt.

In einem Punkt jedoch gibt es relativ gute empirische Evidenz dafür, dass Kinder und Jugendliche sich zur Steigerung ihres Wohlbefindens und zur Verbesserung ihrer Lebensqualität eine Veränderung jener Zeitstrukturen wünschen, in die sie eingebunden sind. Dabei klagen sie jedoch keineswegs über den Stress, die Hektik oder die Beschleunigung ihres Lebens. Sowohl in der Studie von Wilk/Bacher zu den Bedingungsfaktoren kindlichen Wohlbefindens als auch in Zinneckers Studie über die 10–18-Jährigen kam dies sehr klar zum Ausdruck. Beide Forschergruppen stellten ihren Probanden unter anderem die Frage danach, was sie bei der Erziehung ihrer eigenen Kinder anders machen würden als ihre Eltern. Der zentrale Veränderungswunsch der Kinder und Jugendlichen richtete sich in beiden Studien auf die gemeinsame Familienzeit: „Fast drei Viertel der Kinder geben an, dass sie einmal mehr Zeit für gemeinsame Aktivitäten haben möchten, als dies in ihren Familien der Fall ist" (Wilk/Bacher 1994, S. 105). Auch bei Zinnecker u. a. rangierte dieser Wunsch ganz oben in der Wunschliste. Er konstatiert auch eine Veränderung über die Jahre hinweg: „In früheren Befragungen war das zentrale

Thema regelmäßig, besonders in den 70er und 80er Jahren, die größere Freiheit, Freizügigkeit für die Familienkinder. In der heutigen Epoche berufseingebundener Eltern ist dagegen die Zeit zum kostbaren Gut geworden" (Zinnecker u. a. 2002, S. 39). Von daher gibt es wohl weniger ein Bedürfnis nach Langsamkeit bei den heutigen Kindern und Jugendlichen, sondern eher ein Bedürfnis nach familiärer Zusammengehörigkeit und nach gemeinsamer erfüllter Zeit.

Kapitel 5

Frühe Selbständigkeit für Kinder – Zugeständnis oder Zumutung?

„Hilf mir, es selbst zu tun!“

Maria Montessori

1 Ambivalenzen der Selbständigkeit

Wie in den vorigen Kapiteln dargestellt, ist es weniger das Gefühl der „verplanten Freizeit“ oder die Klage über beschleunigte Lebenstempi, also über Stress, Hektik und Eile, welche die subjektive Lebensqualität von Kindern beeinträchtigt, sondern eher der Mangel an Aufmerksamkeit und an gemeinsamer entlasteter Zeit und entspannter Aktivität mit den Eltern. Dass es diese Klage gibt, hat natürlich durchaus wiederum mit generellen gesellschaftlichen Beschleunigungstendenzen, mit beruflichen Verpflichtungen, Zeitzwängen und Zeitnöten der Erwachsenen zu tun.

Von daher stellt sich die Frage, wie eine weitere Grundtendenz, die in der aktuellen Diskussion um die veränderte Kindheit eine wichtige Rolle spielt, zu bewerten ist. Es geht um die These von der zunehmenden Selbständigkeit heutiger Kinder. Was ist dran an dieser Behauptung? In welchen Hinsichten sind heutige Kinder tatsächlich selbständiger als es ihre Eltern oder ihre Großeltern im entsprechenden Alter waren? In welchen anderen Hinsichten sind sie vielleicht aber auch unselbständiger? Und wie ist diese oft behauptete Tendenz zur zunehmenden Selbständigkeit zu bewerten? Handelt es sich primär um eine „Befreiung“ des Kindes von Gängelung, Fremdbestimmung und Unterdrückung? Oder handelt es sich eher um eine mehr oder weniger aufgenötigte „Freisetzung“, einen Verlust von Obhut, Geborgenheit, Orientierung? Ist es also eher eine zugemutete als eine zugetraute Selbständigkeit? Welches Maß und welche Formen von Selbständigkeit sind Kindern in welchem Alter bekömmlich? Inwiefern handelt es sich bei den forcierten Selbständigkeitsbehauptungen, die derzeit in der Diskussion um die veränderte

Kindheit en vogue sind, vielleicht auch um Tendenzen der Verleugnung der „natürlichen" Unselbständigkeit, Abhängigkeit und Angewiesenheit von Kindern?

Im Magazin DER SPIEGEL vom 4. 9. 2000 war unter der Rubrik „Gesellschaft" folgende Notiz zu lesen:

„Erziehung: Trend zum Camp

Amerikanische Kinder wollen (oder müssen) früh selbständig werden. Ein Grund dafür ist die wachsende Zahl allein erziehender Mütter und doppelverdienender Eltern. Für sie sind die langen Sommerferien ihrer Sprösslinge ein organisatorisches Problem. Die Lösung lautet neuerdings: Ab mit den Kleinen ins Ferienlager. Lag vor etwa zehn Jahren das Durchschnittsalter der Camp-Kids bei elf Jahren, so ist es in diesem auf etwas über neun gesunken. Immer mehr Eltern trauen schon fünf- bis sechsjährigen Einzelkindern bis sechs Wochen lange Aufenthalte in Feriencamps zu. Die Camp-Leiter sind hocherfreut, sehen sie doch in der neuen Klientel den Stammgast von morgen: Je jünger die Gäste, desto größer die Chance, daß sie im nächsten Jahr wieder kommen. In vielen Camps hat die Umrüstung auf die Ferienkinder im Vorschulalter schon stattgefunden: Beim Bogenschießen wurden die Pfeile mit Gummikappen versehen, beim Basketball die Netze von drei auf etwas über zwei Meter herabgesetzt, Trampoline und Nintendo-Spiele sollen über Regentage hinweghelfen. Einzelne Camp-Leiter widersetzen sich noch dem Trend. Im „Merri-Mac" in Black Mountain, North Carolina, werden Kinder unter acht Jahren bis auf weiteres nicht aufgenommen. Begründung des Besitzers: ‚Ich finde es schon besser, wenn die Bande zumindest das Exit-Zeichen lesen kann'"(S. 109).

Als Ergänzung dazu ein Cartoon von Charles M. Schulz aus dem Jahr 1965. Schulz hat sich in vielen seiner Cartoons mit der ur-amerikanischen Institution „Summer Camp" auseinandergesetzt. Seine kindlichen Charaktere zeichnen sich ja in besonderer Weise dadurch aus, dass sie einerseits einen kindlich-naiven, andererseits aber auch einen relativ aufgeklärten, bisweilen sogar einen psychoanalytisch aufgeklärten Blick auf die gesellschaftlichen Verhältnisse und auf den Umgang von Erwachsenen und Kindern werfen. Aus dieser Perspektive erscheint es als eine nur schwer verständliche Zumutung, ja eine wahre Grausamkeit für Kinder, ins Ferienlager geschickt zu werden, obwohl man dort gar nicht hin will, weil man Angst vor Schlangen hat oder aber weil die „emotionale Objektkonstanz" noch so labil ist, dass es tatsächlich möglich erscheint, dass die Eltern wegziehen könnten, während man im Camp ist. So stellen diese Cartoons ein Medium dar, in dem die Erziehungsideologien und -mentalitäten moderner westlicher Gesellschaften, gespiegelt in den Wahrnehmungen und Gegenstrategien der Kinder, in knapper und amüsanter Form auf den Punkt gebracht werden. In diesem Sinne wurden sie vor einiger Zeit auch von einem maßgeblichen deutschen Erziehungstheoretiker als Erkenntnisquelle entdeckt (vgl. Tenorth 1991).

2 „Selbstständigkeit" als erzieherisches Basisthema

Das Problem ist klar und das Thema „Summer Camp“ ist dafür nur ein besonders prägnantes Beispiel: Welches Maß an Selbständigkeit darf und soll man Kindern in welchem Alter zutrauen/zugestehen/zumuten? Was ist in diesem Sinne eine sinnvolle Herausforderung für die Individuationsbestrebungen des Kindes? Was stellt dagegen eine Überforderung, vielleicht gar eine Traumatisierung dar? Was muss andererseits als unangemessene Überbehütung verstanden werden? Welche Aufgaben und Zuständigkeiten müssen ab welchem Alter in die eigenständige Verantwortung der Kinder übertragen werden, selbst wenn diese sich vielleicht gerne auch noch weiter in kleinkindhafter Manier bedienen und verwöhnen lassen würden? Welche Einschränkungen des kindlichen Selbständigkeitsstrebens, des energisch eingeforderten autonomen Entscheidungs- und Handlungsspielraums müssen andererseits von verantwortlichen Eltern u. U. auch gegen den Willen des Kindes durchgesetzt werden? Welche Kriterien haben wir überhaupt, um solche Fragen zu entscheiden?

Solche Überlegungen und entsprechende Entscheidungen stellen sich im erzieherischen Alltag beständig; sie machen letztendlich einen zentralen Kern des Erziehungsgeschäftes aus. Sie beginnen mit dem Problem, ob man versuchen soll, einen schreienden Säugling durch Umhertragen und Wiegen zu beruhigen oder ob man dies besser nicht tut, da es sich dabei vielleicht um eine frühe Form der Verwöhnung handeln könnte, die es dem Kind eher erschwert, eigene Formen der Regulation von Unbehagen zu entwickeln. Sie stellen sich, wenn es darum geht zu entscheiden, ab wann dem Kind zugemutet werden kann, erstmals allein zu Hause zu bleiben, wenn die Eltern abends fortgehen und ab wann ihm zugetraut werden kann, alleine in der Stadt unterwegs zu sein. Selbst mit den Verhandlungen über den Wunsch des Heranwachsenden, erstmals auf eigene Faust, ohne Eltern, in Urlaub zu fahren, finden sie noch kein wirkliches Ende.

Psychologische und erziehungswissenschaftliche Experten können in solchen zentralen Fragen in der Regel wenig Auskunft geben. Und wenn sie es doch tun, dann ist ihrem Expertenrat eher zu misstrauen, denn zu konträr sind die Auskünfte, die sich hier finden lassen. So findet sich etwa bei Maria Montessori die Forderung, der unruhige Säugling müsse, am Besten in einer Hängematte, „zart und langsam bewegt werden, wozu geschickte und durch lange Übung geschulte Hände erforderlich sind“ (Montessori 1980, S. 40). Auch Piaget betont, die Erziehung müsse schon „in der Wiege anfangen“. Er kommt aber zu einer ganz konträren Empfehlung, die er zugleich mit einer eindringlichen Warnung verbindet: „ob ein Kind daran gewöhnt wird, mit den Problemen selbst fertig zu werden, oder ob es durch Hin- und Herwiegen beruhigt wird, davon geht die Entwicklung eines guten oder schlechten Charakters aus“ (Piaget 1983, S. 109). Neuere Erkenntnisse aus der Bindungsforschung lassen eher Zweifel aufkommen, ob Piagets Vorstellung von der Notwendigkeit früher „Selbständigkeitserziehung“ so haltbar ist, ob es hier tatsächlich eine Linearität der Entwicklung gibt, die nach dem Motto verläuft: „Was später gewünscht wird (autonome Emotionsregulierung) muss möglichst früh geübt und gefordert werden.“ So zeigte sich in den Langzeitstudien der Bindungsforschung etwa, dass die Kinder, die als Kleinkinder eine „unsicher-vermeidende“ Bindung zu ihren Eltern hatten, die sich also in der „Fremden Situation“ auf eine Art und Weise verhielten, die oftmals (irrtümlich) als besonders selbständiges Verhalten imponierte (kaum Protest beim Fortgehen der Mutter, Fortführung des Spiels, problemlose Annäherung an die fremde Person), dann später, im Kindergarten, gerade diejenigen waren, die von den Kindergärtnerinnen als besonders abhängig und unselbständig beurteilt wurden. Vor allem die Fähigkeit, Konflikte mit anderen Kindern eigenständig und konstruktiv zu lösen, war bei ihnen deutlich schwächer entwickelt als bei den ehemals sicher gebundenen Kindern (vgl. Süß 1987).

Was wir als rechte Form des Umgangs und als angemessenes, altersadäquates Maß an Selbständigkeit für ein Kind ansehen, ist in jedem Fall sehr stark von den kulturellen Gewohnheiten und Gepflogenheiten und von der jeweiligen „Erziehungsideologie" abhängig. Gleichzeitig wirken sich die kulturellen Erwartungen und Anforderungen an die Kinder natürlich ihrerseits wieder auf deren reale Selbständigkeit, auf deren Zutrauen, bestimmte Arbeiten leisten und bestimmte Aufgaben bewältigen zu können, aus.

3 „Selbständigkeit" als Prinzip kindlicher Entwicklung

In einer anderen Hinsicht, bei der es weniger um die Frage nach dem rechten erzieherischen Umgang und um das rechte Maß zur rechten Zeit, sondern zunächst eher um die Frage nach dem rechten psychologischen Verständnis der kindlichen Entwicklungsprozesse geht, zeichnet sich in der neueren Entwicklungspsychologie ein deutlicher Trend, ja fast so etwas wie ein Konsens ab. Auch dieser hängt mit dem Stichwort „Selbständigkeit" zusammen.

Auf prägnante Art ist dieser Trend in dem Einleitungsartikel des Themenheftes „Kindheit und Jugend" des Magazins „GEO-Wissen" zusammengefasst. Dieser beginnt mit den programmatischen Sätzen: „‚Kann ‚leine!' – diese beiden Wörter aus der noch unsicheren Sprache eines Zweijährigen wären ein passendes Motto für die gesamte Kindheit und Jugend. Denn so aktiv wie Kinder ihre frisch erworbene Selbständigkeit gegen ein unerwünschtes Hilfsangebot verteidigen, so aktiv treiben sie ihre eigene Entwicklung von der Geburt bis zur Pubertät voran.

Selbständig? Aktiv? Sind denn Kinder nicht hilflose Wesen? Lernen sie nicht alles von Eltern, Verwandten und Lehrern? Und: Sind sie nicht dermaßen angewiesen auf Erwachsene, zugleich extrem gefährdet, durch die Unzulänglichkeiten ihrer Erziehung Schaden zu nehmen? Tatsächlich verstellt uns eine solche Sicht vom Kind den Blick auf dessen reale Anlagen und Bedürfnisse. ... Doch inzwischen zeichnet sich ein Wechsel der Perspektive ab. Heute erkennen die meisten Forscher Kinder als aktiv, kompetent und stark. Wie ein roter Faden zieht sich das neue Bild des Kindes durch die Beiträge dieses Hefts: Babys erweitern aktiv ihr Wissen über die Welt; Kleinkinder suchen in der gehörten Sprache eigenständig nach grammatischen Regeln; Jungen und Mädchen finden autonom zu ihren Geschlechterrollen; Schüler steuern selbständig den eigenen Lernkurs..." (Schrader 1993, S. 22).

Besonders markant ist dieser Wandel des Entwicklungsverständnisses im Hinblick auf die ganz frühen Phasen der Entwicklung. Hier hat die Rede vom „kompetenten Säugling“, der sich aktiv und selbsttätig seine Welt erschließt, bekanntlich große Verbreitung gefunden. Mit neuen aufwendigen experimentellen Untersuchungstechniken konnte gezeigt werden, dass Säuglinge sehr viel differenzierter wahrnehmen als lange angenommen, dass sie früh schon in der Lage sind, Informationen aus unterschiedlichen Sinnesmodalitäten miteinander zu verknüpfen und dass sie deutliche Präferenzen äußern, wenn man ihnen entsprechende „Wahlangebote“ macht. Aber auch durchgängig für alle späteren Entwicklungsphasen hat sich das „Prinzip der Entwicklung als aktive Gestaltung“ als neues Paradigma weitgehend durchgesetzt. In diesem Sinne resümiert Fend: „In der Entwicklungspsychologie herrscht heute Übereinstimmung, dass die Person weder passiv von inneren Entwicklungskräften bestimmt, noch untätig externen Einflüssen ausgesetzt ist. Personen setzen sich handelnd mit den systemisch ‚verwobenen‘ Bedingungen ihrer Umwelt auseinander“ (Fend 2000, S. 206 f.). Eine Vielzahl von zentralen Leitbegriffen und Konzepten der modernen Entwicklungspsychologie und der Sozialisationsforschung kreisen um dieses Thema: Das Konzept der „Selbstentwicklung durch Handeln“ (Silbereisen u. a. 1986), „das epistemische Subjektmodell“ (Groeben 1986), „das produktiv realitätsverarbeitende Subjekt“ (Hurrelmann 1983), das Prinzip der „retroaktiven Sozialisation“ (Klewes 1983), das Prinzip der „Entwicklung durch herausfordernde Probleme, Krisen und Ereignisse im Lebenslauf“ (Montada 1995). Trotz der forcierten Betonung der Selbständigkeit des Kindes in der Auseinandersetzung mit seiner Welt bleibt freilich die Frage danach, was dem Kind in welchem Alter bekömmlich ist, was als Herausforderung und was als Überforderung erlebt wird, bestehen.

Hier ist nun ein zweiter Trend in der modernen Entwicklungspsychologie deutlich: das Abrücken von der generellen Vorstellung vom überaus verletzlichen Kind, das ungünstigen Entwicklungsbedingungen wehrlos ausgeliefert ist. Entsprechend heißt es in jenem Einleitungsartikel von Schrader: „Neben dem Schlüsselwort Aktivität charakterisiert noch ein zweites das neue Bild des Kindes: ‚Widerstandskraft‘“ (Schrader 1993, S. 22).

Tendenziell muss diese „neue Sicht des Kindes“ auch als Gegenbewegung gegen traditionelle psychoanalytische Vorstellungen von Kindheit betrachtet werden. Recht deutlich wird dies etwa bei Ursula Nuber, einer einflussreichen Wissenschaftsjournalistin für den Bereich der Psychologie. In ihrem Buch „Der Mythos vom frühen Trauma. Über Macht und Einfluß der Kindheit“ schreibt sie: „Dem Bild der traumatisierenden Kindheit können wir inzwischen ein neues Bild der Kindheit entgegensetzen, das ein sehr ermutigendes Bild ist: Wir sind in sehr viel geringerem Ausmaß die Opfer unserer Kindheit, als uns jahrzehntelang von Therapeuten und Psycho-Gurus suggeriert wurde. Wir sind nicht dazu verurteilt, unser Leben lang an den uns einst zugefügten

Wunden zu leiden. Kinder sind, das zeigt die moderne Entwicklungspsychologie, sehr viel kompetenter und widerstandsfähiger, als gemeinhin angenommen wird. Traumatisierende Erlebnisse haben nicht zwangsläufig eine langfristige negative Wirkung, mitunter können sie sogar einen konstruktiven, kreativen Wert haben" (Nuber 1995, S. 13 f.).

4 Die Psychoanalyse – eine Theorie der Unselbständigkeit?

Es ist kaum zu bestreiten, dass die Psychoanalyse in ihrer Tradition mehr die Aspekte der Abhängigkeit, der Unfreiheit, der Ausgeliefertheit und der Verletzlichkeit betont hat. Angefangen von Freuds Bemerkung, dass die Psychoanalyse nach den Lehren von Kopernikus und Darwin die dritte große Kränkung für die Menschheit darstelle, weil sie aufgewiesen habe, dass der Mensch nicht einmal Herr im eigenen Haus sei, über sein Bild vom Ich, das „die lächerliche Rolle des dummen August im Zirkus" spiele (Freud GW Bd. X, S. 97), über seine Rede vom „psychischen Apparat" bis hin zu seinen vielfachen Beschwörungen der vollkommenen Determination im menschlichen Seelenleben zieht sich eine deutliche Spur.

Diese Grundhaltung spielt auch in der jüngeren psychoanalytischen Diskussion durchaus noch eine wichtige Rolle: Man denke nur z. B. an Lorenzers These, dass die menschlichen Erlebniskomplexe „als *Endprodukte* von Sozialisationsprozessen und das heißt, als *Produkte der Produktion* von Subjektivität", als „Resultate eines gesellschaftlichen Herstellungsprozesses" begriffen werden müßten (Lorenzer 1979, S. 134), oder an Lebers Postulat von der „sozialen Prägung des Menschen in bestimmten frühen Lebensphasen", welches er folgendermaßen erläutert: „In jeder dieser Phasen sind spezielle ‚Wünsche' und ‚Bedürfnisse' besonders wichtig. Wie die Umwelt, d. h. die Gesellschaft durch die Vermittlung der Eltern und Betreuer diesen Wünschen und Bedürfnissen gegenüber eingestellt ist, wie auf sie reagiert wird, ist entscheidend dafür, wie das Kind sich später seiner Mitwelt gegenüber verhält, wie es sein Leben meistert oder scheitert. Die Erfahrungen der ‚Kinderstube' gehen untilgbar ein in sein Erleben und Verhalten. In der Kinderstube wird sozusagen inszeniert, was im späteren Leben mit wechselnden Kulissen und Requisiten gespielt wird" (Leber 1972, S. 19).

Die Vorstellungen vom „psychischen Apparat", vom „gesellschaftlich hergestellten Subjekt" bzw. vom früh durch soziale Prägungsprozesse auf bestimmte Verhaltensmuster fixierten Rollenspieler sind nur schwer mit der Leitvorstellung von „Selbständigkeit" vermittelbar.

Bittner hat versucht, jener psychoanalytischen Tradition, die das Ich als bloßen Teil eines „psychischen Apparates", als Spielball zwischen „psychischen Instanzen" bzw. als „Niederschlag von internalisierten Objektbeziehungen" betrachtet, eine andere Sicht entgegenzusetzen und dafür Anknüpfungspunkte innerhalb des psychoanalytischen Orientierungsrahmens zu suchen. Es geht ihm um ein „Modell des Kindes als eines schöpferischen Wesens, das sein Selbstwerden aktiv betreibt und die personellen Objekte dabei benutzt" (Bittner 1981a, S. 29). Entwicklung wird dabei verstanden als „intentionales Geschehen, als ‚aktive Gestaltung', in der sich ein ‚absorbierender Geist' seine sichtbare Gestalt und Erscheinung aufbaut" (ebd., S. 24). Diese ausdrückliche Hervorhebung des Aspekts der Eigenaktivität und Selbständigkeit in der kindlichen Entwicklung bedeutet nun aber bei Bittner keineswegs eine Verleugnung der Tatsache, dass es doch sehr auf die „fördernde Umwelt" ankommt, also auf die Frage, welches „Material" und welche „Unterstützung" dem Kind bei jener „Aufbauarbeit" zur Verfügung steht. So hat er sich etwa wiederholt und differenziert mit der Frage, was Kindern gemäß sei, auseinandergesetzt (Bittner 1981b, 1991). Selbst psychische Störungen werden von ihm jedoch nicht einfach als zwangsläufige Folgen defizitärer Sozialisationsbedingungen verstanden, sondern als kreative Schöpfungen, als problematische „Selbstheilungsversuche", in jedem Falle jedoch als „höchst erstaunliche individuelle Leistung" (Bittner 1994, S. 250).

Der systematischste Versuch, auf dem Hintergrund der psychoanalytischen Entwicklungstheorie differenzierte Aussagen darüber zu machen, welche Angebote und Herausforderungen Kindern wann und in welchem Maße für ihre psychische Entwicklung bekömmlich und förderlich sind, stammt wohl von Anna Freud. Ihr Konzept der „Entwicklungslinien" soll eine differenzierte Einschätzung des je individuellen psychischen Entwicklungsprofils ermöglichen und auf dieser Grundlage eben auch Begründungen für entsprechende Entscheidungen liefern. Die Entwicklungsstufen sollen zur „Richtlinien in der Kinderpraxis" werden: „Wie ein bestimmtes Kind die Geburt eines nächsten Geschwisters, einen Aufenthalt im Spital, den Eintritt in die Schule etc. aufnehmen wird, hängt den neuen Einsichten zufolge ganz davon ab, ob es für das Erlebnis reif ist, d. h. ob der dafür notwendige Entwicklungsstand auf den in Betracht kommenden Entwicklungslinien erreicht worden ist. Wo Ereignis und Entwicklungsstand einander angemessen sind, zieht das Kind Vorteile aus dem Geschehnis, gleichgültig ob es lustvoll oder unlustvoll betont ist" (A. Freud 1968, S. 89). Am praktischen Beispiel der Frage, wann ein Kind reif sei für den Eintritt in den Kindergarten, d. h. am Problem der „analytisch korrekten Bestimmung des Zeitpunktes, wann ein Kind zum ersten Mal den Familienverband verlassen, von der Mutter getrennt, in eine Kindergemeinschaft eintreten soll" (ebd.), hat Anna Freud dieses diagnostische Raster exemplarisch vorgeführt. Auf den einzelnen Entwicklungslinien, die Thematiken umschreiben wie etwa: „von der infantilen Abhängigkeit zum erwachsenen Liebesleben", „Entwicklungslinie zur körperlichen Selbständigkeit", „vom Egoismus zur Freundschaft und Teilhabe an der menschlichen Gemeinschaft", „von der Autoerotik zum Spielzeug und vom Spiel zur

Arbeit", wird jeweils detailliert der „Mindeststand" beschrieben, den ein Kind erreicht haben muss, um diese Herausforderung positiv für sich nutzen zu können.

Diese ganze Fragerichtung, dieses ganze Nachdenken darüber, wie sich die innere Aufnahmebereitschaft für pädagogische Angebote und die Verarbeitungsfähigkeit von Problemen im Laufe der Entwicklung verändern – die ja auch schon den Kern von Rousseaus Programm im Emil ausmachte –, ist nun jedoch in der jüngeren Kindheitsforschung ziemlich in Misskredit geraten. Unter dem generellen Verdikt, dass „Kindheit ein Konstrukt" sei, das in erster Linie zur Legitimation der erzieherischen Intentionen der Erwachsenen diene (vgl. Lenzen 1995), geraten alle Versuche, die spezifischen Bedürfnisse, Erlebnismodalitäten und Gefährdungen von Kindern zu beschreiben, leicht unter einen Pauschalverdacht. Entsprechend wird auch ausdrücklich der Bruch mit der entwicklungspsychologischen Tradition beschworen: „Während jedoch das Plädoyer für die Eigenwelt des Kindes um die Jahrhundertwende – ganz in der Tradition Rousseaus – die Anerkennung seiner Besonderheit als eines ‚Menschen in Entwicklung' verlangte, wird heute das Entwicklungskonzept als Metapher der Bevormundung zurückgewiesen" (Honig/Leu/Nissen 1996, S. 11). Von „Bevormundung" ist deshalb die Rede, weil Kindern mit dem Hinweis auf ihren Entwicklungsstand die volle Selbstbestimmung und die volle Teilhabe am gesellschaftlichen Leben verweigert würde. Ausdrücklich wird darum eine „anti-naturalistische" Theoriebildung gefordert, „die Kindheit radikal als ein genuin soziales Phänomen auffasst" (ebd., S. 7).

Demgegenüber haben Psychoanalytiker im Verlauf der letzten Jahrzehnte tatsächlich eher eine „altmodische" Position vertreten, haben vielfach als Warner und Mahner fungiert, wenn es darum ging, auf Gefahren und Risiken hinzuweisen, die mit der Nichtbeachtung der Differenz zwischen Kindern und Erwachsenen, der Ignoranz bezüglich der spezifisch kindlichen Formen der Erlebnisverarbeitung verbunden sind. Sei es, dass versucht wurde, die Erfahrung stationärer Krankenhausaufenthalte für Kinder erträglicher zu gestalten (A. Freud/Bergmann 1972, Biermann 1975), oder auf die Konflikte hinzuweisen, die sich ergeben, wenn Mütter im Rahmen von Krankengymnastikprogrammen als Co-Therapeutinnen eingespannt werden (Bittner 1989a). Sei es, dass die Auswirkung von Umwelt- und Kriegsgefahren für die psychische Gesundheit und das Weltvertrauen der Kinder untersucht wurden (Richter 1990, Petri 1989), sei es, dass die unvermeidlichen seelischen Verletzungen im Zusammenhang mit dem Erlebnis der Trennung der Eltern aufgezeigt wurden (Figdor 1991, Wallerstein/Blakeslee 1989), sei es, dass die Tendenzen kritisiert wurden, die Belastungen und die Dilemmata, die mit der Berufstätigkeit beider Eltern für das Familienleben und die Eltern-Kind-Beziehungen verbunden sind, einfach zu ignorieren (Bittner 1989b, Hoeppel 1992). Auch bei der Vorstellung, dass schon fünf- bis sechsjährige Kinder für sechs Wochen in Feriencamps geschickt werden, dürfte den meisten psychoanalytisch orientierten Therapeuten und Pädagogen wohl eher ein Schauer über den Rücken laufen.

5 Selbständigkeit als pädagogische Zielkategorie

Dass alle Erziehung letztlich darauf abzielt, sich selbst überflüssig und den „Zögling" so selbständig zu machen, dass er einen eigenen Stand in der Welt findet, dass er zu verantwortlichem Urteilen und Handeln und zur selbständigen Lebensbemeisterung fähig wird, dies ist ein geläufiger pädagogischer Topos, dem kaum jemand widersprechen wird. Das eigentliche Problem besteht viel eher darin, auf dem Weg dorthin immer wieder das rechte Maß an Selbständigkeitsgewährung, Selbständigkeitszumutung und Selbständigkeitsbeschränkung zu bestimmen, das dem angepeilten Endziel förderlich ist. Denn „Selbständigkeit" ist, zumindest im Hinblick auf Kinder und Jugendliche, ein relationales Konstrukt. Es bedeutet für einen Dreijährigen zwangsläufig etwas anderes als für einen Dreizehnjährigen. Das Kind ist „für sein Alter", d. h. im Vergleich zu den Altersgenossen, relativ selbständig oder eben eher unselbständig.

Im Bürgerlichen Gesetzbuch fand diese spannungvolle Anforderung an die Eltern ihren Niederschlag in der Neuformulierung des § 1626, der den Begriff der „elterlichen Gewalt" durch den der „elterlichen Sorge" ersetzte. Darin heißt es: „Der Vater und die Mutter haben das Recht und die Pflicht, für das minderjährige Kind zu sorgen (Elterliche Sorge). Bei der Pflege und Erziehung berücksichtigen die Eltern die wachsende Fähigkeit und das wachsende Bedürfnis zu *selbständigem*, verantwortungsbewußtem Handeln. Sie besprechen mit dem Kinde, soweit es nach dem Entwicklungsstand angezeigt ist, Fragen der elterlichen Sorge und streben Einvernehmen an."

Diese Formulierung kann zugleich als Ausdruck einer veränderten Erziehungsmentalität angesehen werden, die der pädagogischen Zielkategorie „Selbständigkeit" eine immer größere Bedeutung zumisst. Die Bedeutungszunahme dieser Zielkategorie in den erzieherischen Leitvorstellungen der Eltern ist auch empirisch relativ gut belegt. So wurden etwa im Rahmen von Emnid-Untersuchungen repräsentativen Stichproben der Bevölkerung über die Jahre hinweg immer wieder die folgende Frage vorgelegt: „Auf welche Eigenschaften sollte die Erziehung der Kinder vor allem hinzielen: Gehorsam und Unterordnung, Ordnungsliebe und Fleiß oder Selbständigkeit und freien Willen?" Während sich dabei für die Zielkategorie „Gehorsam und Unterordnung" in den Jahren von 1951 bis 1983 ein Rückgang von 25 auf 9 Prozent der Nennungen ergab und während die Nennungen für die Zielkategorie „Ordnungsliebe und Fleiß" bei um die 40% ziemlich konstant blieben, hat die Zielkategorie „Selbständigkeit und freier Wille" mit einer

Zunahme von 28 auf 49% einen erstaunlichen Zuwachs vorzuweisen (vgl. Fend 1988, S. 14).

In der neueren Kindheitsforschung wird dieser Wandel im Generationenverhältnis unter den Stichworten „von der Erziehung zur Beziehung“ bzw. „vom Befehlen und Gehorchen zum Verhandeln“ (Büchner 1983) thematisiert. Fend hat die anspruchsvolle Herausforderung, die damit für heutige Eltern entsteht, auf folgende Formel gebracht: „Kinder zu erziehen, die aus freien Stücken und innerer Selbständigkeit ordnungsliebend und fleißig sind, dies scheint die schwierige Erziehungsaufgabe zu sein, die sich Eltern heute stellen“ (Fend 1988, S. 115).

Doch nicht nur im Hinblick auf diese Wandlungen im Eltern-Kind-Verhältnis spielt der Begriff „Selbständigkeit“ eine wichtige Rolle. In dem Band „Selbständigkeit für Kinder – die große Freiheit“ (Preuss-Lausitz/Rülcker/Zeiher 1990) haben ihn die Kindheitsforscher gewissermaßen zum zentralen Leitbegriff zur Charakterisierung heutiger Kindheit schlechthin erhoben. Sowohl die gewandelten Familienverhältnisse als auch die veränderte Realität von Schule als auch die Umgangsweisen der Kinder mit den Errungenschaften der modernen Technik und mit den Freizeitangeboten werden dort unter der Leitlinie einer zunehmenden Selbständigkeit der Kinder in all diesen Bereichen analysiert. Dabei wird durchaus der ambivalente Charakter dieser Zielnorm „Selbständigkeit“ gesehen: Einerseits ist es ganz unbestreitbar, dass das kindliche Selbständigkeitsstreben, das „Selber-Machen-Wollen“ einen zentralen Motor der kindlichen Entwicklung darstellt und dass die markanten Verselbständigungsschritte von Kindern mit einem Gefühl von großem Stolz, ja von Triumph, vollzogen werden. Andererseits ist es natürlich auch so, dass die „Selbständigkeit“ der Kinder gefördert und gefordert wird, um die Erwachsenen aus den oft mühsamen Pflichten des Pflegens, Versorgens, Betreuens, Helfens, Unterhaltens, Aufpassens nach und nach freizusetzen: „Frühe Selbständigkeit bezeugt unübersehbar die Erziehungstüchtigkeit der Familie; sie reduziert zugleich die Angewiesenheit des Kindes auf die Erwachsenen und befreit diese schrittweise von bestimmten Verpflichtungen. Selbständige Kinder können z. B. leichter in Krippen, Tagespflegestellen und später in den Kindergarten (oder ins Ferienlager R.G.) gegeben werden. Die Gewährung von Selbständigkeit geschieht also häufig mit Hintergedanken“ (Rülcker 1990, S. 21). Rülcker führt deshalb eine Unterscheidung zwischen *„funktionaler Selbständigkeit“* und *„produktiver Selbständigkeit“* ein. Erstere erhöht primär die Verfügbarkeit und Verwertbarkeit des Menschen bzw. die flexible Anpassungsfähigkeit und unkomplizierte „Unterbringbarkeit“ des Kindes. Letztere ist eher an der Idee zunehmender Mündigkeit, an der Freisetzung eigener Interessen und an der Erschließung neuer Handlungsspielräume orientiert.

Einen weiteren Aspekt, der in der neueren Kindheitsforschung eine wichtige Rolle spielt, könnte man vielleicht als *„resignative Selbständigkeit“*

bezeichnen, „resignativ" ist dabei gemeint im Sinne von „es bleibt gar nichts anderes übrig als...". Hier findet sich nämlich immer wieder die These, dass der beschleunigte technische und kulturelle Wandel und die dadurch sich verändernden Sozialisationsbedingungen das traditionelle Generationenverhältnis so tiefgreifend verändert hätten, dass die Voraussetzungen für das, was herkömmlich mit dem Begriff „Erziehung" gemeint war, zunehmend schwinden würden. Die Bildmedien führten dazu, dass alle Informationen über alle Lebensbereiche für alle Altersgruppen gleichermaßen zugänglich seien, dass somit das Informationsprivileg der Erwachsenen schwinde. Die Erwachsenen seien zudem immer weniger in der Lage, zuverlässig anzugeben, was zu lernen, zu wissen und zu können für die Zukunft des Kindes wichtig sei. Insbesondere im Hinblick auf den Umgang mit modernen Kommunikationstechniken seien heutige Kinder und Jugendliche ihren Eltern und Lehrern oftmals überlegen. Die Ahnung, dass von dort oftmals keine recht brauchbare Orientierung mehr zu bekommen ist, entwerte den Status der Erwachsenengeneration. Dies führe einerseits zu einer immer forcierteren Gegenwartsorientierung und andererseits zu einer relativen Stärkung der Sozialisationswirkung der Gleichaltrigengruppe. Vielleicht am radikalsten hat Herrmann Giesecke in seinem Buch „Das Ende der Erziehung" die Konsequenzen aus jenen Tendenzen gezogen. Er fordert darin als zentrale These, dass wir – abgesehen von den ersten Lebensjahren – von der Idee der „Kindlichkeit des Kindes Abschied nehmen müssen, damit auch vom traditionellen Begriff von ‚Erziehung', und daß wir gut daran tun, Kinder wieder wie kleine aber ständig größer werdende Erwachsene zu behandeln" (Giesecke 1996, S. 23). Kinder müssten heute sehr viel mehr und sehr viel früher selbst Verantwortung für ihre Zukunft übernehmen und deshalb sei ihnen eine entsprechende Selbständigkeit, aber auch eine entsprechende Verantwortlichkeit möglichst früh zuzusprechen. Bei Giesecke stellt dies freilich weniger eine Klage über verlorene Kindheitsparadiese dar, sondern viel mehr eine Forderung, diese gesellschaftlichen Veränderungen endlich zur Kenntnis zu nehmen und unangemessene erzieherische (Über-)Behütung zu reduzieren. Deren Folgen nämlich werden recht drastisch beschrieben: „junge Erwachsene stehen wie hilflose Riesenbabies in der Weltgeschichte herum, weil man ihnen das Leben zu leicht gemacht hat" (Giesecke 1996, S. 13). In seinen Augen gibt es sowohl in Familie wie in der Schule noch viel zu viel „Pädagogisierung", d. h. pädagogisch gefilterte, an einem fragwürdigen, überholten Konzept von Kindheit orientierte Umgangsformen zwischen Erwachsenen und Kindern.

Eine etwas andere Variante dieser eher „resignativen Selbständigkeitszuschreibung" stammt von Klaus Hurrelmann. Auch er geht von der Diagnose problematisch veränderter Sozialisationsbedingungen aus, die dazu geführt hätten, dass gar nichts anderes mehr übrig bliebe, als Kindern früher mehr Selbständigkeit und Selbstverantwortlichkeit zuzusprechen: Im Zentrum seiner Argumentation steht die Beobachtung, dass sich die Krankheitssymptome und die psychosomatischen Stressreaktionen von Erwachsenen und Kindern zunehmend angleichen. „Viele Kinder müssen heute ohne jene psychische und soziale Schutzschicht auskommen, die Eltern und Gesellschaft Heranwachsenden früherer Generationen wie selbstverständlich bereitstellten. Einen Schonraum für ihre Entwicklung kennen die Kinder der 90er Jahre nicht. Ohne Filter sind sie den sozialen, politischen, wirtschaftlichen und auch ökologischen Umwälzungen ausgesetzt, müssen sie genauso aufnehmen und verarbeiten wie die Erwachsenen" (Hurrelmann 1994, S. 72). Entsprechend greift auch Hurrelmann zustimmend die Rede von den Kindern als „kleinen Erwachsenen" auf: „Da unsere Kinder durch den Zwang der Verhältnisse notgedrungen zu ‚kleinen Erwachsenen' geworden sind, müssen wir sie nun auch wie Erwachsene behandeln" (ebd., S. 77). Ob jedoch die damit implizierte Logik: „Wenn die Kinder den gleichen Gefährdungen ausgesetzt sind und die gleichen Krankheitsbilder produzieren, dann sollen sie wenigstens auch die gleichen Rechte und Entscheidungsspielräume haben wie Erwachsene" so wirklich haltbar ist, steht noch dahin.

Dagegenhalten lässt sich etwa die entwicklungsneurologische Sicht Manfred Spitzers, der im Zusammenhang mit der Frage nach der Möglichkeit von Kindern, selbstverantwortlich angemessen mit Computer und Fernsehen umzugehen, in einem Interview folgende Position vertreten hat: „Zeigen Sie mir den Zwölfjährigen, der seinen Computer zum Üben von Französischvokabeln benutzt. 12- oder auch 14-Jährige sind überfordert, wenn sie selbst entscheiden sollen, was für sie schädlich ist und was nicht. Das Gehirn ist noch unreif. Diejenigen Bereiche, die es einem Erwachsenen ermöglichen zu sagen: ‚Das ist jetzt unvernünftig, ich mache das nicht' sind bei 12–14-Jährigen noch nicht ausreichend entwickelt. Der dafür zuständige orbifrontale Kortex reift erst in der Jugend aus. Von Kindern zu verlangen, selbständig zu entscheiden, überfordert sie" (Spitzer 2005, S. 37).

Natürlich ist diese Position so apodiktisch, wie sie hier formuliert ist, auch wiederum problematisch. Wenn man Kindern und Jugendlichen in der Erziehung nicht immer schon ein Stück weit mehr Selbständigkeit und Entscheidungsfähigkeit zutrauen würde als sie faktisch haben, könnten sie nie zur Mündigkeit gelangen. Die Kunst der Erziehung besteht eben gerade in der ständigen Ausbalancierung von verantwortbarer Selbständigkeitsgewährung und aus Verantwortungsgründen notwendiger Selbständigkeitsbeschränkung.

6 Sind heutige Kinder selbständiger/weniger selbständig als Kinder früherer Generationen?

Sowohl Giesecke als auch Hurrelmann argumentieren mit einem Zeitvergleich, ja mit einer Verfallsthese, aus der sie die Forderung nach mehr Selbständigkeit und Verantwortlichkeit für Kinder als mehr oder weniger zwangsläufige Konsequenz ableiten. Bei solchen Zeitvergleichen, die mit der Absicht angestellt werden, die Problembelastung heutiger Kinder besonders hervorzuheben, besteht natürlich immer die Gefahr der Verklärung und Verharmlosung früherer Kindheitssituationen. Die Frage, ob heutigen Kindern tatsächlich mehr Selbständigkeit zugestanden bzw. zugemutet wird als Kindern früherer Generationen, ist indes so eindeutig noch nicht ausgemacht. Wenn man in Autobiographien die Beschreibungen der Bedingungen des Aufwachsen von Kindern in der ersten Hälfte des 20. Jahrhunderts liest, dann wird man zumindest differenzieren müssen: Ganz sicher wurde den Kinder damals weniger Selbständigkeit zugestanden, was die Entscheidungsspielräume bezüglich der Schullaufbahn, der Konsumwünsche, der Freizeitgestaltung, der Kleidung oder der sportlichen oder kulturellen Interessen etc. betraf. Natürlich waren in der Regel auch die Mitspracherechte bei familiären Belangen wesentlich eingeschränkter. Andererseits wurde ihnen wesentlich mehr lebenspraktische Selbständigkeit zugemutet, was die Besorgung verantwortlicher Aufgaben in Haus und Hof anbelangte. Zwei kurze Ausschnitte aus solchen autobiographischen Texten mögen dies belegen.

In ihrem Buch „Herbstmilch“ beschreibt die 1919 geborene Anna Wimschneider, wie sie und ihre Geschwister nach dem Tod der Mutter vom Vater in die Arbeit auf dem Hof einbezogen wurden:

„Es kam die Ernte, und die meiste Arbeit war da die Feldarbeit, und jeder hatte es satt, immer wieder zu helfen. Da dachte der Vater, ich muß mir selber helfen. Es blieb ihm nichts anderes übrig, als die Kinder arbeiten zu lassen.

Der älteste war der Franz, noch nicht dreizehn Jahre, dem hat die Nachbarin das Melken gelernt, der zweitälteste war der Michl, elf Jahre, der mußte den Stall misten. Eine andere Nachbarin kam, um mir das Kochen und Flicken zu lernen, und wie ich mit den kleinen Kindern umgehen muß. Ich war acht Jahre. Der drittälteste, der Hans, mußte auch mithelfen. Zum Futtereinbringen fürs Vieh mußten wir größeren Kinder alle hinaus. Um fünf Uhr war Aufstehen, der Vater nahm die Sense, ein Bruder die Schubkarre, wir jüngeren hatten Rechen dabei. In einer Stunde war das Futter mit dem Schubkarren eingebracht, die Kleinsten haben noch geschlafen. Franz hat die beiden Kühe gemolken, die leicht zu melken waren. Die Nachbarin die anderen zwei, denn die waren zäh. Ich habe Feuer gemacht und die Milch gekocht, in die Schüssel gegeben, ein wenig Salz dazu und dann Brot eingebrockt ...

Es dauerte nicht lange, da sagten die Buben, im Haus ist alles deine Arbeit, das ist Dirndlarbeit. Nach der Schule kam die Meieredermutter, um mir das Kochen beizubringen. In meinem Beisein sagte der Vater zu ihr, wenn sichs das Dirndl nicht merkt, haust ihr eine runter, da merkt sie es sich am schnellsten. Am Sonntag lernte sie mir das meiste, da war keine Schule. Mit neun Jahren konnte ich schon Rohrnudeln, Dampfnudeln, Apfelstrudel, Fleischgerichte und viele andere Dinge kochen. ...

Bei der Arbeit mußte ich einen Schemel mittragen, weil ich so klein war, daß ich in keinen Topf gucken konnte. Auf den Herd schauen, Schemel hin, einheizen, Schemel weg, zur Anrichte, Schemel hin, wie oft ging das während des Kochens!" (Wimschneider 1984, S. 10 f.)

Aus einer etwas späteren Zeit, aber gleichzeitig aus einer noch sehr viel archaischeren Hirtenkultur in den sardischen Bergen berichtet der autobiographische Roman „Padre Padrone" des 1938 geborenen Gavino Ledda. Der Roman beginnt mit der Episode, wo der Vater in die Schule kommt, um den erst vor wenigen Wochen eingeschulten fünfjährigen Sohn, „seinen Besitz", gegen den Widerstand der Lehrerin abzuholen, weil er ihn als Helfer auf der Almhütte braucht:

„Ich will den Jungen holen. Er muß die Schafe hüten und sie bewachen ... Er gehört mir. Und ich bin allein. Ich kann die Herde nicht unbewacht lassen, wenn ich hierher nach Siligo komme, um die Milch in die Molkerei zu bringen oder Proviant zu holen. Ich habe noch anderes zu tun als Schafe zu hüten".

Dem Protest der Lehrerin, daß Gavino noch zu klein sei, daß er erst in der Schule für das Leben lernen müsse, bevor er ins Leben hinausgehen könne, hält der Vater den Zwang der Verhältnisse und die eigenen Kindheitserfahrungen entgegen:

„Auch ich habe meine Kindheit so zugebracht. Kindheit! Ha! Ich habe vor der Zeit erwachsen sein müssen, und die Alten haben mich mitten im Winter als Wache gegen die Füchse eingesetzt ... Ich habe schon Schafe gehütet, als ich noch die Mutterbrust nötiger gebraucht hätte als das Schafseuter" (Ledda 1980, S. 6 f.). So kommt Gavino also mit dem Vater auf die Almhütte und ist dort oft für Tage allein für die Schafe verantwortlich.

Sind diese Kinder nun weniger selbständig als heutige „moderne" Kinder? Sicherlich, sie haben kaum Mitspracherecht darüber, ob ihnen die Aufgaben und Beschäftigungen, die ihnen von Seiten der Erwachsenen zugemutet werden, passen oder nicht. Bei den Beziehungen zu ihnen handelt es sich sehr eindeutig um „Befehls-", nicht um „Verhandlungsbeziehungen" (Büchner 1983). Andererseits zeigen sie jedoch ein hohes Maß an Selbständigkeit bei der Erledigung der ihnen aufgetragenen Aufgaben.

Aus der heutigen Sicht würden wir es als arge Zumutung empfinden, wenn Kinder dermaßen früh und in solchem Maß zur Arbeit herangezogen würden. Das Jugendamt sähe sich sicherlich zum Einschreiten gezwungen, wenn es davon erführe. In jenen Familiensituationen war es die wirtschaftliche Notlage, die die tatkräftige Mithilfe der Kinder schon im frühen Alter notwendig machte. Und es war natürlich auch ein generell anderes Verständnis von Kindheit, von dem, was von Kindern zu erwarten und was ihnen zuzumuten ist. Die Väter erkennen zwar in beiden Geschichten durchaus, dass dieses frühe Eingespanntsein in verantwortliche Arbeit eine gewisse Härte darstellt, aber eben eine unvermeidliche Härte, der sie selbst als Kinder ebenfalls schon ausgesetzt waren.

Auf der anderen Seite war mit jener selbstverständlich erwarteten Mithilfe in Haus und Hof für diese Kinder früh die Erfahrung einer sinnvollen und notwendigen Tätigkeit verbunden und damit die Bestätigung, mit der eigenen Arbeit einen wichtigen Beitrag zum Leben und Funktionieren der Familie beizutragen. Hinsichtlich solcher Erfahrungen herrscht bei heutigen „modernen" Kindern wohl eher ein Mangel. Die Erfahrung der unmittelbaren tätigen Mithilfe im heimischen Hof oder Handwerksbetrieb ergibt sich nur mehr für eine sehr kleine Minderheit von Kindern. In den meisten modernen Haushalten werden selbst die früher für Kinder typischen Aufgaben, wie Geschirr spülen oder abtrocknen, von Maschinen übernommen. Von den heutigen Achtjährigen haben viele noch nie ein Feuer gemacht und die meisten wären schon damit überfordert, sich auf dem Elektroherd ein Spiegelei zu braten. Das einzige und zentrale Feld, wo sie kontinuierlich mit Anforderungen und Aufgaben konfrontiert sind, ist die Schule. Auch die damit verbundenen Aufgaben kosten Zeit, sind oft lästig. Aber es sind doch Aufgaben, die „nur" der Übung und dem Lernen dienen. Ihre gewissenhafte Erledigung führt allenfalls dazu, dass die Lehrerin ein „sehr schön" darunter schreibt, nicht aber dazu, dass die Geschwister eine warme Mahlzeit haben oder die Schafherde zusammen bleibt. Jene schulischen Aufgaben stellen auch keineswegs einen Beitrag zur Entlastung der Eltern dar, sondern ganz im Gegenteil werden oftmals die Eltern zur Unterstützung bei den Hausaufgaben in Anspruch genommen. Nicht selten „verhaken" sich Eltern und Kinder gerade hier besonders heftig.

Angesichts der deutlichen Tendenz zur Verlängerung der Schulbesuchszeit stellt die Situation, dass die eigene „(Lern-)Arbeit", selbst wenn sie mühsam und zeitaufwendig ist, eigentlich nur Übungscharakter hat, nur dem Erwerb von Zensuren und Schulabschlüssen dient, aber letztlich für niemand anderen wirklich wichtig ist, keinen Beitrag zur Bewältigung des Alltags oder zum familiären „Bruttosozialprodukt" bedeutet, bis ins dritte Lebensjahrzehnt hinein den Normalfall für die meisten Heranwachsenden dar.

Sind Kinder und Jugendliche heute also selbständiger oder unselbständiger als Kinder und Jugendliche früherer Generationen? Dies ist wohl nicht so ohne weiteres mit einem klaren Ja oder Nein zu beantworten. Sinnvoller als bloß quantitativ nach einem Mehr oder Weniger an Selbständigkeit zu fragen wäre es wohl, unterschiedliche Qualitäten von Selbständigkeit zu unterscheiden: Da gibt es einerseits die *„options-"* bzw. *„lustprinzipbezogene" Selbständigkeit*, bei der es mehr um die Auswahl aus einer Vielfalt potentieller Möglichkeiten und Angebote geht (Lerne ich lieber Geige oder Klavier? Gehe ich ins Ballett oder zum Reiten? Rufe ich Freundin A an oder mache ich lieber was mit Freundin B aus? Höre ich mir eine Hörspielkassette an oder mache ich ein Computerspiel? Entscheide auch ich mich für tiefergelegte Großraumhosen oder finde ich die HipHop-Aufmachung doch nicht so cool? Sind Nike-Turnschuhe einfach die besten oder sind derzeit doch Dockers angesagter? Kaufe ich mir von dem Geld, das mir die Oma geschenkt hat, lieber einen City Roller oder neue Inline-Skates? Mache ich bei der Ferienfreizeit der AWO mit oder gehe ich lieber für eine Woche auf den Reiterhof...). In dieser Dimension hat die Selbständigkeit von Kindern in den letzten Jahren sicherlich deutlich zugenommen.

Daneben könnte man so etwas wie eine eher *„pflicht-" oder „realitätsprinzipbezogene Selbständigkeit"* unterscheiden, bei der es mehr um die eigenverantwortliche Erledigung von Aufgaben und Aufträgen geht (Feuer machen, Kochen, kleinere Geschwister betreuen, Kühe melken, Schafe hüten, etc.). Die beiden autobiographischen Beispiele sollten als Beleg dafür dienen, dass in dieser Hinsicht Kindern früherer Generationen sehr viel selbstverständlicher sehr viel mehr zugemutet, aber eben auch zugetraut wurde. Die beschriebenen Kindheitssituationen sollen keineswegs beschönigt werden. Sowohl Anna Wimschneider als auch Gavino Ledda beklagen durchaus die Härten ihrer Kindheit. Aber ihre Klagen gehen doch in eine deutlich andere Richtung als die jenes 22-jährigen depressiven und suizidgefährdeten Jugendlichen, der bei einem „pädagogisch-therapeutischen Gespräch" den Kern seines Leidens an sich und der Welt folgendermaßen auf den Punkt bringt: „es ergießt sich eine Sturzflut von Anklagen und Anschuldigungen gegen seinen Vater, seine Mutter und nicht zuletzt gegen sich selbst. Er sei jetzt 22 und habe noch nie etwas allein gemacht. Er fühle sich wie ein 14jähriger" (Bittner 1996, S. 121).

7 Was ein Kind gesagt bekommt 1937 und 2005

Zum Schluss dieses Kapitels ein bekanntes Gedicht von Bert Brecht aus dem Jahr 1937. Es wird in pädagogischen Zusammenhängen immer wieder gerne zitiert, um auf die unterlegene Position des Kindes hinzuweisen, um zu zeigen, mit wie vielen geläufigen, aber dennoch fadenscheinigen Anweisungen und Anordnungen, Geboten und Verboten, Mahnungen und Drohungen sich ein Kind in seinem Alltag konfrontiert sieht, wie es durch Erziehung gegängelt und in der Entfaltung seiner Selbständigkeit beschnitten wird. Bei genauerer Betrachtung zeigt sich aber schnell, dass dieses Gedicht kaum mehr der heutigen Realität „modernisierter Kindheit" entspricht. Für wie viele Kinder etwa spielt der liebe Gott als allgegenwärtige Überwachungsinstanz heute wirklich noch eine Rolle? Welches Kind trägt bei uns heute noch Kohlen? Welche Eltern wären nicht entzückt darüber, wenn ihr Kind viel liest? Wie viele Eltern vertreten heute noch den pauschalen Standpunkt, dass ein Kind den Mund zu halten habe? Deshalb ein eigener Versuch, das Thema etwas zu variieren und zu aktualisieren. Denn Brechts Grundidee, dass eine schlichte Ansammlung jener typischen Anweisungen und Mahnungen, die Kinder immer wieder zu hören bekommen, viel über das Generationenverhältnis, die Erziehungsmentalität und die Kindheitssituation einer bestimmten Epoche aussagt, ist sicherlich nach wie vor gültig. Vielleicht werden dabei auch noch einmal die Verschiebungen hinsichtlich des Zugeständnisses und der Zumutung in Sachen Selbständigkeit deutlich.

Was ein Kind gesagt bekommt
Der liebe Gott sieht alles.
Man spart für den Fall des Falles.
Die werden nichts, die nichts taugen.
Schmökern ist schlecht für die Augen.
Kohlentragen stärkt die Glieder.
Die schöne Kinderzeit, die kommt nicht wieder.
Man lacht nicht über ein Gebrechen.
Du sollst Erwachsenen nicht widersprechen.
Man greift nicht zuerst in die Schüssel bei Tisch.
Sonntagsspaziergang macht frisch.
Zum Alter ist man ehrerbötig.
Süßigkeiten sind für den Körper nicht nötig.
Kartoffeln sind gesund.
Ein Kind hält den Mund.
Bertolt Brecht (1937)

Was ein Kind gesagt bekommt im Jahr 2005
Lieber Gott, was weißt du denn schon alles!
(Die Talk Show informiert für den Fall des Falles.)
Die werden nichts, die nichts leisten.
Darum versuche stets, besser zu sein als die meisten.
Bücherlesen macht helle.
Das Essen steht in der Mikrowelle.
Nachher übst du noch Klavier.
Zur Ballettstunde fahr' ich dich um viertel nach vier.
Du sollst mich nicht die ganze Zeit nerven!
Im Schrank stehen noch ein paar Videokonserven.
Hör auf zu zappeln und setz dich ruhig hin!

In der Schule wäre viel mehr bei dir drin.
Die Kinderzeit muss man optimal nützen.
Die Ergotherapie wird dich unterstützen.
Sie macht dich fit, vom Kopf bis zum Zeh'.
In diesem Steak hier ist bestimmt kein BSE.
In deinem Alter braucht man noch kein Handy.
Mit Walkman und Gameboy bist du auch so ganz schön trendy.
Dass wir uns trennen, bedeutet nicht, dass wir dich nicht lieben.
Sicher verstehst du das, denn du bist ja schon sieben.
Im Ferienlager hast du bestimmt ganz viel Spaß.
(Und mir ermöglicht dies einen Urlaub nach Maß.)

Kapitel 6

„Autonomie versus Scham und Zweifel"?

Zum Verhältnis von Autonomiestreben und Anlehnungswünschen in der menschlichen Entwicklung

„...die Fähigkeit, Bindungen zu anderen Personen aufzubauen (entweder in der Rolle der Person, die Unterstützung und Trost sucht, oder der Person, die beides gibt), [wird] als ein grundlegendes Merkmal einer effektiv funktionierenden Persönlichkeit und psychischer Gesundheit betrachtet."

John Bowlby

Im vorigen Kapitel wurde die Balance von „Selbständigkeitgewährung", „Selbständigkeitszumutung" und „Selbständigkeitsbeschränkung" als eine Grundthematik jedes Erziehungsverhältnisses beschrieben. Man könnte sicherlich die ganze Geschichte der Erziehung unter der Leitfrage aufrollen, wie sich in unterschiedlichen Epochen und in den in ihnen vorherrschenden Erziehungsmentalitäten und Erziehungsideologien diese Balance immer wieder verschoben hat. Und auch unter dem Aspekt kulturvergleichender Erziehungsforschung wäre es sicherlich interessant, unterschiedliche Kulturen der Gegenwart daraufhin zu analysieren, welches relative Gewicht diese Aspekte dort jeweils für das Aufwachsen von Kindern haben.

In der Regel werden – wenn es nicht nur um die notwendige Mithilfe in Haus und Hof oder um die Entlastung der Erwachsenen von kindlichen Abhängigkeitstendenzen geht – entsprechende erzieherische Maßnahmen damit begründet, dass durch sie bestimmte psychische Dispositionen wie Selbstvertrauen, Kompetenzgefühl, Unabhängigkeit, Autonomie beim Kind gefördert werden sollen. Die Balance von Selbständigkeit und Abhängigkeit, von Autonomiestreben und Anlehnungswünschen ist somit eine, die nicht nur das *inter*personale Verhältnis von Eltern und Kindern betrifft, sondern die internalisiert wird und dann als *intra*personale Grundpolarität die menschliche Charakterstruktur nachhaltig prägt. (Wobei man sich natürlich vor kurzschlüssigen Wirkungsannahmen im Sinne eines „je früher und rigoroser die ‚Selbständigkeitserziehung' einsetzt, desto sicherer und nachhaltiger sind die erwünschten ‚Selbständigkeitseffekte'" hüten muss.)

Auch hier, in Bezug auf diese *intrapsychische Balance* von Selbständigkeit und Anlehnungsbedürfnis, von Autonomiestreben und Verbundenheitsgefühl lassen sich wiederum in unterschiedlichen Epochen und in unterschiedlichen Kulturen durchaus unterschiedliche Leitbilder hinsichtlich dessen, was als besonders günstig und erstrebenswert gilt, ausmachen. Doch auch gegenwärtige wissenschaftliche Theorien menschlicher Entwicklung und psychischer Gesundheit enthalten in diesem Sinne basale Leitbilder und lassen sich daraufhin befragen, wie in ihnen diese Balance bestimmt wird. Dies soll im folgenden speziell im Hinblick auf die Kindheitsforschung, die Psychoanalyse und die Bindungstheorie geschehen. Inwiefern erfährt der Pol der „Nicht-Autonomie", der Abhängigkeit von anderen, der Angewiesenheit auf Unterstützung dort Anerkennung und Wertschätzung, inwiefern wird er eher als möglichst rasch zu überwindender Mangel, als Zeichen von Unreife und Infantilität gesehen und geringgeschätzt?

1 Illusionen von Autonomie in der Kindheitsforschung

In jüngerer Zeit gibt es deutliche Tendenzen – im Alltagsleben wie in der Wissenschaft – die Seite der Autonomie, der Selbständigkeit und Unabhängigkeit von Kindern und Jugendlichen überzubetonen, die Seite der Angewiesenheit, Abhängigkeit, Hilfsbedürftigkeit dagegen eher gering zu schätzen oder gar zu verleugnen. Ich halte diese Tendenzen für höchst problematisch und ich habe mich im Zusammenhang einer angemessenen Beschreibung heutiger Kindheit wiederholt kritisch mit ihnen auseinandergesetzt. Gerade in der modernen „Kindheitsforschung" treibt die oben beschriebene Tendenz bisweilen recht merkwürdige Blüten. Dort stellt das Stichwort „Selbständigkeit" eine Leitkategorie dar (vgl. Preuss-Lausitz u. a. 1990) und es wird allen Ernstes die Forderung erhoben, Kinder als „kleine Erwachsene" zu sehen und zu behandeln (vgl. z. B. Giesecke 1985, Hurrelmann 1994). Die Bemühungen, die Besonderheiten des Fühlens, Denkens und Welterlebens auf unterschiedlichen Entwicklungsstufen zu beschreiben und von daher die Frage nach dem „Kindgemäßen" zu stellen, werden nicht selten als typische Erwachsenenkonstrukte und als Bevormundungstendenzen abgetan. Diese Strömungen neigen, bei allem durchaus anerkennenswerten Engagement für die Rechte und für die Emanzipation des Kindes, dazu, die Differenzaspekte zu verleugnen und damit gewissermaßen „das Kind mit dem Bade auszuschütten", sprich, Kindheit als spezifische Form des In-der-Welt-Seins durch Kindheitsforschung zu „liquidieren".

In diesem Sinn erfahren dann die Stufenmodelle der älteren Entwicklungspsychologie, aber auch die psychoanalytischen Beschreibungen kindlicher Entwicklung häufig harsche Kritik. Sie gelten aus der Sicht der neueren konstruktivistischen Sichtweisen zunehmend als antiquiert und auch als „politisch inkorrekt", weil sie das Kind implizit oder explizit als „Mängelwesen" beschreiben, das mit seinen Weisen der Weltbemeisterung weit hinter den Kompetenzen der Erwachsenen zurücksteht, und weil sie somit vor allem die Seite der Abhängigkeit, Bedürftigkeit und Verletzlichkeit des Kindes in den Vordergrund stellen und nicht die der Autonomie, Selbständigkeit und Kompetenz.

Die Psychoanalyse dagegen versteht sich selbst als jene Disziplin, die (als einzige?) beiden Seiten der Polarität menschlicher Entwicklung angemessene Aufmerksamkeit schenkt, die sowohl die kindlichen Autonomiewünsche, aber eben auch seine fundamentale Angewiesenheit ernst nimmt. Ich selbst habe mich in meinen früheren kritischen Auseinandersetzungen mit diesen problematischen Tendenzen in der Kindheitsforschung ausdrücklich auf die Tradition der Psychoanalyse berufen, um eine Lanze für die Beibehaltung der Frage nach den Besonderheiten des kindlichen Welterlebens, der kindlichen Bedürfnisse und des kindlichen Weltbildes zu brechen. Und dazu gehören neben allen kindlichen Omnipotenzgefühlen eben auch sehr zentral die Aspekte der Hilfsbedürftigkeit, Angewiesenheit, ja Ausgeliefertheit.

Dennoch möchte ich im Folgenden der Frage nachgehen, inwiefern auch der psychoanalytischen Entwicklungspsychologie und vielleicht der psychoanalytischen Anthropologie insgesamt eine subtile Tendenz zur Geringschätzung von Angewiesensein und Abhängigkeit innewohnen und inwiefern die Psychoanalyse hier unter Umständen von der Bindungstheorie, die diesen Aspekten größere Aufmerksamkeit und Anerkennung entgegenbringt, zu lernen hätte.

2 Desillusionierung von Autonomievorstellungen durch die Psychoanalyse

Immer wieder wurde und wird in psychoanalytischen Interpretationen versucht, die unsichtbaren Fäden sichtbar zu machen, an denen unser Denken und Fühlen hängt, die unbewussten Motive aufzuspüren, die unsere Entscheidungen und Handlungen steuern, die verborgenen Muster und Abhängigkeiten nachzuweisen, denen wir bei unserer vermeintlich autonomen Lebens- und Beziehungsgestaltung in Wirklichkeit folgen. Kinder sind demnach sehr verletzliche Wesen, sie sind in höchstem Maße von der spiegelnden Empathie der Erwachsenen abhängig, die sie umgeben, Erwachsene ihrerseits sind in höchstem Maße von den Erlebnissen des Kindes abhängig, das sie selbst einmal waren. Wohl keine andere psychologische oder pädagogische Theorietradition hat im vergangenen Jahrhundert so stark den Aspekt der Verletzlichkeit der kindlichen Seele ins öffentliche Bewusstsein gebracht wie die

Psychoanalyse. Sie hat dafür gegen Ende des vergangenen Jahrhunderts wiederholt „Prügel“ von Seiten der Psychologie bekommen. So schreibt etwa Ursula Nuber in ihrem Buch: „Der Mythos vom frühen Trauma: Über Macht und Einfluss der Kindheit“: „Wir sind in sehr viel geringerem Ausmaß Opfer unserer Kindheit, als uns jahrzehntelang von Therapeuten und Psycho-Gurus suggeriert wurde. Wir sind nicht dazu verurteilt, unser Leben lang an den uns einst zugefügten Wunden zu leiden. Kinder sind, das zeigt die moderne Entwicklungspsychologie, sehr viel kompetenter und widerstandsfähiger, als gemeinhin angenommen wird. Traumatisierende Erlebnisse haben nicht zwangsläufig eine langfristige negative Wirkung, mitunter können sie sogar einen konstruktiven, kreativen Wert haben“ (Nuber 1995, S. 14). Es ist unschwer zu erraten, an wen sich die Kritik wendet und wer vor allem mit den „Psycho-Gurus“ gemeint ist.

3 Geringschätzung menschlicher Abhängigkeit auch in der Psychoanalyse?

Wenn dies also so ist, dass die Seite der seelischen Verletzlichkeit des Kindes in der Psychoanalyse so stark im Vordergrund steht, warum dann die These, dass auch der Psychoanalyse eine subtile Tendenz zur Geringschätzung von Angewiesensein und Abhängigkeit innewohne? Meine These geht dahin, dass „Abhängigkeit“ (von Schutz, Zuwendung, Trost, Verständnis, Geborgenheit, Empathie, menschlicher Nähe etc.) in der Psychoanalyse zwar durchaus als Realität des Kindes anerkannt wird, dass sie zugleich aber als eine typisch *infantile Form der „Objektbeziehung“* eben auch tendenziell geringgeschätzt und als etwas zu Überwindendes, Unreifes betrachtet wird.

„Abhängigkeit“ spielt als Fachterminus in der psychoanalytischen Literatur kaum eine Rolle, obwohl Probleme, die mit der Spannung von Abhängigkeit und Autonomie zu tun haben, in der therapeutischen Praxis sicher einen großen Stellenwert haben dürften. Im Register zur Studienausgabe von Freuds Werken kommt der Begriff gar nicht vor und auch im „Vokabular der Psychoanalyse“ von Laplanche/Pontalis (1972) sucht man zwischen den Stichworten „Abarbeitungsmechanismen“, „Abfuhr“, „Abkömmling des Unbewußten“ und „Abreagieren“, „Abstinenz“ und „Abwehr“ vergeblich nach dem Stichwort „Abhängigkeit“. (Übrigens findet man zwischen „Autoerotismus“ und „autoplastisch“ auch nicht den Begriff „Autonomie“.) Von der Sache her taucht die Thematik der Abhängigkeit vor allem im Zusammenhang mit der Unterscheidung von reiferen und weniger reifen Formen der „Objektbeziehungen“ und im Kontext der Reflexion über die Ziele und Vorgehensweisen in der psychoanalytischen Kur auf. In besonderer Weise kommt sie aber auch in Freuds weiter ausholenden, grundlegenden Ausführungen zur conditio humana zur Sprache.

3.1 Sigmund Freud: „Objektwahl nach dem Anlehnungstypus", „Ich-Schwäche" und die „Techniken der Leidabwehr"

Die fundamentale Abhängigkeit des Säuglings ist für Freud der Ursprung und der Motor dafür, dass Personen der Außenwelt „libidinös besetzt" werden, dass also überhaupt „Objektbeziehungen" entstehen: Das Kind lernt, „andere Personen, die seiner Hilflosigkeit abhelfen und seine Bedürfnisse befriedigen, lieben...". „Nicht ohne Grund ist das Saugen des Kindes an der Brust der Mutter vorbildlich für jede Liebesbeziehung geworden. Die Objektfindung ist eigentlich eine Wiederfindung" (GW Bd. V, S. 124), heißt es in den drei Abhandlungen zur Sexualtheorie. Freud unterscheidet dann in einer später hinzugefügten Fußnote jedoch zwei unterschiedliche Formen der „Objektfindung" im späteren Lebensalter, die beide im Prinzip infantil und unreif sind, da sie beide darauf hinauslaufen, die reale Person des Partners zu verkennen und etwas anderes in ihm zu sehen, als er eigentlich ist. In diesem Sinn heißt es: „Die Psychoanalyse lehrt, daß es zwei Wege der Objektfindung gibt, erstens die ... (die) in Anlehnung an die frühinfantilen Vorbilder vor sich geht, und zweitens die narzißtische, die das eigene Ich sucht und im anderen wiederfindet" (ebd.). Aspekte der Abhängigkeit in Beziehungen, etwa der Wunsch nach Anlehnung, Versorgtwerden und Beschütztwerden, stehen somit prinzipiell unter dem Verdacht einer infantilen Objektfixierung.

In den knappen und prinzipiellen Ausführungen, die Freud im „Abriß der Psychoanalyse" zu den Zielen und zur Vorgehensweise in der psychoanalytischen Therapie gemacht hat, stehen sehr deutlich die „Ich-Stärke" und damit Aspekte der Förderung von „Autonomie" im Zentrum. Der Analytiker solle sich mit dem geschwächten Ich des Patienten verbünden, „... eine Partei bilden, gegen die Feinde, die Triebansprüche des Es und die Gewissensansprüche des Über-Ichs", das Wissen des Analytikers soll dem Ich des Analysanden „die Herrschaft über verlorene Bezirke des Seelenlebens wiedergeben" (GW Bd. XVII, S. 98), der „Weg, das geschwächte Ich zu stärken, geht von der Erweiterung seiner Selbsterkenntnis aus" (ebd., S. 103). Zu dieser erweiterten Selbsterkenntnis gehört zentral eben auch die Einsicht in die infantilen Beziehungsmuster und die Überwindung dieser infantilen Fixierungen. Natürlich hat dies nicht primär auf der Ebene kognitiver Belehrung zu geschehen, sondern im „Durcharbeiten" von Übertragung und Widerstand. Bedürfnisse nach Anlehnung, nach umfassender Geborgenheit, auch erotische Wünsche, die in der therapeutischen Beziehung auftauchen, werden in diesem Sinne nicht als authentischer Ausdruck des „gestärkten Ich" verstanden, sondern als Abkömmlinge aus der Kindheit: „Der Analytiker hat die

Aufgabe, den Patienten jedesmal aus der gefahrdrohenden Illusion zu reißen, ihm immer wieder zu zeigen, daß es eine Spiegelung der Vergangenheit ist, was er für ein neues, reales Leben hält" (ebd., S. 102).

In der ebenfalls späten Schrift „Das Unbehagen in der Kultur" stellt Freud grundlegende Überlegungen zur condition humana an. Er stellt die Frage nach dem letzten Ziel und Zweck menschlichen Strebens und kommt zu der Feststellung, dass dies das Glück sei. „Glück" hat dabei für Freud zwei Seiten und entsprechend hat das Glücksstreben zwei Zielrichtungen: eine elementare, nämlich die „Abwesenheit von Schmerz und Leid", und eine anspruchsvollere, speziellere, die sich auf das Glück im engeren Wortsinn bezieht, nämlich „Erleben starker Lustgefühle". Freud ging bekanntlich von einer eher pessimistischen Anthropologie aus. Glück im engeren Sinn war für ihn allenfalls als episodisches Phänomen, im Sinne der „plötzlichen Befriedigung hoch aufgestauter Bedürfnisse" möglich. In diesem Zusammenhang findet sich hier auch die bekannte Formel: „die Absicht, daß der Mensch ‚glücklich' sei, ist im Plan der ‚Schöpfung' nicht enthalten" (GW Bd. XIV, S. 434).

Da also „die Aufgabe der Leidensvermeidung die der Lustgewinnung in den Hintergrund stellt", geht er im weiteren eher den menschlichen Bemühungen zur „Vermeidung von Schmerz und Leid" nach und mustert die verschiedenen Optionen, die sich hier bieten. Freud sieht den Menschen quasi umstellt von potentiellen Leidensquellen: „Von drei Seiten droht das Leiden, vom eigenen Körper her, ... von der Außenwelt ... und endlich aus den Beziehungen zu anderen Menschen" (ebd.).

Welche „Techniken der Leidabwehr" bieten sich an? Es ist interessant und durchaus bezeichnend, welche Möglichkeiten Freud hier ins Blickfeld geraten und welche nicht. Genannt werden: „gewollte Vereinsamung, Fernhaltung von den anderen", denn dies sei der „nächstliegende Schutz gegen das Leid, das einem aus menschlichen Beziehungen erwachsen kann" (ebd., S. 435), „Angriff auf die (leidverursachende) Natur" mit Hilfe von Wissenschaft und Technik (ebd.), „Intoxikation" also Beeinflussung durch chemische Substanzen, durch „Sorgenbrecher", die das subjektive Erleben entsprechend verändern (ebd., S. 436), „Abtötung der Triebbedürfnisse durch Yogapraxis etc." (ebd.), „Sublimierung", d. h. Verschaffung von Lustgewinn aus psychischer und intellektueller Arbeit (ebd., S. 438), Anästhesierung durch Ästhetisierung, d. h. durch die „milde Narkose, in die uns die Kunst versetzt" (ebd., S. 439), Flucht in neurotische Krankheit, die „wenigstens Ersatzbefriedigung verspricht" (ebd., S. 443), Weltabkehr durch Eremitentum oder durch Flucht in den Wahn – „Als solchen Massenwahn müssen wir auch die Religionen der Menschheit kennzeichnen" (ebd., S. 440). Schließlich nennt Freud noch die Lebensorientierung, die „am ursprünglichen, leidenschaftlichen Streben nach positiver Glückserfüllung" festhält und die Liebe in den Mittelpunkt stellt. Die geschlechtliche Liebe stelle sowieso den Prototyp einer „überwältigenden Lustempfindung" dar und von daher sei es naheliegend, das Glück immer wieder auf diesem Weg zu suchen. Sogleich benennt Freud aber die Kehrseite dieser „Lebenstechnik": „Niemals sind wir ungeschützter gegen das Leiden, als wenn wir lieben, niemals hilfloser unglücklich, als wenn wir das geliebte Objekt oder seine Liebe verloren haben" (ebd., S. 441).

Bezeichnend ist, was *nicht* auftaucht in dieser langen Liste von „Techniken der Leidabwehr", nämlich das eigentlich Naheliegendste und Elementarste: zwischenmenschliche Bindungen, enge, vertrauensvolle Beziehungen, mitmenschliche Nähe, Freundschaft, Trost, Geborgenheit, Anteilnahme, Fürsorge – also gerade jenes Spektrum von Emotionen und Interaktionen, das die Bindungsforschung ins Zentrum ihrer Theorie gerückt hat. Bei Freud sind es gewissermaßen lauter „Einzelkämpferstrategien", die das „autonome Subjekt" im Kampf mit den Widrigkeiten einer feindlichen Umwelt einschlägt. Fast ist man den berühmten Satz aus Sartres „Geschlossener Gesellschaft" erinnert: „Die Hölle, das sind die anderen." Bezeichnend ist auch, dass „Liebe" ganz selbstverständlich mit „geschlechtlicher Liebe" gleichgesetzt wird und dass die „überwältigende Lustempfindung" im sexuellen Akt zum Prototyp menschlichen Glücksempfindens schlechthin erhoben wird.

Auch wenn Freuds Liste der Maßnahmen zur „Leidabwehr", modern gesprochen, der „Coping-Strategien", heute auch im psychoanalytischen Lager vielleicht nicht mehr ungeteilte Zustimmung erfahren würde, so scheint mir doch, dass die individualistische Grundtendenz der psychoanalytischen Tradition ziemlich „in die Wolle gefärbt" ist. Obwohl ich keine empirischen Daten dazu kenne, vermute ich doch aus Beobachtungen im Bekanntenkreis, dass die Quote der Beziehungen, die im Zusammenhang mit psychoanalytischen Behandlungen eines Partners aufgelöst wird, beträchtlich ist. Ulrich Beck hat im Blick auf die gesamte Therapie- und Selbsterfahrungsszene von einem „Labyrinth der Selbstverunsicherung, Selbstbefragung und Selbstvergewisserung" mit einer Tendenz zum unendlichen Regress gesprochen: „Besessen von dem Ziel der Selbstverwirklichung reißen sie sich selbst aus der Erde heraus, um nachzusehen, ob ihre Wurzeln auch wirklich gesund sind" (Beck 1986, S. 156). Bestehende Bindungen geraten gerade bei psychoanalytischen Prüf- und Selbstvergewisserungsprozessen dieser Art schnell unter den Verdacht infantiler Objektfixierungen. In dem Roman „Brandung" von Martin Walser ist diese Thematik leicht ironisch auf den Punkt gebracht. Walser lässt eine junge Frau, deren Ehe sich im Zuge einer Analyse auflöste, klagen: „Lena behauptete, nur die Psychoanalyse sei schuld. Während Traugotts Analyse habe sich die Ehe aufgelöst. Mit der Mutter habe Traugott zugleich seine Frau überwunden ... Die Abnabelung von der Mutter war wirklich fällig. Daß da auch noch die Frau dranhing, hat man ja nicht wissen können" (Walser 1985, S. 72 f., vgl. a. Bittner 1986, S. 38).

3.2 Anna Freud: Die Entwicklungslinie „von der infantilen Abhängigkeit zum erwachsenen Liebesleben"

Anna Freud hat sich primär der Kinderanalyse zugewandt und hat entsprechend dem Aspekt der „Abhängigkeit" explizitere Aufmerksamkeit geschenkt. In ihrem Buch „Wege und Irrwege der Kinderentwicklung" ist ein Kapitel mit der Überschrift: „Die infantile Abhängigkeit und ihre Rolle in der Kinderanalyse und der Erwachsenenanalyse" enthalten. In ihrem elaborierten Konzept der Entwicklungslinien steht die erste und am differenziertesten erläuterte Entwicklungslinie unter dem Motto: „von der infantilen Abhängigkeit zum erwachsenen Liebesleben". Darin beschreibt sie eine Stufenreihe unterschiedlicher Qualitäten von Objektbeziehungen, die von der Periode biologischen Einheit zwischen Mutter und Kind über die Periode der symbiotischen Verschmolzenheit, die Periode des Teilobjekts, die Periode der Objektkonstanz, die Periode der beginnenden Ambivalenz, die Periode der ödipalen Rivalität, weitergeführt wird bis hin zur Pubertät, wo es im Idealfall dann zur „Besetzung eines neuen, heterosexuellen Liebesobjekts außerhalb der Familie" und zur Vereinigung der „prägenitalen Partialtriebe unter die Oberherrschaft der Genitalzone" kommt. Insgesamt ordnet Anna Freud diese Entwicklungslinie dem Kapitel „Triebentwicklung" zu. Es gehe in diagnostischer Absicht darum, bezüglich der „Objektlibido" zu prüfen, „ob in der Stufenfolge der Objektbeziehungen (narzisstisch, nach dem Anlehnungstypus, Objektkonstanz, prä-ödipal, zielgehemmt, pubertätsgemäß) die dem chronologischen Alter entsprechende Stufe erreicht worden ist" (ebd., S. 132).

Es handelt sich also um eine klare Entwicklungsleiter hin zu zunehmender Autonomie und zu zunehmend reiferen Beziehungen zu anderen Menschen. Dabei sind freilich regressive Rückfälle, in denen „die scheinbar überwundenen Wünsche und Einstellungen des infantilen Lebens von neuem zum Vorschein kommen", keineswegs ausgeschlossen (Anna Freud 1968, S. 68 f.). Es wird freilich auch nicht weiter thematisiert, welche Bedeutung und welches Recht Bedürfnisse nach Anlehnung, nach menschlicher Nähe, nach Vertrautheit und Verbundenheit, die nicht direkt durch die „Oberherrschaft der Genitalzone" motiviert sind, im späteren Leben noch haben. Sind solche Wünsche eben als „Rückfälle" anzusehen oder gar als Ausdruck defizitärer Entwicklung auf der entsprechenden Entwicklungslinie? Handelt es sich um regressive Tendenzen?

Gerade wenn man bedenkt, dass ein wesentlicher Erfahrungshintergrund für Anna Freud unmittelbar nach ihrem Exil in London die Arbeit mit „Heimatlosen Kindern" (Freud/Burlingham 1951) in den Hampstead Nurseries und in Bulldock Banks war, ist man überrascht, dass dieses Motiv nach Bindung, Geborgenheit und Anlehnung an vertrauensvolle Bezugspersonen, das in ihren Berichten über die „Kriegskinder", die „Anstaltskinder" und die aus Theresienstadt stammenden Waisenkinder als Zentralmotiv so deutlich im Vordergrund steht, in ihrem späteren theoretischen Konzept der Entwicklungslinien eine eher randständige Rolle spielt bzw. umstandslos unter die Rubrik „Triebentwicklung" subsumiert wird. Man ist, wenn man diese Berichte liest, auch überrascht, dass Anna Freud später zu einer so scharfen Kritikerin Bowlbys wurde (vgl. A. Freud 1960). Die zusammenfassenden Schlusssätze ihres Berichts über die „Anstaltskinder", die sie 1951 formuliert hat, liegen nämlich ganz auf der Linie dessen, was Bowlby im gleichen Jahr in den Mittelpunkt seiner Forschungen über die Voraussetzungen psychischer Gesundheit gestellt hat (vgl. Bowlby 1951): „Wo die Erwachsenen der Anstalt unpersönlich und indifferent bleiben oder so häufig wechseln, dass keine dauernden Bindungen zustande kommen können, dort zeigt sich die Wirkung im Fehlschlagen der Anstaltserziehung in dieser wichtigen Beziehung. Kinder, die unter solchen Umständen aufwachsen, zeigen grobe Defekte in der Charakterbildung, passen sich nur oberflächlich an die Forderungen der Umgebung an und sind, wenn sie der Anstalt entwachsen sind, allen Gefahren dissozialer Entwicklung ausgesetzt" (A. Freud/Burlingham 1951, S. 159).

Es war wohl mehr das Motiv, die Lehre ihres Vaters rein zu erhalten, die sie dazu brachte, die Idee des Bindungsbedürfnisses als eines eigenständigen und grundlegenden menschlichen Motivationssystems gering zu achten und die entsprechenden Verhaltensweisen der Kinder durch die Brille der „Libidoverteilung" und der „Libidofixierung" zu betrachten. Interessant ist diesbezüglich auch eine Stelle im Briefwechsel zwischen ihr und August Aichhorn, auf die Fröhlich aufmerksam gemacht hat. Aichhorn hatte Anna Freud 1947 von Wien nach London das Manuskript eines Vortrages geschickt, in dem er sich positiv auf das Konzept des „Anklammerungstriebes" von Imre Herrmann bezogen hatte, welches man in gewissem Sinn als ein frühes Vorläuferkonzept der Bindungstheorie betrachten kann (vgl. Herrmann 1936). Anna Freud macht in ihrer Antwort deutlich, dass ihre Stellung zu „diesen Ideen von Herrmann ... sehr ablehnend" sei, denn „der Libidoanspruch, das Liebesbedürfnis" sei „seiner Natur nach etwas anderes" (vgl. Fröhlich 2001, S. 138).

3.3 Erik Erikson: „Autonomie versus Scham und Zweifel"

Die entsprechende „Entwicklungslinie" bei Anna Freud heißt „von der infantilen Abhängigkeit zum erwachsenen Liebesleben" nicht etwa „von der infantilen Abhängigkeit zur Autonomie". Da war Anna Freud wohl doch zu sehr von den deterministischen Denkmustern ihres Vaters geprägt, um die Rede von der „Autonomie" des Menschen zu wagen. Sehr viel entschlossener war hier Anna Freuds Schüler Erik Erikson. Im Kontext psychoanalytischer Entwicklungspsychologie ist das Stichwort „Autonomie" deshalb ganz eng mit seinem Namen assoziiert. Die zweite Stufe seines berühmten „epigenetischen Entwicklungsmodells" hat er bekanntlich auf die Formel: „Autonomie versus Scham und Zweifel" gebracht. In Dutzenden von Büchern ist sein handliches Schema übernommen worden und in Tausenden von Prüfungen wurden die polaren Gegensatzpaare, die die zentralen Entwicklungsthemen der einzelnen Stufen ausmachen, wohl schon „heruntergebetet". Ich selbst habe mich bisher auch nicht daran gestoßen. Erst bei der Arbeit an diesem Text ist mir dieses Gegensatzpaar plötzlich suspekt geworden, begann ich zu zweifeln, ob es wohl angemessen ist, für die psychische Situation des zwei- bis dreijährigen Kindes ausgerechnet diese Pole als Alternativen ins Zentrum der Überlegung zu stellen. Eine ganze Reihe von Fragen taten sich dabei auf:

- Welches Maß an „Autonomie", also an „Selbstgesetzgebung" kann ein Kind dieses Alters tatsächlich haben?
- Ab welchem Alter tauchen eigentlich Schamgefühle bei Kindern auf? Scham gehört ja zu den komplexeren Emotionen. Sie setzt immerhin schon ein erhebliches Maß an Dezentrierung, an Perspektivenübernahme, an kognitiver Verarbeitung voraus, man muss sich selbst in den Blicken eines anderen wahrnehmen, dessen Missbilligung antizipieren oder nachvollziehen können.
- Oder gar „Zweifel". Dies ist ja eine Art Metakognition, das Bewusstsein, dass die bisherige Sicht der Dinge ins Wanken gerät, dass die bisherigen Vorstellungen und Überzeugungen nicht mehr ohne weiteres gültig sind, dass die gefassten Entschlüsse und die vollzogenen Handlungen vielleicht doch nicht richtig waren. Was könnte dies im Hinblick auf einen Zweijährigen bedeuten?
- Inwiefern stellen Scham und Zweifel den polaren Gegensatz zu „Autonomie" dar? Kann jemand, der durchaus autonom in seinem Denken und Handeln ist, nicht bisweilen auch Scham und Zweifel empfinden? Ist es nicht sogar die unvermeidliche Kehrseite von Verantwortlichkeit und Autonomie, dass man bisweilen Scham und Zweifel bezüglich seines Handelns empfindet? Drückt sich vielleicht eher im völlig von Scham und Zweifel unangefochtenen Vollzug von Anweisungen und in der bloßen Verrichtung von routinemäßigen Handlungen ein Mangel an Autonomie aus?
- Müsste es, wenn man polare Gegensatzpaare bilden wollte, nicht eher heißen „Stolz und Selbstsicherheit versus Scham und Zweifel" oder aber „Abhängigkeit" versus „Autonomie"? oder gar „Bezogenheit" versus „Autonomie"? Dann wäre es freilich nicht mehr so einfach möglich, den einen Pol als den positiven, wünschenswerten und den anderen als den negativen, problematischen darzustellen, sondern dann ginge es eher um eine Balance jener beiden Aspekte.

Erik Erikson war ein kluger und origineller Denker. Worum ging es ihm in jener zweiten Stufe seines epigenetischen Entwicklungsschemas? Ich denke, es war der Versuch, das, was in der psychoanalytischen Entwicklungslehre als „anale Phase“ beschrieben wurde, in neuer, erweiterter Perspektive zu sehen, deutlich zu machen, dass es in dieser Altersphase, die umgangssprachlich als die „Trotzphase“ bezeichnet wird, nicht primär um den Lustgewinn aus einer erogenen Zone, nicht primär um die Befriedigung von Partialtrieben geht, sondern um etwas viel Grundlegenderes, für das die Kämpfe um die Sauberkeitserziehung mehr oder weniger nur symbolisch stehen. Dass hier, ähnlich wie beim Urvertrauen in allerfrühester Kindheit, wo die Fundamente für bestimmte Haltungen der Welt gegenüber erworben werden, basale Dispositionen für bestimmte Haltungen sich selbst und dem eigenen Handeln gegenüber grundgelegt werden. In diesem Sinne heißt es bei Erikson: „Dieses Stadium wird deshalb entscheidend für das Verhältnis zwischen Liebe und Haß, Bereitwilligkeit und Trotz, freier Selbstäußerung und Gedrücktheit. Aus einer Empfindung der Selbstbeherrschung ohne Verlust des Selbstgefühls entsteht ein dauerhaftes Gefühl von Autonomie und Stolz; aus einer Empfindung muskulären und analen Unvermögens, aus dem Verlust der Selbstkontrolle und dem übermächtigen Eingreifen der Eltern entsteht ein dauerndes Gefühl von Zweifel und Scham“ (Erikson 1966, S. 78 f.). Erikson war auch keineswegs so engstirnig, dass er glaubte, dass allein die rechte Handhabung des Töpfchens hier die entscheidenden Weichen stellen würde. „Denn letzten Endes“, meint er, „hängt die Art und der Grad des Gefühls von Autonomie, das die Eltern ihren kleinen Kindern zu geben imstande sind, von dem Selbstgefühl und dem Gefühl persönlicher Unabhängigkeit ab, das die Eltern aus ihrem eigenen Leben beziehen“ (ebd., S. 84). Damit ist freilich auch klar, dass es sich bei „Autonomie“ nicht um einen „phasenspezifischen Erwerb“, sondern um eine lebenslange Lernaufgabe handelt, für die in jener Frühphase allenfalls erste Keime grundgelegt werden. Erikson hat „Autonomie“ auch nie im Sinne von Autarkie oder von Selbstgenügsamkeit oder Ich-Bezogenheit verstanden. Gerade er hat sehr stark auf die soziale, mitmenschliche Verwiesenheit des Menschen insistiert. Sein Konzept der Identität läuft ja bekanntlich eng auf die Anerkennung des eigenen Selbstentwurfs durch bedeutsame Andere hinaus und in den letzten drei Stufen seines epigenetischen Entwicklungsschemas stehen die Aspekte der Angewiesenheit und Bezogenheit ganz deutlich im Vordergrund, wenn es dort etwa heißt: „Intimität und Solidarität versus Isolierung“, „Generativität versus Selbstabsorption“, „Integrität versus Verzweiflung“. Im Prinzip geht es ja auch dabei um das gleiche Problem, das Freud in „Unbehagen in der Kultur“ im Zusammenhang mit dem menschlichen Glücksstreben und den „Techniken der Leidabwehr“ beschäftigt hatte, nämlich um die Frage, welche Orientierungen erfolgsversprechend sind, um das Lebensglück zu sichern und um Schmerz und Verzweiflung abzuwenden. Eriksons Antworten gehen freilich in eine deutlich andere Richtung als die Freuds! Weltflucht, Eremitentum, Sublimierung oder Ästhetisierung hätte Erikson kaum als realistische Perspektiven akzeptiert

3.4 Margaret Mahler/Anni Bergmann: „Loslösung und Individuation" bzw. „Autonomiewünsche versus Abhängigkeitsbedürfnisse"

Dem gleichen Entwicklungsabschnitt, den Erikson unter der Perspektive „Autonomie versus Scham und Zweifel" beschrieben hat, ist auch ein weiteres bedeutsames psychoanalytisches Theoriekonzept gewidmet, nämlich das Mahlersche Konzept von „Symbiose und Individuation". Dieser Ansatz stieg in den siebziger Jahren rasch zur maßgeblichen psychoanalytischen Entwicklungstheorie auf, die fast alle Bereiche des psychoanalytischen Lehrgebäudes, von der psychoanalytischen Krankheitslehre bis zur psychoanalytischen Behandlungstechnik, nachhaltig beeinflusste.

Mahler selbst ging ursprünglich von Erfahrungen mit Kindern aus, die schwere psychopathologische Störungsbilder aufwiesen. Die sogenannte „symbiotische Psychose" des frühen Kindesalters deutete Mahler als die Unfähigkeit des Kindes, den Zustand der symbiotischen Verschmolzenheit mit der Mutter zu verlassen (vgl. Mahler u. a. 1978, S. 17). Sie entwickelte von daher die „Hypothese von der Universalität des symbiotischen Ursprungs der *condition humaine*" sowie die „Hypothese eines obligatorischen Loslösungs- und Individuationsprozesses in der normalen Entwicklung" (ebd., S. 7) und initiierte Anfang der 60er Jahre ein Forschungsprojekt, das den „normalen", „gesunden" Prozess der psychischen Entwicklung bei „durchschnittlichen Müttern mit normalen Kindern" (ebd.) während der ersten drei Lebensjahre erkunden sollte. Dabei wurden in einer Art Krabbelstubenarrangement die Entwicklungsprozesse der Kinder und die Interaktionsprozesse der Mutter-Kind-Paare während dieses „Loslösungs- und Individuationsprozesses" sehr genau beobachtet und dokumentiert.

Dieses spezielle Interesse für den „Loslösungs- und Individuationsprozess", für die Regulierung von Nähe und Distanz, von Getrenntheit und Verbundenheit, von Abhängigkeit und Selbständigkeit in der Mutter-Kind-Beziehung ist eine deutlich neue Perspektive, die sich von der ursprünglichen Freudschen Sichtweise der Triebentwicklung und des Lustgewinns aus unterschiedlichen Körperzonen ebenso klar unterscheidet wie von Eriksons Überlegungen, die sich primär auf die Willensproblematik, auf die Ambivalenz von Festhalten und Loslassen, Trotz und Bereitwilligkeit beziehen. Nach wie vor lesenswert sind die subtilen Darstellungen Mahlers von der typischen Abfolge bestimmter Verhaltenstendenzen und Stimmungslagen in dieser Zeit, etwa die Beschreibung der euphorischen Stimmungslage während der

„Übungsphase“, jenes „Liebesverhältnis mit der Welt“, welches durch die neugewonnene Fähigkeit der aufrechten Fortbewegung eingeleitet wird und das dazu führt, dass sich die Kinder nun auf einmal erstaunlich selbständig auch von der Mutter weg bewegen, um die Umgebung zu erkunden. Dabei kehren sie jedoch in der Regel in einem typischen Muster zwischendurch immer wieder zur sicheren „mütterlichen Basis“ zum „emotionalen Auftanken“ zurück. Weiterhin wurde von Mahler auch die eher problematische Entwicklungsepisode beschrieben, die häufig im Alter von eineinhalb Jahren einsetzt, wenn die Kinder in der sogenannten „Wiederannäherungskrise“ der Tatsache gewahr werden, dass sie doch noch viel kleiner, hilfloser und abhängiger sind, als sie zunächst meinten. In der Regel haben sie dann aber bereits Schwierigkeiten, sich wieder ganz auf die frühere Schoßkindrolle einzulassen, und zeigen deshalb die typischen Verhaltensmuster des „Beschattens“ und „Weglaufens“ und werden entsprechend von den Müttern oftmals als anklammernd, anspruchsvoll und quengelig erlebt.

Unter der psychoanalytischen Grundannahme, dass die frühen Entwicklungsprozesse prägend für die Charakter- und Konfliktstruktur der Persönlichkeit sind, ging es in diesem Projekt natürlich ganz wesentlich darum, herauszufinden, was denn nun die prognostisch entscheidenden Faktoren dafür sind, ob jemand den Weg von der frühen symbiotischen Verschmolzenheit und Abhängigkeit hin zur gelungenen Individuation und damit zur autonomen psychischen Funktionsfähigkeit erfolgreich durchlaufen kann. In diesem Sinne heißt es bei Mahler u. a.: „Psychoanalytiker, insbesondere solche, die mit auf Beobachtung beruhender Erforschung der präverbalen Phase beschäftigt sind, waren stets von dem Ehrgeiz beseelt, ja verfolgt, frühe nachweisbare Variablen ... zu finden, die ihnen bei der Vorhersage der späteren Entwicklung behilflich sein könnten, und obwohl wir bereits wußten, daß wir sehr bescheiden sein mußten, brachte uns eine so beschränkte Längsschnittuntersuchung wie die unsere dies nur noch deutlicher zum Bewußtsein. Wir mußten uns immer wieder klar machen, daß die menschliche Entwicklung nicht linear verläuft; sie ist durch Verschiebungen im Erfahrungsbereich charakterisiert“ (Mahler u. a. 1978, S. 251). Und noch deutlicher formuliert sie an anderer Stelle: „Wir gelangten zu der Erkenntnis, dass selbst kurzfristige Voraussagen nur sehr vorsichtig und unter Vorbehalt gemacht werden können, und auch das scheint noch sehr prekär“ (ebd., S. 280). Das Forscherteam um Mahler musste sich hier also deutlich bescheiden.

Dennoch blieb das Interesse am weiteren Entwicklungsweg jener Kinder, deren Loslösungs- und Individuationsprozess während der frühen Kindheit so genau dokumentiert worden war, natürlich bestehen und so gibt es denn auch neben einer kurzen Folgestudie, die während der Latenzzeit der Kinder durchgeführt wurde, eine weitere Nachuntersuchung, die ab 1988 als Erwachsenen-Folgestudie durchgeführt wurde. Dabei wurden klinische Interviews und psychologische Tests mit den ursprünglichen Probanden durchgeführt. Die zentrale Frage dabei war: „Wie beeinflusst die einzigartige Weise, in der jeder den Loslösungs-Individuations-Prozeß durchläuft die Art, in der er spätere Phasen der Entwicklung und spätere Lebenskonflikte erlebt?" (Bergmann 1999, S. 17).

Im Zusammenhang mit der Frage nach dem Verhältnis von Autonomie und Abhängigkeit in der Psychoanalyse ist dabei eine katamnestische Fallstudie recht interessant, die von Anni Bergmann, also einer ehemaligen Projektmitarbeiterin, im Jahr 1999 unter dem Titel: „Autonomiewünsche versus Abhängigkeitsbedürfnisse" veröffentlicht wurde. Darin wird der weitere Entwicklungsweg von David, einem der ursprünglichen „Projektkinder", bis zum Alter von 30 Jahren nachgezeichnet. Diese Fallstudie ist vor allem auch deshalb besonders spannend, weil es in dieser Entwicklungsgeschichte im Kern um das Problem geht, dass die „emotionale Nicht-Verfügbarkeit der Mutter" während der frühen Entwicklungsphase durch eine „Überentwicklung der Autonomie" kompensiert worden war. Angesichts der höchst inkonsistenten emotionalen Verfügbarkeit der Mutter waren die Beobachter im ursprünglichen Forschungssetting sehr überrascht gewesen über Davids relativ unproblematisches Durchlaufen des Loslösungs- und Individuationsprozesses in den ersten drei Lebensjahren. Mit 11 Monaten etwa beschrieb ein Beobachter David und seine Mutter „als eine Studie in Kontrasten: David war lebendig, energisch und neugierig, seine Mutter schweigsam und deprimiert" (Bergmann 1999, S. 21). Die Mutter äußerte wiederholt Gefühle von Enttäuschung, weil David ihr offensichtlich nicht genügend Aufmerksamkeit schenkte und sie das Gefühl hatte, dass er sie eigentlich gar nicht wirklich bräuchte. Den Gesamteindruck aus einem Gespräch mit David, als dieser 10½ Jahre alt war und durch ungewöhnliche intellektuelle Frühreife auffiel, fasst Bergmann folgendermaßen zusammen: „Von früh an schien David internalisiert zu haben, daß man ihm nicht gerecht werde und seine Bedürfnisse nicht erfüllt werden könnten. Sich selbst überlassen, wurde er frühzeitig unabhängig, leugnete sein Bedürfnis nach unterstützenden Fürsorgepersonen und war höchst zufrieden, wenn er anderen bei der Lösung von Problemen half" (ebd., S. 27). Davids weiterer Entwicklungsweg war von schulischem Erfolg und großer Selbständigkeit gekennzeichnet. Die Mutter verließ die Familie, als er 14 Jahre alt war. Zum Studium ging er an die Westküste. Mit dreißig Jahren fanden weitere Nachgespräche statt. David lebte zu dieser Zeit allein. Er war beruflich erfolgreich und hatte eine Leidenschaft für Musik. Er war sozial integriert, aber ohne feste Partnerbindung. Als sein Vater alt und hilfsbedürftig wurde, ging er zurück nach New York und übernahm die Fürsorge für ihn. Bei diesen Gesprächen im Alter von dreißig Jahren äußerte David auch recht differenzierte Ansichten zu seinem eigenen Entwicklungsweg: „Er selbst sah seine Entwicklung als frühreif an und beschrieb sich als Teenager, der sehr selbstbewußt, sehr auffällig, sehr bestimmt von vielen eigenen Ideen war." In Bergmanns Kommentar war dieses uneingeschränkte

Selbstvertrauen „auch eine Art, mit seiner Wut über sein Nicht-Versorgt-Werden umzugehen, und er zeigte seinen Bezugspersonen, daß sie nicht gebraucht würden“ (ebd., S. 29 f.).

Dass die forcierte frühe Selbständigkeit allerdings auch ihre Kehrseiten hatte, zeigte sich darin, dass David im Laufe dieser Nachgespräche um eine Therapiemöglichkeit nachfragte. „Der Hauptgrund war, daß er seine Schwierigkeiten erkannte, eine intime Beziehung aufrechtzuerhalten. Er fühlte sich durch seine anspruchsvolle Arbeit und die Verantwortung für seinen Vater sehr belastet. Er begann auch das Bedürfnis, umsorgt zu werden, zu spüren und stellte fest, daß er sich manchmal sehr einsam vorkam, trotz seiner vielen engen Freundschaften, denn er mußte sich immer um sich selbst und andere kümmern und fand es sehr schwierig, etwas für sich zu fordern“ (ebd.).

Rückblickend versucht Bergmann unter der Leitfrage „Gibt es Charakterzüge, die sich während der Loslösungs-Individuations-Phase entwickeln, die während des gesamten Lebens relativ unverändert bleiben?“ Zusammenhänge zwischen den Beobachtungen aus der Kleinkindzeit und den gegenwärtigen Selbstbeschreibungen Davids herzustellen. Die Haltung, die David während der Loslösungss-Individuations-Phase eingenommen hat, wird nun, retrospektiv, wesentlich kritischer eingeschätzt. Es ist nun von einer Haltung „angepaßter und abwehrender Autonomie“ die Rede, die er seit jener frühen Zeit beibehalten habe. Das prinzipielle lebenslange Bedürfnis des Menschen „nach einer Beziehung mit gegenseitigem Umsorgen und gegenseitiger Verfügbarkeit“ wird ausdrücklich anerkannt, und die Tatsache, dass David als erwachsener Mann nun allmählich sein „Bedürfnis umsorgt zu werden“ spüren kann, wird als wichtiger Fortschritt auf seinem persönlichen Entwicklungsweg gewertet. Das Bedürfnis nach „emotionalem Auftanken“ in vertrauensvollen Beziehungen wäre somit nicht nur ein Spezifikum einer bestimmten frühkindlichen Entwicklungsphase, sondern ein anthropologisches Grundphänomen.

4 Das Spannungsverhältnis von Autonomie und Abhängigkeit in der Bindungstheorie

4.1 Der konzeptionelle Rahmen der Bindungstheorie

Wie stellt sich nun die Spannung zwischen „Abhängigkeit“, „Angewiesenheit“, „Bezogenheit“ einerseits und „Autonomie“, „Selbständigkeit“, „Unabhängigkeit“ andererseits in der Bindungstheorie dar? Schon der Name „Bindungstheorie“ weist darauf hin, dass hier dem ersten Pol eine besondere Rolle zukommt. Im dritten Teil seines theoretischen Hauptwerkes hat John

Bowlby, der Begründer der Bindungstheorie, den „konzeptionellen Rahmen" dieses Ansatzes prägnant zusammengefasst. Er geht dabei auch auf seine eigenen theoretischen Wurzeln ein, betont, dass die Bindungstheorie sich mit den gleichen Phänomenen beschäftige, „die bisher unter den Begriffen ‚Abhängigkeitsbedürfnis', oder ‚Objektbeziehungen' oder ‚Symbiose und Individuation'" behandelt worden seien. Da er den „metapsychologischen Überbau der Psychoanalyse jedoch unbefriedigend fand", habe er „ein Paradigma entwickelt, das zwar viel psychoanalytisches Denken enthält, sich vom traditionellen jedoch darin unterscheidet, daß es eine Reihe von Grundsätzen aus den relativ neuen Wissenschaftszweigen der Ethologie und der Kontrolltheorie übernimmt. Auf diese Weise kann das neue Paradigma auf viele abstrakte Konzepte, einschließlich derer der psychischen Energie und des Triebes verzichten" (Bowlby 1983, S. 56). Folgende zentralen Merkmale der Bindungstheorie lassen sich benennen:

- Bindungsverhalten hat den Sinn, Nähe zu einer Sicherheit verbürgenden Bindungsfigur herzustellen oder aufrechtzuerhalten. Es kann in entspannten Situationen in einer bloß gelegentlichen Rückversicherung über die Präsenz derselben bestehen, in Stresssituationen, bei Fremdheit der Umgebung, bei erschreckenden Ereignissen, bei Reaktionslosigkeit der Bindungsfigur etc., aber auch zu Rufen und Schreien, zu Anklammern und Nachfolgen führen.
- Bindungsverhalten steht in einem Wechselspiel zu einem anderen elementaren und evolutionär bedeutsamen Antriebssystem des Menschen, dem Explorationsverhalten. Das Explorationsverhalten des Kindes setzt eine Einschätzung der Situation als unbedrohlich und vertrauenswürdig voraus. Bei kleineren Kindern wird diese Einschätzung vor allem durch die Präsenz einer vertrauten Bindungsperson als „sichere Basis" gewährleistet. Wird durch bedrohliche Signale (etwa Hundegebell oder Tieffluglärm oder auch nur eine unbekannte Person) das Bindungsverhalten aktiviert, so kommt es zu einer Unterbrechung im Explorationsverhalten. In der Bindungstheorie steht also eher die Dialektik von „Bindung und Exploration" als die von „Autonomie und Abhängigkeit" im Vordergrund. Neuere Untersuchungen im Rahmen der Bindungstheorie weisen darauf hin, dass der mütterlichen Feinfühligkeit tendenziell ein größeres Gewicht im Hinblick auf die Bindungssicherheit zukommt, dem Vater dagegen eine wichtigere Rolle als „Unterstützer und Förderer der Neugier und Explorationslust" des Kindes (vgl. Grossmann u. a. 2002).
- Das Bedürfnis nach Bindung stellt eine eigenständige basale Motivation für menschliches Handeln dar und ist als solches nicht von anderen menschlichen Bedürfnissen, wie etwa dem nach Nahrung oder Sexualität, abgeleitet.
- Das Bindungsverhalten des Kindes kann als Ausdruck eines instinktgesicherten Verhaltenssystems betrachtet werden, das darauf abzielt, eine

Homöostase im Bereich des eigenen Empfindens von Sicherheit und Wohlbefinden und damit in der Nähe-Distanz-Regulation mit den bedeutsamen Bindungspersonen aufrechtzuerhalten. Als solches stellt es eine phylogenetisch erworbene und entwicklungsgeschichtlich sinnvolle Anpassungsleistung dar. Das Bindungsverhalten, das die Nähe zur Mutter sichert, gewährleistet Schutz vor Gefahren, die das Kind noch nicht kennt, und ist somit von hohem Überlebenswert. Die Tatsache, dass das Bindungssystem ontogenetisch gerade zu jener Zeit zur vollen Entfaltung kommt, in der das Kind mobil wird, laufen lernt und sich somit theoretisch beliebig weit aus dem Umfeld der Mutter fortbewegen könnte, spricht für diese elementare evolutionsbiologische Schutzfunktion des Bindungsverhaltens.

- Dem Bindungsverhalten korrespondiert das nach Bowlby ebenfalls instinktiv verankerte elterliche Pflegeverhalten. Beide Systeme zusammen bilden die Grundlage für die innige sozio-emotionale Beziehung, die sich im günstigen Fall zwischen Eltern und Kindern entwickelt.
- Wenngleich die prinzipielle Tendenz des Kindes, Bindungsbeziehungen zu einer Hauptbezugsperson und in einem hierarchischen Gefälle zu einer begrenzten Zahl weiterer Personen aufzubauen, universell und umweltstabil ist, so ist die individuelle Qualität der Bindungsbeziehung von den in diesen Beziehungen gemachten sozio-emotionalen Erfahrungen abhängig.
- „Gestörte Muster von Bindungsverhalten" sind vor allem einerseits die „ängstliche Bindung", bei der gewissermaßen das Alarmsystem zur Wiederherstellung von Nähe und Sicherheit allzu leicht ausgelöst wird, sowie andererseits das „vermeidende Bindungsverhalten". Dieses bringt den Verlust des Zutrauens, Tröstung zu erfahren, sichere, vertrauensvolle Bindungen (wieder)gewinnen zu können, also die enttäuscht-resignative Aufgabe eigener Bindungswünsche und -bedürfnisse, zum Ausdruck.
- Die Bindungserfahrungen, die das Kind macht, werden in Form von Arbeitsmodellen („inner working models") verinnerlicht, die sowohl generalisierte, weitgehend unbewusste Vorstellungen über die Verlässlichkeit, Verfügbarkeit und das Wohlwollen der Bindungspartner enthalten als auch entsprechende Überzeugungen von der Vertrauens- und Liebenswürdigkeit der eigenen Person sowie von der Selbstwirksamkeit, d. h. der prinzipiellen Möglichkeit, Einfluss auf das Verhalten der bedeutsamen Bezugspersonen nehmen zu können.
- Das Bindungsmotiv ist nicht nur während der frühen Kindheit von Bedeutung, sondern es stellt ein lebenslanges Thema dar. Es hat auch im späteren Lebensalter die Funktion, Nähe und Vertrautheit herzustellen und emotionale Sicherheit zu vermitteln. Jenseits der leidenschaftlichen erotischen Anziehung spielt es auch beim Sich-Verlieben, beim Lieben und beim Trauern um eine geliebte Person eine zentrale Rolle im Leben des Erwachsenen.
- Die Bildung, die Aufrechterhaltung, die Unterbrechung und die Erneuerung von Bindungsbeziehungen sind mit intensiven Emotionen verbunden.

Von daher erweist sich die Psychologie und Psychopathologie der Emotionen großenteils als Psychologie und Psychopathologie gefühlsmäßiger Bindungen.

- Psychopathologische Phänomene werden andererseits als Folgen einer auf problematische Gleise geratenen psychologischen Entwicklung einer Person betrachtet und nicht als eine Folge ihrer Fixierung oder Regression auf ein früheres Entwicklungsstadium (Bowlby 1983, S. 60).
- Sich in Situationen von Kummer, Stress und Überforderung hilfesuchend an vertrauensvolle Personen zu wenden, wird nicht als Ausdruck von Infantilität oder als Mangel an Autonomie angesehen, sondern als eine wichtige menschliche Kompetenz in allen Lebensaltern. In diesem Sinne schrieb John Bowlby in einem seiner letzten Texte: „Innerhalb der Bindungstheorie sind also Bindungen der Nahrungsaufnahme und der Sexualität weder untergeordnet, noch sind sie davon abgeleitet. Noch wird das dringende Bedürfnis nach Trost und Unterstützung in belastenden Situationen als kindlich betrachtet... Stattdessen wird die Fähigkeit, Bindungen zu anderen Personen aufzubauen (entweder in der Rolle der Person, die Unterstützung und Trost sucht, oder der Person, die beides gibt), als ein grundlegendes Merkmal einer effektiv funktionierenden Persönlichkeit und psychischer Gesundheit betrachtet" (Bowlby 1995, S. 21).

4.2 Empirische Befunde aus dem Feld der Bindungsforschung im Hinblick auf das Verhältnis von Abhängigkeit und Autonomie

Die Bindungsforschung ist inzwischen zu einem höchst komplexen und differenzierten Feld empirischer Forschung geworden. Ich will nur einige wenige Aspekte und Ergebnisse, die gerade für die hier zur Diskussion stehende Frage der Dialektik von Autonomie und Abhängigkeit von Relevanz sind, herausgreifen.

Bezogen auf das *frühe Lebensalter* kann man sagen, dass die Bindungsforschung gegenüber allzu ausgeprägter früher „Autonomie" bei Kindern eher skeptisch eingestellt ist. Dies wird deutlich aus der Art und Weise, wie die unterschiedlichen Verhaltensweisen von Kleinkindern im klassischen Testverfahren der Bindungsforschung, der „Fremden Situation", interpretiert und eingeschätzt werden. In dieser Laborsituation geht es darum, das „Bindungsverhalten" des Kindes durch eine standardisierte Abfolge von Episoden, bei denen das Kind mit Trennungen von der Mutter und mit der Anwesenheit einer fremden Person konfrontiert wird, zu aktivieren: Als Kennzeichen „sicherer Bindung" (B) gilt ein Verhalten, bei dem die Kinder zeigen, dass sie ihre Mutter vermissen, wenn diese den Raum verlassen hat und bei dem die Freude bzw. das Trostbedürfnis bei der Rückkehr der Mutter deutlich zum Ausdruck gebracht wird. Über ein anderes typisches Verhaltensmuster von

Kleinkindern in der „Fremden Situation" schreibt Klaus Grossmann: „Andererseits gibt es Kinder, die tun so, als würden sie ihre Mutter weder vermissen noch bemerken, wenn sie ins Zimmer kommt. In Wirklichkeit senken sie, wenn sie die Mutter erkennen, den Blick und richten dann ihren Körper so aus, dass sie nicht in Verlegenheit kommen, mit der Mutter Kontakt aufnehmen zu müssen. Wenn uneingeweihte Beobachter diese Videoaufnahmen sehen, dann reagieren sie in der Regel – interessanterweise vor allem in Deutschland – positiv. Sie halten es für wunderbar, wie unabhängig diese Kinder sind. Doch dies ist ein ganz großes Mißverständnis. Was als Unabhängigkeit gesehen wird, ist in Wirklichkeit oftmals ein Zeichen unsicherer Bindung" (Grossmann 1991, S. 23). Dieses Verhaltensmuster wird als Typ A („unsicher vermeidende Bindung") bezeichnet und es steht empirisch sowohl mit einem Mangel an mütterlicher Feinfühligkeit und Empathie in der vorausgegangenen Beziehungsgeschichte als auch mit diversen Problemverhaltensweisen der Kinder in nachfolgenden sozialen Kontexten (Kindergarten, Grundschule) in Verbindung. Physiologische Parameter deuten darauf hin, dass die Kinder mit diesem Verhaltensmuster in der „Fremden Situation" – trotz ihrer scheinbaren Gleichgültigkeit – erheblich unter Stress stehen. Da sie jedoch bereits oftmals die Erfahrung gemacht haben, dass ihre Bezugspersonen auf ihre Zeichen von Kummer und Hilfsbedürftigkeit eher mit Ärger und Zurückweisung als mit Unterstützung reagierten, wird ihr Verhalten als Vermeidung gedeutet: „Sie wollen möglichst nicht zeigen, daß es ihnen schlecht geht, und daß sie die Zuwendung der Mutter brauchen" (ebd.). „A" steht hier also nicht als Kürzel für „Autonomous", sondern für „Avoidant"!

Interessanterweise zeigte sich in der Längsschnittuntersuchung, dass die vermeintliche „frühe Selbständigkeit" der Kleinkinder keineswegs ein Vorzeichen für besondere Selbständigkeit und Kompetenz in *späteren sozialen Kontexten außerhalb der Familie, etwa im Rahmen des Kindergartens* darstellte. Vielmehr drehten sich nach wenigen Jahren die Verhältnisse eher um: Die Charakterisierungen der einzelnen Kinder durch die jeweiligen Kindergärtnerinnen aufgrund des Gesamteindrucks, den sie über längere Zeiträume hinweg von dem Kind gewonnen hatten, bestätigten die Tendenz. Besonders auffällig war dabei, dass diejenigen Kinder, die als Kleinkinder eine „unsicher-vermeidende" Bindung zu ihren Eltern hatten, sich also in der „Fremden Situation" auf eine Art und Weise verhielten, die irrtümlich oftmals als besonders selbständiges Verhalten imponiert, da die Kinder nicht mit Weinen und Protest auf das Fortgehen der Bindungsperson reagieren, nun im Kindergarten von den Kindergärtnerinnen als besonders abhängig und unselbständig beurteilt wurden. Dies zeigte sich vor allem im Umgang mit Konflikten: Zunächst waren Kinder mit unsicherer Mutterbindung tendenziell überhaupt häufiger in Konflikte mit anderen Kindern verwickelt. Wenn „sicher gebundene" Kinder sich aber in Konfliktsituationen befanden, dann versuchten sie deutlich häufiger, Konflikte zunächst eigenständig zu lösen.

Sozialer Rückzug oder ein Verschieben der Aggression auf unbeteiligte Dritte kam bei denjenigen Kindern mit „sicheren Bindungen“ zu beiden Elternteilen äußerst selten vor. Insgesamt erschien das „Konfliktmanagement“ der „sicher gebundenen“ Kinder kompetenter. Durch die Art und Weise, wie sie mit den Konflikten umgingen, gelang es ihnen häufiger, eine Einigung zu erzielen und den Konflikt beizulegen. Sie konnten somit öfter die Erfahrung machen, dass sie aus eigener Kraft etwas bewirken und zu konstruktiven Lösungen kommen konnten (vgl. Süß 1987).

Entsprechende Differenzen zwischen den ehemals sicher bzw. unsicher gebundenen Kleinkindern fanden sich auch, als die Kinder dann im *Alter von zehn Jahren* im Interview nach ihren persönlichen Beziehungen und nach ihrem Umgang mit Problem- und Konfliktsituationen befragt wurden. Dabei ging es um Fragen wie die folgenden: „Zu wem gehst du, wenn du mal traurig bist?“ oder „Wenn du mal mit den Schularbeiten nicht weiter weißt, kannst du dann einen Freund anrufen?“ Klaus Grossmann beschreibt die typische Reaktion der einstmals unsicheren Kinder, die in der Fremden Situation durch ihre vermeintliche Unabhängigkeit imponierten, folgendermaßen: „Bei diesen Fragen wurden die unsicher gebundenen Kinder zunehmend wortkarg, kurz angebunden, sprachen ganz leise. Die sicheren dagegen können klar darstellen, was sie dann tun: Wenn sie zum Beispiel mit einer Freundin ins Kino wollen, und die hat keine Lust, dann rufen sie eben eine andere an und gehen mit der. Wenn ein unsicheres Kind von einer Freundin abgewiesen wird, dann geht es mit großer Wahrscheinlichkeit in sein Zimmer, ist traurig und vergeht gelegentlich vor Selbstmitleid“ (Grossmann 1991, S. 25).

Schließlich noch ein Befund aus der Bindungsforschung mit Erwachsenen: Hier wurde mit dem „Adult Attachment Interview“ ein spezielles Interview- und ein zugehöriges Auswertungsverfahren entwickelt, das die mentale Repräsentation von Bindungen bei Erwachsenen erfassen soll. In diesem Interview geht es darum, die persönliche Bindungsgeschichte von Erwachsenen und ihre Einstellungen zu Beziehungen überhaupt zu explorieren. Die Personen werden aufgefordert, über ihre Kindheit und ihre Beziehung zu ihren Eltern zu erzählen, über ihre Erinnerungen von Nähe und Geborgenheit und von Zurückweisung und Trennung zu sprechen, die Wandlungen, die das Verhältnis zu den eigenen Eltern genommen hat, nachzuzeichnen und das aktuelle Verhältnis zu ihnen zu beschreiben. Schließlich sollen sie einschätzen, wie die Erfahrungen mit ihren Eltern ihre eigene Persönlichkeitsentwicklung geprägt haben. Bei der Auswertung der Gespräche wurde insbesondere auf Ungereimtheiten und Widersprüche, auf Abwehrtendenzen und auf ungelöste Verstrickungen geachtet. Entsprechend den Mustern des Gesprächsverlaufs und des Gesprächsverhaltens wurde auch hier eine Unterteilung in drei Formen der Bindungsrepräsentation im Erwachsenenalter vorgenommen: „Autonomous“ (F), Dissmissing (D) und Preoccupied (E). Dabei zeigte sich in empirischen Studien, dass dem jeweilige Typus der inneren Bindungsrepräsentation bei den Eltern eine erstaunliche prognostische Bedeutung im Hinblick auf die Bindungsentwicklung ihrer Kinder zukommt (vgl. Fonagy 1993, Göppel 1995). Von besonderem Interesse ist hier nun der Gegensatz zwischen den Mustern „Autonomous“ und „Dismissing“, denn diese entsprechen den frühkindlichen Bindungsmustern einer sicheren (B) bzw. einer „unsicher-vermeidenden“ Bindung (A).

Die Interviews mit jenen Personen, die als „autonom“ eingestuft wurden, zeichneten sich durch eine insgesamt eher gelassene Gesprächsatmosphäre aus. Die Gesprächspartner hatten eine relativ große Bewusstheit bezüglich der eigenen Vergangenheit und erkannten Bezüge zwischen den Beziehungserfahrungen der Vergangenheit und ihrer gegenwärtigen psychischen Verfassung. Sie präsentierten entweder ein glaubhaftes Bild einer stabilen und harmonischen frühkindlichen Beziehungssituation, oder aber sie berichteten von schlimmen Kindheitserfahrungen, machten dabei aber gleichzeitig deutlich, dass es schlimme Erfahrungen waren, dass sie sich also innerlich mit diesen problematischen Aspekten ihrer Lebensgeschichte auseinandergesetzt und sie in gewissem Sinn verarbeitet hatten. In ihrer Selbstdarstellung neigten sie weniger zu Selbsttäuschungen. Sie vermittelten ein klares Gefühl von Identität. Gleichzeitig fiel es ihnen leichter, die Angewiesenheit auf andere Menschen anzuerkennen und den Mangel an Perfektheit bei den eigenen Eltern und bei sich selbst zu akzeptieren.

Bei den Interviews der zweiten Gruppe (Dismissing) fanden sich kaum detaillierte Erinnerungen an die eigenen Kindheitserfahrungen. Häufig gaben die Gesprächspartner hier an, sie könnten sich so gut wie überhaupt nicht an ihre Kindheit erinnern. Die Bedeutung negativer Kindheitserfahrungen wurde tendenziell eher verleugnet. Überhaupt wurde die Bedeutung von Beziehungen im Leben eher geringer eingeschätzt. Meist gaben die Befragten nur indirekte Hinweise, die darauf schließen ließen, dass sie als Kinder eher zurückgesetzt, vernachlässigt oder umhergeschoben worden waren. Die Berichte über die eigene Kindheit schienen hier sehr stark von Abwehrprozessen geprägt zu sein. So ergab sich etwa häufig ein ausgeprägtes Missverhältnis zwischen einer sehr massiven Idealisierung der eigenen Elternfiguren und eine gleichzeitige Unfähigkeit, dieses generelle positive Urteil durch irgendwelche konkreten Erinnerungen anschaulich zu belegen. In den Selbstdarstellungen herrschte oft eine forcierte Betonung der eigenen Unabhängigkeit und Stärke vor, die Überzeugung, dass einem negative Erfahrungen nichts anhaben könnten, dass man auf niemanden angewiesen sei. Die als Kind bezogenen Prügel wurden nicht selten nach dem Motto „Das hat mir nicht geschadet“ als verdiente und heilsame Bestrafung legitimiert.

5 Delinquenz als Ausdruck von „illusionärer Autonomie", von verleugneten Bindungsbedürfnissen und von Gefühlsblindheit?

Christiane Tramitz hat im Zusammenhang eines Forschungsprojektes des Deutschen Jugendinstituts zahlreiche Interviews mit Skinheads geführt, die wegen Körperverletzung und anderer Gewalttaten im Gefängnis saßen. Sie hat über ihre Begegnungen mit Skinheads ein Buch mit dem Titel „Unter Glatzen“ geschrieben (Tramitz 2001), das mich sehr beeindruckt hat. Darin werden zahlreiche individuelle „Karrieren“ aus dem gewalttätigen rechtsradikalen Milieu nachgezeichnet, und in langen Interviewpassagen wird ein sehr authentischer, bisweilen beklemmender Eindruck davon vermittelt, wie die Täter über sich, ihr Leben, ihre Taten, ihre Opfer, ihre Szene, ihre Zukunft denken. Gleichzeitig stellt das Buch einen ungewöhnlich sensiblen und offenen Bericht darüber dar, was eine solche Feldforschung mit der Feldforscherin macht, wie jene Forschungsarbeit sie in gehörige persönliche Konflikte und Krisen bringt. Christiane Tramitz hat ihre Interviewpartner sehr intensiv auch nach ihren Kindheitserinnerungen, nach ihren persönlichen Beziehungen und nach der Art und Weise, wie sie Gefühle erleben, befragt. Was und wie sie auf diese Fragen geantwortet haben ist höchst interessant und hat mich immer wieder sehr stark an die Kategorie „Dismissing“ aus dem Adult Attachment Interview erinnert. Deshalb möchte ich eine Passage aus einem solchen Interview an den Schluss dieses Kapitels stellen, aus der sehr deutlich wird, welch fatale Folgen es haben kann, wenn zur Verweigerung der Befriedigung der kindlichen Abhängigkeits- und Bindungsbedürfnisse durch die Eltern dann später auch noch die abwehrende Verleugnung dieser Bedürftigkeit durch die Jugendlichen selbst hinzukommt:

Die ersten Aussagen, die Peter im Rahmen des insgesamt sechsstündigen Interviews über seine Kindheit macht, lauten folgendermaßen:

„Ja also, ... (Ausatmen) also, ich würd' sagen, ich hatte eigentlich eine ziemlich gute Kindheit, also ... (Pause) ... ich hatte nie Probleme zu Hause oder so. Klar, Probleme gibt's immer mal, aber ich wurde nie geschlagen oder sonst was“ (ebd., S. 164).

An späterer Stelle äußert er sich dann folgendermaßen über seine Eltern (ebd., S. 169):

„Aber ich bin auch nie, wenn ich Probleme hatte, zu meinen Eltern hingegangen. Ich weiß nicht, war einfach nicht mein Ding, mit meinen Eltern über meine persönlichen Probleme zu reden. Also so viele Probleme hatte ich auch gar nicht. ... Also, ich hab einfach keine Lust gehabt auf dieses emotionale Gefasel.“ ...

„Wie sieht emotionales Geschwafel aus?“

„Äh, ja, halt dieses, äh, wie soll ich das jetzt erzählen? Ähm ... (sehr lange Pause) ... hm, hm. (sehr lange Pause) (Anmerkung: Ab hier, wo es um Emo-

tionen geht, wurde sein Redefluss jäh gestoppt, und er wirkte verspannt und nervös). Ja, von wegen, was weiß ich jetzt, wenn ich meiner Mutter irgendwas vorheule, was weiß ich, boh ... (Pause) ... ja, was jetzt halt das Problem ist und so, äh, und die mich dann trösten will oder sonst was. Ich hab auf so was nie großartig Bock gehabt. Das hat mich immer abgestoßen eigentlich."

„Abgestoßen?"

„Das ist heute noch so."

„Das war von Anfang an so?"

„Seit ich denken kann, ist das so."

„Kam es überhaupt zu Situationen, in denen du vor deiner Mutter geweint hast?"

(sehr lange Pause)

„Nein, hmm."

„Hast du überhaupt geweint, als du klein warst?"

„Ah, ja, ich hab hin und wieder schon geweint, das kam schon vor. Aber es hat mehr was damit zu tun gehabt, wenn ich (Lachen) also irgendwie Ärger von meinen Eltern gekriegt hab. Dann hat das damit was zu tun gehabt."

„Du hattest also Ärger mit deinen Eltern, hast dann geweint und bist dann natürlich nicht zu deinen Eltern gegangen, weil du mit denen Ärger hattest, oder?"

„Nee, das war mehr so: Wenn ich wirklich Scheiße zum Beispiel gebaut habe, dann kam es auch vor, dass ich mal was auf die Rübe gekriegt habe. Das waren dann wirklich so die einzigen Situationen, dass ich geheult hab, also wenn's weh tat. Also wegen irgendwelcher Schmerzen. (Pause) Aber das war meistens auch angebracht, die Strafe. Am Anfang natürlich, wenn das geschah, war ich natürlich nicht so, also dann habe ich meinen Vater verflucht dafür, aber dann, so ne Stunde später, dann kam doch die Einsicht meistens, ja, das war schon ganz angebracht" (ebd., S. 170 f.).

Die Unfähigkeit, sich eigene emotionale Bedürftigkeit und soziale Angewiesenheit, auch eigene seelische Verletztheit einzugestehen, sich emotional auf andere Menschen einlassen zu können, das Unvermögen, sich mit eigenen Problemen vertrauensvoll an andere zu wenden, wie es in diesem Interview sehr deutlich zum Ausdruck kommt, all dies gilt in der Bindungsforschung als sicherer Hinweis auf eine gestörte Bindungsentwicklung. Vielleicht macht es jenseits der erschreckenden delinquenten Taten und des vordergründigen martialischen Habitus der gewalttätigen rechten Kerle auch den eigentlichen Kern der Dissozialität aus.

KAPITEL 7

Sind Kinder heute (noch) glücklich?

Über den erstaunlichen Kontrast zwischen kulturkritischen Klagen und kindlichen Selbsteinschätzungen

„Heutzutage ist das Kind zu einem unfreiwilligen und unbeabsichtigten Opfer von überwältigendem Streß geworden – erzeugt durch einen rapiden, verwirrenden gesellschaftlichen Wandel und durch ständig steigende Erwartungen."
DAVID ELKIND

„Das zentrale Ergebnis: Entgegen den vielen Negativberichten über die schwieriger gewordene und tendenziell unglückliche postmoderne Kindheit stufen sich überraschend viele Kinder als ‚sehr glücklich' ein."
ANTON A. BUCHER

Die bisher in diesem Buch behandelten Themen und Tendenzen aus dem aktuellen Kindheitsdiskurs: „Adultisierung der Kindheit", „Verlust des Aufmerksamkeit für die typisch kindlichen Weltdeutungen und Weltbilder", „zunehmende Verplantheit", „Freizeitstress", „Beschleunigung der Lebensverhältnisse und damit auch der Entwicklungs- und Bildungsprozesse", „forcierte und verfrühte Selbständigkeitserwartungen", „überzogene Autonomieforderungen und Verleugnung kindlicher Abhängigkeit" – sie alle gehen mit der prinzipiellen Vermutung einher, dass es sich dabei um Veränderungen handelt, die sich negativ auf die Lebensqualität von Kindern auswirken. Wenn in diesem Sinne die Lebensqualität von Kindern zunehmend gefährdet erscheint, dann liegt es nahe, weiterhin zu vermuten, dass es auch um das subjektives Glücksempfinden der Kinder zunehmend schlechter bestellt ist. Doch wie äußern sich heutige Kinder selbst, wenn man sie direkt nach ihrer Befindlichkeit, nach ihrer Zufriedenheit mit ihren Lebensumständen fragt? Was sind ihre Kriterien und Maßstäbe? Welche spezifischen Aspekte sind für sie selbst in dieser Hinsicht zentral bedeutsam? In welchen Situationen, in welchen Aktivitäten erleben sie sich eher als glücklich bzw. als unglücklich?

Lässt sich ein so subjektives, wechselhaftes, schillerndes Phänomen wie das „Glück" überhaupt wissenschaftlich erforschen? Fest steht jedenfalls, das Thema „Glück", das die Menschen schon seit jeher umgetrieben hat und das in der Geschichte des menschlichen Denkens Gegenstand vieler Abhandlungen zur „Lebenskunst" und zur „Lebensweisheit" war, hat in den letzten Jahren Konjunktur. Nicht nur in der Erbauungs- und Ratgeberliteratur, sondern mehr und mehr auch in der Wissenschaft. Deshalb zunächst ein kurzer Streifzug durch die „Landschaften der Glücksforschung".

Schon seit geraumer Zeit gilt das in paradoxer Intention verfasste Buch „Anleitung zum Unglücklichsein" des Kommunikationswissenschaftlers Paul Watzlawick, das uns die problematischen Denk- und Kommunikationsmuster vor Augen führen will, mit denen wir uns selbst immer wieder das Leben schwer machen und dadurch unserem eigenen Glück im Wege stehen, als heimliches Kultbuch (Watzlawick 1983). Etwa aus der gleichen Zeit stammt das ethnologisch angehauchte Werk „Auf der Suche nach dem verlorenen Glück" von Jean Liedloff (1984), das ebenfalls auch heute noch große Verbreitung findet. Darin klagt Liedloff die „Zerstörung unserer Glücksfähigkeit in früher Kindheit" an und hält ihre Beobachtungen aus der Kultur der Yequana-Indianer dagegen, die im Dschungel von Venezuela leben und die die Verfasserin durch ihre Freundlichkeit, durch die Harmonie ihres Zusammenlebens und durch ihre ausgeprägte Glücksfähigkeit offensichtlich tief beeindruckt haben. Hier hat sich der Verfasserin das Geheimnis des „Kontinuums", des „Getragenwerdens" als Voraussetzung der Glücksfähigkeit des Menschen erschlossen. Ebenfalls recht erfolgreich bemüht sich der Dalai Lama mit Hilfe östlicher, buddhistischer Weisheiten, durchaus aber auch im Dialog mit westlichen Wissenschaftlern, uns den „Weg zum Glück" (Dalai Lama 2002) und die dafür nötigen „Regeln des Glücks" (Dalai Lama/Cutler 2001) zu weisen. Seit etlichen Jahren versucht Mihaly Csikszentmihalyi mit dem Konzept des „Flow" dem „Geheimnis des Glücks" und des guten Lebens empirisch auf die Spur zu kommen (Csikszentmihalyi 2002). Im Jahr 2002 hat der Wissenschaftsjournalist Stefan Klein mit dem Buch „Die Glücksformel – oder wie die guten Gefühle entstehen", in dem er die neuere empirische psychologische Forschung zum Thema „Glück" zusammenfasst, einen populären Bestseller gelandet (Klein 2002). Der französische Psychiater Francois Lelord wiederum hat die Quintessenz dieser Befunde in einer Romanhandlung verpackt und sein Werk „Hectors Reise oder die Suche nach dem Glück", das Schritt für Schritt auf eine Liste von 23 schlichten Basislektionen bezüglich des menschlichen Glücks zuläuft (Lelord 2004), fand als Buch und Hörbuch ebenfalls viele Interessenten.

Auch die populären Zeitschriften haben sich des Themas angenommen. Natürlich die „Psychologie heute" mit Titelheften wie „Anleitung zum Glücklichsein: Sechs Wege zum Wohlbefinden" (3/1997), „Das gute Leben. Was macht uns zufrieden?" (2/1999), „Glücklich leben: Der Weg der Philosophie" (11/2000) und „Bindung und Lebensglück. Wie frühe Erfahrungen das Leben prägen" (1/2005). Aber selbst das eher politisch ausgerichtete Magazin FOCUS brachte vor einiger Zeit ein Heft mit der einschlägigen

Titelstory „Die Glücksstrategie – Glück ist machbar“ heraus (27/2003). Im Untertitel wurden dann gleich die entsprechenden Faustregeln einer wirksamen „Glücksstrategie“ verkündet: „Wer an sich glaubt und mit der richtigen Strategie plant, verwirklicht seine Ziele und Träume. Solche Erfolge beflügeln das Ego“ (ebd., S. 104).

Sogar in der deutschen Erziehungswissenschaft hat sich in den letzten Jahren so etwas wie eine „Kinderglücksforschung“ entwickelt. Jürgen Zinnecker hat 1997 einen wegweisenden Aufsatz zum Thema „Streßkinder und Glückskinder“ publiziert und Anton Bucher hat 2001 seine Habilitationsschrift mit dem Titel „Was Kinder glücklich macht – Historische, psychologische und empirische Annäherungen an Kindheitsglück“ vorgelegt, die ziemlich breit rezipiert wurde. Im Jahr 2002 gab es ein Schwerpunktheft der Zeitschrift für Pädagogik mit dem Titel „Glück als Thema der Pädagogik“ (Higgins 2002, Oelkers 2002, Fuhr 2002, Keller/Mangold 2002) und im Gefolge davon fand dann noch eine durchaus heftige Kontroverse darüber statt, ob und inwiefern die aktuellen Bedingungen des Aufwachsens dazu führen, dass das Kindheitsglück zunehmend getrübt, gestört, verhindert wird oder ob es sich bei diesem kulturkritischen Lamento nur um die „gängige reformpädagogische Apokalypse- und Niedergangsrhetorik“ handelt (Rumpf 2004, Oelkers 2004).

1 Stehen Kinder prinzipiell dem Glück näher als Erwachsene?

Es gibt die tiefverwurzelte Annahme, dass „Kindheit“ und „Glück“ irgendwie zusammengehören, jedenfalls zusammengehören sollten, so wie „Kindheit“ und „Spiel“ oder „Kindheit“ und „Vertrauen“, „Unbeschwertheit“, „Geborgenheit“, dass Kinder also wesensmäßig dem Glück besonders nahe stehen, ja, dass vielleicht überhaupt nur Kinder wahrhaft und aus ganzem Herzen glücklich sein können. Eben gerade deshalb, weil ihr Horizont noch beschränkt ist, weil sie noch nicht mit allen Rätseln der menschlichen Existenz und mit allen Schattenseiten der zwischenmenschlichen Verhältnisse konfrontiert sind, weil sie noch ganz im Augenblick leben können und sich noch kaum um die Gefahren und Probleme der Zukunft oder um die „Vergänglichkeit allen Irdischen“ kümmern, weil ihr Gefühlsausdruck noch offen und unverstellt ist, weil sie noch arglos und direkt sind und sich wenig um die Aufrechterhaltung eines bestimmten Bildes von sich, um die Wahrung einer bestimmten Fassade sorgen und weil sie deshalb in der Regel mit dem Wohlwollen ihrer Umgebung rechnen können. Für diese These von der einzigartigen und genuinen Nähe des Kindes zum Glück gibt es prominente literarische Zeugen:

Friedrich Hebbel etwa meint *„Der Hauptanreiz der Kindheit beruht darauf, daß alles, bis zu den Haustieren herab, freundlich und wohlwollend gegen sie ist, denn daraus entspringt ein Gefühl der Sicherheit, das bei dem ersten Schritt in die feindliche Welt hinaus entweicht und nie zurückkehrt“* (Hebbel 1992, S. 7).

Theodor Fontane kommt in seiner Autobiographie: „Meine Kinderjahre“, die ja den Versuch einer Selbstheilung einer Altersdepression durch biographische Erinnerungsarbeit darstellt, zu dem Fazit: *„Es war trotz des letzten Halbjahres mit seinen vielen kleinen Ärgernissen, eine glückliche Zeit gewesen; später, den Spätabend meines Lebens ausgenommen – hatte ich immer nur vereinzelte glückliche Stunden. Damals aber, als ich in Haus und Hof umherspielte und draußen meine Schlachten schlug, damals war ich unschuldigen Herzens und geweckten Geistes gewesen, voll Anlauf und Aufschwung, ein richtiger Junge, guter Leute Kind. Alles war Poesie“* (Fontane 1983, S. 231).

Und Erich Kästner, dem ja nachgesagt wird, dass er deshalb als Kinderbuchautor so erfolgreich war, weil er sich Zeit seines Lebens eine besondere Nähe zu den Erlebnis- und Gefühlsweisen des Kindes bewahrt hat, meint an einer Stelle: *„Die Kindheit ist das stille, reine Licht, das aus der eigenen Vergangenheit tröstlich in die Gegenwart und Zukunft hinüberleuchtet. Sich der Kindheit wahrhaft zu erinnern, das heißt: plötzlich und ohne langes Überlegen wissen, was echt und falsch, was gut und böse ist“* (Kästner, 1952, S. 258).

Es gibt ganze Anthologien, die dem Thema „Kindheitsglück“ gewidmet sind und in denen entsprechende Schilderungen von beglückenden Kindheitsepisoden zusammengetragen werden. Sie tragen Titel wie „Vom Glück der Kindheit. – Schöne Geschichten aus der unbeschwertesten Zeit des Lebens“ (Franken 1992), „Vom großen Glück, noch klein zu sein“ (Walker 2003) oder einfach „Kinderglück“ (Walter 1996). Auf dem Klappentext des letzteren ist zu lesen: *„Fröhliche, glückliche Kinder stecken mit ihrer unbeschwerten Lebenslust an. Ihr Vertrauen ins Leben ist ungebrochen. Sie zeigen überraschenden Witz, Frechheit und Neugier. Ihre Perspektive verändert auch den Blick der Erwachsenen“*.

Aber freilich ist das Glück der Kinder nicht garantiert und so finden sich in der Literatur auch eindrucksvolle autobiographische Beschreibungen von kindlichen Erfahrungen von Unglück und Angst, von Ausgeliefertsein und Verlassenheit. Etwa bei Franz Kafka, Thomas Bernhard oder Peter Weiss. Es gibt Generalisierungen des kindlichen Unglücks, etwa bei Alice Miller, die am Anfang allen menschlichen Unglücks und aller seelischen Leiden die Erziehung am Werk sieht, und es gibt neben dem Mythos des glücklichen Kindes auch den Mythos des unglücklichen, leidenden, missverstandenen Kindes, besonders intensiv beschworen von Maria Montessori im letzten Kapitel ihres Buches „Kinder sind anders“. Dieses Kapitel ist mit „Ecce Homo!“

überschrieben und darin beklagt Montessori, dass das Kind angesichts der gegebenen Verhältnisse, angesichts der Ignoranz der Erwachsenen gegenüber den wahren kindlichen Bedürfnissen, dazu verdammt sei, „den Leidensweg Christi zu gehen“ (Montessori 1980, S. 301). Dabei sieht Montessori dies als ein tragisches Verhängnis an, denn im Prinzip hält sie das Kind, zumal das „normalisierte Kind“, durchaus für glücksfähig, ja man kann sogar sagen, dass ihre größte Entdeckung, das sogenannte „Montessori-Phänomen“, die „Polarisation der Aufmerksamkeit“, die sie immer wieder als das zentral bedeutsame Ereignis für den kindlichen Bildungsprozess beschrieben hat, eine erstaunliche Nähe zu jenem „Flow-Phänomen“ hat, dem der Flow- und Glücksforscher Csikszentmihalyi seit langem auf der Spur ist. Berühmt ist ihre Beschreibung des Kindes, das gänzlich in die Übung mit den Einsteckzylindern vertieft ist, die entsprechende Übung mehr als vierzig Mal wiederholt und dabei von den Ablenkungsmanövern, die Montessori testhalber um sie herum inszeniert, gar nichts mitbekommt. Das Wiederauftauchen aus jener Phase der intensiven Konzentration beschreibt Montessori mit den Worten: „Jetzt hielt sie inne, so als erwachte sie aus einem Traum, und lächelte mit dem Ausdruck eines glücklichen Menschen“ (ebd., S. 165).

Und es gibt schließlich Pädagogen, die im Hinblick auf den „Glücksvergleich“ zwischen Erwachsenen und Kindern eher vor einseitigen Festlegungen und Vorurteilen im Hinblick auf das Glück oder das Unglück der Kinder warnen und stattdessen den genauen Blick auf die jeweiligen Situationen fordern. In diesem Sinne kommt Korczak in dem eindringlichen kleinen Text mit dem Titel „Wer kann Erzieher werden?“ zu dem Fazit, dass nur der Erzieher werden könne, der begreife, „dass alle Tränen salzig sind“, d. h. nur der, der die Sorgen und das Unglück der Kinder ebenso Ernst nimmt wie die der Erwachsenen, auch wenn die Anlässe dafür aus Erwachsenensicht vielleicht bisweilen eher unangemessen oder unbegründet erscheinen (Korczak 2001).

In seinem Essay „Bildung“ ist auch Hartmut von Hentig an einer Stelle auf diese Frage nach der Differenz, die zwischen Erwachsenen und Kindern hinsichtlich des Erlebens von Glück und Unglück besteht, eingegangen. Er kommt dabei zu dem Fazit, dass der Unterschied vor allem in der Fähigkeit zur Kontextualisierung und Relativierung von problematischen Erfahrungen liegt: *„Es ist ein Irrtum, eine Täuschung unserer Rückerinnerung, zu meinen, Kinder seien ‚glücklich‘ weil sie noch weniger vom Widersinn und von den abgründigen Gemeinheiten der Welt ‚wissen‘. Das Gegenteil scheint mir wahr: Unglück befällt die ungebildeten – nicht durch Formen und Einsicht geschützten – Kinder ungleich heftiger als Erwachsene“* (Hentig 1996, S. 82).

Ich würde die These wagen, dass man, wenn man in einer empirischen Studie einfach den Emotionsausdruck von Personen verschiedenen Alters von Minute zu Minute festhalten und auszählen würde, zu dem Ergebnis käme, dass Kinder deutlich mehr lachen und sich begeisterter freuen als Erwachsene. Ich bin mir aber sicher, dass man daneben auch zu dem Ergebnis käme, dass sie wesentlich mehr weinen und mehr Tränen vergießen als Erwachsene. Ihre Stimmungsschwankungen sind ausgeprägter, deren Ausschläge heftiger. Sie sind ihren Gefühlen stärker ausgeliefert, sie haben weniger Möglichkeiten, ihren Gefühlsausdruck zu kontrollieren und damit auch ihre Gefühlslagen zu regulieren. Noch einmal Korczak, der diese Differenz mit einem poetischen Bild beschrieben hat: *„Ein Kind – das ist wie der Frühling. Entweder Sonnenschein, schönes Wetter und alles ganz lieblich und heiter. Oder aber plötzlich ein Gewitter: es blitzt und donnert, der Blitz schlägt ein. Und der Erwachsene erscheint wie im Nebel. Ein düsterer Schleier umgibt ihn. Keine große Freude, keine große Traurigkeit. Alles grau und ernst“* (Korczak 1973, S. 25 f.).

2 Sind heutige Kinder weniger glücklich als Kinder früherer Generationen?

Die quasi „anthropologische“ Frage nach dem „prinzipiellen“ Verhältnis des Kindes zum Glück, und nach den möglichen Unterschieden im Glückserleben des Kindes und des Erwachsenen ist die eine Sache. Niemand wird jedoch ernsthaft bestreiten, dass die reale Möglichkeit des Glückserlebens eines Kindes sehr stark von den Lebensbedingungen abhängt, in denen es aufwächst[3]. Natürlich muss man diese Differenzierung im Prinzip auf die ganz konkreten Lebensbedingungen des einzelnen Kindes beziehen. Man kann aber auch danach fragen, ob es generationsspezifische Trends und Verschiebungen in dieser Hinsicht gibt, die mit den gesellschaftlichen Makrotendenzen zusammenhängen und die zu Veränderungen in den „typischen Alltags-

3 Freilich muss man auch hier wiederum vorsichtig sein. Es ist durchaus nicht von vorn herein sicher, dass eine lineare Korrelation zwischen dem subjektiven Glücksempfinden und jenen materiellen Ressourcen, die gemeinhin unter dem Begriff „Lebensstandard“ zusammengefasst werden, besteht. Es gibt sogar einen „World Happiness Survey“, eine „international vergleichende Glücksforschung“, durchgeführt immerhin von einem Professor der renommierten London School of Economics, Sir Robert Worcester, die zu dem Ergebnis kommt, dass das durchschnittliche Glück der Bewohner eines Landes keineswegs direkt mit dem dortigen Lebensstandard oder mit der zur Verfügung stehenden Kaufkraft zusammenhängt. Ausgerechnet die Bewohner von Bangladesch, einem der ärmsten Länder der Erde, erwiesen sich in dieser Studie als die durchschnittlich glücklichsten Menschen. Die Deutschen hingegen schnitten in Sachen „Glücksfähigkeit“ noch schlechter ab als in der PISA-Studie in Sachen „Bildung“ und landeten auf dem 42. Platz (Worcester 1998, vgl. kritisch dazu Berg 1999).

erfahrungen" und den „durchschnittlichen Lebensbedingungen" unterschiedlicher Geburtskohorten führen.

Im Zusammenhang mit Seminaren zum Thema „Kindheit im Wandel" habe ich die Studierende zu Beginn dieser Seminare (also noch vor aller Begegnung mit einschlägigen Theorietexten) bereits mehrmals dazu aufgefordert, im Sinne einer Satzergänzungsaufgabe eine vergleichende Einschätzung unterschiedlicher Kindergenerationen vorzunehmen. Die konkrete Aufgabenstellung lautete:

1. Im Vergleich zur Kindheit meiner Eltern, die ich aus Erzählungen kenne, war meine eigene Kindheit...
2. Im Vergleich zu meiner eigenen Kindheit ist die Kindheit heutiger Kinder, (wie ich sie bei meinen kleineren Geschwistern, bei Nichten und Neffen, bei den Schülern und Schülerinnen im Praktikum etc. wahrnehme)...

Die Ergebnisse fielen dabei jedes Mal wieder sehr prägnant in dem Sinne aus, dass sowohl die Kindheit der eigenen Elterngeneration als auch die Kindheit der heutigen Kinder wesentlich ungünstiger und problematischer eingeschätzt wurde als die Kindheit, die man selbst erlebt hat. Ich habe deshalb wiederholt den Studierenden dazu gratuliert, dass ausgerechnet sie das Glück hatten, „die beste Kindheit, die es je gab", zu erleben – was dann in der Regel doch eine gewisse Nachdenklichkeit bei den Studierenden ausgelöst hat.

Die typischen Antworttendenzen auf den Satzergänzungsimpuls sehen folgendermaßen aus: (Es handelt sich um den Versuch einer repräsentativen Auswahl aus einer sehr viel größeren Zahl von Antworten. In der Tabelle sind dabei jeweils die Antworten ein und derselben Person auf die beiden unterschiedlichen Satzergänzungsimpulse gegenübergestellt.)

Im Vergleich zu der Kindheit meiner Eltern, die ich aus Erzählungen kenne, war meine eigene Kindheit...	**Im Vergleich zu meiner eigenen Kindheit ist die Kindheit heutiger Kinder (wie ich sie bei meinen kleineren Geschwistern, bei Nichten und Neffen, bei den Schülern und Schülerinnen im Praktikum etc. wahrnehme)...**
sorgloser, sehr freizeitverbunden	zu verwöhnt, medienabhängig, einfallslos, keine eigene Phantasie mehr, leicht manipulierbar, verantwortungslos
Ein absoluter Gegensatz, meine Eltern hatten immer Zeit für mich	wesentlich stressiger, ... Kinder erfahren seltener, was es bedeutet, eine Familie zu haben, höheres Gewaltpotenzial, Reizüberflutung macht den Kindern eine normale Entwicklung oftmals unmöglich

Im Vergleich zu der Kindheit meiner Eltern, die ich aus Erzählungen kenne, war meine eigene Kindheit...	**Im Vergleich zu meiner eigenen Kindheit ist die Kindheit heutiger Kinder (wie ich sie bei meinen kleineren Geschwistern, bei Nichten und Neffen, bei den Schülern und Schülerinnen im Praktikum etc. wahrnehme)...**
traumhaft, geprägt von finanzieller Sicherheit, übermäßiger Zuwendung, Sorge, viel Liebe, Förderung von Talenten, Vermittlung von Werten, Gesprächen, vielseitiger Freizeitgestaltung	geprägt von Vernachlässigung, oft Überfluss an Spielzeug, aber Mangel an persönlicher Zuwendung, geschiedene Elternpaare, Gruppen-, Markenzwang
wohlbehütet, kindorientiert	verplant (Leben nach dem Terminkalender), konsumorientiert, Kinder sind mehr auf sich gestellt, weniger Primärerfahrungen („Leben aus zweiter Hand")
unbeschwerter, behüteter, aber trotzdem mehr Freiheit, mehr Wohlstand, vieles (Süßigkeiten, Spielsachen, Urlaub war für mich selbstverständlich)	häufig bedauernswert, Wertverlust, Medienüberschüttung, keine Grenzen, zu sehr konsumorientiert, Eltern keine Vorbilder mehr, sich selbst überlassen
sorgloser, abwechslungsreicher, intensiver und harmonischer	geprägt von Konsum und materiellen Werten, Computer lassen Kinder oft vereinsamen. Eltern sind berufstätig und stillen die Lebenslust ihrer Kinder mit materiellen Werten
unbeschwerter, außerdem boten sich mehr Möglichkeiten, wie z. B. in der Bildung, in Vereinen und Freizeitaktivitäten	viel mehr von Medien und Konsum geprägt. Markenbewusstsein und Konkurrenzdenken beginnt schon im Kindergarten
leichter, unbeschwerter, weniger arbeitsintensiv, mehr an Spaß und Spiel orientiert, konsumorientierter	noch konsumorientierter, mehr an Computer, Technik orientiert
sorgloser, meine Eltern hatten mehr Zeit für mich, luxuriöser, mehr Urlaub, Reisen, genügend zu essen, kaum Mithilfe im Haushalt	mehr von den Medien geprägt, konsumorientierter, Eltern haben weniger Zeit für Kinder

Im Vergleich zu der Kindheit meiner Eltern, die ich aus Erzählungen kenne, war meine eigene Kindheit...	**Im Vergleich zu meiner eigenen Kindheit ist die Kindheit heutiger Kinder (wie ich sie bei meinen kleineren Geschwistern, bei Nichten und Neffen, bei den Schülern und Schülerinnen im Praktikum etc. wahrnehme)...**
wunderschön, da ich die Möglichkeit hatte, meine Kindheit voll auszuleben. Ich wuchs in einer kinderreichen Gegend in einem wohlbehüteten Elternhaus auf. Ein Nachteil besteht wohl darin, dass meine Eltern die Natur viel besser kennen lernen konnten als ich, da dieser natürliche Spielraum kleiner wurde	eingeschränkter, da der Freiraum, der uns noch zur Verfügung stand, kleiner geworden ist. Die Kinder sind heute mehr Gefahren, wie Gewalt, Umweltverschmutzung, Verkehr ausgesetzt, auch der Zuwachs der Medien ließ die Kreativität der Kinder zurückgehen.
unbekümmerter, ich hatte mehr Freiheiten und Möglichkeiten (Schule, Freizeit)	stärker von Konsum bestimmt, nicht mehr so harmonisch, leistungsorientierter
verplanter, einfacher in der Hinsicht, dass man alles bekommen konnte	zerrissener (Inseln), verplanter
leichter, einfacher, unbeschwerter	noch freier, mehr Freiräume
mit mehr Spiel und Freiraum als mit Arbeit erfüllt. Bedürfnisse und Wünsche wurden von meinen Eltern berücksichtigt, aber dennoch bekamen wir Grenzen gesetzt, offene Liebe und Zuwendung, bestmögliche Förderung der Fähigkeiten ohne einen zu großen Ehrgeiz zu entwickeln	mit weniger Zuwendung erfüllt, Kinder bekommen viele Spielsachen, dürfen lange fernsehen und kennen kaum Einschränkungen. Deshalb sind sie es gewohnt, ihren Kopf durchzusetzen und machen selten die Erfahrung gemeinsamer Aktivitäten. Durch die Überhäufung mit Spielsachen und Medien werden Kinder in eine passive Position gedrängt, weniger Kreativität
von mehr Verständnis zwischen Eltern und Kindern geprägt	von Videospielen, Fernsehen etc. geprägt, im Gegensatz zu draußen Fahrrad fahren, im Schlamm spielen
Von besseren Beziehungen zwischen Eltern und Kind geprägt, freundschaftlicher, gleichberechtigter	Kinder sind durch mangelnde Erziehung der Eltern sich selbst überlassen, werden mehr durch ihre Umgebung als von elterlichen Vorbildern geprägt
nicht so arm, da nach dem 2. Weltkrieg die Familien sehr arm waren, sich eine Existenz aufbauen mussten. Es gibt mehr Bildungsangebote	viel durchorganisierter, da die Kinder von einer Aktivität zur nächsten gefahren werden. Es gibt heute viel bessere Spielsachen und Medienangebote

Im Vergleich zu der Kindheit meiner Eltern, die ich aus Erzählungen kenne, war meine eigene Kindheit...	Im Vergleich zu meiner eigenen Kindheit ist die Kindheit heutiger Kinder (wie ich sie bei meinen kleineren Geschwistern, bei Nichten und Neffen, bei den Schülern und Schülerinnen im Praktikum etc. wahrnehme)...
einfacher, ich bin unter besseren finanziellen Bedingungen aufgewachsen ... Ich wurde im Gegensatz zu meiner Mutter nicht mehr geschlagen	viel zu viele Spielsachen, zu viel Fernsehen, die Kinder müssen zu Hause nicht mehr mithelfen, ... oftmals durchgeplant (Ballett, Klavier), „Kindheit", d. h. Spielen, fehlt
nicht durch Strafen, Drohungen, Schläge gekennzeichnet, Möglichkeit, in andere Länder zu reisen, mehr Taschengeld	stärker von Konsum, Spielsachen, Markenkleidern beeinflusst, weniger Kreativität beim Spielen
relativ unbeschwert, liberal, gutes Verhältnis zu den Eltern, nicht autoritär	„erwachsener". Kinder werden oft wieder als kleine Erwachsene gesehen (Kleidung, erwartetes Verhalten, Leistung, Freizeitgestaltung)
einfacher, stress- und arbeitsfreier	medienorientierter, unselbständiger, verplanter, Schlüsselkinder

Dies sind natürlich keine verlässlichen „Expertenaussagen“ oder gar „wissenschaftlichen Befunde“, sondern Urteile und Einschätzungen von Lehramtsstudenten. Aber als solche doch auch viel sagend und interessant. Wie soll man sich diese ausgeprägte Tendenz junger, pädagogisch interessierter Erwachsener deuten, die eigene Kindheit zu verklären und dagegen die Kindheit sowohl der eigenen Elterngeneration als vor allem auch die Kindheit der heute aufwachsenden Kinder in einem sehr düsteren Licht zu zeichnen?

Sicherlich fordert die Anordnung der Aufgabenstellung in gewissem Sinn zur Polarisierung heraus. Daneben gibt es wohl allgemein eine wunschgeprägte Tendenz, die eigene Kindheit eher in einem freundlichen Licht zu sehen. Denn eine gute Kindheit gehabt zu haben, dies ist ja auch assoziiert mit der Idee eine stabile und harmonische, „gesunde“ Persönlichkeit entwickelt zu haben, und wer wollte dies nicht von sich behaupten können!

Weiterhin dürften bei diesen Urteilen Vergleiche mitschwingen und nachwirken, die die eigenen Eltern damals im Sinne eines „als ich so alt war wie Du...“ angestellt hatten. Vergleiche diese Art werden in der Erziehung typischerweise immer dann verwendet, wenn es darum geht, Forderungen gegenüber dem Nachwuchs zu begründen und Einschränkungen als wenig dramatisch erscheinen zu lassen. Die Kinder sollen einsehen, wie privilegiert ihr Leben trotz allem doch ist. Im Regelfall dient dieses Elternargument dabei zur Abwehr und zur Relativierung des von den Kindern gern ins Feld geführten

Arguments von dem, was angeblich bei „allen anderen“ (den Gleichaltrigen) üblich und erlaubt sei, weil damit eben ein anderer Bezugspunkt als der der Peergroup eingeführt wird.

Entscheidend für diese ungewöhnliche Polarisierung dürfte aber vermutlich der Umstand sein, dass die Aussagen über die eigene Kindheit auf konkreten Erinnerungen basiert, dass aber die Aussagen über die Lage der heutigen Kinder gar nicht wirklich auf der Basis eigener unmittelbarer Beobachtungen an Kindern getroffen wurden, sondern dass hier überwiegend medientypische Klischees reproduziert wurden. „Nahezu alles, was wir wissen, wissen wir über die Massenmedien“, lautet ein berühmter Luhmann-Satz. Und auch das, was wir über Kinder und Kindheit wissen, ist wohl sehr viel stärker durch die entsprechenden Problematisierungen und Diskurse in den Medien geprägt als durch unmittelbare Beobachtungen an realen Kindern. Für die Medienberichterstattung gilt jedoch das Motto „bad news are good news“, das heißt, es gibt ausgeprägte Tendenzen der Dramatisierung und der Skandalisierung, wenn die Medien sich eines Themas wie etwa „Kindheit heute“ annehmen (vgl. Lange 1996).

Vielleicht mag auch gerade bei Lehramtsstudierenden noch ein weiterer Trend mitschwingen, nämlich eine Tendenz zur Dramatisierung im Dienste der Aufwertung der eigenen künftigen späteren Tätigkeit: Je schlimmer die Bedingungen des Aufwachsens heutiger Kinder sind, je problematischer dadurch die Kinder selbst geworden sind, desto heroischer und bedeutsamer die Erziehungsaufgabe, der zu widmen man sich entschlossen hat (und desto entschuldbarer und verständlicher, wenn man als Lehrer Mühe hat, sich in Klassen mit solch ungeordneten, verwöhnten, undisziplinierten und mediengeschädigten Kindern, wie sie heute angeblich die Regel sind, durchzusetzen).

Dass sich gerade in den Köpfen von Pädagogikstudenten diese Polarität so prägnant durchsetzt, mag schließlich auch daran liegen, dass auch in der Literatur aus dem Umfeld der Pädagogik und der Kindheitsforschung nicht selten kulturkritische Verlust-, Verfalls-, und Niedergangsthesen vorherrschen, die suggerieren, dass Kindheit früher irgendwie erfüllter, glücklicher, „kindgemäßer“ gewesen sei und nun in der Gegenwart zunehmend bedrängter, bedrohter, unglücklicher würde. Populäre Buchtitel wie Postmans „Das Verschwinden der Kindheit“ (1983), Mary Winns „Kinder ohne Kindheit“ (1984), Heinz Hengsts „Kindheit als Fiktion“ (1981), David Elkinds „Das gehetzte Kind“ (1991) oder Klaus Hurrelmanns „Kinder im Stress“ (1991) stützen diese Sichtweise. Gängige Stichworte, die die Trends im Kinderleben auf den Punkt bringen sollen, wie etwa „Verinselung“, „Verhäuslichung“, „Pädagogisierung“, „Mediatisierung“, „Kommerzialisierung“, „Marginalisierung“ (Qvortrup 1993) oder gar „Liquidierung“ (Hengst 1985) etc. beschreiben allesamt eher problematische Entwicklungstrends und sind meist mit der Vorsilbe *„Ver-“* oder der Endsilbe *„-ung“* gebildet, was rein sprachlogisch in der Regel auf ein transitives/passives Geschehen verweist: einer

Person oder einer Gruppe widerfährt etwas Negatives, dem sie sich kaum entziehen kann. (Also nach dem Muster von „Vergewaltigung“, „Vertreibung“, „Verdrängung“). Stichworte, die eher positive Trends benennen, wie etwa „Freisetzung“, „Anerkennung“, „Respektierung“, „Beteiligung“, „Förderung“, „Ermöglichung“, „Demokratisierung“, finden sich dagegen im Kindheitsdiskurs sehr viel seltener. Jürgen Oelkers hat deshalb davon gesprochen, dass der Kindheitsdiskurs in Deutschland zur „Katastrophensemantik“ neige (Oelkers 2002). Und Tendenzen zu solcher „Katastrophensemantik“ finden sich durchaus auch bei renommierten Kindheitsforschern wie etwa bei Klaus Hurrelmann. Im Vorspann zu einem Text mit dem Titel: „Die alten Kinder“ – ein Titel, der ja in der schlichten Kombination von drei Worten schon den Verlust der Kindlichkeit, die „Frühvergreisung“ nahe legt – ist etwa zu lesen: „‚Das Verschwinden der Kindheit‘ hatten vor einem Jahrzehnt Neil Postman und David Elkind vorausgesagt. Ihre Thesen haben sich ziemlich eindeutig bestätigt: Kindheit ist heute kein sozialer Schonraum mehr. Wie schon im Mittelalter werden Kinder wieder zu kleinen Erwachsenen, die unter Leistungsdruck und Familienstreß dieselben Krankheiten und Süchte wie die Großen entwickeln“ (1994). In Analogie zum Ozonloch in der Stratosphäre wird dann auf das „soziale Ozonloch“ verwiesen, auf den massiven Verlust jener Kräfte und Schutzfaktoren, welche bisher die schädlichen gesellschaftlichen Einflüsse filterten und pufferten.

Eine der meistzitierten Liste mit Charakterisierungen der „heutigen Kindheit“ stammt aus Hentigs Vorwort zur deutschen Ausgabe des Buches von Ariès. Hentig beschreibt darin die moderne westliche Kindheit als „Fernseh-“, „Schul-“, „Zukunfts-“, „Stadt-“, „Kinder-“ und als „pädagogische Kindheit“. Weiterhin fasst er dann seinen Gesamteindruck von den Schülern der Laborschule, sein „Erschrecken“ darüber, „daß ‚Kinder‘ ‚heute‘ ‚so sind‘“ in folgenden drastischen Worten zusammen: „Die heutigen Kinder sind ganz offensichtlich die Kinder *ihrer* Zeit und *ihrer* Umwelt, sie sind ihr entlarvendster Spiegel. Sie sind nicht nur nervös, ungeordnet, ... vital ‚gestört‘ – sie terrorisieren einander, sie streiten sich ununterbrochen (um Gegenstände, als lebten sie in tiefer Armut, um Rangplätze, ... um die Zuwendung der Erwachsenen, als lebten sie in einer besonders lieblosen Welt), sie vandalisieren das Gemeingut, sie sind weitgehend unfähig, anderen und sich selbst Freude zu bereiten, sie scheinen unfähig, tiefere anhaltende Beziehungen zu Menschen oder Sachen einzugehen und sie müssen ununterbrochen schreien. Natürlich haben sie auch liebenswerte, ja bewundernswerte neue Eigenschaften, aber diese sind meist die unmittelbare Folge und Kehrseite einer ihrer Schwierigkeiten: aggressiv wie sie sind, können sie Erwachsenen frei, ungebeugt begegnen; indifferent, unkooperativ und kritisch wie sie sind, können sie diese Schwächen sehr ehrlich einsehen und sehr beredt anklagen; ungeordnet wie sie sind, können sie in bestimmten Lagen sich selbst und ihren Anspruch zurücknehmen“ (Hentig 1975, S. 32 f.).

Diese Hentigsche Beschreibung „heutiger Kinder" findet in den Seminaren meist zunächst große Zustimmung bei den Studierenden (denn sie entspricht ja in vielem den Einschätzungen, die sie selbst auf den Satzergänzungsimpuls hin zu Papier gebracht haben) – bis die Studierenden dann darauf hingewiesen werden, dass von Hentig diese Sätze bereits 1975 formuliert hat, dass sie sich also auf Kinder der Geburtsjahrgänge 1962–1969, mithin eher auf ihre eigene Generation oder gar die Generation ihrer Eltern bezieht als auf die Generation jener in den 90er Jahren geborenen Kinder, die sie im Rahmen von Schulpraktika erleben.

Eine ähnliche Tendenz zur Polarisierung im Hinblick auf die Frage nach der Qualität von Kindheitserfahrungen früher und heute zeigte sich auch in der Studie „Kinderwelten aus Elternsicht" von Burkard Fuhs (1999): Er führte Befragungen von Eltern in qualitativen Interviews durch und forderte sie dabei auf, einen Vergleich ihrer eigenen Kindheit mit der, die heutige Kinder erleben, anzustellen. Dabei ergaben sich markante Unterschiede je nachdem, ob Eltern diese Einschätzung auf „Kindheit heute" *generell* bezogen oder ob sie ganz konkret die Situation *ihrer* Kinder bewerteten: Ging es um das heutige Leben von Kindern generell, dann war auch hier die Einschätzung der Eltern überwiegend pessimistisch, dann ging es den Kindern heute im Allgemeinen schlechter als früher. Ging es dagegen um das Leben ihrer eigenen Kinder, fielen die entsprechenden Einschätzungen sehr viel weniger kritisch aus. Dem eigenen Nachwuchs geht es also nach der Einschätzung der meisten Eltern deutlich besser als der Mehrheit der Kinder heutzutage. Eltern haben demnach einen „doppelten Blick auf die Kindheit".

Glück ist offensichtlich keine absolute, sondern eine relative Größe. Man braucht für entsprechende Einschätzungen und Bewertungen immer Bezugspunkte. Je nachdem wie diese Bezugspunkte gewählt werden, fallen die Urteile unterschiedlich aus. Ganz offensichtlich handelt es sich zudem bei der Einschätzung, ob Kinder heute mehr oder weniger glücklich sind als Kinder früherer Generationen, um eine Frage, die sehr stark von der medialen Präsentation des Themas „Kindheit" geprägt ist und die zudem besonders anfällig ist für subjektive Wahrnehmungsverzerrungen.

Hinzu kommt, dass „Glück" ja eine höchst subjektive Empfindung ist, die weder mit den objektiven Parametern des Lebensstandards noch mit den historisch veränderbaren Erziehungsstilen, Freiheitsspielräumen, Autoritätsverhältnissen, Mithilfeerwartungen, mit denen Kinder sich zu ihrer Zeit jeweils konfrontiert sehen, direkt korreliert sein muss. Solange diese Dinge ganz selbstverständlich so sind, wie sie sind und vom Kind nicht in Frage gestellt werden, weil sie bei allen anderen Kindern in seinem Umfeld ähnlich gehandhabt werden, werden sie als Normalität in der Regel akzeptiert. Für das subjektive Glücksempfinden maßgeblicher ist der Vergleich und damit die Kontrasterfahrung. Der Kontrast zwischen Anspruch und Realität, zwischen dem, was bei anderen Kindern geboten, verfügbar, erlaubt, möglich ist, und dem, was man selbst dagegen an Forderungen, Einschränkungen, Versagungen und Verboten erdulden muss.

Um die Frage „Sind heutige Kinder unglücklicher als Kinder früherer Generationen?“ einigermaßen objektiv beurteilen zu können, bräuchte man so etwas wie eine historisch vergleichende „Kinderglücksforschung“, die es freilich nicht gibt. Was es jedoch im Zusammenhang der neueren Kindheitsforschung gibt, sind Versuche, die aktuelle Befindlichkeit, die subjektiv erlebte Lebensqualität heutiger Kinder, ja, tatsächlich auch deren eigenen Glückseinschätzungen zu erfassen und diese mit Merkmalen der jeweiligen Lebenssituation in Beziehung zu setzen.

3 Wie schätzen (heutige) Kinder ihre eigene Befindlichkeit/ihre Lebensqualität/ihr Glück ein und von welchen Faktoren ist dies abhängig?

3.1 M. Auwärter: „Die Kinder sind meistens traurig"

Eine erste kleine Studie in diese Richtung hat Manfred Auwärter durchgeführt. Sie ist deshalb relativ bekannt geworden, weil sie 1983 im Kursbuch Nr. 72, das den „neuen Kindern“ gewidmet war, also an einem relativ populären Publikationsort, erschienen ist. Auwärter hatte 40 Kinder zwischen vier und zehn Jahren in Interviews danach befragt, wie sie „die Welt der Erwachsenen und im Kontrast dazu die der Kinder konzeptionalisieren“ (Auwärter 1983, S. 116). Nachdem er sie zunächst bat einzuschätzen, wie Kinder und Erwachsene wohl auf bestimmte Situationen, die in einer Geschichte dargeboten wurden, reagieren würden, stellte er ihnen zum Schluss die Frage: „Worin unterscheiden sich denn überhaupt die Kinder von den Erwachsenen?“ Und schließlich auch noch ganz direkt: „Wer ist eigentlich trauriger, die Kinder oder die Erwachsenen?“ sowie, nach erfolgter Antwort: „Und wer ist glücklicher?“

Die Ergebnisse sind in diesem speziellen Punkt nach der Darstellung von Auwärter offensichtlich relativ deutlich ausgefallen: „Von den 35 Kindern (die verwertbare Antworten gaben) waren 27 der Meinung, Kinder seien generell unglücklicher als die Erwachsenen, und sieben fanden beide Gruppen, Kinder und Erwachsene gleich glücklich oder unglücklich ... Der Meinung, die Kinder seien glücklicher, war nur ein einziges Kind“ (ebd., S. 124). Entsprechend hat Auwärter denn auch den Satz „Die Kinder sind meistens traurig“, der von einem Kind im Interview geäußert wurde, zum Titel seines Aufsatzes gemacht.

3.2 L. Wilk/J. Bacher: „Kindliche Lebenswelten"

Weitere Studien im Rahmen der neueren Kindheitsforschung sind, indem sie eine Art „Soziotop-" bzw. „Edukatopforschung" betrieben haben, bei der ausdrücklich „die Perspektive der Kinder in den Mittelpunkt gerückt werden" sollte (Wilk/Bacher 1994, S. V), den Bedingungen der „kindlichen Lebensqualität" bzw. des „kindlichen Wohlbefindens" nachgegangen. So fragten etwa Wilk/Bacher im Rahmen ihres repräsentativen Kindersurveys unter anderem danach, von welchen Faktoren es abhängig ist, wie zehnjährige Kinder ihre subjektive Befindlichkeit einschätzen. Dabei spielte hier ebenfalls die Vergleichsperspektive eine Rolle. Ausdrücklich ging es nämlich auch um die Frage: „Wie unterscheiden sich die Wahrnehmungen, Interpretationen und Bewertungen der Kinder von jenen der Eltern und Lehrer" (ebd., S. 20). Zwar ging es in dieser Studie nicht explizit um das Thema „Glück", aber die Leitkategorie „psychosoziales Wohlbefinden", die hier im Zentrum stand, konkretisiert in den Fragen, „ob Kinder sich wohl oder nicht wohl fühlen, ob sie traurig oder fröhlich sind" (ebd.), kommt dem doch ziemlich nahe. Um über die Faktoren, die hierfür maßgeblich sind, etwas herauszufinden, haben Wilk und Bacher 2745 zehnjährige Kinder und deren Eltern und Lehrer mittels standardisierter Interviews zu den zentralen Lebensbereichen „Familie", „Wohnen und Wohnumwelt", „Schule", „Freunde und Freizeit" sowie „Medien" befragt. Zu jedem dieser Lebensbereiche mussten die Kinder dann abschließend mittels einer fünfstufigen Gesichterskala („Smileys") eine Einschätzung treffen, wie wohl sie sich in diesem Bereich fühlten.

Hinzu kam die Auswertung von 98 Leitfadeninterviews mit Kindern, in denen diese zum freieren Erzählen aufgefordert wurden, sowie von 213 „projektiv-diagnostischen Zeichnungen" zum Thema „Familie in Tieren" und von 252 Aufsätzen zum Themenbereich Schule und Familie, bei denen durch einen entsprechenden Erzählimpuls eher heikle, problematische Aspekte zur Sprache kommen sollten.

Die komplex angelegte Studie hat eine Menge interessanter Ergebnisse gebracht, von denen einige zentrale hier zusammengefasst werden sollen:

- Der Großteil der Kinder gab an, sich in seiner Familie (71%), in seiner Wohnung (80%) und in seiner Wohnumgebung *sehr wohl* zu fühlen. Dagegen war das durchschnittliche Wohlbefinden in der Schule deutlich geringer ausgeprägt. Nur 31% gaben hier an, sich *sehr wohl* zu fühlen.
- 22% der Kinder gaben quer durch alle befragten Lebensbereiche ein sehr hohes Maß an Wohlbefinden zu Protokoll. 12% dagegen gaben dies nur für einen Lebensbereich an und immerhin 8% der Kinder hatten überhaupt keinen Lebensbereich, in dem sie sich sehr wohl fühlten.
- Gerade das Ergebnis des Vergleichs zwischen den „Extremgruppen" in Sachen Wohlbefinden brachte einige markante Unterschiede hinsichtlich

der Lebensbedingungen dieser beiden Gruppen zutage: Kinder, die sich in allen Lebensbereichen „nicht sehr wohl“ fühlen, stammen signifikant häufiger aus Einelternfamilien oder aus Stieffamilien und aus einkommensschwachen Familien, die in beengten Wohnverhältnissen und/oder in weniger kinderfreundlichen Wohnumgebungen leben. Sie haben häufiger mehr als zwei Geschwister, haben durchschnittlich mehr kritische Lebensereignisse in den letzten beiden Jahren erlebt und haben häufiger keine Nachmittagsbetreuung.

- Besonders interessant und differenziert sind die Ergebnisse dieser Studie im Hinblick auf den für das kindliche Wohlbefinden wohl wichtigsten Lebensbereich „Familie“, denn hier lagen unterschiedliche Materialien und Einschätzungen aus unterschiedlicher Perspektive vor. Mehr als zwei Drittel der Kinder gaben an, dass sie sich zu Hause *„sehr wohl“* fühlten. Rechnet man diejenigen hinzu, die sich für die zweitpositivste Option *„wohl“* entschieden, dann waren es insgesamt etwa 90%, die prinzipiell ein positives Urteil über ihre Familiensituation fällten. Die Quote derer, die sich in ihrer Familie „eher nicht wohl“ fühlten (d. h. die die restlichen drei Alternativen ankreuzten), war in Stieffamilien doppelt so hoch (19%) wie in traditionellen Familien.
- Die Eltern schätzten auf die Frage „Wie erleben Sie meistens ihr Kind?“ das allgemeine Wohlbefinden ihrer Kinder deutlich niedriger ein als dies die Kinder selbst auf die entsprechende Frage „Wie fühlst Du Dich meistens in Deiner Familie?“ getan hatten. Dagegen gab es bei der Einschätzung der Kommunikationshäufigkeit in der Familie eine umgekehrte Tendenz. Hier schätzten die Eltern die innerfamiliäre Kommunikationsdichte deutlich höher ein als die Kinder.
- Weiterhin wurde auch noch nach der Häufigkeit von Gefühlen von Traurigkeit und Wut gefragt, wobei sich herausstellte – was wenig verwunderlich ist –, dass Einzelkinder sich häufiger einsam fühlen als Kinder mit Geschwistern, dass aber Kinder mit mehreren Geschwistern angaben, sich häufiger traurig zu fühlen als Kinder ohne Geschwister.
- Entscheidender vermittelnder Faktor im Hinblick auf das Wohlbefinden des Kindes in der Familie war der familiäre Interaktionsstil, die Frage also, in welchem Maß das Kind Zuwendung, Lob, Zusammengehörigkeitsgefühl in der Familie erlebte und wie groß die Konflikthäufigkeit innerhalb der Familie war.
- Ein weiterer wichtiger Faktor war die gemeinsame Familienzeit. Hier beklagten sich viele Kinder, aber auch viele Eltern über den Mangel an gemeinsamer Zeit in der Familie und eine positive Einschätzung der Kinder im Hinblick auf die verfügbare gemeinsame Familienzeit stand signifikant mit dem Wohlbefinden der Kinder in Zusammenhang.
- Interessant ist, dass sich beim Vergleich unterschiedlicher methodischer Zugänge gewisse Diskrepanzen insbesondere bezüglich der Frage nach der

Konflikthäufigkeit in den Familien ergeben haben. Kinder haben offensichtlich bei der Einschätzung ihrer Familienatmosphäre im Rahmen der Beantwortung der Interviewfragen ein ausgeprägtes Harmoniebedürfnis. Mehr als die Hälfte der Kinder gaben im standardisierten Interview an, dass es in ihrer Familie *„nie"*, ein weiteres Drittel gab an, dass es daheim *„selten"* zu Streitereien komme. Demgegenüber gaben etwa die Hälfte der Kinder bei der Frage, was sie einmal als Erwachsene anders machen würden, an, dass sie möchten, dass es später in ihrer Familie einmal weniger Streit zwischen den Eltern bzw. zwischen Eltern und Kindern gibt. Und auch die Antworten auf die projektiven Erzählimpulse bei den Aufsätzen wiesen eher darauf hin, dass die Kinder doch eine größere Belastung durch Konflikt und Streit in ihren Familien erlebten.

- Wilk und Bacher haben versucht, die Vielfalt der Familiensituationen in einer Typologie zu ordnen, die sich aus einer systematischen Kombination der beiden Hauptfaktoren „Modernisierungsgrad" und „verfügbare sozio-ökonomische Ressourcen" ergab. Dabei wurde unter ersterem Merkmal, also dem „Modernisierungsgrad" der Familie, vor allem all das verstanden, was die Familie vom klassischen Bild der traditionellen Familie mit klaren patriarchal geprägten geschlechts- und generationshierarchischen Rollenmustern, Aufgabenteilungen und Autoritätsstrukturen unterscheidet. Diese idealtypische Einteilung wurde dann mit den Ergebnissen einer entsprechenden Clusteranalyse verglichen. Im Hinblick auf die Bedeutung der unterschiedlichen „Familientypen" für das kindliche Wohlbefinden ergab sich dabei der folgende Zusammenhang: „Kinder, die in Familien leben, die durch einen hohen Modernisierungsgrad gekennzeichnet sind und über viele soziale Ressourcen verfügen (Familientyp I), gefolgt von Kindern, die in Familien des Typs II (niedriger Modernisierungsgrad und viele sozio-ökonomische Ressourcen) leben, fühlen sich am wohlsten. Deutlich am wenigsten wohl fühlen sich Kinder in Familien, die mit geringen sozialen und ökonomischen Ressourcen ausgestattet sind und einen hohen Modernisierungsgrad (Familientyp III) aufweisen. Die soziale Lage ist somit für das Wohlbefinden der Kinder von stärkerer Bedeutung als das Ausmaß der Modernisierung" (ebd., S. 142).
- Im Gegensatz zu den Bereichen Familie, Wohnung/Wohnumfeld, Freunde/Freizeit und Medien erwies sich der Lebensbereich Schule in der Studie von Wilk/Bacher für eine große Zahl der Viertklässler eher als ein Ort des Missbehagens und des Unwohlseins: „Für etwa ein Drittel der Schüler stellt die Schule ein Feld ständiger Überforderung und Belastung dar; die wesentliche Quelle dafür ist die Angst vor Noten und Prüfungen, weniger die Angst vor Lehrerinnen und Lehrern" (ebd., S. 352). Für etwa ein Sechstel der Schüler tragen auch Erfahrungen der Ausgrenzung und der Hänselei durch Mitschüler zu dieser negativen Bewertung der Schulerfahrungen bei.

- Insgesamt mündet die Untersuchung von Wilk/Bacher in ein höchst komplexes Pfadmodell, in dem an zentraler Stelle als „Explicandum" das „gute psychosoziale Wohlbefinden" des Kindes steht (ebd., S. 141, S. 361), sowie schließlich in einen langen Katalog von davon abgeleiteten Forderungen einer kindbezogenen Politik.

3.3 J. Zinnecker: „Glückskinder und Stresskinder"

Eine in gewissen Hinsichten ähnliche Studie mit einer etwas anderen Altersgruppe hat Jürgen Zinnecker unter dem Titel „Streßkinder und Glückskinder" (1997) vorgelegt. Auch hier gab es eine relative große, repräsentative Stichprobe, die mit standardisierten mündlichen Interviews befragt wurde. Im Mittelpunkt standen hier freilich Zehn- bis Dreizehnjährige, also Präadoleszente am Übergang von der Kindheit zum Jugendalter. Focus der Untersuchung war auch hier die Frage, welche Rolle den Eltern als der primär bedeutsamen sozialen Umwelt der Kinder im Hinblick auf deren psychosoziales Wohlbefinden zukommt. Auch hier gab es eine Gegenkontrolle bzw. eine Perspektivenverschränkung durch eine parallele Befragung der Mütter und Väter der Kinder. Sie erfolgte hier durch einen triadischen Vergleich der Einschätzungen und Beschreibungen von drei unterschiedlichen Familienmitgliedern. Weiterhin wurde auch in der Studie von Zinnecker versucht, die Vielfalt der unterschiedlichen Familienrealitäten clusteranalytisch zu vier unterschiedliche Familienmilieus zu verdichten und der Frage nachzugehen, welchen Einfluss diese unterschiedlichen Familienmilieus auf die Entwicklung des darin lebenden Nachwuchses haben. Dabei grenzt sich Zinnecker ausdrücklich von der traditionellen „Erziehungsstilforschung" ab, die die „Auswirkung" bestimmter erzieherischer Einstellungen, Intentionen und Maßnahmen untersuchen will, und geht stattdessen davon aus, dass es notwendig sei, das „Zusammenleben von Eltern und Kindern als komplexe mikrosoziale Konfiguration" (Zinnecker 1997, S. 9) in den Blick zu nehmen, die als solche natürlich auch von den Eigenarten, Temperamentsmerkmalen und Reaktionsweisen des Kindes selbst mitgeprägt ist. Weiterhin geht Zinnecker davon aus, dass es in sozialisatorischer Hinsicht weniger auf die abfragbaren elterlichen Erziehungseinstellungen oder auf das „objektive Elternverhalten" ankomme, sondern dass die subjektive Wirklichkeitskonstruktion des Kindes, die von ihm perzipierte Familienrealität entscheidend sei.

Um etwas über diese „persönlichen Eltern-Umwelten" der Kinder zu erfahren, erhielten diese die Aufgabe, ihre Familien (und bei manchen Fragen ihre Mütter und Väter getrennt) bezüglich bestimmter Kriterien zu beurteilen, bei denen jeweils mehrere konkret vorgegebene Items auf einer vierstufigen Skala einzuschätzen waren. Dabei ging es um Dimensionen wie etwa *Harmoni-*

sches Familienklima („In unserer Familie geht es harmonisch und friedlich zu"), *Empathische Mutter/Empathischer Vater* („Meine Mutter/mein Vater merken mir sofort an, wenn ich vor etwas Angst habe"), *Akzeptanz mütterlicher Ratschläge/Akzeptanz väterlicher Ratschläge* („Meine Mutter/Mein Vater kann mir in folgenden Dingen den richtigen Rat geben: Warum gibt es Krieg und Ungerechtigkeit in der Welt? – Ich brauche einen Ratschlag bei meinem Hobby – Welche Ziele soll ich mir für mein eigenes Leben vornehmen?"), *Aufmerksamkeit der Mutter/des Vaters für die Schule* („Meine Mutter/Mein Vater fragt mich regelmäßig, wie es in der Schule gewesen ist"), *Gemeinsame kulturelle Aktivitäten und Hobbys mit der Mutter* („Wir machen gemeinsam Musik"), *Gemeinsame kulturell-musische Aktivitäten mit dem Vater* („Wir lesen gemeinsam"), *Gemeinsame sportliche Aktivitäten und Hobbys mit dem Vater* („Wir treiben gemeinsam Sport"), *Heftige Diskussionen mit der Mutter/dem Vater* („Wie heftig diskutierst Du diese Themen mit Deiner Mutter/Deinem Vater: Wann und wie ich mein Zimmer aufräume – Mit welchen Freunden ich zusammen bin"), *Inkonsistenter Erziehungsstil der Mutter/des Vaters* („Manchmal freuen sich meine Eltern, wenn ich ihnen helfe, manchmal haben sie aber auch etwas dagegen, ohne dass ich weiß warum"), *Konsequent strenger Erziehungsstil der Mutter/des Vaters* („Wenn meine Eltern einmal etwas verbieten, bleiben sie dabei und erlauben es mir auch später nicht").

Mittels einer Clusteranalyse wurden die Probanden dann nach dem Prinzip maximaler Ähnlichkeit der Antworttendenzen innerhalb eines Clusters und maximaler Differenz zwischen den Clustern in vier Gruppen eingeteilt. Die sich damit ergebenden vier unterschiedlichen „Elternwahrnehmungen aus Kindersicht" wurden aufgrund der jeweils vorherrschenden typischen Merkmale der Eltern als „Konflikteltern" (Cluster 1, 28%), „Kontrolleltern" (Cluster 2, 31%), „Partnereltern" (Cluster 3, 18%) und „lockere Eltern" (Cluster 4, 23%) bezeichnet. Insbesondere die Cluster 1 und 3 bildeten dabei einander entgegen gesetzte Profile ab und können als eine Art „Extremgruppenvergleich" betrachtet werden. Dabei ist es offensichtlich, dass die Kinder aus dem Cluster 3, die ihre Familienatmosphäre als relativ harmonisch und ihre Eltern als recht freundlich, unterstützend und wohlwollend erleben, sich irgendwie in einer günstigeren, „glücklicheren" Lage befinden als die Kinder des Clusters 1, die relativ viel Konflikte und deutlich weniger Vertrauen und Unterstützung in ihren Familien erleben – auch wenn hier gar nicht explizit nach dem subjektiven „Glücksempfinden" der Betroffenen gefragt wurde.

Von Interesse war nun einerseits, ob diese unterschiedlichen Weisen der Wahrnehmung der eigenen Familienrealität systematisch mit bestimmten soziodemographischen oder schichtspezifischen Differenzen verknüpft waren und ob sie andererseits mit bestimmten Parametern der Entwicklung und des psychosozialen Wohlbefindens in Zusammenhang standen.

Dabei zeigte sich erstaunlicherweise hinsichtlich der Verteilung der „Familientypen" auf unterschiedliche soziale Orte innerhalb der Gesellschaft kaum ein direkter Zusammenhang. Nach Zinnecker verteilen sich die „meisten der untersuchten Kriterien gleichmäßig über den sozialen Raum" (ebd., S. 19). Die „Konflikt-Eltern" stammten also nicht – wie man vielleicht vermuten könnte – häufiger aus bildungs- und einkommensmäßig benachteiligten Soziallagen. Am markantesten war in dieser Hinsicht noch das Ergebnis, dass die Mütter und Väter aus der Gruppe der „Konflikt-Eltern" in den entsprechenden Elterninterviews ihre Berufstätigkeit häufiger als einförmig, langweilig und wenig kreativ beschrieben. Häufiger wurde hier auch ein Rückgang des Familieneinkommens während des letzten Jahres zu Protokoll gegeben.

Bezogen auf die familienstrukturellen Eigenschaften befanden sich die Familien aus dem ersten Cluster tendenziell häufiger in schwierigeren, instabileren Lagen. Hier gab es mehr geschiedene, alleinerziehende Mütter und Väter und vermehrt Stieffamiliensituationen. Zudem äußerten sich die Mütter und Väter hier etwas kritischer bezüglich der Qualität der eigenen Partnerschaft.

Gerade im Hinblick auf die Frage nach dem „Glück" der in den Familien aufwachsenden Kinder und Jugendlichen ist es natürlich von besonderer Relevanz, ob die unterschiedlichen Wahrnehmungen der Familienumwelten auch auf weitere Entwicklungsdimensionen der Betroffenen „ausstrahlen". Hier zeigte sich, dass die Kinder, die ihre Familien als „Konfliktfamilien" wahrnahmen, häufiger über depressive Verstimmtheit klagten als die Kinder aus den „partnerschaftlichen Familien". Die Quote der frühen Raucher war hier etwa doppelt so hoch wie im Cluster 3. Dies ist insofern bedeutsam, als man von verschiedenen Studien weiß, dass das frühe Rauchen ein sensibler Indikator für die Stressbelastung von Kindern und Jugendlichen ist. Auch die Neigung zu aggressiven Hänseleien von Mitschülern und zu delinquenten Handlungen war bei den Kindern, die ihre Eltern als „Konflikteltern" wahrnahmen, wesentlich ausgeprägter.

Das erlebte Familienmilieu hatte auch Konsequenzen für die Haltung zum schulischen Lernen und für die Bildungsambitionen. Die Kinder aus dem ersten Cluster hatten nicht nur durchschnittlich schlechtere Noten in Deutsch und Mathematik als die des Clusters 3, sie hatten auch eine größere Distanz zur Schule und sie schätzten ihre bisherigen Schulerfahrungen und ihre schulische Leistungsfähigkeit ungünstiger ein. Zwar hatten sie durchaus hohe Bildungsaspirationen und ehrgeizige Lebensziele. Bisweilen erschienen diese aber angesichts der realen Schwierigkeiten mit dem schulischen Lernen eher unrealistisch.

Zinnecker kommt deshalb zu der Gesamteinschätzung, dass es sich bei der Qualität der Familienumwelt, die die Eltern ihren Kindern zur Verfügung stellen, um eine wichtige Form der „sozialisatorischen Mitgift" bzw. des „sozialen Familienkapitals" handelt, das die Eltern an ihre Kinder weitergeben. Kinder, die in Familien mit „Partner-Eltern" aufwachsen, sind in diesem Sinne tatsächlich „glücklicher" dran, als sie bessere Voraussetzungen sowohl für ihr gegenwärtiges Wohlbefinden als auch für ihren künftigen Lebensweg genießen: „In diesem Typus von Umwelt erleben die Heranwachsenden offensichtlich mehr als in anderen Eltern-Umwelten Qualitäten wie liebevolles Verständnis, aufmerksame Kontrolle seitens der älteren Generation, gemeinsame kulturelle Handlungserfahrungen mit dieser sowie ein emotional relativ ausgeglichenes Binnenklima. Nicht unwichtig ist ferner, daß das Zutrauen in den Rat und die Weltklugheit der Eltern in diesem Typus von Familienumwelt noch relativ hoch ist" (ebd., S. 30).

Freilich muss man, da es sich um eine Querschnittsuntersuchung handelt, bezüglich der Interpretation der kausalen Wirkrichtung vorsichtig sein. Natürlich ist zunächst die Vorstellung plausibel, dass sich die Kinder in den „glücklicheren" Familienmilieus günstiger entwickeln. Aber es könnte auch so sein, dass die Kinder mit ihren Problemen, Forderungen, Fehlentwicklungen entsprechende Spannungen in die Familien hineintragen – man denke zum Beispiel an die Belastungen, denen eine Familie mit einem hyperaktiven Kind ausgesetzt ist – und somit ihrerseits zu einer Verschlechterung des Familienklimas beitragen.

Einiges spricht auch dafür, dass sowohl der real veränderte Charakter als auch die veränderte Wahrnehmung und Einschätzung des Familienklimas auch etwas mit den pubertären Entwicklungsprozessen und den damit verknüpften allgemeinen Tendenzen zur Distanzierung im Eltern-Kind-Verhältnis zu tun haben, welche üblicherweise gerade in der untersuchten Altersspanne der 10–13-Jährigen aufbrechen. Denn es zeigte sich, dass die Probanden, die aufgrund der Beschreibung ihrer Familiensituation dem Cluster 1 zugeordnet wurden, im Durchschnitt ein halbes Jahr älter waren als diejenigen aus dem Cluster 3, dass sie hinsichtlich der körperlichen Pubertätsmerkmale bereits weiter fortgeschritten waren und dass sie sich hinsichtlich ihres subjektiven Selbstverständnisses selbst fast doppelt so häufig bereits dem Jugendalter zuordneten als die Probanden des Clusters 1, die zu zwei Dritteln noch in einer kindlichen Position gegenüber ihren Eltern standen. Hier könnten letztlich nur longitudinale Untersuchungen Klarheit darüber bringen, inwiefern entsprechende problematische Entwicklungstrends, die mit der Pubertät aufbrechen, durch eine konflikthaft erlebte Familiensituation während der Kindheitsjahre prädestiniert sind. Helmut Fend, der in seinem Konstanzer Längsschnitt ein großes Sample über die pubertären Entwicklungsjahre hinweg begleitet hat, kommt bei seiner diesbezüglichen Einschätzung immerhin zu dem Fazit: „Wer vorhersagen möchte, bei wem sich das Eltern-Kind-Verhältnis in der Jugendphase positiv oder negativ entwickelt, dem kann eine einfache Information weiterhelfen: die Qualität der Eltern-Kind-Beziehung in der Kindheit. Ist hier das Verhältnis sehr positiv gewesen, dann besteht eine große Wahrscheinlichkeit, dass dies auch in der Jugendzeit der Fall sein wird. ... Die in der Kindheit aufgebaute Beziehung, sei sie positiv oder belastet, trägt durch die Jugendzeit hindurch“ (Fend 2000, S. 292).

3.4 A. Bucher: „Was Kinder glücklich macht"

Am ausdrücklichsten und am differenziertesten hat sich Anton Bucher in seiner Studie: „Was Kinder glücklich macht. Historische, psychologische und empirische Annäherungen an das Kindheitsglück“ mit der Frage nach dem Glück der Kinder auseinandergesetzt (Bucher 2001). Er hat darin nicht nur weit ausgeholt in die Ideengeschichte der Kindheit und in die aktuelle soziologische Kindheitsforschung, in die Tradition der philosophischen und psychologischen Glückskonzepte sowie in die autobiographischen Beschreibungen von Kinderglück, er hat auch eine empirische Studie, den „Salzburger Kindersurvey“, durchgeführt, in welcher er 1319 Schulkinder im Alter von 9–13 Jahren schriftlich nach dem Ausmaß und den Anlässen, nach den Orten und den Zeiten, nach den Situationen und Tätigkeiten sowie nach den Bedingungen und Einschränkungen ihres Glückserlebens gefragt hat. Bucher legt dabei seiner Studie einen „aktivistischen Glücksbegriff“ zugrunde und formuliert als zentrale Hypothese: „Je mehr es Kindern möglich ist, sich intrinsisch motivierten Tätigkeiten hinzugeben, sei es allein, sei es mit FreundInnen und Bezugspersonen, die sie dafür anerkennen und loben, desto glücklicher schätzen sie ihre Kindheit ein“ (ebd., S. 134).

Auch Bucher arbeitete, ähnlich wie Bacher und Wilk, mit einem Fragebogen, bei dem die Probanden bei den einzelnen Items, die sich auf die unterschiedlichen Lebensbereiche und Tätigkeiten bezogen, mittels einer fünfstufigen Skala von Smileys entsprechende Einschätzungen ihrer Befindlichkeit vornehmen mussten. Am Schluss wurden sie dann auch noch um eine Globaleinschätzung ihres bisher erlebten Kindheitsglücks gebeten („Mein bisheriges Leben, meine Kindheit war: Sehr glücklich –, glücklich –, nicht so glücklich –, eher traurig –, traurig –“, „Ich habe ein gutes Leben: immer –, oft –, manchmal –, selten –, nie –“, „Ich möchte mein Leben wäre anders: immer –, oft –, manchmal –, selten –, nie –“).

Bei dieser Globaleinschätzung des Kindheitsglücks ergaben sich erfreulich positive Werte. Mehr als die Hälfte der Befragten, nämlich 54,1%, schätzte ihr bisheriges Leben als „sehr glücklich“ ein, weitere 39,3% immerhin als „glücklich“. Die weiteren Kategorien „nicht so glücklich“ (5,6%), „eher traurig“ (1%) und „traurig“ (0%) wurden nur von sehr wenigen Kindern als zutreffend angekreuzt. Bei der Zustimmung zu der Aussage „Ich habe ein gutes Leben“ waren die Tendenzen ziemlich ähnlich. Auch hier wählten 90% die beiden positivsten Bewertungen. Dem Wunsch „Ich möchte, mein Leben wäre anders“ erlebte dagegen immerhin ein Drittel der Befragten als „manchmal“, „oft“ oder „immer zutreffend“ und nur 42% gaben an, dass sie „nie“ von einer entsprechenden Sehnsucht angewandelt würden (S. 138 f.).

Das direkte „Gegenitem“ zu den Fragen nach dem Glück und nach der Zufriedenheit war die Frage nach der Häufigkeit des Erlebens von Traurigkeit. Bei der Frage „Ich bin traurig“ gaben 44,3% „(fast) nie“ an, 23,8% „einmal/Monat“, 18,2% „einmal/Woche“, 11% „mehrmals/Woche“ und 2,7% „jeden Tag“. Hier war es jedoch so, dass durchaus auch viele Kinder, die ihr Leben insgesamt als „sehr glücklich“ bewertet hatten, angaben, dass sie sich bisweilen „traurig“ fühlten. Mehr oder weniger häufiges Traurigsein ist also für Kinder eine eher normale Sache, die nicht notwendig mit einer negativen Lebensbilanz verknüpft sein muss.

Dass es eine große Differenz hinsichtlich des Glücksempfindens in unterschiedlichen Situationen und sozialen Konstellationen gibt, ist wenig verwunderlich. An der Spitze der Glückseinschätzung rangierten hier Nennungen wie „in den Ferien“, „an Weihnachten“, „bei Freunden“, „bei der Mutter“ oder „bei Tieren“, am unteren Ende der Tabelle dagegen Situationen wie „in der Kirche“, „bei Schularbeiten“, „beim Rechnen“, „bei Hausaufgaben“ oder „beim Zahnarzt“ (S. 142). Schule insgesamt ist bei den 10–13-Jährigen im Gegensatz zum häuslichen Umkreis und dem Zusammensein mit Freunden in der Freizeit kein Feld ausgeprägten Glücksempfindens. Sie rangiert in der Tabelle an vorletzter Stelle, nach der Kirche und vor dem Zahnarzt. Zudem gab es einen massiven Abwärtstrend in dem Sinne, dass die Dreizehnjährigen ihre durchschnittliche Stimmungslage in der Schule etwa drei Mal häufiger ausgeprägt negativ einschätzten als die Zehnjährigen.

Situationen besonderen Glücks im Alltag der Kinder sind dagegen die Freizeitaktivitäten bei Hobbys und mit Freunden sowie insbesondere Erlebnisse in der Natur und das Zusammensein mit Haustieren. Medienaktivitäten wie Fernsehen und Computerspiele erfuhren dagegen eher mittlere Bewertungen.

Zwischen den Mädchen und den Jungen gab es keine signifikanten Unterschiede hinsichtlich des globalen Erlebens von Glück oder Traurigkeit. Auch die Frage, ob die Kinder auf dem Lande oder in der Stadt aufwuchsen, machte hier keinen Unterschied (ebd., S. 152 f.). Auch andere soziodemographische Variablen wie etwa die Frage, ob die Eltern zusammenlebten oder getrennt waren, wie viele Geschwister es in der Familie gab, welchen Schultyp die Kinder besuchten, welchen Beruf der Vater ausübte und ob die Mutter berufstätig war, hatten in dieser Studie nur ganz minimalen Einfluss auf die globalen Glückseinschätzungen der Kinder.

Dagegen gab es einen deutlichen Alterstrend, in dem Sinne, dass die jüngeren Kinder positivere Einschätzungen vornahmen als die älteren. So war die Quote derjenigen, die meinten, sie hätten bisher alles in allem eine „sehr glückliche Kindheit“ gehabt, bei den Dreizehnjährigen nur mehr halb so groß wie bei den 10-Jährigen. Ob man dies nun auf eine altersbedingte Tendenz zu

Relativierungen und damit zu generell eher vorsichtigeren Einschätzungen oder aber auf sich abzeichnende Pubertätskrisen bzw. auf kritischere Haltungen gegenüber den eigenen Eltern (als den für das Kinderglück primär Verantwortlichen) zurückzuführen hat, bleibt dahingestellt.

Sehr viel größere Erklärungskraft als die soziodemographischen Variablen hatte die Skala „Freizeit – Freiraum – Freunde", d. h. die Einschätzungen der Kinder, ob und in welchem Umfang sie Gelegenheit haben, den für sie attraktiven Tätigkeiten nachzugehen. Dies wurde durch konkrete Items wie etwa: „Ich habe genug Freizeit", „Ich kann in meiner Freizeit machen, was mir Spaß macht", „Wenn ich will, kann ich hinaus ins Freie" oder „Ich treibe Sport" erfragt. Je häufiger die Kinder in diesem Sinne Gelegenheit hatten, das zu tun, was sie gerne tun, desto positiver war die Einschätzung ihres globalen Kindheitsglücks. Umgekehrt trübte häufige Langeweile das erlebte Kindheitsglück beträchtlich und stand deutlich mit einem höheren Maß von Traurigkeit in Zusammenhang.

Deutlichen Einfluss auf die kindliche Befindlichkeit hatte auch in dieser Studie, ähnlich wie schon in den Studien von Wilk/Bacher und von Zinnecker, die erlebte Qualität der familiären Umgebung. Auch hier gaben die Kinder überwiegend freundliche Einschätzungen hinsichtlich der eigenen Familienatmosphäre ab. Die Zahl derer, die angaben, dass sie „jeden Tag" oder zumindest „mehrmals die Woche" von ihren Eltern gelobt würden, etwas Liebes und Nettes von ihnen hören, sich von ihnen Ernst genommen fühlen, dass zuhause gelacht würde und die Eltern sich gut mögen, lag bei den meisten Items zwischen 75 und 90 Prozent. Die Zahl derjenigen, die angaben, dass dies „(fast) nie" der Fall sei, lag dagegen zwischen 1 und 5 Prozent. Zum anderen waren diese Einschätzungen bezüglich der Familienatmosphäre sehr stark mit der globalen Einschätzung des Kindheitsglücks korreliert. Umgekehrt führte ausgeprägte Strenge und häufiges Schimpfen der Eltern zu einer Reduktion des Kindheitsglücks. Bucher kommt entsprechend zu dem Fazit: „Ob Kinder ihr bisheriges Leben als glücklich bilanzieren, hängt entscheidend vom familiären Binnengeschehen ab, primär vom Klima, von Lob, Anerkennung und Ernstgenommenwerden" (S. 174). Eine gewisse Rolle spielte im Zusammenhang mit dem Familienleben auch noch die räumliche Situation. Wurde die elterliche Wohnung als sehr beengend erlebt, so wirkte auch dies sich negativ auf die Gesamtbefindlichkeit aus.

Auch für die Schule galt, dass eine positive, durch freundliche Lehrer und spannenden Unterricht geprägte Atmosphäre sowie Erfolgserlebnisse und das Gefühl, den Lernherausforderungen gewachsen zu sein, zu einem positiven subjektiven Befinden in der Schule und sekundär dann auch zu einer höheren Einschätzung der eigenen globalen „Glücksbilanz" beitrugen. Wurde die Schule dagegen häufig als Quelle von Angst und Belastung erlebt, dann schlug auch dies markant auf die Gesamteinschätzung des eigenen Kindheitsglücks zurück.

Die vielen Detailbefunde seiner Datenauswertung fasst Bucher in einer idealtypisch verdichteten Beschreibung des „glücklichen Schulkindes" zusammen: „Es wird in seiner – vollständigen – Familie häufig gelobt, erfährt Anerkennung und unternimmt mit seinen Eltern in der Freizeit viel, was aber häufiges Zusammensein mit FreundInnen und die Möglichkeit nicht ausschließt, immer ins Freie zu gehen, so dass ihm kaum fad ist; auch wird es weniger streng als vielmehr mit Argumenten erzogen und nimmt die elterliche Wohnung als groß genug wahr. Ferner macht es in der Schule mit, hat dort Erfolge und erlebt freundliche LehrerInnen und einen spannenden Unterricht, so dass es sich vor Schularbeiten kaum fürchtet. Ob Junge oder Mädchen, ob auf dem Land oder in der Stadt wohnend, ob es Geschwister hat oder nicht, in die Kirche geht oder nicht, häufig fernsieht oder nicht, sich mit Haustieren oder mit Fußball beschäftigt, ist für sein global eingeschätztes Kindheitsglück zweitrangig" (ebd., S. 184).

4 Versuch eines Fazits

Soweit unterschiedliche empirische Studien, die Kinder direkt nach ihrem erlebten Glück, ihrer Zufriedenheit, ihrem Wohlbefinden gefragt haben. Was lässt sich als Fazit daraus ziehen?

Zunächst fällt auf, dass es durchaus große Unterschiede in den Gesamteinschätzungen gibt. Während Auwärter seinen Text mit der programmatischen Zitatzeile „Die Kinder sind meistens traurig" überschrieben hatte, lautet die Kernbotschaft bei Buchner „Die Kinder sind meistens glücklich". Freilich muss man bei Auwärter wohl eine gewisse Verzerrungstendenz der Antworten dadurch in Rechnung stellen, dass er die Kinder, unmittelbar bevor er sie nach der Differenz fragte, die im emotionalen Erleben zwischen Erwachsenen und Kindern besteht, mit einer traurigen Geschichte konfrontierte, bei der einem kleinen Jungen der geliebte Hund entläuft. Die befragten Kinder sollten nun zunächst bezogen auf diese Geschichte antworten, wer stärker von einem solchen Verlust betroffen und wer schwieriger zu trösten sei, Erwachsene oder Kinder. Dabei war die Geschichte direkt auf eine Identifikation der befragten Kinder mit dem traurigen Protagonisten der Erzählung zugeschnitten: „Der Michael, der so traurig darüber ist, dass sein Hund Bello weggelaufen ist, der ist ja ungefähr so alt wie du. Was meinst du nun, wäre Michael genauso traurig darüber gewesen, daß sein Hund weggelaufen ist, wenn er erwachsen gewesen wäre, also ungefähr 20 Jahre alt?" (Auwärter 1983, S. 117). Damit waren die Kinder gewissermaßen auf die folgende Spur gesetzt: Mir geht es wie dem Michael. Wenn ich etwas verliere, an dem ich ganz arg hänge, dann bin ich auch ganz traurig. Erwachsene sind größer und vernünftiger. Sie haben mehr Möglichkeiten, mit Verlusten rational umzugehen – also sind Kinder trauriger – also sind Kinder weniger glücklich.

Umgekehrt dürfte bei Befragungen der Art, wie sie Wilk/Bacher und Bucher durchgeführt haben, wohl eine umgekehrte Tendenz, eine wunschgesteuerte Tendenz zur Konfliktverleugnung und zur Harmonisierung eine Rolle spielen. Kinder kreuzen hier vermutlich oftmals eher so an, wie sie sich die Dinge wünschen, als so, wie sie sie tatsächlich erleben. Wilk und Bacher haben deshalb auch darauf hingewiesen, dass sich in diesem Sinne eine beträchtliche Diskrepanz zeigte zwischen den überwiegend positiven Einschätzungen des Familienklimas beim Kinderfragebogen und den Eindrücken, die sich bei der Auswertung der offenen Interviews und der projektiven Materialien ergaben. Letztere verwiesen dann doch auf eine deutlich größere Konflikthaftigkeit und Problembelastung innerhalb der Familien.

Auch bei Zinnecker, der ja nicht direkt nach dem Glück oder der subjektiven Befindlichkeit innerhalb der Familie gefragt hatte, sondern der mit seinen Items auf konkretere Aspekte der innerfamiliären Kommunikation und der Unterstützungsleistungen der Eltern abzielte, ergab sich durchaus ein gemischtes, differenziertes Bild. Die Gruppe der Kinder zwischen 10 und 13 Jahren, die aufgrund ihrer subjektiven Einschätzungen ihrer Familienrealität dem Cluster I, der Gruppe mit den „Konflikt-Eltern" zugeordnet wurde, die im Sinne des Titels also als „Stresskinder" galten, war mit 28% deutlich größer als die Gruppe der „Glückskinder", des Clusters 3 (18%), die ihre Eltern als „Partner-Eltern" erlebten.

Durchgängig, bei allen Studien, ergab sich die Tendenz, dass die Qualität des familiären Binnenklimas, die Frage, ob der dortige Umgang miteinander durch wechselseitigen Respekt, Freundlichkeit, Verlässlichkeit, Hilfsbereitschaft oder aber durch Lieblosigkeit, Gleichgültigkeit, Entwertung und Demütigung gekennzeichnet ist, ob eine lockere, gelöste, heitere Atmosphäre dort herrscht oder aber eine konflikthafte, angespannte, gereizte Grundstimmung, einen entscheidenden Faktor für das subjektive Wohlergehen der Kinder darstellte. Diese qualitativen, atmosphärischen Aspekte erwiesen sich als sehr viel maßgeblicher als die soziodemographischen Faktoren wie Schichtzugehörigkeit, Bildungshintergrund, Familieneinkommen, Geschwisterzahl, Wohnortgröße etc.

Von daher kann man sagen, dass man auf empirischer Basis schon eine ganze Menge darüber weiß, „was Kinder brauchen", worauf es also primär ankommt, damit Kinder ihre eigene Situation als gut und ihr bisheriges Leben als glücklich einschätzen. In dieser Hinsicht sind die empirischen Ergebnisse auch nicht sonderlich überraschend oder revolutionär. Sehr viel schwieriger ist es freilich, bei Kindern, die als „Stresskinder" in problematischen Lebensverhältnissen leben, Mittel und Wege zu finden, ihre Situation auch nur graduell zu verbessern und damit, wenn auch nicht zum „Glück", so doch zumindest zu einem „erträglichen Alltag" und einer „offenen Zukunft" beizutragen.

Die vorliegenden Studien sind jedoch auch geeignet, ein Gegengewicht zu bieten gegenüber allzu pauschalen pessimistischen Einschätzungen der Lage der heutigen Kinder, wie sie sich in manchen zur Apokalypse neigenden kulturkritischen Darstellungen der heutigen Kindheitssituation abzeichnen und wie sie auch in den Vorstellungen von künftigen Lehrern durchaus präsent sind.

Rousseau hat sich in seinem Buch „Emil oder über die Erziehung", das als eine „Gründungsschrift der modernen Pädagogik" gilt und das auch als eine große Abhandlung darüber gelesen werden kann, wie die „Zerstörung der menschlichen Glücksfähigkeit in früher Kindheit" (Liedloff) zu vermeiden ist, auch grundsätzliche Gedanken über das Wesen des Glücks gemacht. Er kommt dabei zu einem interessanten Balancemodell: „Unser Unglück", meint er, entstehe „aus dem Missverhältnis zwischen unseren Wünschen und unseren Fähigkeiten. Ein fühlendes Wesen, dessen Fähigkeiten seinen Wünschen entsprächen, wäre absolut glücklich" (Rousseau 1995, S. 57). Als größte Gefahrenquelle für das Glück und die Zufriedenheit betrachtet er dabei die menschliche „Einbildungskraft", denn sie weitet „das Maß des Möglichen aus und erregt und nährt folglich die Wünsche durch die Hoffnung, sie auch zu befriedigen" (ebd.). Hier sieht er nämlich eine verhängnisvolle Dynamik am Werk: Weil die durch die Einbildungskraft erzeugten Wünsche die Tendenz haben, unkontrolliert zu wuchern, den realen Befriedigungsmöglichkeiten immer weiter vorauszueilen, entsteht eine paradoxe Situation: „Je mehr wir genießen, desto weiter entfernt sich das Glück von uns" (ebd.).

Im Blick auf historische Veränderungen der letzten Jahrzehnte wird man schon konstatieren müssen, dass unsere „Einbildungskraft" bezüglich dessen, was man alles auch noch haben, begehren und genießen könnte, durch die Konsumkultur und die entsprechenden Werbebotschaften in den Medien enorme Nahrung bekommen hat. Mit einer Aufdringlichkeit, die frühere Generationen so nicht kannten, wird heutigen Kindern und Jugendlichen Tag für Tag suggeriert, dass ein Leben ohne bestimmte Markenklamotten, Edelturnschuhe, Trendrucksäcke, Softdrinks, Pausensnacks, Magic-Karten, Klingeltöne, Computerspiele, Spielkonsolen, DVDs, MP3-Player etc. eigentlich nicht so recht lebenswert sei. Von daher geht es heute in der Erziehung vielleicht weniger darum, das Verhältnis von „Wünschen und Fähigkeiten" auszubalancieren, wie Rousseau meinte, sondern eher darum, in der Flut der künstlich erzeugten Wünsche und Ansprüche die eigentlichen, „wahren Bedürfnisse" und die „wirklich bedeutsamen Wünsche" noch zu erkennen.

KAPITEL 8

Haben „Verhaltensauffälligkeiten" bei Kindern und Jugendlichen dramatisch zugenommen?

„Es wird in letzter Zeit vielfach darüber Klage geführt, daß die psychopathischen Erscheinungen im Kindesalter stark überhand nehmen. Es fehlt auch nicht an Stimmen, welche die Kindernervosität geradezu als moderne Krankheit bezeichnen, als ein Symptom der allgemeinen gesellschaftlichen Degeneration, die unaufhaltsam fortschreitet."

THEODOR HELLER, 1907

Das Gegenteil von „Kinderglück" sind kindliche Problembelastungen und Leidenszustände. Anders als Erwachsene, die eher mit psychosomatischen oder depressiven Tendenzen auf überfordernde Situationen reagieren, reagieren Kinder und Jugendliche mit einem sehr breiten Spektrum von „Verhaltensauffälligkeiten" auf solche Situationen. Von daher wären der Rückgang des Kinderglücks und die Zunahme von Verhaltensstörungen als zwei Seiten einer Medaille zu betrachten. Dieses Kapitel wendet sich nun der anderen Seite der Medaille zu und geht der Frage nach, was wir und woher wir eigentlich über die vielbehauptete Zunahme von Verhaltensstörungen wissen.

1 Immer mehr, immer früher, immer schlimmer... die Steigerungsrhetorik in den Medien

Die Sache scheint klar zu sein: Man kann Berichte über die Zunahme von Verhaltensauffälligkeiten und psychischen Störungen so häufig in den Medien lesen, dass Zweifel an dieser „vielfach belegten Erfahrungstatsache" kaum noch möglich erscheinen. Eine Zeitlang habe ich entsprechende Meldungen aus der regionalen Tageszeitung gesammelt. Hier ein paar der entsprechenden Überschriften dieser Meldungen: „In den Schulen immer mehr ‚Ego-Monster'", „Dramatischer Anstieg: Kriminalität bei Kindern nimmt zu", „Unsere Gesellschaft macht die Kinderseelen psychisch krank", „Kinder greifen immer früher zu Drogen", „Umgangston an Schulen ist viel rauer geworden", „Erschreckend: Kinder und Jugendliche werden immer öfter straffällig". Typisch für dies Art von Meldungen ist die Steigerungsrhetorik: immer mehr, immer früher, immer schlimmer. Meist standen die entsprechenden Artikel mit irgendwelchen Veranstaltungen im Zusammenhang: Mal ist es ein „Arzt-Lehrer-Symposium", mal eine Tagung des Bayerischen Lehrerinnen- und Lehrerverbandes, mal eine Fortbildungsveranstaltung für Kinderärzte, mal die Sitzung des Hauptvorstandes der Polizeigewerkschaft, mal ein Dekanatskirchentag, von dem dabei berichtet wird.

Man mag einwenden, dass Steigerungsbehauptungen dieser Art von Organisatoren solcher Veranstaltungen eben auch strategisch eingesetzt werden, um öffentliche Aufmerksamkeit für das eigene Anliegen und die damit verknüpften Aufgaben zu bekommen und dass dies eben kein seriöser, präzise recherchierender Journalismus sei, der da von einer Lokalzeitung betrieben wird. Aber auch angesehene Zeitungen verbreiten die gleiche Botschaft:

In der ZEIT hat Susanne Gaschke nach der „Bildungskatastrophe" die „Erziehungskatastrophe" ausgerufen und in dem entsprechenden Artikel Alarm geschlagen, immer mehr Eltern würden heute ihrer Erziehungsaufgabe nicht mehr verantwortlich nachkommen. Entsprechend „dramatisch" sei „die Zunahme der ‚Verhaltensauffälligkeiten': Mussten Lehrer vor zwanzig Jahren mit ein bis zwei schwierigen Schülern pro Klasse rechnen, so sind es heute fünf oder sechs. Diverse Statistiken liefern Beweise für die körperliche und seelische Vernachlässigung. Kinderärzte beobachten immer öfter Konzentrationsverlust und Hyperaktivität" (Gaschke 2001).

DER SPIEGEL hat schon 1988 unter dem Titel: „Tollhaus Schule" eine scheinbar „epochale Wende" im Verhalten der Schüler ausgemacht: „Mit Radau, Aggressivität und Clownerien machen Schüler den Unterricht zur Farce, gestört wird ohne System, Sinn und Verstand. Den Kindern des Fernseh-Zeitalters, klagen die Lehrer, fehle es an ‚innerer Disziplin', Pädagogen sprechen von einer ‚epochalen Wende in der Schulgeschichte' ... Bei den Schülern, da sind sich Lehrer, Eltern und Psychologen einig, sinkt die Fähigkeit zur Konzentration, steigt die Angriffslust, fehlen die Geduld und die Lernbereitschaft, erlahmt das Interesse am Unterricht" (DER SPIEGEL 15/1988, S. 28). Und in dem Titel „Nervenkrieg im Klassenzimmer – Horror-Job Lehrer" hat er dann 1993 noch einmal nachgelegt: „Während der verhaltensauffällige Schüler früher eine singuläre Erscheinung war, die mit einiger Anstrengung und etwas Geschick im Klassenverband gut ertragen werden konnte, ist er heute die Regel. Statt den Finger zum Melden reckt der Rüpel den Mittelfinger als Zeichen seiner Verachtung hoch. Am eifrigsten ist er dann, wenn er den Lehrer mit Kraftausdrücken provozieren kann. Häufig dominieren aggressive, lautstarke Kinder den Unterricht, der Lehrer und der

Rest der Klasse sind machtlos. ... Sprunghaft sei die Anzahl der Problemkinder in den letzten Jahren gestiegen, berichten Lehrer aller Schultypen“ (DER SPIEGEL 24/1993, S. 36 f.).

Wieder fünf Jahre später war dann wieder in einem SPIEGEL-Titel vom „Horrortrip Schule“ und vom „Klassenkrampf“ die Rede und es wurde (im Rahmen der Nach-PISA-Debatte) die Frage aufgeworfen, „Warum Lehrer und Schüler versagen“. Diesmal wurde der Schwarze Peter freilich weniger den angeblich immer gestörter werdenden Schülern zugeschoben, sondern eher den unfähigen, unzureichend ausgebildeten und ihrerseits häufig gestörten Lehrern: Ullrich Herrmann wird mit der Einschätzung zitiert, dass es unter den Lehrern eines jeden Gymnasiums 15% „Verhaltensneurotiker“ gäbe (DER SPIEGEL 46/2003, S. 60).

Man mag einwenden, dass die Medien grundsätzlich dazu neigen, problematische Entwicklungen, die Kindheit und Jugend, Familie und Schule betreffen, zu überzeichnen, dass dies einfach dem Gesetz der Aufmerksamkeitserzeugung in den Medien geschuldet sei.

2 Verhaltensstörungen als Normalität? – Gewagte Expertenthesen

Dass es mit der (seelischen) Gesundheit der Lehrer nicht zum Besten bestellt ist, dies wird auch aus einschlägigen neueren Untersuchungen zum Burnout und zur Berufsbelastung in diesem Berufsstand deutlich (vgl. Schaarschmidt u. a. 1999, Becker 2001, Weber 2001, Bauer 2004). Der Präsident des Bayerischen Lehrerinnen und Lehrer-Verbandes, Albin Dannhäuser, hat sich deshalb unter der Überschrift „Schule gefährdet Ihre Gesundheit“ an die Mitglieder seines Verbandes gewandt. Darin macht er primär die Belastung durch die schwierigen Schüler für die Leiden der Lehrer verantwortlich: „Jeder weiß, dass sich die pädagogischen Probleme in unseren Schulen auftürmen. Die Zahl verhaltensauffälliger Schülerinnen und Schüler nimmt beängstigend zu: Psychosomatische Störungen, Mobbing, Sprachstörungen, Depressionen. Jeder fünfte Grundschüler nimmt Medikamente zur Beruhigung oder Leistungssteigerung. Die verbale Gewalt ist gestiegen, die Hemmschwellen sind gesunken. Erst Anfang Mai haben Gewaltforscher aus vier europäischen Ländern festgestellt, dass ‚Raub, Erpressung, Körperverletzung und sexuelle Belästigung‘ auf Schulhöfen an der Tagesordnung seien“ (Dannhäuser 2001, S. 3).

Man mag einwenden, dass es zur Aufgabe eines Verbandsvertreters gehört, die Zustände eher zu dramatisieren, um Aufmerksamkeit zu erwecken und um Forderungen nach Verbesserung der Arbeitsbedingungen politisch durchzusetzen.

Aber auch von ausgewiesenen und vertrauenswürdigen Fachleuten aus dem Gebiet der Erziehungswissenschaft, der Kindheitsforschung und der Sonderpädagogik kann man immer wieder Äußerungen mit entsprechenden Steigerungsbehauptungen hinsichtlich der Verbreitung von Verhaltensstörungen lesen.

So hat etwa Otto Speck in seinem Buch „Chaos und Autonomie in der Erziehung“ die Diagnose an den Anfang gestellt, „daß die heutige Erziehungssituation von einem Ausmaß an Verhaltensstörungen, also Erziehungsschwierigkeiten, gekennzeichnet ist, wie es bisher nicht beobachtet worden ist, und dies trotz eines Heeres von Kinderspezialisten und eines früher höchstens nur geträumten Ausbaus von Institutionen der Erziehungshilfe und der Kindertherapie. Das, was noch vor 40 Jahren als seltenes Fehlverhalten von Kindern galt, ist heute zum üblichen Erscheinungsbild geworden. Verhaltensstörungen als Abweichungen von einer geltenden Norm scheinen zur Normalität geworden zu sein“ (Speck 1997, S. 11).

Klaus Hurrelmann, als der wohl medienpräsenteste Kindheits- und Jugendforscher hierzulande, kommt ebenfalls zu einer düsteren Beschreibung der Befindlichkeit des Nachwuchses: Bei vielen Kindern käme es heute zu „Erschöpfungszuständen, Nervosität und Unruhe, Erkrankungen der Atemwege und des Verdauungstraktes, Magenverstimmungen und Schlafstörungen“. Psychische Störungen, „Störungen im Leistungsbereich und Wahrnehmungsstörungen, aber auch sexuelle und soziale Entwicklungsstörungen“ seien „stark verbreitet“: „Schon bei Kindern im Vorschulalter und im Grundschulalter ist die Verbreitung und vor allem die Intensität von körperlicher, psychischer und verbaler Gewalt gewachsen und hat sich teilweise bis zu brutalen Formen gesteigert. Den Hintergrund bieten meist soziale Desorientierungen, Haltlosigkeit in der Familie und Enttäuschungen von Bindungserwartungen und Leistungszielen, die sich tief in der Persönlichkeitsstruktur verankert haben“ (Hurrelmann 1994, S. 73). In einem Interview der taz mit Klaus Hurrelmann vom 14. 5. 2005 hat die Interviewerin das Gespräch direkt mit der Frage eröffnet: „Herr Hurrelmann, gibt es heute mehr verhaltensauffällige Kinder als früher?“ woraufhin der Interviewte bestätigte: „Wir haben eine Zunahme von Verhaltensstörungen, von emotionalen Störungen, von Sprach- und Aufmerksamkeitsstörungen, auch wenn wir in Rechnung stellen, dass wir heute genauere diagnostische Instrumente haben.“ In der zusammenfassenden Darstellung der deutschen Ergebnisse des WHO-Jugendgesundheitssurveys, bei der unter Hurrelmanns Leitung bei einer großangelegten Befragung in Deutschland die Daten von 5650 Kindern und Jugendlichen zwischen 11 und 15 Jahren ausgewertet worden sind, kommt er zu dem Fazit, dass von den Befragten „insgesamt 6% als psychisch auffällig bezüglich emotionaler Probleme, Verhaltensprobleme, Hyperaktivität oder Problemen mit Gleichaltrigen eingestuft werden“ könnten (Hurrelmann u. a. 2003, S. 6).

3 Sonderfall ADHS – Bedeutet die massive Zunahme von Diagnosen und Medikationen auch eine entsprechende Zunahme von hyperaktiven Störungen bei Kindern?

Einen speziellen Fall innerhalb der aktuellen Diskussion um die Zunahme der Verhaltensauffälligkeiten heutiger Kinder stellen die Aufmerksamkeits- und Hyperaktivitätsstörungen dar (ADHS, ADS, HKS), die sich immer mehr in den Vordergrund schieben und bisweilen fast als Synonym für „Verhaltensstörungen" überhaupt stehen. Allein für diese Störungsbilder werden je nach Autor Häufigkeitsraten zwischen 5% (Döpfner 2001), 2–9,5% (Steinhausen 2000), 6–10% (Wender 1991), 17,8% (Baumgaertel u. a. 1995) aller Kinder als Betroffene benannt.

Dabei sind solche konkreten Zahlenangaben hier schon deshalb problematisch, weil es sich dabei nicht um ein präzise abgrenzbares und klar diagnostisch fassbares Phänomen handelt. Einer der anerkanntesten Experten auf dem Gebiet, Manfred Döpfner, schreibt in diesem Sinn: „Bei der Diagnose einer hyperkinetischen Störung ist es nicht wie bei Masern oder bei Mumps – entweder man hat die Erkrankung oder man hat sie nicht –, sondern es handelt sich um ein Kontinuum. Das bedeutet, Unruhe, Aufmerksamkeitsprobleme und Impulsivität sind mehr oder weniger vorhanden, etwa so, wie das auch bei Bluthochdruck oder Übergewicht der Fall ist – die Grenzen zwischen Normalität und Auffälligkeit ist nicht klar zu ziehen. Wir wissen nur, je mehr wir davon haben, desto problematischer ist es. ... Es gibt Kinder, die mehr oder weniger von der Symptomatik betroffen sind, und es ist extrem schwer, die Grenze zu ziehen, wo die Problematik beginnt oder wo sich ein Verhalten noch im Bereich der Normvarianz befindet" (Döpfner 2001, S. 84 f.).

Der Vergleich mit den „kontinuierlichen Phänomenen" Bluthochdruck und Übergewicht ist einerseits aufschlussreich, andererseits aber auch irreführend. Während es nämlich beim Blutdruck und beim Gewicht sehr einfache und präzise Messmethoden und sehr klare, empirisch gut abgesicherte Erfahrungswerte gibt, welche Überschreitungen bestimmter Normwerte statistisch mit welchen Gesundheitsrisiken verbunden sind, gibt es für jene Probleme, die unter dem Etikett „ADHS" zu einer „Krankheit" zusammengefasst werden, weder eine verlässliche Messmethode noch ein klares Wissen über die damit in Zusammenhang stehenden Risiken. Die sachverständigen Mediziner haben sich eben darauf geeinigt, dass als übergewichtig gilt, wer einen Body Mass Index (BMI) von über 25 hat und dass die Adipositas bei einem BMI von 30 beginnt oder dass der Grenzwert für „Bluthochdruck" (Hypertonie) sinnvollerweise bei einem systolischen Wert von über 140 mmHg und eine diastolischen Wert über 90 mmHg angesetzt wird. Von daher gibt es hier dann auch keine großen Probleme bei der korrekten Erfassung der Verbreitung entsprechender Normabweichungen in epidemiologischen Studien.

Bei der „Krankheit ADHS" liegen die Dinge anders. Die Leitkategorien Unruhe, Aufmerksamkeitsprobleme und Impulsivität sind im Bereich des inneren Erlebens und der zwischenmenschlichen Interaktion angesiedelt. Hier gibt es keine präzisen Messwerte, sondern hier geht es um subjektive Wahrnehmungen, Einschätzungen, Bewertungen. Dass Kinder mit sehr hohen Ausprägungen in diesen Bereichen für ihre Umwelt belastender sind, steht außer Frage. Dass erzieherische Umwelten, die permanent belastet (und damit tendenziell nervös, erschöpft und gereizt) sind für die Entwicklung eines Kindes (das wegen seiner spezifischen Probleme gerade eine besonders ruhige, entspannte, gelassene Atmosphäre bräuchte), dann wiederum ungünstig, problemverschärfend wirken, ebenso.

Dennoch hat es in den letzten 15 Jahren eine explosionsartige Zunahme entsprechender Diagnosestellungen und entsprechender Verschreibungen von Ritalin oder anderen Stimulanzien gegeben. Etwa jedes 20. bis jedes 8. Kind wäre demnach von einer solchen „Störung" betroffen, die vor dreißig Jahren noch weitgehend unbekannt war. Man wird dies jedoch wohl nicht ohne weiteres als wirkliche Zunahme kindlicher Störungen interpretieren dürfen, sondern primär als Ausdruck des Vorhandenseins potenter Medikamente, die für ihre Verordnung eben eine entsprechende Diagnose voraussetzen. Von daher wird man also nicht sagen dürfen, die Häufigkeit von hyperkinetischen Störungen bei Kindern habe in den letzten Jahrzehnten dramatisch zugenommen. Korrekter wäre es wohl zu sagen: Die Zahl der Eltern, die sich durch die Unruhe, die Unaufmerksamkeit und die Impulsivität ihres Kindes so überfordert fühlen, dass sie (mit Unterstützung verschreibungswilliger Ärzte) ihre Hoffnungen auf die Möglichkeiten einer medikamentösen Behandlung setzen, hat in den letzten Jahren deutlich zugenommen. Es sind hier letztlich zwei kontinuierlich verteilte Merkmale, die zusammenkommen und bei ihrem Zusammentreffen dann gegebenenfalls zu einer entsprechenden erzieherischen Not, einer entsprechenden Suche nach medizinisch-medikamentöser Hilfe und schließlich zu einer entsprechenden Diagnosestellung führen: Einmal das Kontinuum der Ausprägung der kindlichen Merkmale Unruhe, Unaufmerksamkeit und Impulsivität, andererseits aber auch das Kontinuum der Ausprägung der elterlichen Merkmale Ruhe, Gelassenheit, Geduld und Stresstoleranz. Besonders kritisch wird die Lage natürlich dann, wenn eine hohe Ausprägung der genannten kindlichen Merkmale auf eine niedrige Ausprägung der beschriebenen puffernden Elternmerkmale trifft.

4 Die historische Bedingtheit der Wahrnehmungs- und Deutungsmuster kindlicher Auffälligkeiten – was lehrt ein kurzer Blick in die Geschichte?

In dem damaligen Standardwerk der Kinder- und Jugendpsychiatrie, im „Harbauer/Lempp/Nissen/Strunk“ von 1976[3] (mit dem ich selbst mich noch auf die Prüfung beim Würzburger Professor für Kinder- und Jugendpsychiatrie, Gerhardt Nissen, im Rahmen meines sonderpädagogischen Staatsexamens vorbereitet habe), kommt weder ein „hyperkinetisches Syndrom“ noch ein „Aufmerksamkeitsdefizit-Syndrom“ vor. Es gibt zwar ein Kapitel über „Störungen der Motorik“. Darin ist aber von infantiler Cerebrallähmung, von Chorea minor, vom Parkinson-Syndrom, von Myopathien und von Dysmelie die Rede. Das, was heute als „hypermotorische Störung“ so große Beachtung findet, kommt in dem dicken Lehrbuch gar nicht vor. Ähnlichkeiten gibt es am ehesten noch mit dem von Lempp beschriebenen „frühkindlichen exogenen Psychosyndrom“, für das „erhöhte motorische Unruhe“ und „häufig damit verbundene Konzentrationsschwäche“ als typisch beschrieben werden, wobei Lempp darunter freilich auch den ganzen Bereich der „Teilleistungsschwächen“ fasst.

Da es in der aktuellen Diskussion um das „Aufmerksamkeitsdefizit-Syndrom“ meist auch darum geht, dieses Syndrom als Phänomen mit echtem Krankheitswert zu etablieren, dem eine genetische Disposition und Störungen im Dopaminstoffwechsel zu Grunde lägen (und das damit eine medikamentöse Behandlung als gerechtfertigt erscheinen lässt), kann hier eigentlich ein sprunghafter Anstieg des Phänomens innerhalb kurzer Zeit nicht recht plausibel behauptet werden, auch wenn es einen sprunghaften Anstieg der Diagnosestellungen und der entsprechenden Methylphenidatverordnungen (eine Steigerung um mehr als das Zwanzigfache innerhalb der 90er-Jahre) zweifellos gibt. Auch kann die Zunahme der Verbreitung eines primär genetisch bzw. neurophysiologisch verursachten Syndroms schlecht mit den problematischer gewordenen Bedingungen des Aufwachsens, mit „sozialen Desorientierungen, Haltlosigkeit in der Familie“ etc. erklärt werden. Entsprechend ist dann in den entsprechenden Texten eher die Rede davon, dass es zwar das Störungsbild schon immer gegeben habe (man denke nur an Heinrich Hoffmans „Zappelphilipp“), dass es aber bisher eben häufig „verkannt“ und deshalb nicht angemessen „behandelt“ worden sei.

Wenn man ein wenig weiter zurückgeht in der Geschichte der medizinischen und pädagogischen Erklärungen von Erziehungsschwierigkeiten, dann sieht man schnell, wie unterschiedlich hier die Bezeichnungen und die Deutungsmuster waren (vgl. Göppel 1989). Vor einhundert Jahren hätte mit den Begriffen „Hyperaktivität“, „Aufmerksamkeitsdefizitsyndrom“ oder auch nur „Verhaltensstörung“ niemand im pädagogischen Feld etwas Rechtes anfangen können. Dafür gab es einen breiten Konsens unter den Heilpädagogen und den Kinder- und Jugendpsychiatern jener Zeit, dass bei den Kindern und Jugendlichen eine erschreckende Zunahme der „Neurasthenien" der „Psychasthenien" und der „psychopathischen Minderwertigkeiten" zu beobachten sei. In diesem Sinne hat Theodor Heller 1906 auf dem Kongress für Kinderforschung seinen Vortrag über „Psychasthenische Kinder" mit den Worten eröffnet: „Hochverehrte Anwesende! Es wird in letzter Zeit vielfach darüber Klage geführt, daß die psychopathischen Erscheinungen im Kindesalter stark überhand nehmen. Es fehlt auch nicht an Stimmen, welche die Kindernervosität geradezu als moderne Krankheit bezeichnen, als ein Symptom der allgemeinen gesellschaftlichen Degeneration, die unaufhaltsam fortschreitet... die Literatur über Kindernervosität ist nachgerade mächtig angewachsen, allenthalben werden Vorträge über diesen Gegenstand gehalten, und es kann daher nicht wundernehmen, daß sich heute weit mehr Eltern über die abnorme psychische Konstitution ihrer Kinder Rechenschaft geben können als früher" (Heller 1907, S. 145 f.).

Heller betont auch ausdrücklich (und ähnlich wie Lempp im Hinblick auf das frühkindliche exogene Psychosyndrom oder wie Döpfner, Neuhaus oder Skrodzki u. a. im Hinblick auf die ADHS-Diagnose) den humanen Fortschritt, der in dieser neuen, psychopathologischen – und damit entmoralisierenden – Betrachtungsweise liege, denn „die populäre Pädagogik, die in solchen Fällen fast immer von *ungeratenen Kindern* sprach, erblickte in diesen psychischen Regelwidrigkeiten den Ausdruck eines ‚bösen Willens' und postulierte damit ein mystisches Seelenvermögen". In der Konsequenz dieser neuen Betrachtungsweise wird der Ausbau spezifischer pädagogischer und therapeutischer Hilfen sowie ein entsprechender Bewusstseinswandel in der Pädagogenschaft gefordert: „Noch immer wird an vielen derartigen Kindern schweres Unrecht verübt, indem man von ihnen in Unkenntnis ihrer abnormen psychischen Beschaffenheit verlangt, daß sie sich mit unzureichenden Mitteln in ungeeigneten Verhältnissen ohne besondere erzieherische Maßnahmen normal entwickeln" (ebd., S. 146).

5 Argumentationsauffälligkeiten bei der Behauptung der Zunahme von Verhaltensauffälligkeiten

Obwohl es also einen breiten Konsens bei Lehrern, Erziehern, Kindertherapeuten und auch bei zahlreichen Kinderforschern und Erziehungswissenschaftlern bezüglich der Zunahme von Verhaltensstörungen zu geben scheint, bleibt es doch meist ziemlich unklar und vage, was eigentlich die empirische Basis für derlei Behauptungen darstellt. Sicherlich sollte man die gesammelten Erfahrungen und Eindrücke der Schulpraktiker nicht gering schätzen, wenn diese überwiegend der Meinung sind, dass die Kinder, die sie unterrichten, „schwieriger" geworden seien. Sicherlich haben auch die zusammenfassenden Einschätzungen der Experten im Feld ihr Gewicht, aber es fällt doch auf, dass gerade in diesem Bereich:

- sehr häufig, das, was behauptet wird und was zu belegen wäre, nämlich die Zunahme von Verhaltensstörungen, einfach als allgemein bekannte und evidente Tatsache vorausgesetzt wird;
- sehr viele und sehr unterschiedliche Prozentangaben über die Zahl von „verhaltensauffälligen" Kindern und Jugendlichen kursieren, ohne dass näher angegeben wird, auf welche Operationalisierungen und Grenzziehungen sich derartige Urteile beziehen;
- kaum irgendwo klar gestellt wird, ab wann der plötzliche Anstieg stattgefunden haben und wo gewissermaßen die Referenzlinie einer „normalen" Verbreitung entsprechender Phänomene liegen soll, bis wann die Verhältnisse also noch „in Ordnung" waren;
- dass auch nicht gesagt wird, welche prozentuale Zunahme welcher konkreten Symptome in welchem Zeitraum stattgefunden haben soll;
- dass es in der Diskussion um die Zunahme von Verhaltensauffälligkeiten – anders als etwa in der Diskussion um die kognitiven Leistungen der Kinder und Jugendlichen, wo üblicherweise auf Studien wie TIMMS, PISA, IGLU verwiesen wird – kaum eine Bezugnahme auf allseits anerkannte großangelegte empirische Studien gibt.

Diese „Auffälligkeiten" in der Diskussion um die „Zunahme von Verhaltensauffälligkeiten" lassen es geboten erscheinen, trotz der permanenten Steigerungsbehauptung in den Medien, trotz des vermeintlichen Konsenses der erfahrenen Praktiker („...die es doch täglich in der Schule erleben...") und trotz der stützenden Aussagen einer beträchtlichen Zahl von Experten aus Erziehungswissenschaft und Kindheitsforschung erst einmal skeptisch zu sein und die entsprechende empirische Evidenz dafür noch einmal genauer in Augenschein zu nehmen. Es könnte ja immerhin sein,

- dass die Steigerungsbehauptung bezüglich der Problemzunahme einfach seit jeher zur medialen Berichterstattung über Kindheit und Jugend gehört;
- dass sie erst recht zur typischen „Klagerhetorik" der Lehrerschaft und ihrer Standesvertreter gehört, die natürlich u. a. auch dem Zweck dient, den Beruf öffentlich als anspruchsvoll und anstrengend, ja als geradezu heroisch darzustellen und Verschlechterungen der Arbeitsbedingungen abzuwehren;
- dass es eine generelle Tendenz der menschlichen Erinnerung gibt, „Kindheit früher" bzw. „frühere Schülergenerationen" zu verklären und die vermeintlich heile Schulwelt früherer Zeiten durch einen rosaroten Filter zu sehen;

- dass die Dauerpräsenz und Selbstverständlichkeit der Steigerungsbehauptung auch auf die Wahrnehmungen und subjektiven Theorien der Lehrer durchschlägt, diese Wahrnehmung färbt und wohlfeile Erklärungen und Entschuldigungen für den bisweilen als unzulänglich und belastend erlebten Berufsalltag liefert;
- dass der Eindruck der Zunahme von Verhaltensauffälligkeiten bei den Schülern ein Nebeneffekt der (objektiven) Zunahme des Altersdurchschnitts der Lehrerschaft ist, da ältere Lehrer eventuell geringere Toleranzgrenzen haben, empfindlicher auf Störungen reagieren und entsprechend das Ausmaß der „Gestörtheit" der Schüler anders einschätzen als jüngere;
- dass der Eindruck der Zunahme von Verhaltensauffälligkeiten mit einer generellen Zunahme der „Perfektionserwartung" im Hinblick auf menschliche Entwicklung zu tun hat, dass es ähnlich, wie es einen generellen Run auf höhere Bildungsabschlüsse gibt, und verstärkt durch die Diffundierung von medizinischem, psychologischem und pädagogischem Fachwissen in die Alltagswelt auch eine größere Sensibilität für und eine größere Alarmiertheit bei Normabweichungen gibt;
- dass die Flut der Erziehungsratgeber, die den Eltern dazu verhelfen sollen, bei ihren Kindern in optimaler Weise Ich-Stärke, Gelassenheit, Selbstbewusstsein, Glück, Optimismus, emotionale Intelligenz, Wertbewusstsein, Konfliktfähigkeit etc. hervorzubringen auf der Kehrseite den paradoxen Effekt erzeugt, dass immer mehr Mängel und Defekte, also Abweichungen von den schönen, harmonistischen Idealen wahrgenommen werden;
- dass durch den Ausbau von professionellen Systemen im psychosozialen Bereich, speziell der Hilfen bei Entwicklungsproblemen und erzieherischen Nöten (medizinische Screenings bei den kinderärztlichen Untersuchungen, Frühfördereinrichtungen, schulpsychologische Dienste, sonderschulische Einrichtungen, Erziehungsberatungsstellen, Kinder- und Jugendpsychotherapeuten...) einerseits, durch eine immer differenziertere Diagnostik andererseits eine immer größere Berufsgruppen entstanden ist, die sich der Feststellung und Behandlung von psychischen Auffälligkeiten bei Kindern und Jugendlichen verschrieben hat und die gewissermaßen vom Vorliegen entsprechender Diagnosen lebt;
- dass die heutigen Kinder- und Jugendlichen den Lehrerinnen und Lehrern zwar das Leben schwerer machen, weil sie anspruchsvoller, selbstbewusster, fordernder und weniger gehorsamsbereit sind als frühere Schülergenerationen. Dies müsste aber nicht notwendig heißen, dass sie „gestörter" sind, sondern könnte auch als Zugewinn an Angstfreiheit, Kritikfähigkeit und Lockerheit im Umgang mit Autorität gedeutet werden. Die Tatsache, dass sich bei den primären Erziehungszielen der Eltern in den letzten 50 Jahren eine deutliche Verschiebung von der Zielperspektive „Unterord-

nung und Gehorsam“ hin zu „Selbständigkeit und freier Wille ergeben hat“ (vgl. Fend 1988, S. 114), könnte dafür sprechen.

- dass sich nur die spezifischen Ausprägungsformen, nicht aber die Gesamtausmaße der Verhaltensauffälligkeiten verschoben haben. Und zwar in dem Sinne, dass es vielleicht heute mehr ausagierende, aggressive, impulsive Störungen bei den Kindern und Jugendlichen gibt, die natürlich entsprechend störender, lauter, „auffälliger“ sind; dass dafür aber vielleicht andere, eher verdeckte Formen neurotisch-gehemmter, zwanghafter oder ängstlich-depressiver Störungen zurückgegangen sind, welche von der seelischen Belastung und von der Einschränkung an Lebensqualität, die sie für die Betroffenen bedeuten, eher gravierender sind. Immerhin war die Emanzipationsbewegung der 68-er Jahre, die Kritik an der traditionellen Kleinfamilie und an der bürgerlichen Erziehung maßgeblich getragen von der Selbstdiagnose massenhafter psychischer Beschädigung und Verbiegung bei den Protagonisten. In diesem Sinne hat etwa das Autorenkollektiv der „Kommune 2“ ihren Bruch mit den konventionellen Lebens- und Erziehungsformen mit den Sätzen begründet: „Die durchschnittliche Kleinfamilie produziert anlehnungsbedürftige, labile, an infantile Bedürfnisse und irrationale Autoritäten fixierte Individuen“ (Bookhagen u. a., S. 149). Bei ihren politischen Aktionen seien sie „gehemmt“ gewesen „von Ängsten, die durch unsere bürgerliche Alltagswelt immer wieder aufgebaut wurden. Als isolierte Individuen zwang uns die Furcht vor der Zimmerwirtin, dem Professor, der Behörde, der übermächtigen Gewalt des kapitalistischen Alltags immer wieder zur Anpassung“ (ebd., S. 151). Wenn man noch ein Stück weiter zurückgeht und die bedeutsamen literarischen Beschreibungen der Irrungen und Wirrungen der Pubertät vergegenwärtigt, wie etwa mit Wedekinds „Frühlingserwachen“, Hesses „Unterm Rad“ oder Musils „Verwirrung des Zöglings Törless“ vorliegen, dann mögen einem auch Zweifel kommen, ob es mit der seelischen Gesundheit des Nachwuchses damals tatsächlich so viel besser bestellt war. Zumal, wenn man in Rechnung stellt, dass Formen massiver körperlicher Strafen als „Erziehungsmittel“ in jener Zeit sowohl im Bereich der Familie als auch im Bereich der Schule noch sehr viel selbstverständlicher und anerkannter waren als heute. Weiterhin war jene Zeit – auch dafür gibt es zahlreiche Belege – noch sehr viel mehr durch Praktiken der erzieherischen Erzeugung von Angst- Schuld- und Versündigungsgefühlen mittels irrationaler Drohungen und bewusster Fehlinformationen geprägt als die heutige.

6 Versuche, die Verbreitung von „Verhaltensauffälligkeiten" empirisch zu erfassen

6.1 Die Hamburger Studie von Harnack (1958)

Um die Frage der Zunahme von Verhaltensauffälligkeiten angemessen beurteilen zu können, ist es erforderlich, Vergleichsdaten aus früheren Untersuchungen zur Verfügung zu haben. Eine der frühen empirischen Untersuchungen zu dieser Frage wurde schon in den 50er Jahren von Harnack bei 1335 Hamburger Grundschulkindern durchgeführt und unter dem Titel „Nervöse Verhaltensstörungen beim Schulkind" publiziert (Harnack 1958). Harnack kam damals zu der Einschätzung, dass 61 Prozent der Kinder pathologische Einzelbefunde wie Hypermotorik, Schlafstörungen, ticartige Angewohnheiten etc. zeigten, kam aber dann zu einer zurückhaltenderen Gesamtbeurteilung in dem Sinne, dass er 16,3 Prozent der Kinder als „mäßig" und 3,7 Prozent als „ausgeprägt verhaltensgestört" einschätze, wobei die Jungen bei den Störungen deutlich überrepräsentiert waren.

6.2 Die Reutlinger Studie von Bittner/Thalmann (1970)

1970 wurde dann am Reutlinger Institut für Sonderpädagogik von Thalmann und Bittner eine Studie „Über die Verbreitung psychischer Störungen bei Kindern im Grundschulalter" durchgeführt, die im Bereich der Verhaltensgestörtenpädagogik lange Zeit als maßgeblich galt. Im Rahmen dieser Studie wurde eine zufällig ausgewählte Stichprobe von 150 Jungen im Alter von 7–10 Jahren untersucht. Dafür wurden ausführliche klinische Interviews mit den Müttern (z. T. auch mit den Vätern) sowie mit den Lehrerinnen und Lehrern durchgeführt. Die Interviewprotokolle wurden in einem Expertenrat besprochen und die einzelnen Fälle dann, je nach dem Ausmaß der Symptome beziehungsweise der angenommenen „Behandlungsbedürftigkeit" einem der Belastungsgrade in einer fünfstufigen „Symptombelastungsskala" zugeordnet. Dabei ergab sich ein ziemlich besorgniserregendes Bild: nur 22% galten als „symptomfrei", 28,7% als „leicht symptombelastet", 29,3% als „mäßig symptombelastet", 18,7% als „Problemkinder" und 1,3% als „Anstaltsfälle". Die Kategorie der „Problemkinder" wurde dabei folgendermaßen charakterisiert: „stark symptombelastet ... Einige Symptome treten in schwerster Form oder viele Symptome in leichter bis mäßiger Form auf, so daß das Kind in seinem Verhalten deutlich außerhalb der Norm steht und selbst seine Probleme nicht bewältigen kann, sondern bereits therapeutische Hilfe braucht" (Bittner/Thalmann 1970, S. 92). Die Autoren selbst kommentieren ihr Gesamtergebnis mit den Worten: „Wie die Tabelle 2 zeigt, ist der Anteil psychisch gestörter Kinder erschreckend hoch. Jeder fünfte Junge braucht demnach eine sofortige psychotherapeutische Behandlung, für fast 30% wären außerdem Präventivmaßnahmen dringend erforderlich“ (ebd., S. 93).

Wenn man davon ausgeht, dass die Ergebnisse von Bittner und Thalmann tatsächlich repräsentativ und generalisierbar für ihre Zeit waren, und weiterhin unterstellt, dass auch Hurrelmanns oben zitierte Einschätzung von 2003 zutreffend ist, dass insgesamt 6% der Kinder „als psychisch auffällig bezüglich emotionaler Probleme, Verhaltensprobleme, Hyperaktivität oder Problemen mit Gleichaltrigen eingestuft werden“ müssen, dann könnte man zu dem erfreulichen Ergebnis kommen, dass im Laufe der letzten 33 Jahre die Verbreitung von Verhaltensauffälligkeiten in Deutschland um mehr zwei Drittel zurückgegangen ist. Dies zeigt, wie problematisch alle derartigen Angaben sind.

6.3 Die Marburger Studie von Remschmidt/Walter (1990)

Eine neue Dimension an Differenziertheit und Objektivität in der Erfassung von Verhaltensauffälligkeiten hat sich dann ab Beginn der Neunzigerjahre ergeben, als Remschmidt und Walter das von Achenbach in den USA entwickelte Instrument der Child Behavior Checklist ins Deutsche übertrugen und erstmals an einer großen Stichprobe zur Anwendung brachten. In dem Buch „Psychische Auffälligkeiten bei Schulkindern“ (1990) von Remschmidt/Walter findet sich auch eine Übersicht über die bis dahin im deutschsprachigen Raum durchgeführten Untersuchungen zur Verbreitung von Verhaltensauffälligkeiten mit den Angaben zu Größe und Durchschnittsalter der untersuchten Stichproben und mit den Prozentangabe zur jeweiligen „Auffälligenrate“. Die Tabelle umfasst insgesamt 15 Studien. Die „Auffälligkeitsrate“ schwankt zwischen 12,5 und 49,3 Prozent, wobei der Mittelwert über alle Studien bei 22 Prozent liegt. Eine Tendenz in dem Sinne, dass die in den achtziger Jahren durchgeführten Studien zu höheren Werten kämen als die in den 50er Jahren durchgeführten, dass sich hier also schon die Zunahme von Verhaltensstörungen zeigte, ist dabei freilich nicht erkennbar.

Remschmidt/Walter geht es nun weniger um generalisierende Gesamteinschätzungen der Auffälligenrate, sondern mehr um die Häufigkeit und die Verteilung einzelner Symptome in einer repräsentativen Gruppe von 1969 Kindern im Alter von zehn bis siebzehn Jahren.

Die Child Behavior Checklist besteht aus 120 Items, in denen Verhaltensauffälligkeiten, emotionale Auffälligkeiten und körperliche Beschwerden beschrieben werden. Fast kann man hier also die alte Strümpell'sche Liste der Kinderfehler in aktualisierter Form und nun eben als Instrument differenzierter Diagnostik und harter empirischer epidemiologischer Forschung wiederentdecken. Die Beurteiler, in der Regel die Eltern, können jedes Item auf einer dreistufigen Skala einschätzen, indem sie entweder 0 („nicht zutreffend"), 1 („etwas oder manchmal zutreffend") oder 2 („genau oder häufig zutreffend") ankreuzen. Der Beurteilungszeitraum umfasst dabei die letzten sechs Monate. 118 Items gehen in den „Gesamtauffälligkeitswert" ein. Damit kann dieser „Gesamtscore" minimal bei 0 und maximal bei 236 liegen.

Das Problem bei der Bildung dieses Gesamtscores ist freilich, dass dabei höchst unterschiedliche Phänomene mit höchst unterschiedlicher psychopathologischer Bedeutsamkeit mit gleichem Gewicht in die Berechnung eingehen. So gibt es, wenn die Eltern bezüglich ihres Kindes die Aussagen „Schmollt viel", „Ist schüchtern/zaghaft" bzw. „Streitet oder widerspricht viel" als „genau oder häufig zutreffend" ankreuzen, gleichermaßen zwei Punkte wie wenn die Eltern angeben, dass ihr Kind häufig Stimmen höre, vom Suizid rede oder von zu Hause weglaufe.

Ein anderes Problem besteht sicherlich darin, dass dieses Instrument für die relativ große Altersspanne von 4–18 Jahren konzipiert ist, dass aber den meisten der dort genannten Symptomen je nach Alter eine ganz andere Bedeutung zukommt (etwa „Daumenlutschen", „leicht eifersüchtig", „Einkoten", „Sexuelle Probleme").

Von daher ist es auch nicht so ohne weiteres möglich, einfach bestimmte Gesamtpunktwerte festzusetzen, ab denen Kinder als „leicht", „mäßig" oder „schwer gestört" zu gelten haben, sondern es kommt schon jeweils sehr auf das Profil der Items an, die hier als besonders zutreffend für das einzelne Kind angekreuzt wurden.

Deshalb sind in der Auswertung von Remschmidt und Walter auch weniger die Gesamtauffälligkeitsraten von Interesse, sondern mehr die Fragen, welche Probleme aus der Sicht welcher Beurteiler besonders im Vordergrund stehen und wie sich die verschiedenen Altersgruppen und Geschlechter hier voneinander unterscheiden. Da es zusätzlich mit dem Youth Self Report noch ein korrespondierendes Instrument gibt, dessen Items analog konstruiert sind, bei dem die Jugendlichen ab dem Alter von zehn Jahren sich nun aber selbst einschätzen können, ist weiterhin ein interessanter Vergleich zwischen Fremd- und Selbstbeurteilung möglich.

Die vorderen Rangplätze in der Tabelle mit jenen Items, die von den Eltern am häufigsten als „genau oder häufig zutreffend" angekreuzt wurden, sehen dabei folgendermaßen aus: Für die 6–11-jährigen Jungen lagen die „Konzentrationsstörungen" und die „Hyperaktivität" mit 23,05 bzw. 18,76 Prozent vorn, gefolgt von „Streitereien" (12,86%) und „Verlangen nach Zuwendung" (11,26). Bei den gleichaltrigen Mädchen lagen die gleichen vier Items in etwas anderer Rangfolge und mit deutlich niedrigeren Prozentwerten bei den „Konzentrationsstörungen" und bei der „Hyperaktivität" vorn. Auch bei der älteren Gruppe der 12–17 Jährigen veränderte sich an den vorderen Rangplätzen nicht sehr viel. Jedoch sind die Nennungen für die Konzentrationsstörungen und die Hyperaktivität bei den Jungen nun nur mehr halb so hoch und für beide Geschlechter taucht das „Nägelbeißen" unter den ersten vier Rangplätzen auf. Insgesamt gibt es auch eine altersbezogene Verschiebung in dem Sinne, dass es bei der Altersgruppe der 6–11-Jährigen bei den Jungen mehr Symptome gab, die von mindestens fünf Prozent der Befragten als „genau oder häufig zutreffend" bewertet wurden; In der Altersgruppe der 12–17-Jährigen gab es hier einen Rückgang bei den Jungen, dafür eine Zunahme bei den Mädchen.

Remschmidt und Walter haben in einem klinischen Expertenrating eine Liste derjenigen Items aus der CBCL erstellt, die aus kinder- und jugendpsychiatrischer Sicht zumindest bei starker Ausprägung von besonderem Gewicht sind. Diese umfasst mit 47 Items für die Gruppe der 6–11-Jährigen und 49 Items für die Gruppe der 12–17-Jährigen etwas mehr als ein Drittel der Gesamtitems. Dabei zeigte sich, dass 32,9% der Stichprobe mindestens eines, 12,7% mindestens zwei und 5,8% der Stichprobe drei oder mehr dieser kritischen Items aufwiesen. Schließlich wurde die Fallgrenze so festgelegt, dass Kinder und Jugendliche mit zwei oder mehr solcher kritischer Items in starker Ausprägung als „psychisch auffällig mit Interventionsbedarf" eingestuft wurden. Mit dieser „Falldefinition" kamen Remschmidt und Walter dann zu einer Prävalenzrate von 12,7%.

6.4 Die PAK-KIP-Studie von Döpfner, Lehmkuhl, Poustka u. a. (1997)

Eine nächste große repräsentative epidemiologische Studie zur Prävalenz von Verhaltensauffälligkeiten mit dem Instrument der CBCL und des YSR wurde Mitte der Neunzigerjahre unter dem Titel PAK-KID (*P*sychische *A*uffälligkeiten und *K*ompetenzen von *K*indern und *J*ugendlichen in *D*eutschland) als gemeinsames Projekt der Kinder- und Jugendpsychiatrischen Abteilungen der Universitätskliniken Köln (Döpfner), Frankfurt (Poustka) und des Virchow-Klinikums der Humboldt-Universität zu Berlin (Lehmkuhl) durchgeführt. Ziel war hier vor allem die Normierung der Child Behavior Checklist und des Youth Self Report für deutsche Verhältnisse. 2856 Elternfragebogen und 1798 Fragebogen für Jugendliche wurden in die Analyse einbezogen. Die Autoren selbst nennen als zentrale Zielsetzung: „Durch die Studie sollen Basisinformationen über die Häufigkeit und über die Verteilung von psychosozialen Kompetenzen und psychischen Auffälligkeiten bei Kindern und Jugendlichen im Alter von 4–18 Jahren im Urteil der Eltern gewonnen werden. Ab dem Alter von elf Jahren wurden diese Informationen auch im Selbsturteil der Kinder und Jugendlichen erhoben" (Döpfner u. a. 1997, S. 219). Weiterhin sollten damit Daten über den Behandlungsbedarf und „Voraussetzungen für kulturvergleichende Analysen mit national repräsentativen Stichproben aus anderen Ländern" (ebd.) geschaffen werden. Hinzufügen kann man, dass damit auch die Voraussetzung für präzisere und verlässlichere künftige zeitvergleichende Analysen geschaffen wurde.

Für die Auswertung wurden die entsprechenden Items faktoranalytisch zu insgesamt acht verschiedenen „Syndromskalen" zusammengefasst, die folgendermaßen bezeichnet werden: „sozialer Rückzug", „körperliche Beschwerden", „Angst/Depressivität", „Aggressives Verhalten", „Dissoziales Verhalten", „Aufmerksamkeitsstörungen", „Soziale Probleme" und „Schizoid/ Zwanghaft". Für alle Skalen wurden jeweils Alters-, Geschlechts- und Beurteilereffekte analysiert. Es ging also auch hier weniger um den Gesamtbelastungsscore und um die pauschale generelle Frage: „Wie viel Prozent der Kinder und Jugendlichen sind psychisch auffällig?" (die eben immer sehr stark von den jeweiligen Grenzsetzungen abhängig ist), sondern es ging primär um die internen Differenzen und Verschiebungen, um die Frage also, wie sich die Beurteilungen der psychischen Befindlichkeiten bei den einzelnen Syndromskalen unterscheiden je nachdem, ob sie von Eltern oder den Betroffenen selbst vorgenommen werden, je nachdem, ob sie sich auf Mädchen oder Jungen beziehen und je nach der spezifischen Altersgruppe, die im Blickfeld steht. Dabei ergaben sich folgende Tendenzen: Die selbstbeurteilte Problembelastung der Kinder und Jugendlichen von 11–18 Jahren lag bei allen Skalen mehr oder weniger deutlich über der Fremdbeurteilung durch die Eltern. Die Autoren deuten diese Diskrepanz durch einen Mangel an Wissen und Empathie der Eltern hinsichtlich der wahren inneren Befindlichkeit, der Sorgen und Nöte ihrer Kinder: „Die höheren Raten emotionaler Auffälligkeiten auf der Basis der Selbsturteile Jugendlicher lassen sich vermutlich damit erklären, daß den Eltern Informationen über die Befindlichkeit ihres Kindes fehlen und sie Auffälligkeiten deshalb unterschätzen" (ebd. S. 229). Zieht man die einschlägigen Untersuchungen zum Kindheitsglück und zur Lebenszufriedenheit hier mit hinzu, dann kommt man zu dem etwas paradoxen Gesamtbefund, dass einerseits das subjektiv empfundene Lebensglück der Kinder und Jugendlichen deutlich höher liegt als von den Eltern eingeschätzt, dass aber andererseits die subjektiv eingeschätzte Belastung durch psychische Störungen ebenfalls deutlich höher liegt, als von den Eltern vermutet.

Bei den Alterseffekten gab es je nach Problembereich unterschiedliche Tendenzen. In der Einschätzung der Eltern nahmen Auffälligkeiten aus den Bereichen „sozialer Rückzug", „körperliche Beschwerden", „Angst und Depression" sowie „dissoziales Verhalten" mit dem Alter eher zu, während es in den Bereichen „Aufmerksamkeitsstörungen", „Aggressives Verhalten" und „soziale Probleme" eher abnehmende Tendenzen gab. Gerade für den Altersabschnitt von 10–12, also für die Zeit der Vorpubertät, scheint es aus Elternsicht in vielen Dimensionen einen markanten Anstieg der Problembelastung zu geben. In den Urteilen der 11–18-jährigen Kinder- und Jugendlichen selbst kommt es in fast allen Bereichen zu einem graduellen Anstieg der eingeschätzten Problembelastungen mit einem Maximum im Alter von 15–16 Jahren. Für die 17–18-Jährigen sind dagegen die Werte auf fast allen

Skalen wieder niedriger. Auch die Elterneinschätzungen gehen für diese letzte Alterssequenz für die verschiedenen Bereiche mehr oder weniger deutlich zurück. Die Turbulenzen der Pubertät und des frühen Jugendalters scheinen nun weitgehend überwunden zu sein.

Bezüglich der Geschlechtsunterschiede liegen die Problemwahrnehmungen gerade bei den internalen Störungen („sozialer Rückzug", „körperliche Beschwerden" und „Angst/Depressivität") bei den Mädchen deutlich höher als bei den Jungen. In der Selbsteinschätzung wird diese Differenz noch deutlicher sichtbar als in der Elterneinschätzung. In den Bereichen „Aggressivität", „dissoziales Verhalten" „Aufmerksamkeitsstörung" und „soziale Probleme" sind jedoch die Jungen in der Einschätzung ihrer Eltern stärker problembelastet. In der Selbsteinschätzungen liegen Mädchen und Jungen hier allerdings ab dem Alter von 11 Jahren ziemlich eng beieinander.

6.5 Die Hamburger Studie von Schulte-Markwort (2001)

Diese Studie über die psychische Gesundheit der 4–18-Jährigen, die von Michael Schulte-Markwort an der Abteilung für Kinder- und Jugendpsychiatrie am Universitätsklinikum Hamburg-Eppendorf ebenfalls auf der Basis der CBCL und des YSR durchgeführt wurde, hat insofern ziemlich große öffentliche Beachtung gefunden, weil sie vom STERN in Auftrag gegeben wurde und dieses Magazin dann unter dem Titel „Wie gesund sind die Seelen unserer Kinder?" eine entsprechende Titel-Story veröffentlicht hat. Einbezogen in die Studie waren 2000 repräsentativ ausgewählte Familien. Die Ergebnisse werden dort ergänzt durch einige individuelle Porträts, in denen Kinder über ihre Probleme und Belastungen berichten. Der Leiter der Studie wird mit den Worten zitiert: „Die unbeschwerte Kindheit – das ist ein Mythos. ... Die Kinder und Jugendlichen sind weit belasteter, als wir es wahrhaben wollen" (Metzner/Margrean 2001, S. 27). Und in den einleitenden Sätzen des Berichts wird gleich die Gesamteinschätzung präsentiert: „Jedes fünfte Kind in Deutschland ist psychisch und körperlich derart angeschlagen, dass es Hilfe bräuchte" (ebd., S. 23). Im Text selber wird diese Aussage aber tendenziell relativiert. Dort vertritt Schulte-Markwort dann die Meinung, „dass insgesamt 18 Prozent aller Kinder und Jugendlichen auffällig und diagnosebedürftig" seien und dass von diesen wiederum jeder zweite „so gestört sei, dass er in eine Behandlung gehöre" (ebd., S. 30). Auch wenn die Ergebnisse als „alarmierend" eingeschätzt werden, wird doch auf die sonst übliche Steigerungsbehauptung verzichtet und statt dessen darauf verwiesen, dass die Datenlage in dieser bedeutsamen Frage nach der Entwicklung der seelischen Gesundheit der nachwachsenden Generation erstaunlich dürftig sei.

Die Prozentzahlen der Kinder und Jugendlichen, die angaben, dass sie „häufig" an Kopfschmerzen, innerer Unruhe, an Allergien oder Phobien leiden, die nach eigenen Einschätzungen „häufig“ verschlossen sind, nicht von bestimmten Gedanken loskommen, Fingernägel kauen oder viel streiten, lagen jeweils in Größenordnungen zwischen 8,5 und 13,5 Prozent.

Was die Forscher auch in dieser Studie erschreckte, war die große Diskrepanz zwischen elterlicher Fremdeinschätzung und Selbsteinschätzung. Bei Items wie „Misstrauen“, „Schüchternheit“, „Lügen/Betrügen“, „Sich zu viele Sorgen machen“, „Deprimiertheit“, „Alpträume“, „Einsamkeit“ oder „Schlafprobleme“ u. a. lagen die Beurteilungen mit „manchmal“ bzw. „häufig“ bei den Jugendlichen selbst etwa doppelt so hoch wie in den vergleichbaren Einschätzungen ihrer Eltern. Entsprechend wird dieser Umstand von den Autoren kommentiert: „Das Schlimmste ist, dass zahlreiche Eltern gar nicht ahnen, welche Leiden ihre Kinder belasten. Vor allem Mädchen im Pubertätsalter fühlen sich erheblich schlechter, als Vater oder Mutter vermuten“ (ebd., S. 28).

Dem Artikel ist dann sogar noch ein „Fragebogen zu Stärken und Schwächen Ihres Kindes“ beigegeben, gewissermaßen eine „CBCL Light“, welche die Eltern ausfüllen sollen, um herauszufinden, ob ihr Nachwuchs Hilfe braucht. Maximal sind bei den dort genannten Items 40 Punkte zu erreichen (wenn sämtliche genannten Problembereiche als „eindeutig zutreffend“ angekreuzt werden, also mit 2 Punkten in die Wertung eingehen). Die Grenzwerte für den erreichten „Gesamtproblemwert“ werden dabei im Auswertungsschema so festgelegt, dass Kinder ab 14 erreichten Punkten als „grenzwertig“ und ab 17 erreichten Punkten als „auffällig“ eingestuft werden und den Eltern in diesen Fällen eine weitere Abklärung bei einem Kinder- und Jugendpsychiater empfohlen wird.

6.6 Die Heidelberger Studie von Resch, Haffner, Giovannini u. a.

Eine weitere großangelegte epidemiologische Studie im Raum Heidelberg, die mit der CBCL durchgeführt wurde, bezieht sich speziell auf Kinder im Einschulungsalter. Sie ist insofern interessant, als es sich um eine relativ große Stichprobe von 4363 sechsjährigen Kindern handelt und als hier auch ziemlich umfangreiche Daten über die Lebenssituation der Kinder gesammelt wurden. Dadurch bestand nämlich die Möglichkeit zu prüfen, welche Erklärungskraft einzelnen Belastungsfaktoren der Lebenswelt im Hinblick auf die Ausprägung der Symptombelastung der Kinder zukommt.

Welche spezifischen Probleme stehen nun bei den Sechsjährigen in der Wahrnehmung der Eltern im Vordergrund? Betrachtet man auf der Ebene der Einzelitems, für welche konkrete Items mehr als fünf Prozent der Eltern (überwiegend waren es die Mütter) eine 2 für „genau/häufig zutreffend“ angekreuzt haben, dann fällt auf, dass auf dieser Altersstufe die Items „Streitet/widerspricht viel“ (16,3% bzw. 11,2%), „Unruhig/überaktiv“ (9,5% bzw.

4,1%), und „Fordert viel Aufmerksamkeit" (8,8% bzw. 7,7%) klar vorn liegen. Sie werden gefolgt von den Items „Perfektionistisch", „Verhält sich zu jung", „Unkonzentriert", „Leicht eifersüchtig", „Redet zu viel", „Kaspert", „Wutausbrüche", „Ißt schlecht", die für die Jungen alle Werte von etwa 5% und für die Mädchen Werte zwischen 3% und 4% ergaben. Es sind also primär Probleme aus dem Bereich des oppositionellen/aufmerksamkeitssuchenden Verhaltens, die in jenem Lebensalter im Vordergrund stehen, entsprechend fassen die Autoren das Gesamtbild der typischen Verhaltensmuster heutiger Einschulungskinder folgendermaßen zusammen: „Sie sind ausgesprochen eigenwillig und eigensinnig, zeigen ein ausgeprägtes Konkurrenzverhalten und eine geringe Frustrationstoleranz, haben Probleme mit Regeln, wenig Selbstkontrolle und eine schlechte Impuls- und Aufmerksamkeitssteuerung. Zugleich sind viele im Umgang mit anderen noch unsicher und haben ein hohes Bedürfnis nach emotionaler Zuwendung. Willensstark und durchsetzungsfähig, wie sie außerdem sind, fordern sie lautstark und vehement von den Erwachsenen Aufmerksamkeit und Beachtung" (Giovannini u. a. 2005, S. 107).

Dass 20–30 Kinder in einer Klasse mit mehr oder weniger stark ausgeprägtem Verhaltenstendenzen in diese Richtung für die Lehrer eine große Herausforderung darstellen, dass sie anstrengender und vielleicht bisweilen nervenaufreibender sind als frühere Generationen von Grundschulkindern, die im Vergleich dazu „braver" „angepasster", „zurückhaltender" und „geduldiger", vielleicht aber auch „schüchterner", „gehemmter", „verdruckster", „verängstigter" waren als heutige Grundschulkinder, liegt auf der Hand.

Auf der Ebene der addierten Gesamtpunktwerte der 114 Items (6 Items der CBCL wurden weggelassen, weil sie für diese Altersgruppe nicht sinnvoll anzuwenden sind), wo also ein theoretischer Maximalwert von 228 erreicht werden konnte, ergab sich ein realer Mittelwert von 17,1 Punkten. Dabei lagen über die Hälfte der Kinder im Bereich zwischen 0 und 15 Punkten, 90% lagen unter 35 Punkten und nur eine sehr kleine Gruppe von 0,8% lag über 60 Punkten. Ausdrücklich betonen die Autoren im Hinblick auf diese Verteilung der Gesamtbelastungsscores: „Eine natürliche Grenze zwischen auffälligem und unauffälligem Verhalten ergibt sich nicht" (ebd., S. 684). Nicht einmal eine Aussage über einen Behandlungsbedarf lässt sich auf der Basis des Gesamtpunktwertes mit Eindeutigkeit machen, weil sich hinter den einzelnen Punkten eben Probleme mit ganz unterschiedlicher klinischer Relevanz verbergen. Auf die direkt im Rahmen des Elterninterviews gestellte Frage, ob ihr Kind Behandlung oder Beratung brauche, haben immerhin 3,6 Prozent der Eltern dies bejaht und 4 Prozent mit „ich weiß nicht" geantwortet. 5,4 Prozent gaben weiterhin an, dass ihr Kind in den letzten 12 Monaten vor der Befragung wegen Verhaltensproblemen in ärztlicher oder psychologischer Behandlung gewesen sei.

Auch auf der Ebene der Syndromskalen der CBCL wird von den Autoren die Frage nach der „Fallhäufigkeit“ gestellt. Dabei werden drei unterschiedliche Varianten der „Falldefinition“ diskutiert. 1.) Eine normorientierte Falldefinition, bei der einfach jene Werte, die den obersten 5% der Normpopulation entsprechen, als Fälle definiert werden. Hier ist das Verfahren natürlich etwas zirkulär, weil damit einfach gesetzt wird, dass es bezogen auf jede Skale 5% „Fälle“ geben müsse. 2.) Eine Falldefinition, die die Fallgrenze dann erreicht sieht, wenn ein Viertel der Maximalpunktzahl der jeweiligen Skala erreicht ist, und schließlich 3.) eine klinische Falldefinition, die die psychiatrisch relevanten Items spezifisch gewichtet. Je nach veranschlagter Falldefinition ergibt sich dabei ein sehr unterschiedliches Bild: Bei der ersten ergeben sich, wie nicht anders zu erwarten, für Mädchen und für Jungen quer über alle Skalen Fallwerte von um die 5 Prozent. Bei der zweiten Falldefinition steht das oppositionelle, aufmerksamkeitssuchende Verhalten mit 17,3 Prozent gefolgt von Aufmerksamkeitsproblemen mit 8,5% deutlich im Vordergrund. Hier sind die Werte für die Jungen auch jeweils etwa doppelt so hoch wie für die Mädchen. Bei der klinischen Falldefinition stellen die Aufmerksamkeitsstörungen mit etwa 10 Prozent aller Kinder (wobei wiederum die Werte bei den Jungen etwa doppelt so hoch sind wie bei den Mädchen) das zentrale Problem dar.

Nicht nur die Ausprägung einzelner Symptome mittels CBCL wurde bei dieser Studie bei den Sechsjährigen erfasst, sondern auch diverse Variablen ihrer Lebenssituation. Diese bezogen sich auf vier Dimensionen: auf das *Kind selbst* (Geschlecht, Nationalität, chronische Krankheiten, tägliche Zeit für Fernsehen/Computerspiele), auf die *Familiensituation* (Zahl der im Haushalt lebenden Personen, Zahl älterer/jüngerer Geschwister, Alter, Familienstand, Schulabschluss, Berufstätigkeit, Arbeitszeit, der Eltern), auf die *Wohnsituation* und das *Wohnumfeld* (Wohnungsgröße, Wohnverhältnis, Lage der Wohnung, eigenes Zimmer, Kinderfreundlichkeit der Wohnumgebung, Ausmaß der Lärmbelästigung) sowie auf die *Probleme der Familie* (Gesundheitsprobleme, Probleme anderer Kinder in Verhalten/Schule, seelische und beziehungsmäßige Probleme der Eltern, finanzielle Probleme, Wohnungsprobleme, andere Probleme).

Da es sich um eine sehr große Stichprobe handelte, konnten hier auch geringe Effektstärken mit hoher Signifikanz bestimmt werden. Insgesamt konnten mit all diesen Prädiktoren knapp 20 Prozent der Varianz aufgeklärt werden. Dabei schlugen im Gesamtmodell aller untersuchten Einflussfaktoren die familiären Belastungsfaktoren, insbesondere die seelischen, beziehungsmäßigen, finanziellen, gesundheitlichen, wohnungsbezogenen und sonstigen Probleme mit je drei bis fünf Prozent aufgeklärter Varianz deutlich am stärksten zu Buche. Dahinter rangierten individuelle Aspekte des Kindes wie das Geschlecht und das Vorliegen chronischer Krankheiten sowie Aspekte des Wohnumfeldes wie „Kinderfeindlichkeit“ und „hohe Lärmbelästigung“ mit etwa 1,5–1,7 Prozent. Auch Alleinerziehenden- und Stiefelternkonstellationen erwiesen sich als eher ungünstige Faktoren für die kindliche Entwicklung, wenngleich die Effektstärken hier gering waren. Demnach kommt der ausgeprägten Konflikthaftigkeit der Elternbeziehung eine höhere Relevanz im Hinblick auf die Verhaltensauffälligkeiten der Kinder zu als dem Familienstatus als solchem. In geringem Umfang trug auch eine frühe Mutterschaft und ein fehlender Schulabschluss der Mutter zur Erklärung bei. Keinen Einfluss auf die Ausprägung der Verhaltensprobleme der Kinder hatten hingegen die Berufstätigkeit und die Arbeitszeit der Mutter. Hinsichtlich der Geschwisterkonstellation erwiesen sich ältere Geschwister tendenziell als Schutz-, jüngere Geschwister dagegen eher als Risikofaktoren im Hinblick auf die Ausprägung von Verhaltensauffälligkeiten. Auch ein täglicher Fernseh-/Videokonsum von über zwei Stunden konnte in seiner negativen Wirkung auf die Kinder nachgewiesen werden.

Mit einem Teil der Stichprobe wurde eine Nachuntersuchung am Ende des ersten Schuljahres durchgeführt. Dabei sollte geprüft werden, inwiefern neben dem Reifungs- und Entwicklungsgeschehen, das sich in jenem Jahr ereignet, auch der Übergang vom Kindergarten zur Schule und die Auseinandersetzung mit den Rollenerwartungen, die an Schüler gestellt sind, Auswirkungen auf das Verhalten des Kindes bzw. auf dessen Einschätzung durch die Eltern haben. Weiterhin wurden nun auch die Lehrerinnen der Kinder gebeten, ihrerseits das Verhalten der Kinder zu beurteilen, um zu sehen, inwieweit Eltern und Lehrer in ihren Wahrnehmungen und Beurteilungen übereinstimmen bzw. abweichen.

Der Übergang vom Kindergarten in die Grundschule stellt einen wichtigen Schritt für das Kind dar (vgl. Fröhlich/Göppel 2003). Es muss sich in einen Klassenverband einordnen und sich auf die jeweilige Lehrerin einstellen. Es muss mit den in der Klasse geltenden Ordnungen und Regeln zurechtkommen, muss lernen, Bedürfnisse zurückzustellen, Impulse zu kontrollieren, Frustrationen auszuhalten, längere Arbeits- und Konzentrationsphasen durchzustehen, sich mit Leistungs- und Konkurrenzdenken zu arrangieren. Einerseits hat das schulische Setting somit sicherlich eine anregende und herausfordernde Wirkung auf die Entwicklung und einen disziplinierenden, normierenden Einfluss auf das Verhalten, andererseits macht es Abweichungen, Aufmerksamkeits- und Verhaltensprobleme des Kindes sichtbarer und problematischer.

Die durchschnittlichen Gesamtpunktwerte der Kinder in den CBCL-Beurteilungen durch die Eltern hatten sich jedoch nach dem ersten Schulbesuchsjahr nur wenig verändert. Der minimale Rückgang von 18,0 auf 17,3 Prozent war statistisch nicht signifikant. Auch bei den Syndromskalen gab es keine markanten Veränderungen. Auf der Ebene der Einzelitems jedoch gab es gewisse Verschiebungen. Signifikante Zunahmen gab es bei den Items: „Glaubt perfekt sein zu müssen“, „Lügt, betrügt oder schwindelt“, „Macht sich zu viele Sorgen", „Kopfschmerzen" und „Stielt zu Hause". Dagegen gab es signifikante Abnahmen bei den Items „Ist befangen und wird leicht verlegen", „Ist lieber mit Älteren zusammen", „Ist lieber mit Jüngeren zusammen", „Verhält sich wie anderes Geschlecht" und „Weigert sich zu sprechen". Die stärkere Ausrichtung auf die Gleichaltrigen hat sicherlich unmittelbar mit der schulischen Organisationsstruktur und den altershomogenen Klassengruppen zu tun. Die Zunahme von Perfektionsansprüchen, von Sorgen und von Kopfschmerzen ist wohl auch primär als Reaktion auf die schulischen Leistungsansprüche und die Frage, ob man diesen gerecht werden kann, zurückzuführen und nicht weiter verwunderlich. Mit dem neuen Status des Schulkindes und dem Bemühen, sich in der altershomogenen Klassengruppe einen Stand zu verschaffen, dürfte auch der Rückgang sozial unsicherer, auffälliger, anklammernder, befangener und mutistischer Verhaltenstendenzen zu erklären sein, die sich in bestimmten Familienkonstellationen herausgebildet haben, die in bestimmten Eltern-Kind-Beziehungen vielleicht auch noch funktional sind, mit denen man sich bei den Klassengenossen jedoch schnell „unmöglich" macht. Schwieriger zu deuten ist der Umstand, dass offensichtlich auch bestimmte Formen kindlich delinquenten Verhaltens zugenommen haben („Lügt, betrügt oder schwindelt", „Stielt zu Hause").

Zwischen den Einschätzungen der Kinder durch die Eltern und den Einschätzungen der Kinder durch die Lehrkräfte gab es deutliche Unterschiede. Die durchschnittliche Korrelation zwischen Eltern- und Lehrerurteil betrug für alle Bereiche zusammen nur r = 0,28. Dabei war die Übereinstimmung bei der Einschätzung bezüglich der schulischen Leistungen und bezüglich der Aufmerksamkeitsprobleme der Kinder noch am höchsten (0.43 bzw. 0.41). Bezüglich der Skalen „Aggressives Verhalten" (0.21), „Angst/Depressivität" (0.16) und „Soziale Probleme" (0.14) kamen Eltern und Lehrer jedoch zu durchaus unterschiedlichen Einschätzungen.

Dafür mögen einerseits die unterschiedlichen Ausrichtungen der Aufmerksamkeit und die unterschiedlichen Beurteilungsmaßstäbe im häuslichen und im schulischen Kontext verantwortlich sein. Noch stärker vermutlich jedoch die Situationsspezifität des kindlichen Verhaltens. In diesem Sinne interpretieren auch die Verfasser diese Differenzen: „Kinder verhalten sich in der Schule anders als zu Hause. Am deutlichsten wird dies beim oppositionellen und eigensinnigen Verhalten. Während solche Verhaltensweisen von den Eltern sehr häufig beobachtet werden, bemühen sich die Erstklässler in der Schule offenbar wesentlich stärker, die an sie gerichteten Erwartungen zu erfüllen, und zügeln ihren Widerspruchsgeist" (ebd., S. 122).

Deutlich wurde in dieser Untersuchung auch, dass die Einschätzung des Leistungsstandes der Schüler recht eng mit der Einschätzung der Verhaltensprobleme korreliert war. Am deutlichsten schlugen hier negative Einschätzungen des „Lern- und Arbeitsverhaltens" sowie „Aufmerksamkeitsprobleme" auf den Leistungsstand durch, aber auch die „Gesamtbeurteilung des Verhaltens" war eng damit gekoppelt.

Insgesamt zeichnen die AutorInnen ein eher entdramatisierendes Bild der Situation der heutigen Grundschule. Die befragten Lehrerinnen hätten nicht das „Klischee" bestätigt, „dass heutige Kinder generell ‚schwierig' oder gar ‚verhaltensgestört' seien. Mehr als die Hälfte der Kinder wird von den Lehrerinnen in Bezug auf ihr Gesamtverhalten als weitgehend unauffällig, mit guten oder herausragenden ‚Funktionen auf allen Gebieten' eingeschätzt. Auch der Leistungsstand wird bei über 60% der Kinder als gut oder sehr gut beurteilt" (ebd.). Freilich ist eine solche Gesamteinschätzung auch wiederum eine Frage der Perspektive und man kann im Umkehrschluss fragen, was es bedeutet, wenn offensichtlich knapp die Hälfte der Schüler von den Lehrerinnen dann doch in irgendwelchen Hinsichten als auffällig und mit Einschränkungen in bestimmten Funktionsbereichen beurteilt werden.

6.7 Der HBSC-Jugendgesundheitssurvey von Hurrelmann, Klocke, Melzer und Ravens-Sieber (2003)

Schließlich soll auch noch von einer Studie berichtet werden, die in jüngster Zeit ziemlich große öffentliche Aufmerksamkeit fand, weil sie als Teil einer großen internationalen Vergleichsstudie angelegt war. Das, was die PISA-Studie für den Bereich der kognitiven Leistungsfähigkeit der Jugendlichen war, stellt nun in gewissem Sinne die HBSC-Studie (Health Behavior in School-aged Children) für den Bereich der physischen und psychischen Gesundheit der Jugendlichen dar. War es bei PISA die OECD, die als internationale Großorganisation die Gesamtstudie koordinierte, so ist es hier die Weltgesundheitsorganisation WHO. Freilich wurde bei dieser Gesundheitsstudie nicht im eigentlichen Sinn die Gesundheit der Probanden „getestet" oder „gemessen", sondern es wurde „nur" über die Methode des Selbstberichts die Selbstwahrnehmungen und die Selbsteinschätzung der Befindlichkeit und des Verhaltens in verschiedenen gesundheitsrelevanten Dimensionen erfragt. Zielgruppe der Befragung waren dabei Kinder und Jugendliche im Alter von 11, 13 und 15 Jahren. Forschergruppen aus 36 Ländern waren an der Studie beteiligt. In Deutschland wurde eine weitgehend repräsentative Stichprobe von 23.111 Schülerinnen und Schüler an allgemeinbildenden Schulen befragt. Davon wurde jedoch nur ein strukturtypischer Datensatz mit den Angaben von 5650 Kindern und Jugendlichen für die Auswertung verwendet. Inhaltlich ging es in dem Fragebogen um einen ziemlich weiten Horizont gesundheitsrelevanter Merkmale wie „Subjektive Gesundheit", „Unfallrisiko und Gewalt", „Substanzenkonsum", „Essverhalten und Diäten", „Körperliche Aktivitäten", „Soziale Ressourcen", „Schule" und „Gleichaltrigengruppe und Freizeitverhalten".

International vergleichende Daten, PISA-typische Länderrankings wurden vor allem zu den Aspekten des „Substanzenkonsums“, der „körperlichen Aktivitäten“ und zu „Unfallrisiko und Gewalt“ publiziert und hier wie stets bei solchen Rankings von den Medien begierig aufgegriffen. So war etwa in einem Artikel des SPIEGEL-Online-Dienstes zu dieser Studie Folgendes zu lesen: „Internationale Studie: Deutsche Kinder beim Rauchen, Trinken, Mobben Spitze. Deutsche Jugendliche sind bei einer internationalen Studie zu der zweifelhaften Ehre gekommen: Sie sind Europameister im Rauchen und liegen auch im Trinken und Mobbing in der Spitzengruppe. Beim Sport sind sie dagegen wenig meisterlich.“

Besonders relevant für die hier zur Diskussion stehende Frage nach der Verbreitung von Verhaltensauffälligkeiten sind dabei die Ergebnisse zum Aspekt „subjektive Gesundheit“. Denn hierbei ging es nicht nur um die körperliche, sondern auch um die „psychische Gesundheit“. Und unter dieser Rubrik wurde durchaus ein Großteil jener Phänomene und Probleme gefasst, die auch in den Items der Child Behavior Checklist auftauchen. Insgesamt kommt die Studie zu dem Ergebnis, dass 80% der befragten Jugendlichen von einer guten psychischen Gesundheit im Sinne der psychischen Unauffälligkeit berichten. Ein Fünftel der befragten Jugendlichen gab damit andererseits jedoch irgendwelche Beeinträchtigungen der psychischen Gesundheit zu Protokoll. Diese bezogen sich zu einem beträchtlichen Teil auf psychosomatische Beschwerden wie Kopfschmerzen, Rückenschmerzen, Bauchschmerzen, Schlafstörungen, Appetitlosigkeit, Schwindel und Müdigkeit sowie auf psychische Symptome wie Gereiztheit, Nervosität, Ängstlichkeit und allgemeines Unwohlsein. Zum engeren Problemkreis der „psychischen Auffälligkeiten“ machen die Verfasser folgende zusammenfassenden Angaben: „Von den befragten Kindern und Jugendlichen können insgesamt 6% als psychisch auffällig bezüglich emotionaler Probleme, Verhaltensprobleme, Hyperaktivität oder Problemen mit Gleichaltrigen eingestuft werden. Weitere 12,8% sind als grenzwertig auffällig zu bezeichnen. Mädchen, jüngere Jugendliche und Schülerinnen und Schüler aus den unteren Wohlstandsschichten sind besonders stark von psychischen Auffälligkeiten betroffen“ (Hurrelmann u. a. 2003, S. 6).

Damit bewegt sich die Größenordnung in jenem Bereich, der immer wieder bei entsprechenden epidemiologischen Studien auftaucht. Auch hinsichtlich der geschlechts-, alters-, und soziallagenspezifischen Tendenzen wurden viele der bekannten Trends bestätigt: „Die Ergebnisse zeigen, dass Jungen, jüngere Schülerinnen und Schüler und Jugendliche aus höheren sozialen Schichten ein höheres psychisches Wohlbefinden bzw. mentale Gesundheit aufweisen als Mädchen, als Befragte aus höheren Altersstufen und als Schülerinnen und Schüler aus der untersten sozialen Schicht“ (ebd.).

Das psychische Wohlbefinden und die psychosoziale Gesundheit können jedoch nicht nur als „gegebenes Schicksal“ betrachtet werden, sondern haben natürlich auch etwas mit je subjektiven Verhaltensmustern und Bewältigungsstrategien der Betroffenen zu tun. Und gerade in dieser Hinsicht zeigte sich eine prekäre wechselseitige Verstärkung. In diesem Sinne beschreiben Hurrelmann u. a. einen „Haupttrend“ ihrer Studie folgendermaßen: „Jugendliche aus sozial schwachen Familien zeigen sowohl eine deutliche Beeinträchtigung ihrer psychosozialen Gesundheit als auch unerwünschte Muster des Gesundheitsverhaltens. Gerade das Zusammenspiel dieser beiden Faktoren kann im weiteren Lebenslauf eine ungünstige gesundheitliche Entwicklung zur Folge haben“ (ebd., S. 13).

Besonders interessant und innovativ an dieser Studie ist, dass auch Merkmale der Schulkultur erfasst und mit den Angaben zur psychischen Befindlichkeit der Schüler in Beziehung gesetzt wurden. Und hier ergaben sich durchaus signifikante Zusammenhänge: „Je positiver die Schulkultur wahrgenommen wird, desto weniger psychosoziale Beschwerden treten auf. Insbesondere die wahrgenommene Unterrichtsqualität, die Arbeitsanforderungen und die Schulfreude erweisen sich in diesem Zusammenhang als bedeutsam“ (ebd., S 16).

Die Gesamteinschätzungen bezüglich des Verhältnisses der Jugendlichen zur Schule sind dabei freilich merkwürdig ambivalent, wenn nicht gar widersprüchlich. Einerseits ist zu lesen: „Die Schulfreude ist sehr hoch: 80% der Befragten gefällt es derzeit einigermaßen oder sehr gut in der Schule, nur knapp 20% finden die Schule ‚nicht so gut‘ oder ‚überhaupt nicht gut‘. Mit höheren Klassenstufen nimmt die Beliebtheit der Schule deutlich ab.“ (Das Merkmal „Schulfreude“ wurde dabei über die generelle Frage: „Wie gefällt dir derzeit die Schule?“ erhoben.) Andererseits heißt es in der Zusammenfassung: „Das schulische Wohlbefinden der Schülerinnen und Schüler ist unzureichend ausgeprägt. Ein markantes Ergebnis ist die geringere Zufriedenheit mit der Schule bei älteren Schülerinnen und Schülern, Nicht-Gymnasiasten und Befragten aus schlechten sozioökonomischen Verhältnissen. Viele Jugendliche fühlen sich aufgrund der Leistungsanforderungen überfordert und machen sich große Sorgen über ihre berufliche Zukunft, insbesondere in den benachteiligten Schichten“ (ebd., S. 7). Ein Stück weit lässt sich diese Diskrepanz wohl auflösen, wenn man bedenkt, dass es durchaus möglich ist, dass ein Schüler die Schule als Ort der Begegnung mit den Freunden, vielleicht auch der bisweilen ganz interessanten Themen und Diskussionen durchaus schätzt und sie dennoch als Ort der Leistungsanforderungen und der Bewertungen andererseits aber auch fürchtet oder hasst. Und natürlich spielen auch subjektive Maßstäbe der Forscher eine Rolle bei der Frage, ab welchen Ergebnissen das schulische Wohlbefinden der Schülerinnen und Schüler als „zureichend ausgeprägt“ zu bewerten ist. Ob und inwiefern der typische Rückgang des durchschnittlichen schulischen Wohlbefindens mit dem Aufstieg in höhere Klassenstufen (speziell in der Altersspanne der 11–15-Jährigen, die hier untersucht wurden) durch eine andere Gestaltung der Schule während dieser Lebensphase vermeidbar wäre, ist eine offene Frage (vgl. v. Hentig 1987, S. 33).

Klar ist jedoch, dass auf der Grundlage dieser Querschnittsstudie keine Aussagen über die Frage nach der Zu- bzw. Abnahme der untersuchten Probleme über den Zeitverlauf gemacht werden können.

7 Versuch eines Fazits

Sieben ausgewählte Studien zur Verbreitung kindlicher Verhaltensauffälligkeiten, die über einen Zeitraum von fast einem halben Jahrhundert hinweg durchgeführt wurden, wurden in ihrem Design und in ihren zentralen Ergebnissen vorgestellt. Sicherlich kann man im Sinne der Zunahme des Aufwandes, der Sorgfalt, der wissenschaftlichen Elaboriertheit und Differenziertheit, mit der die Studien durchgeführt wurden, einen „Fortschritt" über die Jahre hinweg erkennen. Ob dieser sich auch in einem entsprechenden „Fortschritt" hinsichtlich der immer exakteren „Objekterkenntnis" niedergeschlagen hat, ist jedoch eine ganz andere Frage. Die „Gesamtprävalenzraten", die bei den einzelnen Studien angegeben werden, schwanken beträchtlich und sie sind natürlich immer von der Zusammensetzung der jeweiligen Stichprobe, von den Kategoriebildungen, von den Operationalisierungen und Grenzziehungen hinsichtlich der „Falldefinitionen" abhängig. Auch davon, wer dabei mit welchen Vorgaben aus welcher Beobachterperspektive das Erleben und Verhalten des Kindes sowie den möglichen Interventionsbedarf beurteilt. Da die Studien in diesem Sinn mit jeweils unterschiedlichen Designs, Fragebögen und Kategoriebildungen durchgeführt wurden, ist eine Vergleichbarkeit der Ergebnisse nur unter großen Vorbehalten möglich. Und damit natürlich – trotz all der aufwendigen Studien – auch eine Aussage über die Frage der Zu- oder Abnahme von Verhaltensstörungen im Zeitverlauf. Da die Child Behavior Checklist sich als „Standarderhebungsinstrument" in diesem Feld in den letzten Jahren durchgesetzt hat, besteht eine gewisse Chance, dass man bei Replikationsstudien in einigen Jahren gesichertere Aussagen zu dieser Frage machen kann. Aber selbst dann, wenn etwa im Jahr 2010 Eltern mit der Child Behavior Checklist befragt werden und etwas andere Durchschnittswerte herauskommen sollten als bei der Studie von Remschmidt/Walter von 1990, wird man nicht genau wissen, ob diese Differenz eher durch Veränderungen im Verhalten der Kinder oder eher durch Veränderungen in den Normalitätserwartungen und Symptomtoleranzen der Eltern bedingt sind, sprich, ob Eltern, wenn sie in Bezug auf ihr Kind Items wie „Ist zu abhängig/anklammernd", „Fordert viel Aufmerksamkeit", „Fühlt sich wertlos/unterlegen", „ist unruhig/überaktiv" oder „streitet/widerspricht viel" in der Child Behavior Checklist als „genau oder häufig zutreffend" ankreuzen, 2010 genau das gleiche Verhalten im Sinn haben wie Eltern 1990. Es handelt sich dabei ja nicht um die korrekte Widergabe einer konkreten Beobachtung, sondern um die summative Bewertung einer Vielzahl von Interaktionserfahrungen mit dem Kind. Und solche Bewertungen erfolgen unvermeidlich immer vor dem Hintergrund dessen, was man (zeitgebunden) als „normales", „durchschnittliches", „angemessenes" kindliches Verhalten betrachtet.

Einen systematischen und vollständigen Literaturüberblick über sämtliche Studien, die in der Bundesrepublik Deutschland von 1949 bis 2003 zur Prävalenz psychischer Auffälligkeiten bei Kindern durchgeführt wurden, haben jüngst Claus Barkmann und Michael Schulte-Markwort vorgelegt. Eine der Leitfragen dieser Metaanalyse lautet ausdrücklich: „Ist eine Zu- oder Abnahme von Auffälligkeiten über die Zeit identifizierbar?" (Barkmann/Schulte-Markwort 2004, S. 279). Die Autoren kommen dabei zu folgendem Fazit: „Eine lineare Regressionsanalyse über alle n = 28 Studien ergibt einen Steigerungskoeffizienten der Regressionsgeraden von b = -0,06 Prozentpunkten pro Jahr und belegt damit eine leichte Abnahme gemessener Prävalenz über die Zeit" (ebd., S. 283). Freilich schränken die Autoren wegen der mangelnden Vergleichbarkeit der Studien die Verlässlichkeit dieser Aussage dann gleich wieder ein: „Bis auf eine Ausnahme sind zu keiner Zeit Studien vergleichbarer Methodik an vergleichbaren Stichproben durchgeführt worden. Unterschiedliche Ergebnisse sind also nicht auf tatsächliche Unterschiede, sondern auch auf Designeffekte rückführbar. Allein Döpfner et al. (1997; Lehmkuhl et al., 1998) und Barkmann (2003) verwenden vergleichbare Instrumente und Fallkriterien an bundesweit repräsentativen Stichproben. Eine Gegenüberstellung derer Ergebnisse auf Basis der Sekundärdaten zeigt aber keine Veränderung in der Gesamtrate psychischer Auffälligkeiten zwischen den Erhebungszeitpunkten (1994 und 2001) an" (ebd.). Sehr entschieden widersprechen die Autoren deshalb auch der vielfach gemachten gegenteiligen Behauptung, dass ein Trend zur Zunahme von psychischen Auffälligkeiten über den Verlauf der letzten Jahre hinweg evident sei. In diesem Sinne heißt es: „Eine Zu- oder Abnahme psychischer Auffälligkeiten bei Kindern und Jugendlichen in Deutschland über die letzten 50 Jahre ist also aus den bislang vorliegenden Untersuchungen nicht ableitbar" (ebd.).

Die „mittlere Prävalenz psychischer Auffälligkeiten", also der über alle Studien hinweg gerechnete Mittelwert beträgt 17,2%. Wenn man so will, kann man dies als vage Faustformel nehmen, dass rund ein Sechstel aller Kinder und Jugendlichen bei entsprechenden Untersuchungen von einschlägigen Experten in ihrem Erleben bzw. in ihrem Verhalten als so belastet/auffällig angesehen wird, dass in irgendeiner Hinsicht eine Intervention geraten erscheint. Und dies ziemlich konstant über die Jahre hinweg!

Man kann den Gesamtertrag der mit viel Aufwand durchgeführten Studien freilich auch kritischer bilanzieren. Ist die Lage letztlich gar so, wie es Helmut

Reiser vermutet, dass nämlich die ganze Forschungsrichtung, die etwas Verlässliches über die Verbreitung und über die Frage nach der Zu- bzw. Abnahme von Verhaltensstörungen herausfinden will, auf irreführenden Grundannahmen basiert und deshalb trotz großangelegter Studien aus prinzipiellen Gründen nicht wirklich zu klaren Ergebnissen kommen kann? Reiser hat die Problematik folgendermaßen charakterisiert: „Analog zu Behinderungsformen, die mit greifbaren organischen Beeinträchtigungen zusammenhängen, wird immer wieder nach der prozentualen Häufigkeit und Klassifikation von kindlichen Verhaltensstörungen gefragt. ... Das wissenschaftliche Problem und dessen Lösung liegen in der Frage selbst. Die Frage setzt voraus, dass es objektivierbare Verhaltensweisen von Kindern gebe, die vergleichbar zwischen einzelnen Personen, Situationen und Zeiten messbar wären. Da Verhalten sich immer in einem komplexen historischen Geflecht von Situationen und Interaktionen artikuliert und Verhaltensbeschreibungen stets historische und situationsabhängige Bewertungen von Beobachtungen darstellen, sind alle derartigen Erhebungen nichts anderes als Einschätzungen, die mehr über die Beobachter als über das Beobachtete ausdrücken. ... Psychiatrische Klassifizierungen und kategorisierende Rating-Listen mögen für wissenschaftliche Verlaufsstudien von beschränktem Nutzen sein, täuschen jedoch in der Diagnostik und Epidemiologie eine Genauigkeit vor, die aufgrund der sprachlichen Struktur der Problemformulierungen mit ihren subjektiv unterschiedlichen Bedeutungsgehalten grundsätzlich nicht erreichbar ist“ (Reiser 1999, S. 145). Ähnlich hat Palmowski aus systemischer-konstruktivistischer Perspektive gemeint: „Wenn ein Lehrer ein Kind als ‚verhaltensgestört‘ bezeichnet, erfahre ich etwas über den Pädagogen, aber nicht über das Kind“, denn: „Verhaltensstörungen ... sind in stärkerem Maße subjektive Wirklichkeitskonstruktionen als objektiv Vorfindbares“ (Palmowski 1996, S. 224 f.). Wie misst man aber die Zu- bzw. Abnahme „subjektiver Wirklichkeitskonstruktionen“? Freilich sind subjektive Wirklichkeitskonstruktionen keine „beliebigen Wirklichkeitskonstruktionen“. Es soll überhaupt nicht bestritten werden, dass es erzieherische Not und dringenden Hilfebedarf gibt, dass es Kinder gibt, die massive Probleme mit sich und ihrer Umwelt haben, die Eltern und Lehrer an ihre Grenzen bringen, die jede Ordnung in Frage stellen und jede Gruppe sprengen, die deshalb gewissermaßen den „Ernstfall der Pädagogik“ darstellen. Aber gleichzeitig stellt auch die These von der „massiven Zunahme von Verhaltensauffälligkeiten“ eher eine „kollektive Wirklichkeitskonstruktion“ dar als eine gesicherte objektive Tatsache und man wird analog zu Palmowski fragen müssen, was wir über unsere Gesellschaft und ihr Verhältnis zu Kindern erfahren, wenn eine solche Konstruktion trotz ungesicherter empirischer Evidenz so selbstverständlich immer wieder als Tatsache verbreitet und akzeptiert wird.

II Probleme des Jugendalters

Kapitel 9

Kann man Jugendliche verstehen? – Wollen Jugendliche verstanden werden? – Verstehen Jugendliche sich selbst?

„In keinem Lebensalter hat der Mensch ein so starkes Bedürfnis nach Verstandenwerden wie in der Jugendzeit. Es ist, als ob nur durch ein tieferes Verstehen dem werdenden Wesen herausgeholfen werden könnte."

Eduard Spranger

„Wer in diesem Bereich der Psychologie forscht, muß sich von Anfang an darüber klar sein, daß heranwachsende Jungen oder Mädchen nicht verstanden werden wollen. Was sie vom Jugendalter begriffen haben, müssen die Erwachsenen für sich behalten."

Donald W. Winnicott

Natürlich ist der Titel dieses Kapitels vermessen. Jede einzelne Frage für sich und erst recht die Trias der Titelfragen zusammen. Ganz offensichtlich sind dies auch keine Fragen, die man einfach mit einem schlichten „ja" oder „nein" beantworten könnte. Jugendliche, die zufällig dieses Buch in die Hände bekommen und diese Überschrift lesen, dürften sich vielleicht darüber empören, weil sie sich in die Ecke merkwürdiger, exotischer Wesen gestellt vorkommen könnten, über deren prinzipielle „Verstehbarkeit", deren „Bedürfnis nach Verstandenwerden" und deren „Fähigkeit zum Selbstverstehen" nun aus einer Erwachsenenposition, gar einer pädagogischen Expertenposition aus geurteilt werden soll.

Nicht nur wegen der Tendenz, „von außen" über Jugendliche in solch prinzipiellen Fragen, die eigentlich die Innenperspektive betreffen, zu urteilen, sondern auch wegen ihres Umfangs ist die Titelformulierung bedenklich. Denn die drei Fragen zielen nicht ab auf dieses oder jenes „jugendtypische Phänomen", welches es zu verstehen gilt – etwa die Ablösungskonflikte, die Cliquenbildung, den Rückgang des schulischen Interesses –, sondern sie zielen ab auf die Möglichkeit des Verstehens Jugendlicher schlechthin. Und dies in mehrfacher Hinsicht, einmal bezogen auf den empathisch bemühten, interessierten und irritierten Erwachsenen, der Jugendliche verstehen will, und einmal auf den introspektiv bemühten, reflektierenden Jugendlichen selbst. Und zum dritten dann auch noch auf das Problem der Motivationslage in pädagogischen Verhältnissen, auf das Problem des Verstanden- bzw. Nichtverstandenwerdenwollens der Jugendlichen durch die Erwachsenen.

1 Kann man Jugendliche verstehen?

Die Frage, ob man Jugendliche verstehen kann, setzt einen Begriff davon voraus, was es überhaupt heißen kann und soll, einen anderen Menschen zu verstehen. Ich will nun freilich nicht auf die ganze umfängliche Tradition der Hermeneutik eingehen, auf die Frage, inwiefern sich Textverstehen und Menschenverstehen unterscheiden, ich will auch nicht, wie das Horst Scarbath einmal getan hat, eine Systematik der pädagogisch relevanten Verstehenskonzepte präsentieren (Scarbath 1992), will nicht, wie das Wilfried Datler getan hat, die Bedeutung der Gefühle für das Verstehen darstellen und an einem Fallbeispiel minutiös das Zustandekommen von interpersonalen Verstehensprozessen in beraterischen Beziehungskontexten nachzeichnen (Datler 2000), und ich will auch nicht, wie das Rüdiger Bittner getan hat, darüber streiten, ob das autobiographische Subjekt einen privilegierten Verstehenszugang zu den maßgeblichen Einflussgrößen seines Lebensschicksals hat und deshalb zum Richter über seine Erzieher berufen ist oder nicht (Bittner 1997). Ich will stattdessen zunächst schlicht mein Vorverständnis explizieren:

„Verstehen" ist ein sehr schillernder, recht vielfältig verwendeter Alltagsbegriff. „Ich versteh dich kaum", sagen wir etwa, wenn die Telefonverbindung bei einem Gespräch schlecht oder das Hintergrundgeräusch sehr laut ist. „Ich versteh diese Aufgabe nicht", sagt meine Tochter, wenn sie in Mathematik die Hilfe des Vaters erbittet. „Du verstehst mich überhaupt nicht", ist ein häufiger Vorwurf unter Beziehungspartnern. Einmal geht es dabei um akustische, einmal um kognitive und einmal um emotionale bzw. interpersonale Probleme. Wenn man von den akustischen und kognitiven Verstehensproblemen absieht und nur von dem engeren Bereich des psychologischen „Menschenverstehens" ausgeht, dann kann auch dieser Anspruch wiederum auf ganz unterschiedliche Dinge bezogen sein: auf Einstellungen, Wünsche, Interessen, Ängste, Entscheidungen, Handlungen, Träume, Konflikte, Krankheitssymptome, Tatmotive, Lebensläufe etc. Auf all diese humanen Phänomene richten sich immer wieder die Verstehensbemühungen von Menschen. Und dabei wird deutlich, dass „Verstehen" ein höchst komplexer Vorgang ist, der sich nicht so ohne weiteres schematisieren oder methodisieren lässt. Zwar müssen dabei stets irgendwelche menschlichen „Ausdrucksformen" als konkretes „Material", an dem das Verstehen ansetzt, gegeben sein, dennoch gehen die Verstehensbemühungen häufig über diese unmittelbar gegebenen sprachlichen, mimischen und gestischen Äußerungen hinaus und zielen auf komplexere Zusammenhänge und dahinterliegende Strukturen und Motive.

Eine negative Abgrenzung fällt zunächst leichter als eine positive Bestimmung des Verstehensaktes. Irgendwie handelt es sich beim Verstehen um mehr als um die bloße Subsumtion eines individuellen Falles unter eine allgemeine Gesetzmäßigkeit wie im Hempel-Oppenheim-Schema (vgl. v. Wright 1974). Auch wenn für das Verstehen der Rekurs auf das Allgemeine, auf „typische Muster", auf „häufige Entwicklungen", auf „vielfach anzutreffende Probleme" natürlich eine wichtige Rolle spielt, geht es dabei doch immer um mehr, zumindest um die individuelle Ausgestaltung und Variation dieser Muster. Gleichzeitig handelt es sich beim Verstehen auch um mehr als um die bloße exakte Deskription, um die „dichte Beschreibung" dessen, was passiert ist und was die betroffenen Personen dazu geäußert haben. Weder die empathisch-spiegelnde Widergabe der Problembeschreibungen noch die Übersetzung der alltagssprachlichen Formulierungen in fachwissenschaftlichen, psychologischen, soziologischen, systemtheoretischen oder psychoanalytischen Jargon sichern für sich schon das Verstehen. Es muss irgendetwas Darüberhinausgehendes ins Spiel kommen, eine Deutung, die entweder die Komplexität erhöht, indem sie das Offensichtliche mit Nichtoffensichtlichem verknüpft und bisher nicht gesehene Beziehungen zwischen unterschiedlichen Problemfacetten herstellt, die vielleicht aber auch die Komplexität reduziert, indem sie verborgene Leitmotive und Grundmuster eines Lebenslaufes oder einer Beziehungskonstellation benennt, indem sie vielleicht auch anschauliche Bilder und Metaphern für bestimmte Situationen und Probleme findet, die das Ganze treffend auf den Punkt bringen. Am deutlichsten markiert wohl ein „Aha-Erlebnis" einen gelungenen Verstehensakt, das Gefühl: „Ja, wenn man es so sieht, dann ergibt das Ganze einen Sinn". „Verstehen" als eine nichtbanale psychische Leistung setzt also immer voraus, dass das, was da verstanden werden soll, nicht von vorn herein klar und „selbstverständlich" ist, hat also immer damit zu tun, dass ein neuer Blick, ein Perspektivwechsel ermöglicht wird, der die Dinge in ein anderes Licht rückt. Am häufigsten spielt dabei wohl der Rekurs auf verborgene Motive und heimliche, „inoffizielle" Gründe menschlichen Handelns eine Rolle, oder aber der Rekurs auf Ambivalenzen, auf widersprüchliche Strebungen, die dann bisweilen eben zu merkwürdigen Kompromissbildungen führen.

Die Frage: „Kann man Jugendliche verstehen?" ist problematisch, denn sie bezieht sich pauschal auf die Gesamtheit der unterschiedlichen jugendtypischen „Lebensäußerungen". Im Prinzip müsste man sie sehr stark „aufgliedern" und in viele Teilfragen zerlegen: Kann man verstehen, warum die Konflikthäufigkeit in den Familien im Laufe der Pubertät in der Regel zu- und die schulische Leistungsbereitschaft abnimmt? Kann man verstehen, warum die Jugendlichen so eine ausgeprägte Tendenz entwickeln, sich in größeren Gruppierungen, in Cliquen „zusammenzuballen“, und warum bestimmte jugendkulturelle Moden, Stile und Erkennungszeichen plötzlich für viele so wichtig werden? Kann man verstehen, warum die vor dem Spiegel verbrachte Zeit und die Telefonkosten mit der Pubertät so rasant ansteigen, warum die Stimmungslagen der Jugendlichen oft so wechselhaft und die Umgangsformen oft so rüpelhaft sind, warum die Lust an der Ordnung meist so gering und die an der Provokation meist so groß ist, warum sie bisweilen so empfindlich im Einstecken und so unsensibel im Austeilen von Kränkungen sind? Kann man verstehen, warum einerseits die moralische Urteilsfähigkeit, die Empörung über die Ungerechtigkeiten in der Welt, gleichzeitig aber auch die Neigung zu delinquenten Handlungen zunimmt, warum einerseits im Jugendalter die Selbstentwürfe in die Zukunft hinein und damit langfristige Lebensperspektiven im Horizont der Jugendlichen bedeutsam werden und warum gleichzeitig die Tendenzen zu unüberlegten, riskanten und gesundheitsgefährdenden Verhaltensweisen ansteigen?

Psychisches „Verstehen“ ist eine Bemühung, die sich primär auf das Individuum und seine Welt bezieht. Von daher ist auch schon der Plural in der Titelfrage problematisch: „Kann man Jugendliche verstehen?“. Denn sie bezieht sich ja gewissermaßen auf die ganze „Gattung Jugendliche“. Man müsste auch hier stark differenzieren, müsste letztlich Fallbeispiele von einzelnen Jugendlichen mit problematischen, aber irgendwie jugendtypischen Verhaltensweisen schildern und müsste dann fragen, ob man Peter, Elke oder Klaus in ihren je unterschiedlichen Versuchen, den Herausforderungen und Problemen des Jugendalters durch Anpassung, Neurose bzw. Verweigerung zu begegnen, verstehen kann (vgl. Bittner 1991).

Aber natürlich werden auch solche pauschale Fragen nach den Verstehensproblemen zwischen Teilgruppen der Bevölkerung immer wieder gestellt: Können Männer Frauen verstehen? Können Erwachsene Kinder verstehen? Können Nichtbehinderte Behinderte verstehen? Können Christen Muslime verstehen? Können Europäer Amerikaner verstehen? Solche Fragen setzen die partielle Fremdheit zwischen den jeweiligen Gruppierungen, eine Differenz in den typischen Weltsichten und Mentalitäten der gegenübergestellten Gruppierungen voraus. Seien diese kulturell, geschlechts- oder generationsspezifisch bedingt.

Im Hinblick auf die Frage, ob man Kinder oder Jugendliche verstehen könne, kommt noch eine weitere Dimension ins Spiel, nämlich die entwicklungspsychologisch bedingte unterschiedliche kognitive Strukturierung und damit die partiell unterschiedlichen Weisen des Denkens, Erlebens und Fühlens in verschiedenen Lebensaltern. Im Hinblick auf Kinder ist deshalb die prinzipielle Frage nach den Möglichkeiten und Grenzen des Verstehens immer wieder in unterschiedlichen Varianten gestellt worden. So heißt es etwa schon bei Korczak: „Wir kennen das Kind nicht, schlimmer noch: wir kennen es aus Vorurteilen“ (Korczak 1992, S. 226), Mayer-Drawe und Waldenfels haben einen Text mit dem Titel „Das Kind als Fremder“ (1988) verfasst. Andreas Flitner hat einen Aufsatz mit dem Titel „Über die Schwierigkeit und über das Bedürfnis, Kinder zu verstehen“ geschrieben (Flitner 1984), Christa Berg überschrieb einen Text mit der Hölderlin-Zeile: „Von Kindheit haben wir keine Begriffe“ (Berg 1989) und Ulrich Herrmann fragte im Titel eines Vortrags explizit: „Können wir Kinder verstehen?“ (1996).

Im Hinblick auf das Jugendalter finden sich dagegen in der Erziehungswissenschaft und auch in der Entwicklungspsychologie kaum solche grundsätzlichen Erörterungen über die Möglichkeiten und Grenzen des Verstehens. Hier finden sich im Gegenteil eher Titel, die den Verstehensanspruch affirmativ und damit als scheinbar unproblematisch formulieren: „Die Jugend verstehen – der Jugend helfen“ (Wittenberg 1956), „Lebensphase Adoleszenz. Junge Frauen und Männer verstehen“ (Krebs/Schmid-Noerr 1997), „Jugendkrisen – erkennen, verstehen, helfen“ (du Bois 2000), „Jugendliche verstehen – Konflikte lösen“ (Rauscher 2004).

Jugendliche sind mit der Errungenschaft des „formalen Denkens“ eben doch schon ziemlich nah dran an der kognitiven Struktur der Erwachsenen. Ihr Denken ist in der Regel nicht mehr von magischen, animistischen, antropomorphisierenden Tendenzen durchdrungen. Sie versinken nicht mehr in ihren Phantasiespielen wie die Fünfjährigen und sie fürchten sich nicht mehr vor nächtlichen Gespenstern im Kinderzimmer. Sie betonen ihre Selbständigkeit, ihre Vernünftigkeit und sie wollen zu allen Fragen mitdiskutieren. Also sollten auch das wechselseitige Verstehen und die Verständigung prinzipiell weniger Probleme bereiten. Wenn man aber auf die Titel einschlägiger Erziehungsratgeber schaut, dann scheint es andererseits doch erhebliche Verstehensprobleme zwischen Eltern und ihren heranwachsenden Kindern zu geben, dann scheint die Fremdheitserfahrung gerade mit der Pubertät deutlich zuzunehmen. Im Mittelpunkt steht dort in immer wieder neuen kreativen Formulierungen das Rätselhafte, Problematische, Krisen- und Konflikthafte.[4]

4 „Pubertät ist, wenn die Eltern schwierig werden. Tagebuch einer betroffenen Mutter“(Arlt 2000), „Die härtesten Jahre... oder wie man die Pubertät überlebt“ (Barlow/Skidmore 1998), „Puberterror. Ratgeber für alle, die mit Jugendlichen zu tun haben“ (Baier 2003), „Pubertät? Kein Grund zur Panik!“ (Beil/Nitsch/Schelling 1992), „Die Pubertät und ihre Krisen. Erzieherische Hilfen zur Überwindung von Schwierigkeiten“ (Bockemühl 2001), „Nervenprobe Pubertät. Wie Eltern sie bestehen können“ (Brosche/Luchs 2003), „Wenn Gefühle Achterbahn fahren. Pubertätskrisen und wie man sie überwindet“ (Büchner 2000), „Dauernd ist sie beleidigt. Wie Töchter und Mütter gut durch die Pubertät kommen“ (Eder 2002), „Flegelalter. Junge und Mädchen in der leiblichen Pubertät“ (Ell 1973), „Baustelle Pubertät – Betreten verboten!? Teenager verstehen und in Krisen begleiten“ (Faix/Rühle 2004), „Pubertät – echt ätzend. Gelassen durch die

Auch die Titelgeschichten zum Thema „Jugendalter“, welche in den auflagestärksten Magazinen hierzulande in den letzten Jahren erschienen sind, betonen sehr stark das Irritierende, Befremdliche und Konflikthafte dieses Lebensabschnitts: „Süßer Horror Pubertät: Die Entmachtung der Eltern“ (DER SPIEGEL 22/2001), „Abenteuer Pubertät. Wenn Teenager plötzlich anders ticken“ (FOCUS 30/2003), „Wahnsinn Pubertät. Neue Hirnforschung – Warum Teenies komisch ticken“ (STERN 48/2003). Die typischen Erfahrungen des „Nichtverstehens“ werden dort z. B. folgendermaßen beschrieben: „Generationen von Eltern fragen sich, was in ihren Sprösslingen vorgeht, wenn sie sich in aggressive Kotzbrocken oder dünnhäutige Diven verwandeln“ (FOCUS 30/2003, S. 71), oder „Keine Frage, die Pubertät setzt die Nerven aller Beteiligten einer Belastungsprobe aus und viele Eltern fragen sich zu Recht: Wer ist dieser Alien da am anderen Ende des Tischs?“ (STERN 48/2002, S. 248).

Man könnte über diese Klagen erstaunt sein, gibt es doch inzwischen eine überaus reichhaltige und detaillierte Forschung zu nahezu allen Aspekten der Entwicklung im Jugendalter. Die entwicklungspsychologischen Lehrbücher zum Jugendalter (Fend 2000, Flammer/Alsaker 2002) beeindrucken durch ihre Differenziertheit und ihren Detailreichtum. Zu allen wichtigen Bereichen, zur kognitiven, emotionalen und sozialen Entwicklung gibt es elaborierte Theorieansätze und komplexe Forschungsbefunde. Die Einstellungen der Jugendlichen zum eigenen Selbst, zum Körper, zur Familie, zur Peergroup, zur Schule, zum Beruf, zu den Vorbildern und Idealen wurden in zahlreichen Studien untersucht. Wohl keiner Altersgruppe wird so systematisch und mit so großem Aktualitätsanspruch immer wieder „auf den Puls gefühlt“ wie den

schwierigen Jahre“ (Guggenbühl 2000), „Pubertät. Zwischen Happy und Depri“ (Hunter/Phillips 2000), „Pickel, Sex und immer Krach“ (Kaiser 2000), „Jugend im Zwiespalt. Eine Psychologie der Pubertät für Eltern und Erzieher“ (Köhler 1999), „Ich krieg die Krise. Pubertät trifft Wechseljahre“ (Lutz 2000), „Die Pubertät gemeinsam bewältigen“ (Mitschka 1987), „Auf der Suche nach Orientierung. Die Pubertät in ihren Herausforderungen und ihren Schwierigkeiten“ (Mugerauer 1995), „So richtig in der Pubertät. Was Eltern lassen sollten und was sie tun können“ (Orvin 2000), „Pubertätskrisen junger Mädchen. Wie Eltern helfen können“ (Pipher 2003), „Wie begleite ich mein Kind in schwierigen Phasen im Trotzalter und in Pubertät?“ (Prekop 1999), „Das können doch nicht meine sein. Gelassen durch die Pubertät Ihres Kindes“ (Raffauf 2000), „Jugendliche verstehen – Konflikte lösen. Pubertät im Licht des Familienstellens“ (Rauscher 2004), „Pubertät. Loslassen und Haltgeben“ (Rogge 1998), „Kinder loslassen – wann und wie? Behüten und Freiraum geben. So finden Sie die richtige Balance. Von der Geburt bis zur Pubertät“ (Schindler 2002), „Pubertät. Konflikte verstehen. Lösungen finden. Chancen erkennen“ (Spallek 2001), „Warum sie so seltsam sind“ (Strauch), „Pubertät – Das Überlebenstraining für Eltern“ (Wüschner 2003).

Jugendlichen. Mit großem Aufwand werden etwa bei den Shell Jugendstudien alle paar Jahre riesige Datenmengen über die Einstellungen und Werthaltungen, über die jugendkulturellen und politischen Orientierungen und über die Freizeit- und Konsumgewohnheiten der nachwachsenden Generation erhoben. Man weiß weiterhin durch die Studien der Bundeszentrale für gesundheitliche Aufklärung genau Bescheid darüber, wann die Jugendlichen heute im Durchschnitt welche Art von sexueller Erfahrung machen, welche Mengen von Bier, Wein und Schnaps sie konsumieren, wie sie zum Rauchen und zu Drogen stehen und wie sich all die entsprechenden Durchschnittswerte im Laufe der letzten Jahre verändert haben.

Aber nicht nur auf die bloße Ansammlung von Daten und Fakten beschränkt sich die Jugendforschung. Es lassen sich auch zahlreiche, höchst unterschiedliche theoretische Gesamtdeutungen des Jugendalters dort finden: Jugend als „zweite Geburt“, als „kognitive Umstrukturierung“, als „Kampf um die Herrschaft zwischen Ich und Es“, als „Identitätskrise“, als „psychosoziales Moratorium“, als „gesellschaftliches Konstrukt“, als „kulturelle Avantgarde“, als „Zeitgeistseismograph“, als „Dialektik von Individuation und Integration“, als „Verdichtung von Entwicklungsaufgaben“, als „Selbstsozialisation“ (vgl. Göppel 2005). Viel mühevolle Gedankenarbeit ist in die verschiedenen Jugendtheorien geflossen.

Wie kommt es dann aber andererseits, dass einen bisweilen das Gefühl beschleicht, dass man letztlich durch die Lektüre von Christine Nöstlingers Bänden über „Gretchen Sackmeier“ oder Benjamin Leberts „Crazy“ einen besseren Eindruck davon gewinnt, „wie Teenager ticken“, als durch all die gelehrten wissenschaftlichen Bücher?

2 Wollen Jugendliche verstanden werden?

Bisher wurde das „Verstehen“ der Jugendlichen mehr als ein theoretisches Erkenntnisproblem verstanden: Wie kann man die Widersprüchlichkeiten und Merkwürdigkeiten sinnvoll deuten und begreifen? Das „Verstehen“ bzw. das „Nichtverstehen“ stellt aber auch ein zentrales alltagspraktisches Kommunikations- und Verständigungsproblem dar. So wie das Verstehenwollen Aufmerksamkeit, Interesse und Empathie voraussetzt, setzt das Verstandenwerdenwollen zumindest eine minimale Bereitschaft voraus, sich zu öffnen und dem Dialogpartner etwas von sich mitzuteilen.

Eines der klassischen Werke der Jugendpsychologie, Eduard Sprangers „Psychologie des Jugendalters“, beginnt mit den Worten: „In keinem Lebensalter hat der Mensch ein so starkes Bedürfnis nach Verstandenwerden wie in der Jugendzeit. Es ist, als ob nur durch ein tieferes Verstehen dem werdenden Wesen herausgeholfen werden könnte“ (Spranger 1979, S. 17). Entsprechend ist das „emporbildende Verstehen“ zum Markenzeichen einer an Spranger orientierten Jugendpädagogik geworden. Derjenige, von dem diese Verstehensleistung gefordert wird, ist der reifere, entwickeltere Mensch, der Pädagoge bzw. Jugendführer. Freilich hat Spranger durchaus gesehen, dass trotz des unterstellten Bedürfnisses nach Verstandenwerden die offene Mitteilung über die inneren Seelenregungen keineswegs eine Selbstverständlichkeit für Jugendliche darstellt und dass der Pädagoge, der „emporbildend verstehen“ will, somit in eine paradoxe Situation gestellt ist: „Schon der Jugendliche selbst verbirgt ängstlich vor seiner Umgebung die feineren Falten seines Innern. Nicht Aufgeschlossenheit, sondern Verschlossenheit ist der sichtbarste Zug, der das seelische Erwachen ankündigt. An die Stelle kindlicher Offenheit und Vertraulichkeit tritt selbst den nächsten Menschen gegenüber schweigende Zurückhaltung, scheues Ausweichen, seelische Berührungsfurcht“ (ebd.). Dies stellt für Spranger zwar eine Erschwernis der pädagogischen Aufgabe dar, er bleibt aber dabei: „Der Weg zum Helfen führt nur über das Verstehen“ (ebd.), denn gerade in dieser Altersstufe liegt der Grund der „Sehnsucht nach Verstandenwerden“ nach Spranger darin, „dass sie sich selbst gegenüber so ratlos ist“ (ebd., S. 18).

Auch in dem fast zeitgleich erschienenen Werk „Das Seelenleben des Jugendlichen“ von Charlotte Bühler spielt die Sehnsucht nach dem Verstandenwerden eine ganz zentrale Rolle. Die „seelische Ergänzungsbedürftigkeit“, die bei Bühler im Zentrum steht, ist in erster Linie das Bedürfnis nach einem Menschen, der einen ganz versteht. In diesem Sinne zitiert Bühler aus dem Tagebuch eines fünfzehnjährigen Mädchens, das sich vergeblich um die vertrauensvolle Nähe einer verehrten Lehrerin bemüht hat:

„Ich würde es ja gern haben, sie als – nun, wie soll ich mich ausdrücken – ‚Verstehende‘ zu haben: aber das kann sie mir eben nicht sein...“. „Was sucht man eigentlich immer? Wonach sehnt man sich? Augenblicklich ich nach einem Menschen. Ich kann nicht so mich in mich hineinbeißen, das geht nicht. Wo soll das hin? Ich möchte jemanden haben, dem ich was erzählen kann und der tröstend die Hand auf mich legt in seiner Größe – und das Wenige, Kleine versteht, das ich besitze“ (Bühler 1967, S. 114).

Kaum vorstellbar, dass sich heute noch eine jugendliche Schülerin oder gar ein Schüler so über eine Lehrerin oder einen Lehrer äußert!

Es ist erstaunlich zu sehen, dass ein anderer großer „Kinder- und Jugendlichenversteher“ aus der Tradition der Psychoanalyse, nämlich D.W. Winnicott, über die Motivlage in diesem Alter ganz anders geurteilt hat. In seinem Aufsatz „Das Jugendalter. Der mühsame Weg durch die Stagnation“ schreibt er: „Wer in diesem Bereich der Psychologie forscht, muß sich von Anfang an darüber klar sein, daß heranwachsende Jungen oder Mädchen nicht verstanden werden wollen. Was sie vom Jugendalter begriffen haben, müssen die Erwachsenen für sich behalten. Es wäre absurd, für Jugendliche ein Buch über das Jugendalter zu schreiben“ (Winnicott 1978, S. 116).

Wer hat nun Recht? Haben Jugendliche den sehnsüchtigen Wunsch, von einfühlsamen Erwachsenen verstanden zu werden, oder ist es so, dass Jugendliche gar nicht verstanden werden wollen? Ich vermute, dass sich die Dinge hier im Lauf der letzten Jahrzehnte doch ziemlich deutlich in Richtung von Winnicotts Sichtweise verschoben haben. Es mag durchaus sein, dass jene idealistisch gesonnenen, jugendbewegten Jugendlichen, die Spranger und Bühler in den zwanziger Jahren im Blick hatten, noch sehr stark jenes beschriebene Verstehensbedürfnis hatten, dass sie auch noch ein ausgeprägteres Grundvertrauen hatten, dass die Erwachsenen irgendwie mehr vom Leben und seinen Rätseln und Geheimnissen begriffen haben und ihnen deshalb bei ihrer Suche nach dem eigenen Weg entsprechend weiterhelfen könnten. Dieses Vertrauen in die ältere Generation scheint heute ziemlich erschüttert zu sein. Der Jugendforscher Klaus Hurrelmann hat es in einem Interview einmal überspitzt so auf den Punkt gebracht: „Der Begriff ‚erwachsen' macht ja schon bald keinen richtigen Sinn mehr, weil sich der Übergang so abschleift: Jugendliche fühlen sich erwachsen, Erwachsene jugendlich. So halten sich die Generationen auch den Spiegel vor" (Hurrelmann 2002, S. 2).

Natürlich wollen Jugendliche von Erwachsenen, mit denen sie zu tun haben, in dem Sinn „verstanden werden", dass sie und ihre Ansichten und Argumente ernst genommen werden. Von daher können sie mit verständnisvollen Erwachsenenerklärungen, die darauf hinauslaufen, dass das, was sie denken, fühlen und tun, eben ganz typisch für ihre Entwicklungsphase sei, dass ihre Empörung, ihre Autoritätskritik und ihre Lust an der Provokation mit dem pubertären Sturm und Drang, mit dem Hormonhaushalt, dem Gehirnumbau oder mit der Verschiebung des Gleichgewichts zwischen Ich- und Es-Kräften zu tun habe, am allerwenigsten anfangen. Auch die empathische Zusicherung, dass man selber in jenem Alter ganz ähnlich gefühlt und gedacht habe, interessiert Jugendliche, die mittendrin stecken und ihre Denk- und Fühlweise eben für die einzig angemessene und richtige halten, nur begrenzt. Ihre Sicht- und Verhaltensweisen als pubertäres Trotz- und Oppositionsverhalten oder als jugendtypischen Idealismus und Rigorismus abzutun, heißt eben gerade, ihre inhaltlichen Argumente und damit sie selbst nicht ernst zu nehmen.

Sicherlich wollen Jugendliche auch in dem Sinn „verstanden werden", dass ihren dringlichen Wünschen (auf einer Party zu übernachten, zu einem Rock-Festival zu fahren etc.) stattgegeben wird (selbst wenn sie wissen, dass die Erwachsenen eigentlich allerhand Bedenken und Sorgen dabei haben); ganz einfach deshalb, weil die Erwachsenen doch bitteschön verstehen sollen, dass diese Wünsche für die Jugendlichen so hochbedeutsam sind und es deshalb einfach zu grausam wäre, ihnen nicht stattzugeben.

Was Jugendliche jedoch in der Regel überhaupt nicht wollen, ist von Erwachsenen fürsorglich belagert zu werden mit wohlmeinenden Ratschlägen, Tröstungen und Verstehensbekundungen. Und schon gar nicht wollen sie genervt werden mit neugierigen Fragen, die sie drängen, von dem zu erzählen, was sie innerlich bewegt, etwa, für wen sie gerade was empfinden oder welche Spannungen und Konflikte es derzeit in der Clique gibt. Sie haben in der Regel auch wenig Interesse daran, den Erwachsenen (die es ja bisweilen wirklich gerne verstehen würden) die Motive für ihre ästhetischen Entscheidungen zu erklären, sei es für ihr schrilles Outfit, für ihren Wunsch nach einem Piercing oder einem Tattoo, für die schockierenden Poster an der Wand oder für die düstere Musik, die sie hören. „Weil ich es eben so will, weil ich es ‚cool', ‚geil', ‚voll fett'" finde, muss in der Regel als Erklärung und Begründung reichen.

Verstehensbemühungen seitens der Erwachsenen werden von ihnen oft als aufdringlich und intrusiv, als verkappte Bemühungen um Kontrolle erlebt, und in der Tat stecken ja häufig solche Kontrollmotive (mit) dahinter. Barbara Sichtermann hat die Eltern Jugendlicher in ihrem lesenswerten Buch „Frühlingserwachen" zu einer Haltung des „benign neglect", der „gütigen Vernachlässigung" aufgefordert, einer Haltung, bei der sich Anteilnahme und Offenheit seitens der Eltern mit bewusstem Kontrollverzicht paaren. Sie schreibt: „Viele Eltern halten es fälschlicherweise für ihre Pflicht, immer genau zu wissen, was in ihrem Kinde vorgeht. In Wahrheit können sie es nicht wissen und sollen es auch nicht wissen" (Sichtermann 2002, S. 235 f.). Natürlich sollen Eltern an der Entwicklung ihrer Sprösslinge interessiert bleiben und bei Bedarf als Gesprächs- und Verstehenspartner zur Verfügung stehen. Aber eben nur bei Bedarf: „Ob Gespräche zwischen Eltern und Kindern etwas hergeben, darüber entscheidet die Mitteilungslust derer, die, ihrer Unerfahrenheit wegen, die meisten Fragen an das Leben haben. Und nicht das Kontrollbedürfnis der Großen" (ebd., S. 238).

Aber nicht nur die Eltern wollen ihre Kinder verstehen. Auch wenn das Abgrenzungsbedürfnis zunimmt, so bleibt doch auch auf der Seite der Jugendlichen trotz der vordergründigen Distanzierung meist das Bedürfnis bestehen, die Eltern und ihre Situation, ihre Probleme und Weltsichten irgendwie zu verstehen. In Benjamin Leberts autobiographischem Roman „Crazy" findet sich folgende nachdenkliche Passage, in welcher der Autor über das Verhältnis zu seinem Vater und über das Verstehen und Nichtverstehen zwischen Eltern und Kindern reflektiert:

„Ich muss an meinen Vater denken. Ein gütiger Kerl. Sechzehn Jahre lang ist er schon mein Vater. Und noch immer verstehe ich ihn nicht. Er ist ein Hobby-Astronom oder so. Zumindest sagt er das. Bei seiner Mutter draußen auf dem Land hat er sich eine Sternwarte gebaut. Sie ist nicht groß. Eine kleine schwarze Holzhütte auf dem Garagendach meiner Großmutter. Trotzdem ist sie gemütlich. Manchmal nimmt er mich nachts mit raus. An Wochenenden und Feiertagen. Dann unterhalten wir uns über das Leben. Ich verstehe nur wenig von dem, was er sagt. Er redet mit mächtigen Worten und Fachausdrücken.

Aber ab und zu ahne ich, was er meint, zum Beispiel, wenn er von seinem Vater erzählt. Der hat manchmal große Schmerzen. Er raucht ziemlich viel. Der Krebs frisst ihm die Lunge auf. Und manchmal hat mein Vater einfach nur Streit mit meiner Mutter. Auch dann ahne ich, wovon er spricht. Und ich verstehe ihn. Mein Vater meint es gut mit mir. Das weiß ich und ich glaube, schon das allein ist wiederum ein Grund, es wiederum gut mit ihm zu meinen. Er liebt die Rolling Stones. Eine Rockband aus vergangener Zeit. Jedes Mal, wenn sie auf Tour sind, nimmt er mich mit. Er hat die Hoffnung, ich könnte Gefallen an der Musik finden. Das tue ich nicht. Aber ich finde es trotzdem toll. Ich freue mich für meinen Vater. Weil er sich freut. Und ich freue mich dafür, daß wir uns zusammen freuen. Das ist gut so. Ich glaube, heute Nacht ist klarer Himmel" (Lebert 2000, S. 45 f.).

Es geht dem jugendlichen Autor in diesen Episoden weniger um das *Verstandenwerden durch den Vater.* Er berichtet nicht davon, dass er sich in jenen Momenten der Zweisamkeit vertrauensvoll an seinen Vater wendet, dass er sich öffnet und von seiner inneren Welt, von seinen Sorgen und Nöten erzählt. Und auch das Verstehen des Vaters mit seinen persönlichen Problemen sowie das Verstehen dessen, was der Vater ihm an allgemeinen Weisheiten über das Leben vermitteln möchte, gelingt nur partiell, führt nur zu einer vagen Ahnung. Dennoch sind ihm diese Momente mit dem Vater wichtig. Es geht mehr um das Zusammensein, um das gute Einvernehmen, um das wechselseitige Wohlwollen, um das basale Gefühl, dass es der andere irgendwie gut mit einem meint.

3 Verstehen Jugendliche sich selbst?

Diese letzte Frage ist vielleicht die kritischste. Diejenige, die aus der Sicht der Jugendlichen am meisten Erwachsenenarroganz ausdrücken mag. Sie könnte so verstanden werden, als sei sie von der hohen Warte der abgeklärten selbsttransparenten Erwachsenenposition aus formuliert, die nun milde und nachsichtig auf die Jugend herunterblickt, die noch so sehr im Nebel der Selbstverborgenheit steckt.

Auch hier müsste zunächst geklärt werden, was „sich selbst verstehen" grundsätzlich heißen kann und soll. Dilthey hat ja auf die „besondere Intimität des Verstehens" hingewiesen, die dann vorliege, wenn das betroffene Subjekt über sich und sein Leben reflektiert: „Derselbe Mensch, der den Zusammenhang in der Geschichte seines Lebens sucht, hat in all dem, was er als Werte seines Lebens gefühlt, als Zwecke desselben realisiert, als Lebensplan entworfen hat, was er rückblickend als seine Entwicklung, vorwärtsblickend als die Gestaltung seines Lebens und dessen höchstes Gut erfasst hat – in alledem hat er schon einen Zusammenhang seines Lebens unter verschiedenen Gesichtspunkten gebildet", die Aufgabe des Verstehens sei hier somit „schon durch das Leben selber halb gelöst" (Dilthey 1907, S. 246). Das klingt so, als sei das Selbstverstehen eine sehr viel schlichtere und einfachere Aufgabe als das Fremdverstehen.

Nun ist es freilich das eine, zu *benennen* und zu *beschreiben*, was man als Werte seines Lebens gefühlt, als Ziele angestrebt und als Zwecke realisiert hat, vielleicht auch noch, was man an Gefühlen empfunden, was man an Ängsten und Befürchtungen, an heimlichen Hoffnungen und Sehnsüchten, an inneren Zweifeln und Konflikten gehegt hat und welche Stärken und Schwächen, welche Bewältigungs- und Vermeidungsstrategien man bei sich selbst wahrgenommen hat. All dies ist jedoch noch eher dem Bereich der Selbst*kenntnis* zuzurechnen. Zum Selbst*verstehen* müssten irgendwie noch etwas anderes hinzukommen, eine Ahnung davon, warum es gerade *diese* Werte, Ziele und Zwecke, *diese* Gefühle, Motive und Konflikte sind/waren, die im eigenen Leben eine so große Rolle spielen/spielten. Sei es im Sinne einer genetischen Dimension des Verstehens, dass also die Ausgangs- und Ursprungspunkte dieser Strebungen in bestimmten Schlüsselerfahrungen der Kindheit erkannt werden, sei es im Sinne einer teleologischen Dimension des Verstehens, dass die einzelnen Aspekte irgendwie in eine Vorstellung eines übergreifenden Lebensplans, einer persönlichen Bestimmung, eines aufgetragenen Schicksals sinnvoll integriert werden können.

Der Vertreter innerhalb der deutschen Erziehungswissenschaft (und vielleicht auch innerhalb der Psychologie), der den „Paradoxien des Ich" und den Rätseln der Selbsterkenntnis in den letzten Jahren wohl am intensivsten nachgegangen ist, ist Günther Bittner. Das erste Buch, das ich zu Beginn meines Studiums vor etwa 25 Jahren von ihm gelesen habe, hatte den Titel „Tarnungen des Ich" und enthielt als zentrale Botschaft die These von der konstitutionellen Selbstverborgenheit des Menschen: „Psychoanalyse", heißt es dort, sei „eine methodische Anleitung, beharrlich und unaufhörlich die Frage zu stellen, ‚wer bin ich?'" (Bittner 1977, S. 8). Dennoch wurde schon damals der mögliche Ertrag dieser Bemühungen eher vorsichtig eingeschätzt. Der Mensch könne überhaupt „nie abschließend hinter sich selbst" kommen. „Das Ich vergegenwärtigt sich in immer neuen Formulierungen, verwirft oder verfeinert dabei die vorangegangenen, sägt also im Fortschreiten seines Sich-Selbst-Denkens immer wieder den Ast ab, auf dem es sitzt. Es braucht weder zu hoffen noch zu fürchten, mit dieser Bemühung die ‚innere Unendlichkeit' auszuloten, jemals an eine Grenze zu kommen – so wenig wie der Astronom je auf den Punkt stoßen wird, wo er das Weltall mit Brettern zugenagelt findet" (ebd.). Das jüngste Buch, das Günther Bittner ein Vierteljahrhundert nach den „Tarnungen" geschrieben hat, ist wiederum ein „Ich-Buch". Es handelt von den „Paradoxien, Komplexitäten und Multiziplitäten des Ich-Gefühls" (Bittner 2003). Dort wird die Auseinandersetzung mit der „Wer-bin-ich-Frage" und mit dem „Sich-Selbst-Denken" (und Fühlen!) in immer neuen Formulierungen fortgesetzt. Freilich scheint dabei nicht einmal recht klar ausgemacht, ob es bei dieser Suchbewegung nach dem eigenen Ich, die offensichtlich eine lebenslange Aufgabe darstellt, überhaupt eindeutige Fortschritte gibt oder ob es sich dabei eher um Kreisbewegungen oder gar um letztlich ziellose Irrfahrten handelt. Bittner geht in diesem Buch auch recht offen auf die Geschichte seiner persönlichen Neurose, auf seine kindlichen Weltuntergangsängste, seine jugendlichen Versündigungsängste und auf diverse Ängste des späteren Lebens ein und fragt dann: „Warum haben Menschen, warum habe ich derart vernichtende Ängste? Ich weiß es immer noch nicht, nach drei Analysen“ (ebd., S. 97).

Von daher ist die hohe Warte der vermeintlichen Selbsttransparenz des Erwachsenenalters sicher nicht die angemessene Position, um darüber zu reflektieren, in welchem Maß Jugendliche in der Lage sind, sich selbst zu verstehen! Freilich gibt es auch für Betrachtungen aus dieser Position heraus durchaus prominente Beispiele in der Geschichte der Jugendpsychologie.

Im Methodenkapitel der „Psychologie des Jugendalters“ von Spranger findet sich etwa jene denkwürdige Passage, in der Spranger davon berichtet, dass Abiturienten einmal die Aufforderung, eine persönliche Lebensbeschreibung zu liefern, mit der Begründung abgelehnt hätten, sie fürchteten, sich damit seelisch zu sehr zu verraten. Der Lehrer/Forscher, der dieses Ansinnen an die Abiturienten gestellt hatte, habe daraufhin erwidert: „Dann lassen Sie es. Was *Sie* mir über sich sagen können, ist mir nicht interessant.“ Spranger scheint dieser doch reichlich arroganten Haltung zuzustimmen, wenn er dann kommentierend fortfährt: „In der Tat: Alle Selbstdeutungen des Menschen ruhen auf einer zu begrenzten Perspektive; ganz besonders aber die des Jugendlichen. Natürlich steht er sich selbst näher als irgendeiner, der ihm zuschaut. Aber er sieht doch nur die Bewegung an der Oberfläche. Ihm ist an sich selbst zunächst nur das verständlich, was er als bewußten Zusammenhang in sich erlebt. Aber weder seine eigentümliche Wesensbestimmtheit, noch seine tieferen Motivationszusammenhänge liegen in dieser hellbeleuchteten Schicht“ (Spranger 1925, S. 25). Wie nun freilich die „Wesensbestimmtheit“ und die „tieferen Motivationszusammenhänge“ des Jugendlichen und des Menschen überhaupt in die Sphäre hellbeleuchteter Klarheit und Durchsichtigkeit zu bringen sind, dazu erfährt man auch bei Spranger kaum etwas.

In welchem Maß sind Jugendliche in der Lage, sich selbst und das, was in jener Phase mit ihnen vorgeht, zu verstehen? Dass Pubertierende emotional manchmal „neben der Spur“ sind, dass sie bisweilen zu Niedergeschlagenheit und Weltschmerz, zu Ruppigkeit und Verschlossenheit, zu Launenhaftigkeit und Gereiztheit, zu arroganter Selbstgefälligkeit und Überheblichkeit, dann aber auch wieder zu kindlicher Anhänglichkeit und Unbeholfenheit neigen, dass ihre mimosenhafte Empfindlichkeit gegenüber Kränkungen zum Teil in merkwürdigem Kontrast zu der Heftigkeit und Rücksichtslosigkeit steht, mit der sie selbst verbal auszuteilen bereit sind, all dies ist Eltern, die

Nachwuchs im entsprechenden Alter haben oder hatten, hinlänglich bekannt. Empirische Studien belegen denn auch, dass die Angaben der Jugendlichen zu ihrer subjektiven Sicht der Beziehungsqualität zu den Eltern und zum Wohlbefinden im Elternhaus in jener Zeit deutlich abnehmen (vgl. Fend 2000, S. 291 f.).

Viele Jugendliche spüren durchaus, dass in ihnen selbst Merkwürdiges vorgeht. Sie werden sich bisweilen selbst zum Rätsel. In autobiographischen Texten beschreiben junge Erwachsene die Erinnerung an ihre emotionale Befindlichkeit und ihre Verhaltensweisen während jener Zeit bisweilen selbst mit gewissem Befremden:

„Ich war als Teenager wirklich sehr launisch und auch meine Eltern haben mich immer als sogar zeitweise nicht ansprechbar beschrieben. Erstaunlich daran ist, dass ich meistens keinen speziellen Grund für meine schlechte oder auch für meine besonders gute Laune hatte. – Meine Psyche (oder meine Hormone) hat einfach Spielchen mit mir gespielt – so kam es mir vor. Irgendjemand oder irgendetwas steuert meine Gefühle und ich kann nichts dagegen tun. Dabei ging es meist nicht um Traurigkeit oder depressive Gefühle, meistens war ich total genervt und deshalb auch aggressiv. Manchmal hatte ich das Gefühl, ich muss gleich platzen, wusste nicht wohin mit meinen Aggressionen und wollte einfach nur meine Ruhe haben“.

„Während der Pubertät legte ich auch andere typische Verhaltensweisen an den Tag, wie Stimmungslabilität bis hin zur Depression. Ich kann mich noch an Tage erinnern, da bin ich einfach in mein Zimmer gerannt und habe geweint – ohne Grund. Mir war einfach danach zumute. Ich kann es heute auch nicht erklären, warum ich damals so oft geweint habe“.

„Besonders schlimm fand ich die Stimmungsschwankungen, die meinen Alltag bestimmten. Ich konnte morgens gut gelaunt und fröhlich das Haus verlassen und nachts depressiv und lebensmüde einschlafen. Es war mir klar, dass diese ambivalenten Gefühle und Reaktionen etwas mit der Pubertät zu tun hatten. Dennoch fand ich dieses Gefühl, sich selbst nicht unter Kontrolle zu haben, schrecklich“.

„Mit meiner körperlichen Entwicklung kamen auch Stimmungsschwankungen in Form von anfänglichen Depressionen und Wutausbrüchen einher. Besonders meine Eltern vor allem mein Vater, der nicht so gut mit meiner Veränderung umgehen konnte wie meine Mutter, bekam dies zu spüren. Dennoch zogen sie sich nie von mir zurück oder distanzierten sich von mir, sondern suchten erst Recht den Dialog mit mir.

„Und ich dachte bewusster oder erstmals bewusst über mich und die Welt nach. Leider bin ich oft in eine tiefe Melancholie versunken. Diese negativen

Gefühle schrieb ich in einer Art von Gedichten auf, denn danach ging es mir oft wieder besser. Hier habe ich mal ein Beispiel:

Ich bin hier allein im tunnel der zeit,
weiss nicht vor noch zurück
weiss nicht, in welche welt ich gehöre
in jene unverständliche, komplizierte und verdammte
oder in die langerwünschte der träume
ich drehe mich im kreise
weiss nicht wohin
allein, verzweifelt, gehasst von mir.
ich werde mit mir nicht eins,
ersticke an mir.
eines tages gehe ich in meine langersehnte welt
schon
bald.

Als ich das schrieb, war ich zwölf oder dreizehn. Irgendwie erschreckt mich das gerade. Ich weiß gar nicht, wie lang diese Phase anhielt, aber ich glaube, mit einigen Unterbrechungen, bis zur zehnten oder elften Klasse. Während dieser Zeit redete ich sehr viel mit meinen Freunden, weniger mit meinen Eltern. Ich wollte ihnen keine Sorgen machen. Auf jeden Fall haben mir diese langen und intensiven Gespräche mit meinen Freunden sehr geholfen, diese Phase zu überwinden".

Es sind unterschiedliche Gefühlsaspekte, die hier zur Sprache kommen. Zum Teil stärker melancholisch-depressive Momente wie im letzten Beispiel, zum Teil mehr aggressiv-gereizte, die sich etwa in dem Gefühl ausdrücken, „gleich platzen zu müssen". Fast durchgängig ist das retrospektive Staunen über die Heftigkeit der eigenen Stimmungsschwankungen, über die Unvermitteltheit, mit der die Stimmungen bisweilen ohne ersichtlichen äußeren Grund umschlugen und über die Hemmungslosigkeit, mit der diese Stimmungsschwankungen dann den Familienmitgliedern „um die Ohren gehauen" wurden. Typisch ist das Erleben, dass einem diese Gefühlsschwankungen widerfahren, dass man ihnen mehr oder weniger ausgeliefert ist. Im Rückblick haben die jungen Erwachsenen erhebliche Schwierigkeiten, diese „seelischen Wechselbäder" während ihrer Pubertät und das damit verbundene Verhalten zu verstehen. Hätte man sie wenige Jahre zuvor, also zu jener Zeit, als sie noch mittendrin steckten, nach den Gründen ihres befremdlichen Verhaltens gefragt, dann hätten Sie damals darüber wohl auch nicht wirklich bessere Auskunft geben können, sie hätten jedoch vermutlich allerhand Einschränkungen, Bevormundungen und Zumutungen in ihrer Umwelt als Auslöser für ihre berechtigte Missstimmung und als plausible Rechtfertigungsgründe für ihr ruppiges Verhalten benannt.

Aber natürlich ist es mit dem Selbstverstehen der Jugendlichen ähnlich wie mit dem Selbstverstehen der Erwachsenen. Es gibt sehr große interindividuelle Unterschiede. Es gibt sehr wache, introspektiv begabte Jugendliche und es gibt entsprechend eindrucksvolle Zeugnisse für sensible frühe Reflexionsprozesse – man denke etwa an das Tagebuch der Anne Frank oder an Benjamin Leberts Buch Crazy. Es gibt eher oberflächliche Jugendliche, denen es primär wichtig ist, „Spaß und Party" zu haben, die sich sonst aber wenig Gedanken machen über sich und ihr Leben. Und es gibt „dumpfbackige" Jugendliche, die weder ein klares Gefühl dafür haben, was mit ihnen vorgeht, was sie innerlich antreibt, noch dafür, was sie mit ihrem Handeln anderen antun. Eindrucksvolle Beispiele für letzteres finden sich etwa in Christiane Tramitz Buch „Unter Glatzen" (vgl. Tramitz 2001).

4 Emporbildendes Nichtverstehen? – Das Beispiel Heavy Metal

Neben den pubertären Stimmungsschwankungen und Launenhaftigkeiten sind es vor allem auch die jugendkulturellen Moden und Trends, die häufig bei den Erwachsenen (und nicht selten im Nachhinein auch bei den betroffenen Jugendlichen selbst) Kopfschütteln und Verwunderung auslösen und damit Verstehensgrenzen markieren.

Seit einiger Zeit ist mein 15-jähriger Sohn Heavy Metal Fan. Im letzten Jahr hat er beträchtliche Teile seines Taschengeldes in entsprechende CDs, Poster und T-Shirts investiert. Wenn er in seinem Zimmer ist, wummern oft die heftigen Beats dieser Musik durchs Haus und unterwegs hat er meist seinen Discman und die Ohrstöpsel dabei. Regelmäßig kauft er sich die entsprechenden „Fachzeitschriften" „Metal Hammer" und „Legacy", in denen die angesagten Bands und ihre neuesten Platten vorgestellt werden, und er liest darin mit einer Ausdauer und Hingabe, die man sich als Eltern eher für Schulbücher oder für anspruchsvolle Literatur wünschen würde. Sein großer Traum für das nächste Jahr ist, auf das Festival in Wacken zu fahren, das so etwas wie das Mekka dieser Szene darstellt. Auch hat er Pläne, mit Freunden eine eigene Band zu gründen, um selbst Musik dieser Art zu spielen. Die Musik ist zum allergrößten Teil nicht meine Musik. Zu schnell, zu aggressiv, zu chaotisch. Es gibt jedoch auch einige schöne, melodiöse Balladen, und ich habe mich sehr über eine entsprechende CD-Kompilation gefreut, die mein Sohn für mich zu Weihnachten zusammengestellt hat.

Soweit so gut. Jede Generation hat ihre Musikpräferenzen und Heavy Metal ist eben eine der Richtungen, die zum heutigen Spektrum gehören. Zwar ist die Zahl der Jugendlichen, die sich zu Heavy Metal als ihrer bevorzugten Musikrichtung bekennen, mit 10% wesentlich kleiner als die derer, die hier HipHop (50%), Popmusik (39%) oder Techno (33%) nennen. Aber sie ist gleichzeitig deutlich größer als die derjenigen, die Folk (1%), Klassik (3%), Jazz (5%) oder Reggae (7%) angeben (vgl. Zinnecker u.a. 2003, S. 145). Die Ausbildung eigener Musikpräferenzen ist ja auch eine Möglichkeit der Abgrenzung im Ablösungsprozess von den Eltern. Wir hatten es da einfacher, weil jede Art von Rockmusik für die Eltern unserer Generation fremd war. Die heutigen Jugendlichen dagegen haben meist Eltern mit einer eigenen komplexen Musikbiographie in Sachen Pop und Rock und mit entsprechenden Plattensammlungen im Schrank. Sie haben Väter, die ihre Söhne etwa mit auf Rolling Stones Konzerte nehmen, in der trügerischen Hoffnung, damit ein wenig von ihrem Jugendenthusiasmus an den Nachwuchs weitervermitteln zu können.

Was mir selbst als Vater im Zusammenhang mit der Heavy-Metal-Begeisterung meines Sohnes Probleme bereitet und was immer wieder zu – mal hitzigeren, mal sachlicheren – Diskussionen zwischen uns führt, ist nicht die Musik als solche, sondern sind die Botschaften, die Bilder- und Phantasiewelten, die mit dieser Musik transportiert werden. Die Plattencover sprechen zum Teil eine drastische Sprache und beim Durchblättern der Fanmagazine kommt man kaum an der Feststellung vorbei, dass in dieser Szene eine erstaunliche Fokussierung auf morbide Themen wie Tod, Düsternis, Verfall und Gewalt herrscht. Es wimmelt nur so von Totenköpfen, Leichen, okkulten Symbolen, nekrophilen Andeutungen. Schon die Namen der einschlägigen Bands sprechen Bände. Ich gehe den Katalog eines einschlägigen Anbieters durch und notiere Namen: Abortus, Anthrax, Bloodbath, Deathwish, Decapitated, Delirium Tremens, Exmortem, Final Cry, Graveworm, Hate Factor, Heaven Shall Burn, Iron Maiden, Lay Down Rotten, Luciferion, Massacre, Morbid Angel, Napalm Death, Necrophagia, Painful Death, Postmortem, Rapture, Sacrophagus, Severe Torture, Slayer, Sodom, Suicide, Trauma. Auch bei den Plattentiteln gibt es einen wahren Überbietungswettstreit in Sachen Grausamkeit und Düsternis: „Insanity for Lifestyle", „Butchered at Birth", „Slaughter of the Soul", „At the Gates of Hell", „Under the Reign of Terror", „The Violence Continuum", „Blasphemous Bleeding", „Death Ritual", „Dead Body Music", „Fueled by Hate", „Jesussatan", „Massive Brutality", „Ten Years of Pain & Death", „Mehr als Sterben", „Divine Misantropic Madness", „Written in Blood", „Eternal Rape" etc.

Die Kurzbeschreibungen der Platten in den Werbeanzeigen enthalten in ihrer Drastik bisweilen schon fast wieder so etwas wie eine unfreiwillige Komik:

- „Eine Höllenplatte, wie sie bisher nur Darkthrone & Burzum erschaffen haben ... rau, widerlich und ultra brutal schnell"
- „Nihilistisch, hasserfüllter & intensiver Death Trash aus den USA mit Old School Vocals"

- „Violent Death ähnlich der neuen US Szene wie Dying Fetus, Misery Index – nicht nur brutal, besser ultra brutal, speed, besser ultra speed – Gnadenlos!“
- „Ein neues Black Metal-Geisterwerk. Voll von endloser Tristesse, vollkommener Verzweiflung, immenser zivilisatorischer Abscheu und manisch-suizidalen Sehnsüchten. Ein Albtraumwerk von seltener Morbidität“
- „Surrealistischer Funeral-Doom. Eine ebenso schöne wie schmerzvolle Kombination von Traurigkeit und Verzweiflung“
- „Wahrscheinlich die depressivste Musik überhaupt! Nimm dies, wenn es dir zu gut geht!“

Was steckt hinter diesem Überbietungswettkampf in Sachen Brachialität der Musik und Brutalität der Texte und Bilder bzw. hinter dieser offensichtlichen Lust an Depression und Verzweiflung? Auf Seiten der Produzenten natürlich Verkaufsinteressen. Aber auf Seiten der überwiegend jugendlichen Konsumenten dieser Musik? Und wie ist das Ganze unter jugendpädagogischen Aspekten zu bewerten?

Auf die oben zitierten Anzeigen bin ich in der Zeitschrift „Legacy“ gestoßen, die den Untertitel trägt: „The voice from the dark side“. Auf der Titelseite findet sich auch noch der Hinweis: „Keine Jugendbeeinträchtigung – frei verkäuflich“, mit dem der Verlag darauf hinweist, dass das Produkt keinen Jugendschutzbestimmungen unterliegt. Darüber wäre freilich zu diskutieren, ob durch den Geist bzw. den Ungeist, der aus dieser Zeitschrift spricht, nicht doch eine Beeinträchtigung der Jugend stattfindet. Natürlich ist bei der ganzen Geschichte viel Mummenschanz und Maskerade im Spiel. Aber es gibt bisweilen eben doch auch explizit menschenverachtende, nekrophile, gewaltverherrlichende Botschaften auf den Plattencovern und in den Musiktexten und es gibt in einzelnen Sparten eine ausgeprägte Nähe zum Okkulten, Blasphemischen, Satanistischen. Die zentrale Botschaft, die mit der Musik der Woodstock-Generation transportiert werden sollte, wurde gelegentlich auf die Formel „Love and Peace and Unity“ gebracht (so der Untertitel des Woodstock-Films). Die Botschaften, die in der Metal Szene populär sind, laufen ziemlich auf das Gegenteil hinaus und könnten unter dem Motto „Hate and Death and Brutality“ gefasst werden. Natürlich gab es in jenen Flower-Power-Jahren auch noch die andere, bedenklichere Parole: „Sex and Drugs and Rock'n Roll“, es gab die Kultband Greatful Dead, es gab düstere Heroen wie Jim Morrison von den Doors mit seinem Song „The End“, in dem er ödipale Mord- und Inzestphantasien besingt, es gab Alice Cooper mit seiner Horror-Bühnenshow und es gab die Gruppe Black Sabbath, die Heavy Metal Musik machte, noch lange vor es diesen Begriff überhaupt gab. (In der aktuellen Ausgabe der Zeitschrift „Metal Hammer“ sagt Scott Ian, der Kopf der Gruppe Anthrax, in einem Interview, dass letztendlich alles, was es an musikalischen Entwicklungen im Heavy-Metal-Bereich in den letzten zwanzig Jahren gegeben habe, von den vier ersten Black Sabbath Alben geklaut wäre). Aber all dies waren damals doch eher Einzelerscheinungen, die nicht zu einer eigenen Musik- und Fanszene verschmolzen waren. Aus den Aufmachungen und Anpreisungen der Alben in der heutigen Heavy Metal Szene kann man den Eindruck gewinnen, dass es das pure „Prinzip Steigerung" als solches ist, welches in dieser Sparte eine erstaunliche Eigendynamik entfaltet hat und zu immer neuen optischen und akustischen Extremen führt. So wie die Musiker dieser Szene in immer neuen Anläufen die Grenzen dessen austesten, was an Heftigkeit, Härte und Geschwindigkeit in Sachen Musik möglich ist, so testen die Plattenillustratoren aus, wie sich Tabubrüche, Schockeffekte und Geschmacklosigkeiten bei der Covergestaltung noch einmal steigern lassen. Gleichzeitig gibt es offensichtlich eine Korrespondenz zu dem jugendtypischen Erfahrungshunger, dem Wunsch nach starken sinnlichen Eindrücken und nach Grenzüberschreitung.

Ein weiterer Aspekt der Vermarktung, des umfassenden Merchandising, ist der, dass es heute zu jeder Band und zu jeder einzelnen Tournee der Band entsprechende T-Shirts gibt. Auch hier wird der Wettstreit um die düstersten Bilder und die provozierendsten Botschaften fortgesetzt. Und hier hat dann natürlich jeder richtige Fan die Möglichkeit, sein Bekenntnis zu „Metal" im Allgemeinen und zur favorisierten Band im Speziellen auf dem Körper zu tragen. Auf den entsprechenden Festivals und Konzerten ist es mehr oder weniger Kult, dass alle Besucher in entsprechender Aufmachung kommen. Schwarz ist die dominierende Farbe, unterbrochen nur vom matten Gelb und Rot der Zombies, Gedärme, Schädel, Gehirne und Blutspritzer auf den aufgedruckten Bildern. Aber auch außerhalb der Konzerte machen sich die Jugendlichen gerne mit ihren T-Shirts zum Werbeträger für ihre Lieblingsbands und merken bisweilen gar nicht recht, mit welch kruden Botschaften sie sich dabei eher beiläufig identifizieren, wenn sie mit Slogans auf dem Rücken wie „Mommy can I go out tonight and kill?" (Missfits) oder „God hates us all" (Slayer) durch die Gegend laufen.

Mir ist freilich die Massivität des Düsteren und Dämonischen, wie sie auf den Seiten der szenentypischen Fanmagazine, Plattencover und T-Shirts versammelt ist, zuwider und ich habe daher beschlossen, das nicht einfach als das Privatvergnügen meines Sohnes zu ignorieren, sondern die Diskussion darüber zu suchen.

In solchen Diskussionen wirft mir mein Sohn dann gerne vor, dass ich alles in einen Topf werfen würde und belehrt mich dann über die feinen Unterschiede zwischen Dark Metal, Black Metal, Doom Metal, Gothic Metal, Trash Metal, Death Metal, Speed Metal, Progressive Metal, War Metal, New Metal etc. Ihm gefalle eben die Musik und es seien ja gar nicht alle Bands, die auf der Gewalt-, Hass- und Todwelle ritten. Seine Lieblingsband Metallica etwa habe damit nichts am Hut. Die Szene sei trotz der martialischen Bilder im Grunde ganz friedlich und es gäbe sogar Benefizkonzerte einzelner Metal-Bands für wohltätige Zwecke.

Aber auch er hat sich eine stattliche Sammlung von Metal-T-Shirts zugelegt[5] und er hat ein düsteres Totenkopfposter von Slayer bei sich im Zimmer hängen. Auf Nachfragen gibt er dann schon zu, dass das Schockende, Provozierende dieser Bilder ihn anspricht, dass es gerade auch darum gehe, eine Musik und eine Musikszene zu haben, die nicht „Mainstream" ist, die nicht vom Radio und von Fernsehshows wie etwa Thomas Gottschalks „50 Jahre Rock" vereinnahmt wird, eine Musikszene, die mit ihren Bildern und Botschaften bewusst abschreckt und verstört. Solch biedere, bürgerliche Menschen wie seine Eltern sollen diese Musik ja gar nicht mögen und hören. Auch die Horror- und Splattermotive, die in der Black- und Death-Metal-Szene verbreitet sind, seien dort nicht so ernst gemeint. Mir fehle eben die ironische Distanz dazu.

Ich habe bisher keinen Anlass zu der Befürchtung, dass er ernsthaft von den gewaltverherrlichenden Botschaften aus dieser Musikszene infiziert ist. Zu groß und zu ernsthaft war sein Entsetzen, als er kürzlich bei einem Besuch im Konzentrationslager Dachau mit den Bildern des realen Terrors und der realen Menschenverachtung konfrontiert wurde. Er liest neben seinen Heavy Metal Magazinen auch im SPIEGEL und hat durchaus den Anspruch, politisch informiert zu sein und mitreden zu können, und er hat eine große Empörungsbereitschaft gegen Ungerechtigkeit und Unterdrückung in der großen politischen und in der kleinen schulischen und familiären Welt. Dennoch stört mich der leichtfertige Umgang mit den schlimmen Bildern und Botschaften.

Bei einer der Diskussionen in letzter Zeit habe ich ihn einmal gefragt, wie er als Vater wohl reagieren würde, wenn sein Sohn plötzlich rechte, neonazistische Rockbands wie Störkraft, Endsieg oder Landser hören würde. Er hat den Hintergrund der Frage natürlich sogleich geahnt und sich heftig darüber echauffiert, wie ich auch nur auf die Idee kommen könne, Heavy Metal mit diesen Bands aus dem braunen Sumpf und ihrem rassistischen, faschistischen Gegröle zu vergleichen. Als ich auf meiner Frage beharrte, meinte er, dass „Verbieten" wohl keinen Sinn machen würde, dass er als Vater eben auf die aufklärende Kraft des Gesprächs setzen würde und dass die so vermittelten Einsichten den Spuk dann sicher schnell beenden würden. Ich habe ihm zu seinem pädagogischen Optimismus gratuliert, dann aber zu zeigen versucht, dass es bei aller Differenz bezüglich der politisch-ideologischen Hintergründe sehr wohl auch Gemeinsamkeiten bezüglich der destruktiven, gewaltverklä-

5 Nachtrag bei Drucklegung: Inzwischen hat er einen Großteil davon bei E-bay wieder verkauft!

renden, menschenverachtenden Bilder und Botschaften zwischen diesen unterschiedlichen Musikrichtungen gibt.

Mir geht es bei diesen Gesprächen, bei denen ich ziemlich hartnäckig meine Verwunderung und mein Nichtverstehen angesichts der morbiden Botschaften und der düsteren Bilder, die in dieser Musikszene so populär sind, kundtue, gar nicht darum, meinem Sohn seine Musik madig zu machen. Mir geht es nur darum, dass er sich über die bedenklichen Rand- und Begleiterscheinungen dieser Musik im Klaren ist, dass er diese Aspekte nicht verleugnet, sondern die kritische Distanz dazu behält. Und dass zumindest ein Stück Nachdenklichkeit ausgelöst wird bezüglich der Frage, warum diese Tendenzen zur Düsternis und zur Brutalität in den Bilder- und Phantasiewelten dieser Szene so verbreitet sind und warum sie so große Resonanz beim überwiegend jugendlichen Publikum finden. Irgendwie habe ich das Gefühl, dass angesichts der Bedenkenlosigkeit, mit der die problematischen Botschaften und Bilder üblicherweise beim Musikkonsum der Jugendlichen hingenommen werden, ein solcher kritischer, skeptischer Widerpart, der immer wieder seine Irritation und sein Nichtverstehen äußert und damit zur Begründung und Abgrenzung herausfordert, notwendig ist (selbst wenn dabei bisweilen beträchtliche „Reibungshitze" entsteht).

Ansatzweise scheint es tatsächlich auch gelungen zu sein, ein Stück Nachdenklichkeit zu erzeugen. Mein Sohn hat sich sehr dafür interessiert, als er mitbekommen hat, dass ein Student derzeit eine Zulassungsarbeit zu dem Thema „Böse Lieder – böse Menschen?" bei mir schreibt. Er ist in E-Mail-Kontakt zu diesem Studenten getreten, hat einen entsprechenden Fragebogen ausgefüllt (und darin u. a. zu Protokoll gegeben, dass er bestimmte Covergestaltungen und bestimmte extreme Inszenierungen einzelner Bands für „geschmacklos", „abartig", ja gar für „krank" hält). Er hat davon erzählt, dass aufgrund unserer Gespräche derzeit in seiner Clique eine ziemlich intensive Diskussion über das Thema „Gewalt in der Metal-Szene" stattfinde und er hat gemeinsam mit zwei Mitschülern ein Referat zu diesem Thema im Rahmen des evangelischen Religionsunterrichts gehalten. Freilich ging es dabei mehr um die Motive auf Seiten der Produzenten, die eben, um noch Aufmerksamkeit zu erregen, zu immer drastischeren Bildern und Parolen greifen müssten. Die Motive auf Seiten der Konsumenten und damit die eigenen Gründe für die Faszination am ganzen Genre blieben dagegen ziemlich unterbelichtet.

Ich möchte also behaupten, dass es mit dem Verständnis davon, was die wirklichen subjektiven Gründe für die Begeisterung am Heavy Metal und die damit verbundenen Stimmungen und Bilderwelten sind, bei den Jugendlichen meist nicht so sehr weit her ist. Man wird in der Regel zu hören bekommen, die Musik sei eben „klasse", „super", „geil", „gehe wahnsinnig ab" oder „haue tierisch rein", vielleicht auch noch Hinweise darauf, dass sie die Covergestaltung „ziemlich extrem", „voll krass" oder „total abartig" finden.

Und es würde wohl auch nicht viel Sinn machen den Jugendlichen in psychologisierender Manier ihr Interesse an dieser Musik etwa als Ausdruck einer pubertären Reaktivierung infantiler aggressiv-destruktiver Triebtendenzen zu deuten oder als Wiederaufleben von Phantasien und Imaginationen aus der „paranoid-schizoiden Position“ nach Melanie Klein etc.

Dabei ist die Selbstzuordnung als „Metler“ für Jugendliche durchaus identitätsbedeutsam. Damit ist eine klare Abgrenzung von den HipHopern getroffen, aber auch von den Leuten, die softe Hippiemusik oder Mainstream Pop- und Rockmusik hören. Mit dieser Selbstzuordnung als Metal-Fan ist indirekt auch ein Stück Selbstaussage gemacht. Etwas überspitzt formuliert lässt sich diese vielleicht so ausdrücken: Man ist kein Weichei, sondern man liebt das Echte, Harte, Extreme. Man ist nicht angepasst, sondern provokativ, konfrontativ, unerschrocken. Man ist nicht sanftmütig, frohgelaunt und freundlich, sondern man ist düster, wild und zornig. Man fürchtet weder Tod noch Teufel (und schon gar nicht die Autorität von Eltern und Lehrern) und man umgibt sich mit brachialer Musik und martialischen Bildern, um die entsprechende Aura zu kultivieren (vgl. Helsper 1998).

Heavy Metal ist damit nicht nur eine bestimmte Musikpräferenz, sondern natürlich auch ein jugendkulturelles Gruppenphänomen. Ich habe das Gefühl, dass derzeit nichts anderes so sehr Gemeinsamkeit (wenn auch noch keineswegs wirklich Gemeinschaft) unter bestimmten jugendlichen Gruppierungen stiftet und gleichzeitig so sehr die Abgrenzung zu anderen markiert, wie die gemeinsam gehörte Musik. Viele Einschätzungen und Bewertungen laufen dort nach dem Muster: „Sag mir, welche Musik du hörst und ich sage dir, wer bzw. wie du bist, bzw. was ich von dir halte.“ Und es ist eben nicht nur die Musik, die gehört wird, es geht im Gefolge davon auch um bestimmte Kleidungscodes, die beherrscht sein müssen, es geht um den richtigen Habitus, es geht um die Konzerte und Festivals, die gemeinsam besucht werden und es geht um das entsprechende Insiderwissen. Gerade das intensive Studium der entsprechenden Fachmagazine (die für Nicht-Insider eher langweilig sind, weil die Artikel überwiegend davon handeln, wie sich die personelle Zusammensetzung der Gruppe XY verändert hat bzw. wodurch sich das neue Album der Gruppe YZ vom Vorgängeralbum unterscheidet), macht deutlich, wie wichtig das „Fachwissen“ ist, um dazuzugehören. Heavy Metal ist ein komplexer Kosmos mit vielerlei Untergliederungen und einer verflochtenen Entwicklungsgeschichte. Sich in diesem Kosmos auszukennen, Gruppen und Stile zuordnen zu können, Platten der maßgeblichen Bands zu besitzen, sie gar bei Livekonzerten gehört zu haben, bringt Anerkennung in der Peergroup. Der wahre Fan einer Band muss sich durch differenzierte Kenntnisse über deren Entwicklung und deren musikalisches Oeuvre ausweisen. So hat sich mein Sohn kürzlich etwa heftig über einen andern Jugendlichen mokiert, der es wagte ein „Kreator-T-Shirt“ zu tragen, obwohl er nicht einmal im Stande sei, drei Titel vom aktuellen Album der Band Kreator zu nennen. Bei solch bodenloser Unkenntnis hat jemand seiner Meinung nach nämlich überhaupt kein Recht, sich mit einem entsprechenden Band-T-Shirt zu schmücken und sich damit als Fan der Gruppe zu outen. Ein solcher „Poser" hat in seinen Augen nichts anderes als Verachtung verdient.

Solche Selbstdefinitions- und Abgrenzungsprozesse sind einerseits normal und jugendtypisch. Aber auch hier sehe ich meine pädagogische Aufgabe weniger im „Verstehen" und in der expliziten „Verstehensbekundung" dieser Phänomene, sondern eher in der kritischen Rückfrage, in der „Verwunderungsbekundung" und in der „Verstörung des damit bisweilen verbundenen Überlegenheitsdünkels". Die „richtige" Musik zu hören, die „richtigen" Bands zu kennen und die „richtigen" T-Shirts zu tragen, macht im Sinne von Spranger eben noch kein „Königs-Ich" aus.

KAPITEL 10

„Provisorische Identitätshülsen" – Der anthropologische Sinn der vielfältigen jugendkulturellen Phänomene

„Die Jugendkultur wird als riesengroßer ‚Proberaum' erlebt. Sie ruft die Jugendlichen dazu auf, gemeinsam mit Leuten, die ähnlich denken und die die gleichen Interessen haben, den grauen Alltag ein wenig bunt einzufärben und mit schillernden Stilen und unangepassten Lebenskonzepten zu experimentieren. Es mag pathetisch klingen, aber Jugendkulturen sind für die Jugendlichen ein bisschen so etwas wie Begleitinstanzen auf ihrer Suche nach sich und der Welt. Und genau das verleiht ihnen diese ungebrochene Attraktivität."

BEATE GROSSEGGER/BERNHARD HEINZLMAIER

1 Stämme und Unterstämme

Im letzten Kapitel wurden die prinzipiellen Verstehens- und Verständigungsprobleme zwischen Eltern und ihren heranwachsenden Kindern am konkreten Beispiel des temporären Eintauchens eines Jugendlichen in die Heavy Metal Szene und der persönlichen Irritationen und pädagogischen Interventionen, die dies bei seinem Vater ausgelöst hat, beschrieben. Diese Irritationen waren wohl auch deshalb so beträchtlich, weil sich hier im Laufe einer Generation die Bedingungen des Aufwachsens doch gravierend verändert haben. Jugendliche früherer Generationen waren einfach nicht mit einem so ausdifferenzierten und in jeder Verästelung noch so üppig mit Requisiten ausstaffierten Spektrum jugendkultureller Stile und Moden konfrontiert. Es gab von daher natürlich auch weniger Druck, sich persönlich zu positionieren und abzugrenzen und die Feinheiten des „Codes" und des „Habitus" des jeweils präferierten Stils zu beherrschen.

In einem SPIEGEL-Artikel über die Jugend in Deutschland war vor einiger Zeit zu lesen, die Jugend sei den Erwachsenen fremder als je zuvor, und zur Antwort auf die Frage, warum die Jugend den Älteren so fern und mysteriös vorkommt, wurde dann vor allem auf die unübersichtliche Vielfalt der jugendkulturellen Phänomene hingewiesen: Die Jugend sei „wie niemals zuvor zersplittert in Kulturen und Subkulturen, Cliquen und Einzelgänger: Punks, Techno-Freaks, junge Christen, Sportbesessene, Neonazis, Autonome, Hippies, Computerkids, Umweltschützer, Vereinsmeier, Mitglieder von Jugendgangs und Knabenchören. Manche dieser Gruppen sind inkompatibel, andere überschneiden sich. Die meisten Jugendkulturen sind international und ähneln sich in allen westlichen Industrie- und Dienstleistungsgesellschaften. Und sie zersplittern immer schneller. Allein die Punk-Bewegung zerfällt mittlerweile in vier Subgruppen: Neben den Ur-Punks aus den siebziger Jahren gibt es nun auch die Mode-, Penner und Neopunks. ‚Tribalisierung' nennen Sozialwissenschaftler den Zerfall der Generation. Die rund 15 Millionen Heranwachsenden in der Bundesrepublik teilen sich in ungezählte Stämme und Unterstämme auf. Mit eigenen Kleiderordnungen, Verhaltensnormen, Zeichen- und Sprachcodes sind sie auf den ersten Blick so unübersichtlich wie ein Ameisenhaufen. ... Das Wir-Gefühl einer großen Jugendbewegung gibt es nicht mehr" (DER SPIEGEL 33/1995, S. 157).

In diesem Artikel und auch in den einschlägigen aktuellen Büchern zum Thema „Jugendkulturen" (vgl. Farian 2001, Großegger/Heinzelmaier 2002) werden dann einzelne „Stämme" mit ihren jeweiligen Stammeskulturen und Stammesritualen, d. h. mit ihren je spezifischen Kleiderordnungen, Konsumgewohnheiten, Sprachcodes, Freizeitaktivitäten, Musikpräferenzen, Lebensphilosophien, mit ihren Haltungen zur Gesellschaft, zu Drogen und zur Zukunft vorgestellt. Das ist sicherlich interessant, es tun sich dabei bisweilen Blicke in fremde Lebenswelten auf, birgt aber natürlich ein wenig die Gefahr, dass man die einzelnen Jugendkulturen wie in einem Bestiarium als exotische Wesen präsentiert und bestaunt. Im vorausgegangenen Kapitel habe ich ja auch mein ganz persönliches Staunen und Befremden angesichts einer speziellen Richtung der Jugendkultur beschrieben. Ich will im Folgenden jedoch nicht auf diese oder jene spezielle Richtung der Jugendkultur und ihre besonderen Ausdrucksweise näher eingehen, sondern ich will übergreifend die Frage nach dem anthropologischen Sinn der vielfältigen, höchst unterschiedlichen jugendkulturellen Phänomene stellen.

2 Was meint die Frage nach dem „anthropologischen Sinn"?

Der Titel dieses Kapitels enthält eine gewagte Paradoxie und damit eine nicht geringe Zumutung an den Leser: Vom *anthropologischen Sinn* der vielfältigen jugendkulturellen Phänomene zu reden ist so ähnlich, als rede man vom zeitlosen Sinn der ständig wechselnden Moden. Beim Stichwort Jugendkulturen geht es ja in der Regel um historisch extrem wandelbare Phänomene, um Trends, Moden, Szenen, die ständig in Bewegung sind. Vor 25 Jahren hat das Spektrum der Jugendkulturen noch deutlich anders ausgesehen als heute, und entsprechende Übersichtswerke hätten sich mit anderen Trends und Gruppierungen beschäftigen müssen. HipHop und Techno waren noch gar nicht erfunden (oder zumindest in Deutschland noch nicht bekannt). Sprayer, Skater, Snowboarder stellten hierzulande noch keine eigenständige jugendkulturelle Szene dar. Man hätte eher Punks, Popper und Hausbesetzer ins Programm nehmen müssen.

Aufgrund dieser hohen Wandelbarkeit versuchen die meisten theoretischen Zugänge zum Phänomen der Jugendkulturen die entsprechenden Neuschöpfungen von Stilen, Moden, Musikrichtungen, ästhetischen Ausdrucksformen, Lebensphilosophien etc. mit gesellschaftlichen Wandlungsprozessen in Verbindung zu bringen. Jugend wird dann generell als „Spiegel" oder „Seismograph" der Gesellschaft betrachtet und die Jugendkulturen gewissermaßen als Kulminationspunkte, in denen Teile der jeweiligen Jugendgeneration auf besonders prägnante Weise die gesellschaftlichen Anforderungen und Zumutungen kreativ und ausdrucksstark verarbeiten – sei es in einer eher affirmativ-konsumorientierten Art wie bei den Poppern, den Yuppies oder in der Techno-Szene, sei es in einer eher herausfordernd-provokativen Form wie bei den HipHopern oder Skateboardern, sei es in einer eher melancholisch-weltflüchtigen Manier wie bei den Gothics oder sei es in eher aggressiv-traditionalistischer Weise wie bei den Skins oder aber mit anarchistisch-nihilistischem Gestus wie bei den Punks.

Die Frage nach dem *„anthropologischen Sinn"* dagegen zielt immer irgendwie auf etwas Überzeitliches, Unveränderliches, Elementares, auf die „menschliche Natur" bzw. auf die „elementaren Grundregeln des sozialen Austauschs". In diesem Sinne hat etwa Otto Friedrich Bollnow das Prinzip der anthropologischen Interpretation eines Einzelphänomens unter folgender klassischen Formel gefasst: „Wie muß das Wesen des Menschen im ganzen beschaffen sein, damit sich in seinem Rahmen dieses Einzelphänomen als ein sinnvolles und notwendiges Glied begreifen läßt, und wie läßt sich umgekehrt dieses Einzelphänomen in einem solchen Rahmen tiefer verstehen?" (Bollnow 1965, S. 174).

(Natürlich muss man dabei auch in Rechnung stellen, dass sich inzwischen eine „historische Anthropologie" etabliert hat, die die Frage nach dem zeitlosen „Wesen des Menschen" aufgegeben hat und sich eher mit den langfristigen, epochaltypischen Wandlungen in der menschlichen Grundbefindlichkeit und im menschlichen Selbstverständnis befasst.) Dennoch kann man durchaus daran zweifeln, ob die „Frage nach dem anthropologischen Sinn" in bezug auf so schillernde, zeitgeistabhängige, fluktuierende Phänomene wie die unterschiedlichen Stile und Trends in der Jugendkultur überhaupt einen Sinn macht.

3 Ein Exkurs in die vergleichende Kulturanthropologie

Ein klassisches Feld, auf dem die Frage nach dem anthropologischen Sinn bzw. nach der tieferliegenden gemeinsamen Bedeutung höchst unterschiedlicher Phänomene immer wieder gestellt wurde, ist die Ethnologie bzw. die vergleichende Kulturanthropologie. Die Rede von der „Tribalisierung“ der Jugend, von den „Stämmen“ und „Unterstämmen“, die sich laut SPIEGEL innerhalb der Jugend herausgebildet haben, legt ja einen Bezug auf diese Forschungstradition unmittelbar nahe. Ein zentrales Thema, das dort die Forscher immer wieder fasziniert hat, sind die kulturell unterschiedlichen Ausformungen von „Initiationsritualen“. In nahezu allen traditionsgeleiteten Gesellschaften gibt es bestimmte Rituale und Zeremonien, um den Übergang vom Status des Heranwachsenden zum Status eines vollwertigen Gesellschaftsmitgliedes zu markieren. Deshalb möchte ich zunächst einen Exkurs in dieses Gebiet und in recht exotisch anmutende Praktiken unternehmen, um dann danach zu fragen, welche Unterschiede und welche möglichen Parallelen zwischen dem bestehen, was für Jugendliche dort inszeniert wird, und dem, was Jugendliche hier bei uns im Rahmen von Jugendkulturen in eigener Regie inszenieren. Diese Initiationsrituale spielen in den traditionsgeleiteten Kulturen eine wichtige Rolle. Auf den außenstehenden Betrachter jedoch wirken sie oftmals recht befremdlich. Einige Beispiele dafür seien geschildert:

„Im Westen von Ceram, einer der indonesischen Inseln, werden die Knaben zur Zeit der Geschlechtsreife in die Kakianvereinigung aufgenommen ... Das Kakianhaus ist ein länglicher Holzschuppen, der unter dem schattigsten Baum in der Tiefe des Waldes so errichtet ist, daß man unmöglich sehen kann, was darin vorgeht ... Dorthin werden die Knaben mit verbundenen Augen geführt. Ihnen folgen die Eltern und Verwandten ... Sobald ein Knabe in dem Raum verschwunden ist, hört man ein dumpfes schabendes Geräusch, ein furchtbarer Schrei ertönt, und ein bluttriefendes Schwert oder ein Speer wird durch das Dach des Schuppens herausgesteckt. Dies ist ein Zeichen, daß der Kopf des Knaben abgeschnitten worden ist und der Teufel ihn in die andere Welt mitgenommen hat ... Beim Anblick des blutigen Schwertes weinen und jammern daher die Mütter und rufen, der Teufel habe ihre Kinder ermordet. ... Während seines Aufenthaltes in dem Kakianhause warnt der Häuptling die Knaben bei Todesstrafe niemals zu verraten, was in dem Kakianhause vorgegangen ist. ... Inzwischen sind die Mütter und Schwestern der Knaben nach Hause gegangen, um zu weinen und zu trauern. Nach ein bis zwei Tagen kehren jedoch die Männer, welche den Novizen als Paten zur Seite stehen, nach Hause zurück und berichten, dass der Teufel durch Vermittlung der Priester die Knaben wieder zum Leben erweckt habe. Die Männer, welche diese Nachricht bringen, kommen halb ohnmächtig mit

Schmutz bedeckt wie Boten aus der Unterwelt an ..." (Bettelheim 1975, S. 152f.).

Die Initiationsriten der Pangwe schildert Mircea Eliade folgendermaßen: „Vier Tage vor der Initiation werden die Novizen ‚gemarkt' und die Marke heißt die ‚Todesweihung'. Am Tag des Festes gibt man ihnen ein Übelkeit hervorrufendes Getränk zu schlucken und haben sie dieses heruntergewürgt, so werden sie mit dem Ruf ‚Ihr sollt sterben!' durch das ganze Dorf getrieben. Dann werden sie zu einem Haus geführt, das voller Ameisennester ist, und während man ihnen zuruft: ‚Wir töten euch!', ‚Nun werdet ihr sterben!', zwingt man sie, einige Zeit in dem Haus zu bleiben, fürchterlichen Stichen ausgesetzt. Von den Instruktoren werden sie dann ‚zum Tode abgeführt' und in Buschhütten untergebracht, wo sie völlig nackt einen Monat lang fern von allen Menschen leben müssen. Sie machen sich mittels eines Xylophons bemerkbar, damit niemand in ihre Nähe komme. Nach einem Monat werden sie mit weißer Tonerde bestrichen und dürfen ins Dorf zurückkehren, um an den Tänzen teilzunehmen, sie müssen jedoch weiter in den Buschhütten schlafen" (Eliade 1988, S. 68).

Beim australischen Stamm der Yuin verläuft die Initiation auf folgende Weise: „Die Lehrer erzählen den Novizen die Mythen von Daramulun und schärfen ihnen ein, diese Dinge vor den Frauen und Kindern nie zu erwähnen. Kurz danach begeben sich alle in einer Prozession zum Gebirge. Bei jedem Halt werden magische Tänze aufgeführt. Die Medizinmänner lassen ihren magischen Einfluß auf die Novizen übergehen, damit Daramulun Wohlgefallen an ihnen finde. Am Fuße des Berges angekommen, schlagen die Beschützer und die Novizen abseits ein Lager auf, während die anderen Männer im Wald einen freien Platz vorbereiten. Sobald der Platz fertig ist, werden die Novizen von ihren Lehrern dorthin geführt. Wie gewohnt blicken sie zu Boden. Wenn man ihnen plötzlich befiehlt, die Augen zu heben, sehen sie vor sich verkleidete und maskierte Männer und neben ihnen, in einen Baum geschnitzt, die drei Fuß hohe Gestalt von Daramulun. Kurz darauf verhüllen ihnen ihre Beschützer die Augen und der oberste Medizinmann nähert sich tanzend, packt nacheinander den Kopf jedes Novizen und schlägt ihm mit einem Meißel oder einem kleinen Hammer einen Schneidezahn aus. Der Knabe darf kein Blut spucken, sonst wird sich die Wunde nicht schließen. Die Novizen erdulden die Initiationsprüfung im Allgemeinen mit bewundernswerter Gelassenheit" (ebd., S. 38).

4 Jugendkulturelle Phänomene hierzulande mit dem „fremdem Blick" des Ethnologen betrachtet

Wenn man sich im Gedankenexperiment einen fiktiven Ethnologen vorstellt, der in einem ganz anderen, abgelegenen Weltwinkel aufgewachsen und ausgebildet wurde und der nun zur „Feldforschung“ nach Deutschland reiste, um dort mit entsprechend fremdem Blick auf unsere gegenwärtige Kultur zu blicken und zu beobachten, welche Bräuche und Rituale sich innerhalb bestimmter Jugendkulturen abspielen, dann könnte dieser Beobachter vermutlich auch hier allerhand erstaunliche Entdeckungen machen:

Da gibt es zahlreiche Jugendliche, die sich unter Schmerzen metallene Ringe durch Ohrläppchen, Augenlider, Nasenflügel, Lippen, Brustwarzen und wer weiß wohin stechen lassen. Manche lassen sich auch kleine metallene Pflöcke durch die Lippe stoßen und spielen beständig mit diesem Fremdkörper in ihrem Mund. Andere lassen sich Ornamente und Muster auf die Haut tätowieren.

Da gibt es große Versammlungsräume, wo Hunderte von Jugendlichen sich treffen und zu lauter Musik im schnellen Rhythmus über Stunden hinweg tanzen. Diese Versammlungsräume sind meist erfüllt von pulsierenden farbigen Lichtern, rotierenden Leuchtpunkten, flirrenden Lichtblitzen, bunten Nebelschwaden. Die Jugendlichen tanzen dort oft über Stunden hinweg im schnellen exstatischen Rhythmus der Musik, bis sie in eine Art Trance verfallen. Nicht wenige nehmen berauschende Mittel zu sich, um die Wirkung der Musik und des Tanzes noch zu steigern. Bisweilen machen sich auch Tausende von Jugendlichen auf zu einer großen Prozession, bei der dann in den Straßen einer großen Stadt nach solcher Musik getanzt wird. Offensichtlich handelt es sich auch um einen Kult des Körpers, denn viele stellen ihren Körper dabei in aufreizender Art zur Schau.

Manchmal sieht man Gruppen von Jugendlichen auf rollenden Brettern, die sich mit großem Ernst und großem Eifer stundenlang bestimmten Übungen der Geschicklichkeit, der Balance und der Körperbeherrschung mit diesen Rollbrettern unterziehen. Sie verwenden dafür meist eigene Bahnen mit entsprechenden Hindernissen, über die sie in ritualisierter Form immer wieder hinwegfahren in dem Bestreben, eine bestimmte Drehung oder einen bestimmten Sprung zu vervollkommnen.

Bestimmte Jugendliche treffen sich des Nachts, um heimlich mit Farben die Wände von Häusern oder bestimmte Mauern mit bunten Bildern zu bemalen. Die so geschaffenen Bilder folgen einer ganz bestimmten Stilrichtung. Sie sind meist sehr expressiv und dynamisch. Die Jugendlichen dürfen sich bei dieser heimlichen Malerein nicht von den erwachsenen Mitgliedern der Gesellschaft ertappen lassen, denn sonst bekommen sie großen Ärger. Die Jugendlichen sind sehr bemüht darum, ihre eigenen kreativen Ideen auf diese Art und Weise der Öffentlichkeit zu präsentieren, sie auch mit ihrem persönlichen Zeichen zu versehen. Gleichzeitig macht es jedoch gerade den besonderen Reiz dieser Art der Malerei aus, dass sie heimlich und im Verbotenen ausgeführt wird, an Orten, die die Erwachsenen eigentlich nicht zur Bemalung vorgesehen haben.

Da gibt es Jugendliche, die weite Reisen auf sich nehmen, um in den Stadien zuzusehen, wie zwei verschiedene Mannschaften versuchen, einen Ball in das gegnerische Tor zu befördern. Die jugendlichen Zuschauer steigern sich dabei, meist unter dem Einfluss von alkoholischen Getränken, häufig in einen wahren Gruppenrausch. Die Frage, in welchem Netz der Ball häufiger landet, wird zu einer hochemotionalen Angelegenheit. Die Jugendlichen singen Schlachtgesänge für die Mannschaft, die sie unterstützen, und Droh- und Spottgesänge auf die gegnerische Mannschaft. Dabei kommt den Fahnen, Hemden, Mützen und Schals in den Farben „ihrer Mannschaft", die kultisch verehrt wird, eine besondere symbolische Bedeutung zu. Bisweilen lässt sich in solchen Stadien auch ein merkwürdiges Massenphänomen beobachten, bei dem die Zuschauer zunächst mit den ausgestreckten Armen wackeln, dazu merkwürdige Geräusche von sich geben und sich dann plötzlich gemeinsam ruckartig erheben. Manchmal kommt es auch vor, dass Gruppen Jugendlicher im Anschluss an solche Ballspiele die direkte körperliche Auseinandersetzung mit entsprechenden kampfbereiten Gruppen von Jugendlichen in den Farben der gegnerischen Mannschaft suchen, und es zu heftigen Prügelszenen kommt. Dabei scheint das Prügeln um des Prügelns willen gesucht zu werden, also weitgehend Selbstzweck zu sein und nicht irgendeinem weiteren Ziel zu dienen.

5 Deutungen der Initiationsriten

Ist es legitim, diese Phänomene aus ganz unterschiedlichen Kulturkreisen miteinander in Beziehung zu bringen? Lassen sich diese Dinge miteinander vergleichen?

Entsprechend ihrer durchgängigen Präsenz und ihrer offensichtlichen großen Bedeutung innerhalb der traditionsgebundenen Gesellschaften haben sich die Kulturanthropologen sehr früh und sehr intensiv mit diesem Phänomen beschäftigt. In einem Aufsatz aus dem Jahr 1915/16 mit dem Titel: „Die Pubertätsriten der Wilden" versucht Theodor Reik das Phänomen mit Hilfe eines Theoriestücks zu deuten, das Freud aus der Analyse bürgerlicher westlicher Familienverhältnisse gewonnen, aber sogleich als universellen menschlichen Entwicklungsknoten behauptet hatte, nämlich mit der ödipalen Konfliktkonstellation: „Wir glauben", schreibt Reik, „nun, auch in den anscheinend unsinnigen und absonderlichen Pubertätsriten der Wilden einen Sinn gefunden zu haben: sie sollen die Inzestschranke aufrichten, den Jüngling aus dem Familienverband loslösen und ihn in die Männerbünde einführen, damit aber auch die unbewußten Regungen der Feindschaft und des Hasses, welche in den Jünglingen gegen ihre Väter wirken, in freundschaftliche verkehren“ (Reik 1915/16, S. 102).

Mircea Eliade beginnt sein Buch über „Das Mysterium der Wiedergeburt“, in dem er die Initiationsriten unterschiedlicher Kulturen religionsphilosophisch deutet, mit den Sätzen: „Es wurde oft behauptet, eines der Merkmale der modernen Welt sei das Verschwinden der Initiation. Die Initiation, die in den traditionsgebundenen Gesellschaften eine entscheidende Rolle spielt, ist in den westlichen Gesellschaften unserer Tage praktisch nicht mehr vorhanden“ (Eliade 1988, S. 10). Ganz offensichtlich erfüllen die Initiationsriten in diesen Gesellschaften eine wichtige Funktion im Zusammenhang der Weitergabe des kulturellen Erbes an die nächste Generation und im Zusammenhang der Positionierung des Einzelnen innerhalb der gesellschaftlichen Ordnung. In diesem Sinne heißt es bei Eliade: „Jede primitive Gesellschaft besitzt eine kohärente Gesamtheit von mythischen Überlieferungen, eine ‚Weltauffassung‘, und diese Auffassung ist es, die dem Novizen im Laufe seiner Initiation schrittweise offenbart wird“ (ebd., S. 11). Durch diese Offenbarung erhält der Initiant einen grundlegend neuen Status. Es ist tatsächlich eine Art zweite Geburt, die sich in ihr und durch sie ereignet: „Durch die Initiation wird der Mensch in den primitiven und archaischen Gesellschaften zu dem, was er ist und was er sein soll: zu einem Wesen, das dem geistigen Leben gegenüber offen ist, das folglich an der Kultur teilhat“ (ebd., S. 26).

Van Gennep hat dargestellt, dass diese „Rites de passage“ typischerweise einen dreiphasigen Ablauf haben: Es gibt zunächst eine Phase der Trennung (séparation), dann eine des Übergangs (marge) und schließlich die Phase der Einfügung (agrégation). Bei der ersten Phase wird die Trennung vom Elternhaus, von der Kindheit, von der Mutter zum Ausdruck gebracht. Die Initianten werden abgesondert, ausgegrenzt, leben z. T. für bestimmte Zeit an Orten abseits der Gemeinschaft und werden dort mysteriösen, ängstigenden, schmerzhaften Erfahrungen und Prozeduren unterworfen. Bisweilen kommt es zu einem Wechsel des Namens oder zu einem symbolischen Tod des bisherigen Individuums. Häufig werden auch körperlichen Markierungen vorgenommen (Beschneidung, Zahnausstoßung, Hautritzungen, Tätowierungen etc.), um den neuen Status zu verdeutlichen. Gleichzeitig findet typischerweise eine Einweihung in bestimmte kulturelle Geheimnisse, Regeln, Bräuche, Mysterien statt. Der Kontakt zu den Ahnen und zur Tradition des Stammes spielt dabei eine wichtige Rolle. Nach dem Durchgang durch all diese Prozeduren wird das Individuum als vollwertiges Mitglied der Erwachsenengesellschaft, als geschlechts- und kulturfähige Person quasi wiedergeboren.

Hier noch einmal in stichpunktartiger Zusammenfassung einige typische Strukturmomente der Initiationsriten:

- Distanzierung von den Eltern, speziell der Mutterwelt
- Ausgrenzung, Absonderung, Isolierung der Initianten
- Momente von Angst, Einschüchterung, Schrecken
- Schmerzzufügung, rituelle Verletzung, Verstümmelung, „Einschreibung in den Körper"
- Herausforderung, Bewährung, Mutproben, risikoreiche, wagemutige Taten
- Temporäre Befreiung von Tabus, Hemmungen, Konventionen, gesellschaftlichen Regeln
- Freisetzung von Triebhaftigkeit, Sexualität, Aggression
- Rausch, Ekstase, Drogenerfahrungen
- Erfahrung der Todesnähe, symbolische Wiedergeburt
- Körperveränderung, Körperschmuck, Körperpräsentation, Körperkennzeichnung
- Gruppenkohäsion, wechselseitige Stabilisierung der Initianten
- Einweihung in Stammesgeschichte und Stammesgeheimnisse, Beschwörung der Geister, Verbindung mit den Ahnen.

Geht man von Eliades und van Genneps Charakterisierung der Initiation als einem „Mysterium der Wiedergeburt" aus, dann wird man natürlich konstatieren müssen, dass den jugendkulturellen Phänomene in unserer Gesellschaft, wie sie oben dargestellt wurden, nicht der existentielle Ernst einer grundlegenden Persönlichkeitstransformation, der Einweihung in die heiligen Geheimnisse zukommt. Die geschilderten jugendkulturellen Phänomene hierzulande haben sicherlich einen profaneren, spielerischeren, z. T. auch banaleren Charakter. Aber dennoch kann man unschwer erkennen, dass etliche der Strukturmomente der Initiation aus der obigen Liste auch bei den jugendkulturellen Phänomenen in unserer Zeit und in unseren Breitengraden eine wichtige Rolle spielen. Entsprechend wurde auch wiederholt die These vorgetragen, Jugend(sub)kulturen könnten als „Initiationsäquivalente" angesehen werden (vgl. Klosinski 1991).

6 Adoleszenz in kalten und heißen Kulturen

Schaut man auf unterschiedliche traditionelle und moderne Gesellschaftsformationen, dann kann man gewissermaßen eine umgekehrt proportionale Relation zwischen der Bedeutung, die Initiationsriten einerseits und die jugendkulturelle Phänomene andererseits in einer Gesellschaft haben, postulieren. Und es ergibt sich ein auffälliger Zusammenhang: Je traditionsgebundener, „archaischer" und damit auch statischer eine Gesellschaft ist, desto bedeutsamer sind in der Regel in dieser Gesellschaft die Initiationsriten und desto unbekannter sind jene vielfältigen jugendkulturellen Phänomene, auf die eingangs mit dem SPIEGEL-Zitat verwiesen wurde. Je „moderner" eine Gesellschaft ist, und das heißt eben auch je dynamischer, offener, fortschrittsorientierter, desto mehr verlieren „Initiationsrituale" an Bedeutung – es gibt bei uns mit Konfirmation, Abitur, Tanzkränzchen und Jugendweihe nur mehr wenige Rudimente –, desto vielfältiger und unübersichtlicher wird das Spektrum der jugendkulturellen Phänomene und desto höher ist das Tempo des Wandels, der sich dort finden lässt.

Der Ethno-Psychoanalytiker Mario Erdheim hat in seiner Theorie über Adoleszenz und Kulturentwicklung diesen markanten Zusammenhang in den Mittelpunkt gestellt. Er greift die von Lévi-Strauss stammende Unterscheidung zwischen „kalten" und „heißen Gesellschaften" auf und untersucht die Zusammenhänge, die zwischen der gesellschaftlichen Grundkonstellation und der jeweiligen Ausprägung der Adoleszenz bestehen.

„Kalte Gesellschaften" sind statische Gesellschaften, solche, bei denen der gesellschaftliche Fortschritt gewissermaßen stillgestellt ist. Die allgemein geteilte Vorstellung ist die, dass das gegenwärtige Leben – die Art des Jagens und Fischens, des Ackerbaus und der Viehzucht, der Herstellung von Kleidung und Gebrauchsgegenständen, die Weisen der Konfliktregulation und der Entscheidungsfindung in der Gruppe, die Formen der Partnerwahl und der Kinderaufzucht, der kulturellen Bräuche und der religiösen Zeremonien – weitgehend dem Leben der Väter und Vorväter entspricht und dass das künftige Leben der Kinder sich weiterhin ganz selbstverständlich in diesen Bahnen bewegen wird.

„Heiße Gesellschaften" dagegen sind solche, bei denen die Dynamik des gesellschaftlichen Wandels in Gang gekommen ist und ein Bewusstsein von der Geschichtlichkeit der eigenen Lebensform allgemein präsent ist. Erst hier gibt es die Ideen von „gesellschaftlicher Entwicklung", von „Fortschritt" und von einer „offenen Zukunft".

Dabei sieht Erdheim die Tendenz, gerade im Jugendalter die kulturellen Gegebenheiten in Frage zu stellen, durchaus als eine anthropologische Konstante an: „Der Antrieb, Kultur zu verändern, muß im Menschen ebenso angelegt sein wie seine Fähigkeit, sie sich anzueignen und zu bewahren. Beide Momente spielen in der Adoleszenz eine entscheidende Rolle: Die Adoleszenz treibt den Menschen einerseits dazu, das Überlieferte in Zweifel zu ziehen, zu verunsichern und neue Perspektiven zu suchen, und andererseits stellt sie ihn vor die Aufgabe, sich nicht zu verlieren und die Kontinuität zu wahren" (Erdheim 1982, S. 296). Die Initiationsrituale werden von Erdheim nun als kulturelle Gegenmaßnahme interpretiert, um diese mit der Adoleszenz unweigerlich aufkommenden Veränderungsimpulse aufzufangen und zu neutralisieren: Den Jugendlichen in den traditionsgeleiteten Gesellschaften wird wenig Spiel- und Experimentierraum gelassen, ihr Unbehagen an der gesellschaftlichen Ordnung zu artikulieren und Phantasien möglicher Veränderung zu entwickeln. Sie werden durch die Initiationsrituale gewissermaßen „im

Handstreich“ zu erwachsenen Mitgliedern der Gesellschaft gemacht, der Tradition unterworfen und gleichzeitig in die bestehende Ordnung eingebunden. „Die Initiation“, so lautet eine zentrale Vermutung Erdheims, „ist eine Art Kühlsystem, das dazu dienen soll, die Folgen der Machtverteilung in diesen Gesellschaften zu neutralisieren“ (ebd., S. 290).

In „heißen Gesellschaften“ ist die gesellschaftliche Veränderungsdynamik in Gang gekommen und im Bewusstsein der Menschen präsent. Den Erwachsenen ist im Prinzip klar, dass die Lebensverhältnisse, in denen sich ihre Kinder einst bewähren müssen, nicht mehr die gleichen sein werden wie die ihren oder gar die der Vorväter. Von daher verliert die ritualisierte, punktuelle, von den Erwachsenen zeremoniell gestaltete Einführung und Einbindung in das traditionelle Erbe ihre Funktion. Die Jugendphase dehnt sich zeitlich aus, ein „psychosoziales Moratorium“, eine der Jugend von der Erwachsenengeneration zugestandene Explorations- und Experimentierphase bildet sich heraus. Diese ist einerseits Folge, andererseits aber auch Motor des kulturellen Wandels. Die Adoleszenz stellt per se eine Entwicklungsphase dar, in der die bisher ausgebildeten psychischen Strukturen, die im familiären Rahmen ausgebildeten Identifikationen, Überzeugungen und Ideale aufgeweicht werden. Gleichzeitig kommt es mit der pubertären Triebentwicklung zum Erleben neuer irritierender Wünsche, Sehnsüchte und Phantasien. Hinzu kommt in der Regel eine massive Verstärkung des Narzissmus im Sinne eines genaueren Gewahrwerdens und einer Bedeutungsaufladung der eigenen Ideen, Bedürfnisse und Interessen und damit zwangsläufig auch zu einem Prozess der Infragestellung familiärer Gewohnheiten und kultureller Selbstverständlichkeiten. All dies, die Labilisierung bisheriger Orientierungen, die „Verflüssigung“ psychischer Strukturen, die Bedeutungsaufwertung des eigenen Ichs, stellt eine Gemengelage und ein kreatives Potential dar, für das in „heißen Gesellschaften“ kein entsprechendes „Kühlsystem“ mehr zu Verfügung steht. Ja, „heiße Gesellschaften“ mit ihrem „gierigen Bedürfnis nach Veränderung“, nach Neuem (ebd., S. 289) haben auch gar nicht mehr das Interesse nach einer grundlegenden Unterdrückung dieser Veränderungsimpulse. Vielmehr gewinnt hier gerade die Jugendgeneration eine besondere Bedeutungsaufwertung als „innovative Kraft“, als „Trendsetter“, als „Speerspitze des Fortschritts“. Durch diese prinzipielle gesellschaftliche Aufwertung von Jugendlichkeit, durch die enorme Ausdifferenzierung der unterschiedlichen jugendkulturellen Stile und Moden, durch die mit den Medien gegebene blitzartige globale Verbreitung neuer Trends und ihre ebenso rasche kommerzielle Verwertung durch die Mode-, Musik- und Unterhaltungsindustrie hat sich tendenziell die Situation vielleicht sogar umgekehrt: Die gesellschaftlichen Gegebenheiten, mit denen sich Jugendliche in dieser Phase inneren Umbruchs konfrontiert sehen, wirken heute eher im Sinne eines „Durchlauferhitzers“ als im Sinne eines „Kühlsystems“.

7 „Selbstsozialisation" in Jugendkulturen

Wenn sich auch zweifellos Strukturähnlichkeiten zwischen den Merkmalen der Initiationsriten und den jugendkulturellen Aktivitäten finden lassen, wenn somit der Rede von den Jugendkulturen als „Initiationsäquivalenten" eine gewisse Berechtigung zukommen mag, so ist doch ein zentraler Unterschied ganz offensichtlich: Bei den Initiationsritualen in traditionsgebundenen Kulturen handelt es sich um Prozeduren, die von den Erwachsenen für die Jugendlichen organisiert und inszeniert werden zum Zwecke der Integration der nachwachsende Generation in die überlieferte gesellschaftliche Ordnung. Dieses zeremoniell gestaltete Ereignis hat eine große kulturelle Bedeutung und einen hohen Verbindlichkeitsgrad. Die Jugendlichen haben in der Regel keine Möglichkeit, sich dem, was da auf sie zukommt, zu entziehen, und sie haben auch keine Möglichkeit, zwischen unterschiedlichen Optionen und Varianten zu wählen. Bei den diversen Ausprägungen der Jugendkulturen handelt es sich dagegen um Schöpfungen, Stilbildungen, Rituale, die von den Jugendlichen selbst hervorgebracht werden zum Zweck der Abgrenzung von den üblichen gesellschaftlichen Gepflogenheiten. In diesem Sinne schreibt Friebertshäuser: „Die Jugendlichen bleiben sich selbst überlassen. Die Initiation in die Erwachsenengesellschaft verläuft in unserer Gesellschaft weitgehend als ‚Selbstinitiation'. Das heißt, die Jugendlichen organisieren ihre Statuspassage in eigener Regie. An die Stelle der rituell kollektiv organisierten und von Erwachsenen begleiteten Initiation treten ‚Initiationsäquivalente' (Klosinski 1991), die Jugendliche selbst für sich entwickeln. Jugendsubkulturen können als solche Initiationsäquivalente gesehen werden" (Friebertshäuser 1995, S. 182).

Die Jugendkulturen stellen also eine Art Zwischenland dar, das nach beiden Seiten hin abgegrenzt ist: Einerseits ist das, was in den Jugendkulturen wichtig, richtig und gültig ist, deutlich unterschieden von dem, was im familiären Umkreis Bedeutung hatte, andererseits ist es aber auch deutlich unterschieden von dem, was im gesamtgesellschaftlichen Kontext an Erwartungen und Anforderungen an die Jugendlichen herantritt. Zudem besteht zeitgleich ein Angebot höchst unterschiedlicher jugendkultureller Stile, denen sich der einzelne Jugendliche potentiell zuordnen kann. Er hat also eine reiche Auswahl an Möglichkeiten. Er kann sich einem bestimmten Stil ganz und gar, sozusagen mit Haut und Haar verschreiben, er kann im Laufe seiner Biographie die Zuordnungen wechseln, er kann gleichzeitig zwischen unterschiedlichen Orientierungen pendeln und seinen persönlichen Mix kreieren, er kann es aber auch ganz sein lassen und eine Position bewusster Distanz zu sämtlichen jugendkulturellen Stilisierungen und Maskierungen einnehmen.

Es ist in der Jugendforschung gut belegt, dass in den westlichen Kulturen in den letzten Jahrzehnten die Peergroups deutlich an sozialisatorischer Bedeutung gewonnen haben. Der Anteil der Jugendlichen, der bei den Jugendstudien angab, in Cliquen eingebunden zu sein, ist kontinuierlich angestiegen (vgl. Fend 2000, S. 170 f.). Von den 16–18-Jährigen gaben 2002 immerhin 81% an, einer Clique anzugehören (Zinnecker u. a. 2002, S. 61). In der Regel sind diese Cliquen eben auch der Ort, an dem sich „Jugendkultur“ abspielt, wo (natürlich auch unter dem Einfluss der Medien) festgelegt wird, was „in“ und „out“, was „cool“ und was „hip“ ist, es ist der Ort, wo der spezifische Habitus gepflegt und eingeübt wird, wo die entsprechenden Aktivitäten geplant und durchgeführt werden und wo sich die Jugendlichen mit ihrem Denken und Sprechen, mit ihren Outfits und mit ihren Styles und Skills präsentieren müssen. Wenn es auch nur ein recht kleiner Teil der Jugendlichen ist, der sich selbst zur aktiven Kernszene zählt, zu den absoluten Insidern, für die die „Szene“ gewissermaßen „das Leben“ bedeutet (vgl. Großegger/Heinzlmaier 2002, S. 21), so gibt es doch in den meisten Cliquen und Gruppen einen gewissen Konsens darüber, welche Richtungen cool und welche eher verpönt sind. Nach Großegger und Heinzlmaier zählen heute immerhin Dreiviertel der 12- bis 19-Jährigen zur Gruppe der Szenemitglieder und -sympathisanten (ebd., S. 10).

Jürgen Zinnecker hat in einem spannenden Aufsatz zum Thema „Selbstsozialisation“ die These vertreten, dass nicht nur die Jugendforschung, sondern zunehmend auch die Kindheitsforschung „vom Paradigma der Peersozialisation beherrscht“ sei: „In vielen aktuellen Untersuchungen spiegelt sich die Überzeugung wieder, dass die entscheidenden Impulse zur Sozialisation heute von den peers und nicht mehr von den Sozialisationsinstanzen der älteren Generation herrühren“ (Zinnecker 2000, S. 283). Auch er bezieht sich zur Deutung dieses Trends interessanterweise auf eine Kulturanthropologin, nämlich auf Margaret Mead, die die Unterscheidung zwischen einem „postfigurativen“ und einem „konfigurativen“ Modell des Kulturtransfers getroffen hatte. Während im postfigurativen Modell die Weitergabe der Kultur primär durch die Älteren erfolgt, gewinnen im konfigurativen Modell die Altersgleichen hier eine immer wichtigere Rolle. „Dabei entwickelte sie die globale kulturanthropologische These, daß starker gesellschaftlicher Wandel die konfigurative Weitergabe von Kultur, also die Sozialisation in der Peergesellschaft begünstige, da das know how und das Wissen der älteren Generation entsprechend stark entwertet werde“ (ebd., S. 282). Der Trend zu Entwertung der Erfahrungen der Erwachsenen und zur Aufwertung der Anregungen und Orientierungen, die von den Gleichaltrigen stammen, lässt sich auch empirisch gut belegen. So fanden in einer aktuellen repräsentativen Umfrage bei 13–17-Jährigen die folgenden Items Zustimmungswerte zwischen 59 und 70 Prozent: „Die wenigsten Erwachsenen verstehen die Probleme von Jugendlichen wirklich“ (70%), „Ich halte nicht viel von den Erfahrungen der Erwachsenen, ich verlasse mich lieber auf mich selbst“ (60%) und „Bei gleichaltrigen Freunden und Freundinnen lerne und erfahre ich mehr als bei Erwachsenen“

(59%) (Zinnecker u.a. 2002, S. 147). Natürlich verändern sich damit die Voraussetzungen für die Erziehung im Sinne einer planmäßigen und gezielten Einflussnahme auf die nachwachsende Generation: „Voraussagbar ist jedenfalls", so Zinnecker, „daß eine absichtsvoll zum Zweck der Erziehung betriebene Kommunikation zwingend damit einhergeht, daß Motive der Ablehnung und des Eigensinns sich bei den Adressaten verdoppeln" (Zinnecker 2000, S. 285). – Keine sehr erfreuliche Perspektive für die Pädagogik!

Für Giesecke war dieser offensichtliche Trend sogar schon vor knapp 20 Jahren ein Grund dafür, „das Ende der Erziehung" auszurufen. „Heute funktioniert die soziale und kulturelle Steuerung der Heranwachsenden", so Gieseckes These, „insbesondere über die Gleichaltrigen, hier vor allem wird sie in Moden, Denk- und Sprachstrukturen und in Verhaltensweisen konkret". Im Gegensatz zu Zinnecker jedoch, der dem sozialisatorischen Potential der Peergroup eher Zutrauen entgegenbringt und die Pädagogik auffordert, sich den veränderten Voraussetzungen zu stellen, ist Gieseckes Blick auf die Einflüsse der Peergroup eher skeptisch: „Die Gleichaltrigengruppe ist kein Experimentierfeld mehr mit Blick auf die biographische Zukunft, kein pädagogisch sinnvolles ‚psychosoziales Moratorium', in dem Fehlverhalten als Jugendstreich und als Probehandeln weitgehend zu tolerieren ist, sondern sie ist eine auf unbestimmte Dauer gestellte gesellschaftliche Isolation – teils selbst gewählt, teils gesellschaftlich erzwungen. Die in der Gleichaltrigengruppe ablaufende Sozialisation ist nicht arbeits-, sondern freizeitorientiert, enthält keine nennenswerte biographische und gesellschaftliche Zukunftsperspektive und demzufolge kein historisches Bewusstsein, sondern gliedert das Leben in eine Summe immer gleicher Gegenwärtigkeiten. Sie überschreitet die familiären Rollen kaum und bleibt befangen in sozialer und emotionaler Unmittelbarkeit, desinteressiert an den Regeln und Institutionen großgesellschaftlicher Organisationen. Das Durchgangsstadium ist – vielfach jedenfalls – zum Dauerzustand geworden" (Giesecke 1985, S. 96). Dabei bestreitet Giesecke keineswegs die prinzipielle Wichtigkeit der Gleichaltrigenbezüge für das Aufwachsen. Er betont ausdrücklich die emanzipatorischen Verdienste der Jugendbewegung, einen Spielraum für selbstgestaltetes „Jugendleben" erstritten zu haben. Das Problem liegt für ihn eher in der heutigen Entwertung des Erwachsenenstatus auch für die Jugendlichen selbst und damit im Verlust einer Zukunftsperspektive. Dieser erscheine nämlich angesichts des Vorherrschens von Jugendlichkeitsidealen in der Gesellschaft häufig gar nicht mehr als erstrebenswerter künftiger Status. An zwei Auszügen aus programmatischen Texten aus dem Umfeld der älteren und der aktuellen Jugendkultur lässt sich der Trend, den Giesecke problematisiert, besonders deutlich machen:

So heißt es in einem „Bekenntnis der jüngeren Quickborner" auf dem Bundesthing bei Burg Rothenfels im August 1927:

„Quickborn ist uns – ganz umfassend gesagt – Lebenserneuerung auf allen Gebieten, ist uns religiöse, geistige, sittliche Erneuerung, bedeutet uns ein

neues Verhältnis zur Natur, zu den Dingen, zu den Menschen, zum Beruf, zur Ehe, zur Familie, zur Kunst, zu all dem Leben, in dem wir stehen. Nicht auf einzelne Dinge und Gebiete des Lebens richtet sich unser Erneuerungswille, sondern auf die Ganzheit des Seins. Und Zugehörigkeit zum Bund ist uns wie ein Zeichen für die gleiche Sehnsucht und den gleichen Willen. ... Vor jedem von uns erheben sich die Hochziele, jeder von uns hat den Weg zu gehen von der Unnatur zur Natur, zu edler Lebensgestaltung, zu vollem Mannestum, das Reinheit, Freiheit, Güte und Kraft harmonisch verbindet, zu echtem Frauentum, das nie völlig aus der Zelle der eigenen Seele heraustritt und sich nie an die Außenwelt verliert." Ausdrücklich bekennen sich die Verfasser dann auch noch zu Romano Guardini, der ihnen diese Zielperspektive der „heroischen Haltung" in „einem neuen und hohen Licht" gezeigt habe und sie bekennen sich leidenschaftlich zur Abstinenz als *„wesentliches Symbol Quickborns und seiner ganzen Haltung": „Ein neuer Frühling ist unter uns angebrochen. Jugend bleibt geschlossen und läßt sich die Abstinenz nicht rauben"* (Quickborn 1927, zit. n. Kindt 1963, S. 691).

In dem Text „The Raving Society" des „Frontpage"-Herausgebers Jürgen Laarmann, das als Credo der Techno-Bewegung und als „Grundsatzmanifest einer gesamtgesellschaftlichen Love Parade" gilt, sind folgende Sätze zu lesen:

„Wir leben hier und heute, und deswegen interessieren wir uns für den aktuellen Stand der Technologien und dafür, die Mittel der Gegenwart für uns zu nutzen, um glücklich zu werden. Man mag uns genusssüchtig nennen, wir finden, daß das kein Schimpfwort ist. Was haben andere davon, daß sie sich totschuften und keinen Spaß im Leben haben? Wenn sie sich dann noch als Moralapostel aufspielen, haben sie sich in unseren Augen lächerlich gemacht. Wir wollen unseren Spaß sofort und ohne Umweg. Wir wollen mehr erleben, die Farben riechen, den Sound schmecken, die Dinge fühlen, die Wahrheit sehen, die Lügen nicht glauben und das tun, was uns wirklich interessiert. ... Ein Credo von Frontpage war immer und zu allen Zeiten: Raven ist geil und macht Spaß ... Die ravende Gesellschaft mit lauter glücklichen Leuten, die mit ihrer Identität und Funktion zufrieden sind, genügend Spaß, gute Laune, Sex, gesundes Urteilsvermögen, hohes Selbstbewußtsein etc. haben, ist unser Ideal, dem wir näherkommen" (Laarmann 1994).

Beide Texte formulieren Zielperspektiven der Lebenserneuerung bzw. der Gesellschaftsveränderung. Im ersteren Text wird diese Aufgabe primär als individuell zu leistende Aufgabe, als Anspruch an die eigene Persönlichkeitsentwicklung hin zur reifen erwachsenen Persönlichkeit, zu „vollem Mannestum" und „echtem Frauentum" verstanden. Ausdrücklich ist von einem „Weg" die Rede, den jeder einzelne zu gehen habe. Die Vision von der idealen Persönlichkeitsreife des Erwachsenen wird zum Leitbild für die angestrebte Entwicklung der „jüngeren Quickborner" und „Abstinenz", also bewusster freiwilliger Verzicht, wird als Mittel zur Beförderung dieses Ziels betrachtet.

Dagegen enthält der zweite Text ein explizites Bekenntnis zur Gegenwartsorientierung und zum Hedonismus, zum „Spaß sofort und ohne Umweg". Die Gesellschaft soll sich zwar ändern, aber nur in dem Sinne, dass diese Lustprinziporientierung, wie sie die tanzbegeisterten jugendlichen Raver heute schon verkörpern, zur allgemeinen Maxime wird. Die Gegenwart der lustvoll feiernden und tanzenden Jugend wird zur Zukunftsvision der Gesamtgesellschaft erklärt. In beiden Jugendkulturen fand bzw. findet sicherlich so etwas wie „Selbstsozialisation" statt. Aber doch in deutlich unterschiedliche Richtungen. Einmal eher im Sinne klarer Zukunftsorientierung und bewusster „Selbstzucht", das andere mal eher im Sinne expliziter Gegenwartsorientierung und maximierter „Selbstlust". Dass die Technokultur nicht viel vom Prinzip der Abstinenz hält und in ihrer Technikbegeisterung auch die Errungenschaften der modernen Pharmakologie recht ausgiebig zur kurzfristigen Glückssteigerung nutzt, ist hinlänglich bekannt.

Sicherlich ist es etwas einseitig, diese Aussagen aus dem Kontext eines katholischen Jugendbundes aus den zwanziger Jahren und aus der Technoszene der neunziger Jahre gegenüberzustellen. Beide können vermutlich nicht ohne weiteres als repräsentativer Ausschnitt der jeweiligen Jugendgeneration insgesamt gelten. Dennoch macht gerade eine so krasse Gegenüberstellung den Trend, der sich hier gerade hinsichtlich der Zukunftsorientierung und des Anspruchsniveaus von Jugendkultur ergeben hat, vielleicht besonders deutlich.

8 Anerkennung, Abgrenzung, Identität – oder wofür (ge-)brauchen Jugendliche die Jugendkulturen

Unabhängig davon, für wie verbreitet man die in Laarmanns Plädoyer vertretene Position hält und wie man den Trend zur zunehmenden Selbstsozialisation pädagogisch bewertet, bleibt doch die Frage nach den Motiven, die Frage also, warum eigentlich die diversen jugendkulturellen Stile, die ja nicht nur durch bestimmte Aktivitäten, Umgangsformen, Accessoires, Kleiderordnungen, Konsumgewohnheiten, Marken- und Musikpräferenzen gekennzeichnet sind, sondern in der Regel eben auch mit spezifische Haltungen, Lebensphilosophien, politischen Orientierungen und Zukunftsvorstellungen in Zusammenhang stehen, auf so viele Jugendliche eine so große Faszinationskraft ausüben. Und eben gerade auf Jugendliche! Es gibt kaum 10-Jährige, die sich als Punker oder Gothic stylen, und es gibt kaum 30-Jährige, die sich auf den Skateboard-Plätzen in endloser Wiederholung an bestimmten Sprüngen üben. Mit einiger Wahrscheinlichkeit werden auch die meisten der Jugendlichen, die sich in den letzten Jahren (nicht selten unter heftigem Protest oder unter verständnislosem Kopfschütteln ihrer Eltern) Piercings in

Augenbrauen, Nasenflügel, Lippen oder Zungen haben stechen lassen, diese in 10 Jahren nicht mehr tragen (und sich vielleicht als Eltern dann darüber verwundern, was die nächste Jugendgeneration an neuen, provokanten Körperschmuckideen hervorbringt). Es gibt kaum 40-Jährige, die in den tiefergelegten Großraumhosen der HipHoper aufkreuzen. Wenn sie es täten, würden sie wohl eher Schmunzeln oder Kopfschütteln auslösen. (Dagegen scheint eine explizit gezeigte Zuordnung zur Hippie-, Reggae- oder zur Metal-/bzw. Biker-Szene auch in späteren Jahren eher akzeptabel. Hier gibt es sehr viel mehr „Veteranen". – Vielleicht ist dies auch der Grund, weshalb bei Umfragen unter Jugendlichen HipHop in der Gunst weit vorn liegt?) Selbst wenn Ältere sich eine Sympathie für bestimmte Haltungen und für bestimmte Musikstile bewahren, so spielt doch für sie eine explizite Selbstzuordnung im Sinne eines „Ich bin ein... Punk, Skin, HipHoper, Metal-Fan, Techno-Freak..." in der Regel kaum eine Rolle. Und auch bei denjenigen Jugendlichen, die sich sehr intensiv einer bestimmten Szene verschrieben haben, die einen großen Teil ihres Identitätsgefühls aus ihrer Identifikation mit dieser Szene beziehen, verliert sich diese enge Anbindung in Regel mit dem Ende der Adoleszenz wieder. Was also suchen und finden Jugendliche in den „erwachsenenfreien Zonen" der jugendkulturellen Szenen, wofür brauchen und gebrauchen sie sie? Inwiefern entspricht das, was die jugendkulturellen Szenen anzubieten haben, jenen Bedürfnissen, die mit den inneren psychischen Entwicklungsprozessen der Adoleszenz zusammenhängen? In einigen Thesen will ich abschließend meine Vermutungen dazu zusammenfassen:

1. *Die Jugendkulturen bieten eine Spielwiese der Exploration, des Ausprobierens und Experimentierens mit Selbstentwürfen.* Die Jugendkulturen bieten gewissermaßen provisorische „Identitätshülsen", komplette „Sets" von Haltungen, Anschauungen, Aufmachungen an, in die die Jugendlichen „hineinschlüpfen", die sie aber auch kreativ gestalten und abwandeln können. Wenn es nach Spranger im Jugendalter darum geht, unter den verschiedenen möglichen Ichen das „König-Ich" erst noch herauszufinden, dann bieten die Jugendkulturen hierfür ein interessantes Experimentierfeld. In diesem Sinne schreibt Krafeld: „Die in der aktuellen Phase gesellschaftlicher Erosionen und Umbrüche stattfindende immense Ausweitung und Ausdifferenzierung von Jugendkulturen und Jugendszenen ist ... als Versuch Jugendlicher zu sehen, sich selbst in dieser unübersichtlichen Welt zu definieren und zu orientieren. Jugendkulturen, Jugendszenen und jugendliche Cliquenbildungen sind dabei der wohl deutlichste, im Lebensalltag Jugendlicher praktisch werdende Versuch, sich subjektgeleitet gesellschaftliche und soziale Wirklichkeit handelnd anzueignen" (Krafeld 1996, S. 83 f.). Dabei bietet die Hinwendung zu einer bestimmten Jugendszene den Vorteil, dass dafür keine formalen Hürden zu überwinden sind, dass es keine „Aufnahmeanträge" und keine offiziellen „Mitgliedschaften" gibt. Mit seinem Interesse und seiner Faszination für eine bestimmte Szene lebt der Jugendliche sich gewissermaßen ganz selbst-

verständlich hinein in die entsprechenden Codes, erwirbt die maßgeblichen Informationen und die notwendigen Skills. Genauso einfach ist bei Bedarf auch der „Ausstieg“. Er muss sich nirgendwo abmelden und ist niemandem Rechenschaft schuldig. „Jeder kann bleiben, solange er will und solange das Szeneleben zu seinem ganz persönlichen Lebensgefühl passt. Und wenn er sich weiterentwickelt und nach etwas Neuem sucht, das besser zu seinem veränderten ‚Ich‘ passt, kann er einfach gehen und niemand ist böse“ (Großegger/Heinzlmaier 2002, S. 16).

2. *Die Jugendkulturen kommen dem jugendtypischen Bedürfnis nach starken Gefühlen, nach Grenzerfahrungen, nach Steigerung und Veränderung von Selbstzuständen entgegen.* Das Jugendalter wurde immer wieder als „Sturm- und Drangzeit“ beschrieben, neue intensive Gefühlsdimensionen tauchen mit den ersten Verliebtheiten und in den Ablösungskonflikten mit den Eltern auf, heftige Gefühlsausbrüche und starke Stimmungsschwankungen sind typisch für diese Phase. Manche Jugendkulturen sind direkt um die Kultivierung bestimmter Gefühlszustände hin zentriert: Seien es Glück, Happiness, Ausgelassenheit, Lebenslust in der Technokultur, Weltschmerz, Trauer, Depression bei den Gothics oder seien es eher aggressiv-kämpferische Gefühle bei den Hooligans oder gar Wut und Hassgefühle bei bestimmten Skinheadgruppen. Hier wird man nicht mit erwachsenentypisch-vernünftigen Aufforderungen konfrontiert, sich nicht so gehen zu lassen und das Lustprinzip so provokativ zur Schau zu stellen (wie etwa bei der Love Parade), sich nicht so hängen zu lassen und sich in Melancholie und Nihilismus heimisch einzurichten (wie etwa bei den Gothics) oder sich nicht so hineinzusteigern in menschenfeindliche Verächtlichkeit, in Wut und rassischen Überlegenheitsdünkel (wie etwa bei den Skinheads). Vielmehr erfahren diese im Jugendalter aufbrechenden Gefühlsaspekte in den entsprechenden Jugendkulturen Anerkennung und treffen (z. T. unterstützt durch Musik, Alkohol und Drogen) auf einen gruppenpsychologischen Resonanz- und Verstärkungsraum. Das gemeinsame Eintauchen, Steigern, Auskosten der Gefühlsintensität ist es, was für viele die Jugendkulturen attraktiv macht. Dabei sind es in manchen Jugendkulturen eher die konkreten Aktivitäten, die den Kick, die Intensitätssteigerung des Gefühls ausmachen: Die Lautstärke und die direkt „auf den Bauch hin“ angelegten Rhythmen und Bässe beim Heavy Metal Konzert, die Anspannung beim nächtlichen Graffiti-Sprühen oder beim S-Bahn-Surfen, die gewagten Sprünge und die verletzungsträchtigen Slides über Geländer, Betonrampen und Treppenstufen beim Skaten oder die risikoreichen Abfahrten durch steile Tiefschneehänge jenseits der abgesicherten Pisten beim Snowboarden.

3. *Die Jugendkulturen kommen dem adoleszenztypischen Bedürfnis nach Abgrenzung sowohl gegenüber der Kindheit als auch gegenüber der Elterngeneration entgegen.* Für Heranwachsende ist der Status eines „Jugendlichen“ durchaus mit Prestige verbunden. Als Kinder etwa haben sie zu den

„Großen“ in der Schule stets aufgeblickt. In den Übergangsjahren sind sie deshalb oftmals darum bemüht, ihr „Nicht-mehr-Kind-Sein“ demonstrativ zur Schau zu stellen. Die Attribute und die Codes der Jugendkulturen bieten dafür ein probates Mittel. Sie gehören eindeutig einer Welt jenseits von Lego, Playmobil, Barbie und Momo an. „Szenen sind heute ein integraler Bestandteil der Jugendphase und darüber hinaus ein wichtiges Differenzierungsphänomen, anhand dessen man das Kind-Sein vom Jugendlich-Sein kulturell unterscheiden kann. Durch seine demonstrative Zuordnung zu einer Jugendszene signalisiert der junge Mensch seiner Umwelt: ‚Aufgepasst, ich bin kein Kind mehr, ich bin jetzt ein Jugendlicher!‘ Und er macht dies deutlich, indem er sein Zimmer mit Postern von Hardcore-Skatern tapeziert, in großer Lautstärke HipHop hört und Hosen im Oversized-Look trägt“ (Großegger/Heinzlmaier 2002, S. 10).

Die andere „Front“ der Abgrenzung ist die hin zu den Eltern und ihren Vorstellungen vom „Wahren, Guten, Schönen“. Fast zwangsläufig kommt es in der Pubertät zu Auseinandersetzungen zwischen den Heranwachsenden und ihren Eltern. Die kindliche Position, bei der die Eltern die maßgeblichen Instanzen für das sind, was wichtig und richtig, was gut und böse, was erlaubt und verboten ist, muss überwunden werden. Die Jugendlichen müssen ihren eigenen Stand in der Welt, ihre eigene Verantwortlichkeit und ihre eigenen Bewertungsmaßstäbe finden. Häufig geschieht dies in mehr oder weniger heftiger Auseinandersetzung mit den Elternfiguren, die das Feld ihres Einflusses, ihrer Zuständigkeit und Verantwortlichkeit gewöhnlich nicht einfach kampflos räumen. In diesen Kämpfen um die Gewinnung von persönlicher Entscheidungsautonomie und von individuellem Handlungsspielraum (sei es bezüglich der Ordnung im eigenen Zimmer, bezüglich der Kleidung oder bezüglich der nächtlichen Ausgehzeiten) ist es natürlich für die Jugendlichen günstig, die Ansichten und Einstellungen der Eltern ganz pauschal als hoffnungslos borniert und veraltet zu brandmarken, die eigenen Vorstellungen dagegen als zeitgemäß und fortschrittlich einzustufen. Dies fällt leichter, wenn man nicht nur als einzelner isolierter Jugendlicher der konservativen Weltsicht und der einschränkenden Macht der Eltern gegenübersteht, sondern als Vertreter neuer, fortschrittlicher, zukunftsweisender Ansichten und Einstellungen, als deren Avantgarde gerade die Jugendkulturen sich häufig fühlen. In diesem Sinne bietet der Anschluss an bestimmte Jugendkulturen willkommene argumentative Schützenhilfe in den pubertären Ablösungskämpfen mit den Eltern. Man kann leichter mit dem elitären und bisweilen arroganten Gestus der Überlegenheit gegenüber dem Althergebrachten auftrumpfen („... ihr habt ja eh keine Ahnung, was los ist in der Welt...“) und man kann sich selbst leichter als Opfer elterlicher Verständnislosigkeit stilisieren, wenn man sich dezidiert einem der jugendkulturellen „Stämme“ zuordnet („... ihr versteht mich ja eh nicht...“).

4. Die Jugendkulturen kommen dem Bedürfnis nach Anerkennung und Gruppenkohäsion entgegen. Da die Jugendlichen jedoch de facto und für sich selbst keineswegs so genau wissen, „was los ist in der Welt", sind sie durchaus auf vorgebahnte Weltdeutung und auf Orientierungshilfe und Rückhalt in einer Gruppe mit ähnlichen Interessen, Werthaltungen und Denkmustern angewiesen. Wenn diese lokale Peergroup dann gar noch eine deutliche jugendkulturelle Orientierung verfolgt, dann ist damit gewissermaßen die Verwurzelung in einer bestimmten Tradition und der Anschluss an die internationalen Trends gewährleistet, dann verfügt sie über die „höheren ideologischen Weihen", dann lässt sich von daher die Orientierung darüber gewinnen, was „in" und „out", was „cool" und was „geil", was die richtige Musik, die angesagten Trends sind. Indem er die entsprechenden impliziten Regeln befolgt, sie vielleicht sogar in besonders kreativer, extravaganter Weise umsetzt, kann der Jugendliche Zugehörigkeit und Insidertum demonstrieren und Anerkennung und Bewunderung ernten. Gleichzeitig wird durch diese gemeinsame Orientierung an bestimmten Leitbildern und an einem bestimmten Habitus sowie durch die explizite Abgrenzung von anderen, inkompatiblen Gruppenstilen auch Gruppenzusammenhang gestiftet. Es entsteht eine „In-Group-out-Group-Differenzierung", die dem Bedürfnis nach Prägnanz und Zuordnung entgegenkommt. „Jugend(sub)kulturen konstituieren auf merkwürdige Weise Sozialität. Menschen, die sich weder mit Namen kennen noch sich je vorher begegnet sind, können von einem Tag zum anderen durch den Anschluß an ein Zeichenensemble, eine Veränderung ihrer Haare, eine unter dem Gesäß hängende Hose eine Zugehörigkeit zu einer Gruppe erreichen. Das geschieht wortlos, bedarf keiner Zustimmung, findet täglich tausendfach statt und funktioniert" (Breyvogel zit. n. Farin 2002, S. 88).

Vielleicht spielt sich bei der Zuwendung zu jugendkulturellen Stilen ein ähnliches Muster ab, wie es von Dunphy für die Formen sozialer Gesellung und die Annäherung von Jungen und Mädchen im Durchgang durch das Jugendalter beschrieben wurde: Zunächst präpubertäre Kinder, die mit jugendkulturellen Stilen und Moden nicht viel am Hut haben, dann mit dem beginnenden Jugendalter und der einsetzenden Suche nach einer angemessenen Lebensorientierung jenseits der Elternwelt eine Hinwendung zu Gruppen und Cliquen mit entsprechenden normierenden Vorgaben, vielleicht sogar mit einem gewissen Konformitätsdruck bezüglich dessen, wie man zu sein, zu denken, sich zu geben hat, welche Musik man zu hören und welche Klamotten man zu tragen hat, und schließlich die allmähliche Loslösung von diesen gruppenspezifischen Mustern und Zwängen und die Entwicklung und Konsolidierung eines je eigenen individuellen Stils. Den entsprechenden Gruppierungen käme dann eine Art Stützfunktion zu für die Zeit, in der die Anlehnung an die familiäre Orientierung nicht mehr und das individuelle Identitätsgefühl noch nicht trägt.

5. *Die Jugendkulturen bieten ein beträchtliches Provokationspotential und kommen so dem jugendspezifischen Abgrenzungsbedürfnis und der jugendspezifischen Lust am Tabubruch und an der Grenzüberschreitung entgegen.* Insgesamt handelt es sich dabei um eine dreifache Abgrenzung: von der Welt der Kindheit, von der Welt der Erwachsenen und von den Eigenwelten der anderen Jugendgruppen. Die jugendkulturellen Szenen enthalten ein vielfältiges Repertoire an Zeichen und Symbolen, die es ermöglichen, das „Ganz-anders-Sein" zum Ausdruck zu bringen, die geeignet sind, mit ästhetischen Konventionen zu brechen, zu provozieren, zu schockieren, Tabus zu verletzen – und die gerade deshalb Faszination auf die Jugendlichen ausüben, weil sie dieses Spiel mit den Grenzen des „guten Geschmacks" erlauben. Seien dies die Ratte auf der Schulter des Punks oder die Grabschleifen an der Wand eines Gothics, seien dies die Fell-BHs auf der Love-Parade oder die unförmigen Baggy-Pants, die dem HipHoper ständig übers Gesäß zu rutschen drohen, seien dies die Piercings durch Augenbraue, Lippe und Zunge bei einem Gothic oder die tätowierten Buchstaben HASS auf den Knöcheln eines Skins, seien dies die bluttriefenden Motive äxteschwingender Zombies auf dem T-Shirts eines Heavy-Metal-Fans oder die stilisierten Cannabis-Blätter im Schmuck eines Reggae-Begeisterten.

6. *Die Jugendkulturen kommen der adoleszenztypischen Tendenz nach einer narzisstischen Aufmerksamkeitsbesetzung des Körpers entgegen.* Einen wesentlichen Aspekt des Jugendalters stellt die erhöhte Aufmerksamkeit für den eigenen Körper dar, dafür, wie dieser sich im Lauf des Jugendalters verändert, wie er den erhofften Idealformen entspricht oder nicht entspricht, dafür wie sich dieser Körper von innen anfühlt, dafür, wie er von außen, von den bedeutsamen anderen wohl wahrgenommen und bewertet wird, und dafür, was er auszuhalten und zu leisten in der Lage ist. Dem Körper kommt in den meisten Jugendkulturen eine große Bedeutung zu. Den verschiedenen jugendkulturellen Orientierungen lassen sich in der Regel unterschiedliche Formen des Körperstylings und unterschiedliche Weisen der Körpersprache und der Bewegungsdynamik zuordnen. Dabei wird nicht selten der eigene Körper durch gefärbte Haare, Schminke, Tattoos und Piercings als wahres Kunstprodukt inszeniert. Jede Jugendkultur bringt dabei ihre eigenen Schönheitsideale hervor. Auch die körperlichen Haltungs- und Ausdrucksweisen unterscheiden sich bisweilen deutlich und dies kommt besonders in den unterschiedlichen Tanzstilen zum Ausdruck. Das ganze Spektakel der Love-Parade etwa ist ja u. a. auch eine gigantische Veranstaltung narzisstischer Körperinszenierung, bei der es darum geht, sich mit schrillen Outfits und aufreizenden Posen in Szene zu setzen. Bei bestimmten Ausschnitten der Jugendkultur, wie etwa bei den Skatern oder den Snowboardern oder den Breakdancern, sind es gerade bestimmte Formen der Körpergeschicklichkeit und bestimmte Bewegungsmuster, die im Zentrum dieser Szenen stehen und die die ganze Sache tragen: Einen bestimmten Sprung, eine Drehung mit dem

Skateboard optimal hinzubekommen, den Balanceakt beim Sliden auf einem Rail noch um einen Moment zu verlängern, die optimale Spur in den Tiefschneehang zu legen und dabei die Fliehkräfte spüren, die halsbrecherische Artistik der Kopfstandpirouetten beim Breakdancen noch ein wenig zu perfektionieren – das sind gewissermaßen die Lebenselixiere, die hier wieder und wieder gesucht werden. Im Bereich der eher aggressiv-maskulin dominierten Jugendkultur, wie etwa bei den Skins oder gar den Hooligans, geht es um den starken, durchtrainierten, muskulösen Körper, der durch seine bloße Präsentation einzuschüchtern vermag, der sich im Kampf bewährt, der gezielt zuschlagen, der aber auch einstecken und Schmerz ertragen kann und durch beides die Intensität des Lebensgefühls steigert.

9 „Sinnloses Treiben" oder „radikale Experimente des Daseins"?

Ein Kinder- und Jugendpsychiater hat kürzlich angesichts der unübersichtlichen Vielfalt der jugendkulturellen Erscheinungen und angesichts der bisweilen bizarren Ideen und Ausdrucksformen der Jugendlichen eher kopfschüttelnd-resignativ die Frage gestellt: „Wozu ergibt das Treiben der Jugend in ihren Kulturen überhaupt einen Sinn? Welche Ziele werden verfolgt? Gemeinschaft erleben, sich geborgen fühlen, Erregung abreagieren, körperliche Grenzerfahrungen suchen, den Körper bewegen, schmücken oder peinigen, allgemein protestieren, sich gegen die Eltern abgrenzen, schockierend schön oder hässlich sein, nach Freiheit suchen, Ohnmacht überwinden, nach einem Sinn suchen? Der Experte hat freie Auswahl und darf ungehindert seinen Vermutungen nachgehen" (du Bois 2000, S. 159 f.). Ein erziehungswissenschaftlicher Experte in Sachen Jugendkultur, nämlich Dieter Baacke, hat dagegen eher eine progressiv-pathetische Deutung gegeben, als er meinte, in den Jugendkulturen fänden „radikale Experimente des Daseins statt" (Baacke 1993, S. 248). Dies mag für einige wenige Jugendliche, die sich mit Haut und Haar einer bestimmten Jugendkultur verschrieben haben, zutreffen. Für den Großteil der Jugendlichen hat das Ganze wohl weniger existentiellen, sondern eher spielerisch-tentativen und kreativ-expressiven Charakter. Ich denke nicht, dass sich die Vielfalt der Phänomene auf einfache und einheitliche Erklärungsmuster bringen lässt. Die oben vertretene These von den Jugendkulturen als „Initiationsäquivalenten" ist sicherlich auch nicht die ganze Wahrheit, denn wenn es dabei auch um eine Abgrenzung von der Mutter- und Familienwelt geht, so ist doch zugleich auch die Abgrenzung von der Erwachsenenwelt im allgemeineren Sinn offensichtlich, wogegen es bei den Initiationsritualen ja gerade um eine Integration in diese Erwachsenenwelt geht. Am ehesten ist vielleicht noch das Stichwort „Erlebnishunger" geeignet, die vielfältigen Motivstränge zu verknüpfen. Warum dieser „Erlebnishunger" sich freilich gerade in unserer modernen westlichen Gesellschaft so sehr gesteigert hat und zu seiner Befriedigung bisweilen so heftiger Reize und so schriller Ausdrucksformen bedarf, ist eine offene Frage, die hier ebenso wenig beantwortet werden kann, wie die Frage, welche Bedeutung den immer offensichtlicher werdenden Tendenzen zur kommerziellen Vereinnahmung, Verbreitung und Vermarktung der jugendkulturellen Trends zukommt.

Kapitel 11

Gewaltbereitschaft Jugendlicher – ein Ausdruck von geschwächtem oder von übersteigertem Selbstwertgefühl?

„Da sind halt ein paar aus dem Bus ausgestiegen und haben gelacht, und ich habe halt gedacht, die haben über uns gelacht. Und da bin ich hin und habe gefragt, warum er lacht, und da hat er gesagt, er lacht nicht und selbst wenn er lacht, ginge mich das nichts an. Und dann habe ich gleich auf ihn eingeschlagen.“

Robert, 19 (wegen schwerer Körperverletzung in Haft)

Solange sich der „Erlebnishunger“ Jugendlicher in der Hinwendung zu jugendkulturellen Eigenwelten und den damit verbundenen Attraktionen und Aktivitäten „austobt“, mag man als Erwachsener zwar bisweilen staunen oder schmunzeln, vielleicht auch irritiert sein und seine Irritation äußern. Solange die Jugendlichen dabei jedoch weder sich selbst noch andere gefährden, wird man in der Regel wenig Einwände gegen ihre jugendkulturell geprägten Explorationsversuche und Identitätsentwürfe, ihre Moden, Musikstile, Bräuche und Rituale haben und ihnen ihre Spielräume zubilligen. Dies ändert sich freilich dann, wenn in bestimmten Szenen und Cliquen aggressive Auseinandersetzungen, Prügeleien zum gängigen Aktivitätsspektrum gehören oder wenn gar Gewaltausübung selbst zum bewusst gesuchten „Kick“ wird, wenn die Stillung des „Erlebnishungers“ somit also deutlich auf Kosten anderer geht.

Trotz der entschiedenen Ablehnung solcher Verhaltensweisen muss in pädagogischer Hinsicht jedoch auch hier zunächst einmal versucht werden, zu verstehen, was das für Jugendliche sind, die in diesem Sinne gewaltbereit sind. Wie ist ihre Persönlichkeitsstruktur angemessen zu beschreiben? Was geht in ihnen vor? Was sind ihre bewussten und unbewussten Motive? Welche Funktion erfüllt die Aggression in ihrem psychischen Haushalt?

1 Jugendspezifische „Gewaltphänomene" und ihre öffentliche Wahrnehmung und Deutung

Nicht nur an das Verhalten der gewaltbereiten Jugendlichen ist freilich die Frage nach den (unbewussten) Motiven und den (psychischen) Funktionen ihres Handelns zu richten, sie kann auf einer ganz anderen Ebene auch an die mediale Darstellung und an die öffentliche Wahrnehmung und Deutung solcher Gewaltphänomene gerichtet werden. Auffallend ist hier nämlich die starke Tendenz zur Empörung, Dramatisierung, Skandalisierung, Steigerungsbehauptung. Da die Medien stets um die knappe Aufmerksamkeit des Publikums kämpfen, gibt es in ihnen fast zwangsläufig eine Tendenz, spektakuläre Fälle in den Vordergrund zu rücken, zu Pauschalisieren, die Neuartigkeit von Phänomenen und die dramatische Zunahme von Problemen zu behaupten. So entstehen dann eben Titelstorys über „Horrorkids" und über „kleine Monster".

Inzwischen gibt es schon wieder eine eigene Literatur, die sich kritisch mit der Art und Weise, wie der öffentliche Gewaltdiskurs geführt wird, auseinandersetzt (Hamburger 1993, Papesch 1994, Schuberth 1995, Steinert 1995). Hier gehen die Autoren dann bisweilen so weit, dass sie in expliziter Gegenposition zu dem in den Medien vermittelten Eindruck behaupten, die ganze Aufregung um die Zunahme von Gewalt sei lediglich Folge eine „medieninduzierte Wandersage" beziehungsweise Ausdruck einer erhöhten Sensibilität der Erwachsenen. In diesem Sinn meinte etwa Papesch: „Es handelt sich bei diesen im Generationswechsel regelmäßig wiederkehrenden Klagen um eine uralte Geschichte ... Nicht das Verhalten von Kindern und Jugendlichen hat sich geändert ... sondern die Betrachtungsweisen und die Einschätzungen der Erwachsenen und der Gesellschaft" (Papesch 1994, S. 97).

Ich will auf diese heikle Streitfrage nach dem aktuellen Ausmaß, nach der quantitativen Zunahme und nach der qualitativen Veränderung der Gewaltphänomene in den letzten Jahren hier gar nicht weiter eingehen, sondern stelle nur fest, dass durchaus auch besonnene und seriöse Gewaltforscher doch von einem deutlichen Zuwachs ausgehen. So stellt etwa Tillmann als Fazit seiner Replikationsstudie, die er zur Devianzstudie von Brusten und Hurrelmann aus dem Jahr 1972 durchgeführt hat, fest: „Bei aller Vorsicht gegenüber der Aussagekraft unseres Zeitvergleichs – die Daten geben doch einen deutlichen Hinweis darauf, dass ‚abweichendes Verhalten' bei Schülern zwischen 13 und 16 Jahren in den letzten zwanzig Jahren zugenommen hat" (Tillmann 1997, S. 44). 12,7% und damit mehr als doppelt so viele Jugendliche als 1972 haben 1995 dem Item zugestimmt, sie hätten im Laufe der letzten 12 Monate „eine Schlägerei mitgemacht und dabei jemanden zusammengeschlagen oder arg zugerichtet". Und Christian Pfeiffer kommt als fundierter Kenner der empirischen Forschungslage zu dem Fazit: „Es lässt sich nicht genau abschätzen, wie stark die Jugendgewalt von 1980 bis heute angestiegen ist, eine Verdoppelung scheint eine realistische Größenordnung zu sein“ (Pfeiffer 2001, S. 171).

Neben der „Dramatisierung“ richtet sich ein anderer Kritikpunkt an der öffentlichen Wahrnehmung, Deutung und Diskussion von Gewaltphänomenen gegen die „Personalisierung“. In diesem Sinne meint etwa Heitmeyer, man solle davon absehen, „Gewalt als Eigenschaft von Personen zu begreifen, und sie statt dessen eher als Ergebnis einer Auseinandersetzung mit den dominierenden Lebensverhältnissen“ interpretieren (Heitmeyer 1994, S. 376). Und ähnlich Butterwegge, der feststellt, Gewalt sei „kein persönliches oder Charaktermerkmal, vielmehr ein Austragungsmodus zwischenmenschlicher Konflikte“, eine „komplexe Relation“, eine „soziale Konstruktion“ (Butterwegge 1994, S. 384). Freilich verliert sich bei einer solchen nichtpersonalisierten Betrachtung das Phänomen Gewalt dann leicht in irgendwelchen abstrakten gesellschaftlichen Strukturen.

Im Folgenden steht dagegen durchaus eine *personalisierte* Betrachtung im Vordergrund. Es geht um die Frage, wie die Persönlichkeits- und Motivstruktur jener Jugendlichen angemessen zu beschreiben ist, die sich durch besonders große Gewaltbereitschaft auszeichnen, die also gewalttätiges, andere Menschen verletzendes Handeln als probates Mittel zur Durchsetzung ihrer Interessen und als einen angemessenen Austragungsmodus zwischenmenschlicher Konflikte betrachten. Ich gehe dabei davon aus, dass es in dieser Hinsicht beträchtliche interindividuelle Unterschiede zwischen den Menschen gibt, dass es sich also um unterschiedliche persönliche Dispositionen handelt, die ihre Wurzeln in der Lebensgeschichte und in den Lebensumständen der betroffenen Personen haben.

Bezüglich dieser Frage, die sich schlichter ausgedrückt auch auf die Formel bringen lässt: „Was sind das eigentlich für Kerle?“ (denn es sind ja ganz überwiegend „Kerle“, also männliche Jugendliche), gibt es sowohl in der öffentlichen Wahrnehmung und Deutung als auch in der wissenschaftlichen Diskussion erstaunlich konträre Einschätzungen:

2 Die Kompensationsthese: Gewalt ist Ausdruck eines geschwächten Selbstwertgefühls

Geläufig ist die These, dass die Gewalt als Ausdruck von Ich-Schwäche verstanden werden müsse, d. h. dass aggressives, gewalttätiges, andere einschüchterndes und verletzendes Verhalten in Wirklichkeit dazu diene, tieferliegende Gefühle von Verunsicherung, Angst und Unzulänglichkeit zu kompensieren. Diese Kompensationsthese findet man in populären Ratgebern ebenso wie in theoretisch anspruchsvollen Abhandlungen und Falldarstellungen. So war etwa auf der Ratgeberseite „Aggression bei Kindern und Jugendlichen" auf der Homepage des Bayerischen Rundfunks kürzlich zu lesen:

„Aggressive Kinder und Jugendliche gelten als Störenfriede unter ihren ‚unauffälligen' Zeitgenossen, mit denen man nicht spielen kann oder die den Unterricht stören. Sie behaupten selbst oft das Gegenteil von sich und denken, sie hätten viele Freunde. Viele aggressive Kinder versuchen außerdem ihre Mitschüler zu dominieren, was zusätzlich zu Ablehnung führt. ... Hinter aggressivem Verhalten steckt meist ein unsicherer Mensch mit wenig Selbstvertrauen und Selbstwertgefühl. In der Jugend entwickelt sich bei bis zu einem Fünftel der Kinder außerdem eine ausgeprägte Depressivität."

Interessant ist, dass hier schon der Hinweis auf eine typische Diskrepanz bezüglich der Selbsteinschätzung und der Fremdeinschätzung in puncto Anerkennung und Selbstachtung auftaucht. Die These vom Zusammenhang von Gewalt und beschädigtem Selbstwertgefühl findet sich jedoch nicht nur im Bereich der populären Beratungsliteratur: Der Kinder- und Jugendpsychiater Christian Eggers, der als Gutachter am Solinger Brandstiftungsprozess beteiligt war, hat eine lesenswerte Fallstudie über Christian R., einen der Tatbeteiligten, geschrieben und er kommt auf der Grundlage seiner gutachterlichen Gespräche und Erfahrungen zu der folgenden allgemeinen Beschreibung der Hintergrunddynamik solcher Gewalttaten:

„Ein negatives Bild (von sich selbst) führt, vor allem bei durchgemachter sequentiellen und malignen Traumatisierungen und Entwertungen, leicht zu Selbsthaß. Damit einhergehende Gefühle wie Schmerz, Wut, Trauer, Enttäuschung, Verzweiflung können aber von Individuen mit einem schwachen Selbst nicht ausgehalten werden. Sie werden deshalb leicht nach außen projiziert, meistens auf Schwache, Andersartige, Fremde, die abgelehnt werden, eben wegen dieser Schwäche. Indem Haß und Verachtung, die eigentlich dem eigenen Selbst gelten, nach außen projiziert werden, braucht das Gefühl der eigenen Wertlosigkeit, des Selbsthasses, des Schmerzes, der Trauer und Verzweiflung nicht ausgehalten zu werden. Es wird gleichsam abgeleitet nach außen. So wird Selbsthaß zu Fremdhaß!" (Eggers 1996, S. 254).

Dies ist gewissermaßen die psychodynamisch elaboriertere Version jener These, die im ersten Zitat auf den schlichten Nenner gebracht wurde: „Hinter aggressivem Verhalten steckt meist ein unsicherer Mensch mit wenig Selbstvertrauen und Selbstwertgefühl." Hier wird zudem mit Rückgriff auf psychoanalytische Überlegungen der Versuch gemacht, die lebensgeschichtliche Genese und die aktuale intrapsychische Dynamik, die hinter solchen Hassregungen stehen, zu deuten.

3 Die Gegenthese: Gewalt ist Ausdruck eines übersteigerten Selbstwertgefühls

Die These vom beschädigten Selbstwertgefühl des Gewalttäters und von der kompensatorischen Funktion der Gewalt ist also im Prinzip wohlvertraut und kann in der Alltagspsychologie durchaus einige Plausibilität für sich in Anspruch nehmen. Das Problem jedoch ist: Stimmt sie auch? In jüngerer Zeit wird sie von manchen Psychologen nachdrücklich in Frage gestellt. So zum Beispiel von dem renommierten Gewaltforscher Dan Olweus. In seinem Buch: „Gewalt in der Schule – Was Eltern und Lehrer wissen sollten und tun können" stellt er an einer Stelle explizit jene Frage, die auch im Mittelpunkt meiner Überlegungen steht: „Was charakterisiert den typischen Gewalttäter?" und er beantwortet sie folgendermaßen:

„Ein kennzeichnendes Merkmal des typischen Gewalttäters oder der Gewaltanwenderin ist die Aggressivität gegenüber Gleichaltrigen. Das ist in der Definition des Gewalttäters impliziert. Aber Gewalttäter und Gewalttäterinnen sind auch oft gegen Erwachsene aggressiv. Sowohl gegen Lehrer und Lehrerinnen als auch gegen Eltern. Allgemein haben Gewalttäter eine positivere Einstellung zur Gewalt und der Anwendung von gewaltsamen Mitteln als Schulkinder im allgemeinen.

Außerdem zeichnen sie sich oft durch Impulsivität aus und ein starkes Bedürfnis, Macht über andere auszuüben. Sie haben wenig Mitgefühl mit den Opfern von Gewalttätigkeit. Die Gewalttäter und Gewalttäterinnen haben eine vergleichsweise positive Meinung von sich selbst. ... Sind es Jungen, so sind sie meist körperlich stärker als Jungen im allgemeinen und als ihre Opfer im besonderen...

Eine von Psychologen und Psychologinnen sowie Psychiatern und Psychiaterinnen allgemein geteilte Meinung ist die, daß Menschen mit aggressiven und rohen Verhaltensmustern ‚unter der Oberfläche' eher ängstlich und unsicher seien. Die Annahme, daß Gewalttäter im Grunde unsicher seien, wurde in mehreren meiner eigenen Erhebungen untersucht, auch mit Hilfe von ‚indirekten' Methoden wie Streßhormonen und speziellen Persönlichkeitstests. In den Ergebnissen fand sich nichts, was diese allgemeine Ansicht untermauern könnte. Die Ergebnisse wiesen eher in die entgegengesetzte Richtung: die Gewalttäter waren ungewöhnlich wenig ängstlich und unsicher, oder sie lagen in dieser Hinsicht etwa beim Durchschnitt. ... Sie litten nicht an schwachem Selbstwertgefühl" (Olweus, 1995, S. 44).

Mit diesem Abschnitt ist die Angelegenheit für Olweus geklärt. Er erledigt den angeblichen psychologischen Mythos eher „en passant". Obwohl man es doch seinerseits wiederum als interessantes psychologisches Phänomen ansehen müsste, dass sich eine so krude psychologische Irrlehre so lange und so hartnäckig in den Köpfen halten kann – selbst bei Menschen, die als Psychiater vielfältige Erfahrungen mit solchen Gewalttätern haben.

Dieses Ergebnis steht freilich auch in einem merkwürdigen Gegensatz zu dem, was Olweus selbst über die typischen Familienhintergründe und Sozialisationsbedingungen der Gewalttäter herausgefunden hat: Die typischen Herkunftsfamilien, so seine Ergebnisse, sind nämlich geprägt durch eine negative emotionale Grundeinstellung während der frühen Kindheitsjahre, die „charakterisiert ist durch fehlende Wärme und Anteilnahme", außerdem durch die „Anwendung von ‚machtbetonten' Erziehungsmethoden, ... wie z. B. körperliche Züchtigung und heftige Gefühlsausbrüche der Eltern". Gleichzeitig würden die Eltern dem aggressiven Verhalten des Kindes gegenüber Gleichaltrigen und Geschwistern zu wenig Grenzen setzen (ebd., S. 49). Dass und wie nun gerade ein solcher Erziehungsstil in der Herkunftsfamilie zur Ausprägung von besonderem Selbstvertrauen führen soll, bleibt einigermaßen rätselhaft und wird auch von Olweus nicht näher erläutert. (Aber vielleicht handelt es sich bei der Vorstellung, dass solche Erziehungsmethoden eher geeignet sind, das Selbstvertrauen der heranwachsenden Persönlichkeit zu schwächen, ja auch wieder nur um einen alltagspsychologischen Mythos?)

Christian Pfeiffer konnte in seinen empirischen Untersuchungen dagegen sehr klar den engen Zusammenhang zwischen den Gewalterfahrungen, die man im häuslichen Milieu am eigenen Leib gemacht hat, und der Bereitschaft, selbst Gewalt in sozialen Konflikten einzusetzen, nachweisen. Diejenigen Probanden aus seiner Stichprobe, die in ihrer Kindheit und Jugend Opfer massiver elterlicher Gewalt waren, hatten gegenüber jenen, die in ihren Familien weitgehend gewaltfrei aufgewachsen waren, ein mehr als dreifach erhöhtes Risiko, im Jugendalter zu jener besonders problematischen Gruppe der „Mehrfachgewalttäter" zu gehören. Pfeiffer konnte auch zeigen, dass die Neigung zu familiärer Gewalt in den unterschiedlichen ethnischen Gruppierungen, die in Deutschland leben, durchaus sehr unterschiedlich verteilt ist und dass es gerade in vielen türkischen Familien eine problematische Kultur der gewaltsamen Autoritätsdurchsetzung und Konfliktaustragung gibt: Bei seiner repräsentativen Studie „gaben 7,1% der deutschen Befragten an, in ihrer Kindheit misshandelt worden zu sein, aber im Vergleich dazu fast 25% der eingebürgerten türkischen Jugendlichen" (Pfeiffer 2001, S. 179). Pfeiffer hat den Zusammenhang zwischen den ungünstigen Erziehungserfahrungen und der Neigung zu gewaltbereitem Handeln bei den Jugendlichen auch auf eine sehr viel plausiblere Weise beschrieben als Olweus: „Je häufiger Gewalt in der Familie erlebt wird, desto stärker nimmt das Gefühl ab, selbst etwas bewirken zu können. So entsteht ein Teufelskreis. Geringe soziale Anerkennung lässt das Selbstwertgefühl sinken, ein geringes Selbstwertgefühl führt zu feindseligen Einstellungen, feindselige Einstellungen führen zur Gewalt (ebd., S. 183).

4 Pädagogische Konsequenzen dieser Thesen

Diese Frage nach der Persönlichkeitsstruktur von Kindern und Jugendlichen mit besonderer Gewaltbereitschaft betrifft nicht nur ein esoterisches Theorieproblem der differenziellen Persönlichkeitsforschung. Es ist nämlich auch im Sinne des praktisch-pädagogischen Umgangs keineswegs gleichgültig, wie man die Zusammenhänge deutet. Wenn man davon ausgeht, dass es sich bei den Betroffenen in Wirklichkeit unter der rauen Oberfläche um zutiefst verunsicherte Kinder und Jugendliche handelt, die primär deshalb zuschlagen, weil sie damit das eigene Minderwertigkeitsgefühl kompensieren wollen, dann liegt als grundlegende pädagogische und therapeutische Strategie eher die Stützung jenes schwachen Selbstgefühls nahe. So fordern etwa Hopf und Heinemann aus psychoanalytisch-pädagogischer Perspektive: „Stärkung des Ich und des Selbst des aggressiven Kindes bedeutet dann, in der pädagogischen und therapeutischen Arbeit die Gegenübertragung zu reflektieren, Gelegenheit zur Wiedergutmachung zur Verarbeitung von Schuldgefühlen zu geben“ (Heinemann/Hopf 2001, S. 126). Wenn man dagegen eher davon ausgeht, dass es sich bei den Betroffenen um Kinder und Jugendliche handelt, die ein zu positives Bild von sich haben, die so selbstherrlich, so von sich selbst überzeugt sind, dass sie meinen, sie hätten ein Recht, ihre Interessen rücksichtslos und gewaltsam gegen andere durchzusetzen, dann liegen ganz andere pädagogische Handlungsstrategien nahe. Vielleicht haben sie ja einfach in ihrer Lernbiographie immer wieder die Erfahrung gemacht, dass sie mit gewalttätigem Handeln Erfolg haben, dass sie sich Respekt und ein positives Selbstgefühl verschaffen können, wenn sie ihre überlegene Körperkraft und ihr Kampfgeschick demonstrieren? Ist also „Ich-Stärkung“ oder gar ein Selbstbehauptungs- und Durchsetzungstraining bei jenen Kindern und Jugendlichen eher contraindiziert, weil sie sich dann noch großartiger vorkommen und sich noch rücksichtsloser durchsetzen? Brauchen sie eher eine Dämpfung ihres grandiosen Selbstgefühls, ein „Impulskontrolltraining“, bei dem ihre gewohnten Formen der Selbstbehauptung in Frage gestellt werden, gar ein „Antiaggressivitätstraining“, bei dem auf dem „heißen Stuhl“ eine gezielte Infragestellung und „Zurechtstutzung“ ihres übersteigerten Selbstwertgefühls gruppendynamisch inszeniert wird?

5 Versuche der empirischen/experimentellen Überprüfung dieser Thesen

Am ausführlichsten hat sich in jüngerer Zeit wohl Roy F. Baumeister mit dem Zusammenhang von Selbstwertgefühl und Aggressionsbereitschaft befasst. Auch er tritt, ähnlich wie Olweus, sehr stark mit dem Anspruch auf, endlich mit hartnäckigen psychologischen Mythen und Irrtümern aufzuräumen. In diesem Sinne schreibt er: „Dass übermäßige Aggressivität aus einem niedrigen Selbstwertgefühl heraus entsteht, galt lange Zeit als ausgemacht. ... Als meine Kollegen und ich Anfang der neunziger Jahre auf das Thema stießen, fanden wir zwar jede Menge Fachartikel, die sich auf die angeblich ‚allgemein bekannte Tatsache' stützten, dass die Ursache für Gewalt ein geringes Selbstwertgefühl sei. Doch nirgends, in keinem Buch, in keinem wissenschaftlichen Aufsatz, wurde diese Ansicht jemals formal begründet. Empirische Belege fanden wir schon gar nicht" (Baumeister 2002, S. 70). Also machte sich Baumeister und seine Arbeitsgruppe daran, den Zusammenhang von Aggressivität und Selbstwertgefühl neu zu formulieren und stellte ihn dabei gewissermaßen auf den Kopf: „Das Selbstbild, so überlegten wir, übt vielleicht wirklich Einfluss darauf aus, ob jemand zu Aggressivität neigt – nur birgt nicht das niedrige Selbstwertgefühl solche Gefahr, sondern die allzu große Eigenliebe" (ebd., S. 70 f.).

Natürlich wurde auch versucht, diese neue „revolutionäre" These empirisch zu überprüfen. Dafür musste einerseits das Selbstwertgefühl der Probanden empirisch quantifiziert werden, andererseits deren Aggressionsneigung. Ersteres geschah über standardisierte Fragebögen, die einmal das Selbstwertgefühl allgemein maßen, dann aber auch das Ausmaß des Narzissmus zu erfassen suchten, also Aspekte eines übersteigerten Selbstbewusstseins und Geltungsbedürfnisses. Für die Erhebung der Aggressionsbereitschaft wurde ein ausgeklügeltes experimentelles Arrangement gewählt, bei dem die Reaktion der Teilnehmer auf eine potentielle Kränkung ihres Selbstwertgefühls untersucht werden sollte: Die Versuchspersonen mussten dabei paarweise gegeneinander antreten. Zunächst ging es darum, einen kurzen Aufsatz zu einem vorgegebenen Thema zu verfassen. Dann sollten die Teilnehmer den Aufsatz ihres jeweiligen Versuchspartners begutachten. Als Rückmeldung erhielten die Teilnehmer jedoch, nach Zufallsprinzip verteilt, fingierte Gutachten, die entweder ein klar positives oder aber ein extrem negatives Urteil enthielten. Anschließend mussten die Teilnehmer ein zweites Mal in einer Reaktionstestaufgabe gegeneinander antreten. Der jeweilige Sieger hatte nun die Möglichkeit, den Verlierer durch ein unangenehm lautes Geräusch zu bestrafen, wobei er Intensität und Dauer des Geräuschs variieren konnte. Das hierbei jeweils gewählte „Bestrafungsmaß" wurde dabei als Ausdruck der Aggressivität gewertet. Im Zentrum stand nun die Frage, welche prognostische Kraft das zuvor erhobene Maß für das Selbstwertgefühl bzw. für den Narzissmus auf die im Experiment gezeigte Aggressionsbereitschaft haben würde: Es zeigte sich, dass insbesondere jene Personen mit einem hohem Wert auf der Narzissmusskala nach einer entsprechenden Kränkung durch eine negative Beurteilung zu verschärfter Bestrafung ihrer Kontrahenten, also zu erhöhter Aggressionsbereitschaft neigten.

Auch der Versuch, die in der experimentellen Situation im Labor erzielten Ergebnisse im Alltag zu validieren, wurde unternommen: Baumeister legte

Gewalttätern, die im Gefängnis ihre Strafe abbüßten, jene Fragebögen zum Selbstwert und zum Narzissmus vor und verglich die Werte mit den Normwerten für junge Männer. Dabei kam heraus, dass die inhaftierten Gewalttäter beim Selbstwertgefühl etwa im mittleren Bereich aller Werte lagen, dass sie auf der Narzissmusskala jedoch die höchsten Durchschnittswerte erzielten.

Baumeister interpretiert diese Ergebnisse als Bestätigung für seine These: „Unsere Untersuchungen besagen, dass Menschen mit geringem Selbstwertgefühl wenig dazu neigen, aggressiv zu reagieren. Gefährlich sind diejenigen, die sich für etwas besseres halten als ihre Mitmenschen. In Acht nehmen sollte man sich vor Leuten mit einem übersteigerten, nicht in der Realität begründeten Selbstbild" (ebd., S. 75). Die naheliegende Vermutung, dass jene narzisstischen Persönlichkeiten mit ihrem „übersteigerten, nicht in der Realität begründeten Selbstbild" insgeheim doch von Selbstzweifeln angenagt seien, weist er ausdrücklich zurück: „Auf empirischer wie auch auf theoretischer Seite spricht ... nichts dafür, dass gewaltbereite Personen tief versteckte Selbstzweifel hätten, selbst wenn dies der gängigen Auffassung entgegensteht, Gewalttätigkeit hänge mit einem geringen Selbstwertgefühl zusammen" (ebd.). Narzissmus wird in diesem Sinn einfach als die besonders ausgeprägte, übersteigerte Form von Selbstwertgefühl gesehen, nicht jedoch als etwas Qualitativ anderes. Es gibt also in diesem Persönlichkeitsmodell nicht den Gegensatz zwischen Fassade und Wirklichkeit, zwischen nach außen präsentierter Großartigkeit und tatsächlichem prekären Selbsterleben.

Somit stellt sich die Frage, ob dieses eindimensionale Persönlichkeitsmodell der Wirklichkeit gerecht wird oder ob es nicht vielmehr dem begrenzten Forschungsdesign geschuldet ist. Welchen Grad von Objektivität kann man erwarten, wenn man inhaftierten Gewalttätern standardisierte Fragebögen vorlegt, in denen sie dazu aufgefordert werden, die Aspekte ihrer eigenen Persönlichkeit einzuschätzen und zu bewerten?

Mit Fragebögen, die sowohl auf Aspekte des Selbstkonzeptes als auch Fragen nach der eigenen Verwicklung in Gewalthandlungen abzielten, haben Christian Klicpera und Barbara Gasteiger Klicpera versucht, die Situation von „Tätern" und „Opfern" aggressiver Handlungen in der Schule zu erhellen. Sie haben zu diesem Zweck fast 1600 Schüler von achten Klassen, denen strikte Anonymität zugesichert wurde, als Auskunftspersonen herangezogen. Der Schwerpunkt der Auswertung galt dabei „der Identifizierung von Merkmalen jener Schüler, die angegeben hatten, selbst häufiger (d. h. wenigstens gelegentlich) Mitschüler zu verprügeln bzw. häufiger ein Opfer von tätlichen Angriffen der Mitschüler zu sein" (Klicpera/Gasteiger Klicpera 1996, S. 4). Zu diesem Zweck wurden vier Gruppen von Schülern gebildet: Mit Abstand die größte Gruppe, der 72,2% der Schüler zugeordnet wurden, stellten die „Unbelasteten" dar, also jene, die nach eigenen Angaben weder aktiv noch passiv in Gewalthandlungen verstrickt waren. 14,2% gaben an, selbst aktiv als „Täter" an solchen Handlungen beteiligt gewesen zu sein. 6,1% gaben an, häufig verprügelt zu werden, ohne selbst andere anzugreifen. Sie wurden entsprechend der Gruppe der „Opfer“ zugeordnet. Schließlich wurde noch eine vierte Gruppe für jene 7,5% der Schüler gebildet, die sowohl selbst häufiger andere verprügelten als auch selbst häufiger Opfer von Gewalthandlungen anderer wurden.

Weiterhin wurden dann bei all diesen Schülern Daten erhoben über deren schulische und außerschulische Situation, über Familienhintergrund und Freizeitgewohnheiten sowie über das Selbstbild und die Selbsteinschätzung der sozialen Position innerhalb der Klasse. Gerade hinsichtlich der beiden letztgenannten Punkte ergaben sich dabei recht deutliche Zusammenhänge mit der Gruppenzuordnung, welche der Tendenz nach die These von Olweus bestätigen: Jene Schüler, die der Gruppe der „Täter“ zugeordnet waren, die sich also ihren Mitschülern gegenüber häufig aggressiv verhielten, ohne selbst Opfer von Prügeleien zu werden, waren zugleich diejenigen, die ihren eigenen Status in der Klasse eindeutig am positivsten einschätzten. Sie waren daneben auch diejenigen mit dem positivsten Selbstbild. Sie fühlten sich offensichtlich anerkannt, beliebt, stark, mit sich selbst in Einklang und zweifelten kaum an ihren Haltungen und Handlungen. Entsprechend waren sowohl die Einschätzung des sozialen Status in der Klasse als auch die Einschätzung des Selbstbildes bei den Schülern der Opfergruppe am geringsten. Sie fühlen sich häufig elend, isoliert und hilflos. Jene aggressiven Schüler, die gleichzeitig auch selbst häufig Prügel einsteckten, hatten ein ähnlich negatives Selbstbild und fühlten sich ähnlich oft einsam und isoliert wie die bloß passiven Opfer. Dies weist darauf hin, dass es offensichtlich zwei deutlich unterscheidbare Gruppen von aggressiven Schülern gibt: eher dominante, selbstgefällige, aber sozial anerkannte „Bullies“, die zur Demonstration ihrer Macht und Überlegenheit bisweilen zuschlagen, und eher sozial ungeschickte, abgelehnte, selbstunsichere Problemkinder, die in trotziger oder verzweifelter Wut um sich hauen.

Im Kontext seiner großen Konstanzer Longitudinalstudie, in die 1750 Jugendliche einbezogen waren, hat Helmut Fend, einer der profiliertesten empirischen Forscher innerhalb der deutschen Erziehungswissenschaft, unter anderem auch die familiären und persönlichkeitspsychologischen Hintergründe von ausländerfeindlich-nationalistischen Weltbildern und entsprechender Aggressionsbereitschaft bei diesen Jugendlichen analysiert. Explizit wurde dabei auch die Dimension „Ich-Stärke“ bzw. „Ich-Schwäche“ bei den Jugendlichen erhoben. Ich-Stärke wurde dabei in erster Linie als positives Selbstbild und als Zutrauen in die eigenen Möglichkeiten, das in der Welt bewirken zu können, was man bewirken will, verstanden. Konkret wurde das Konstrukt „Ich-Stärke“/Ich-Schwäche dann in folgende Aspekte zerlegt und in folgende Fragen im Fragenkatalog umgesetzt:

- Beurteilung des eigenen Aussehens *(„Verglichen mit anderen sehe ich eigentlich ganz gut aus“)*

- Einschätzung der eigenen Begabung *(„In der Schule habe ich oft das Gefühl, dass ich weniger zustande bringe als andere“)*
- Wirksamkeitsbewusstsein hinsichtlich der eigenen Emotionen *(„Gegen meine Launen komme ich manchmal kaum an“)*
- Absichtsregulierung *(„Ich habe mir schon oft etwas vorgenommen und es dann doch nicht erreicht“)*
- Erzielung guter Schulleistungen *(„Immer wieder, wenn ich versuche, in der Schule voranzukommen, kommt etwas dazwischen, was mich daran hindert“)*
- Zukunftsgestaltung *(„Ich habe das Gefühl, mir stehen noch alle Wege offen“)*
- Generalisierte Selbstbewertung *(„Im großen und ganzen bin ich mit mir zufrieden“ bzw. „Manchmal komme ich mir ganz unwichtig vor“)* (vgl. Fend 1994, S. 143).

Bezüglich der Frage, ob Gewaltbereitschaft und rechtsextreme Ansichten mit einem latenten Minderwertigkeitsgefühl zusammenhängen, ergab sich bei der Auswertung der Daten offensichtlich ein recht klares Ergebnis, welches wiederum der gängigen Kompensationsthese deutlich widerspricht: „Die rechtsextremen Neigungen lassen sich *nicht* in den mit mangelnder Ich-Stärke lokalisierbaren Persönlichkeitsproblemen verorten“ (ebd., S. 150). Es handle sich dabei *nicht* um eine „Projektion eines negativen Verhältnisses zu sich selbst nach außen, ... es ist *keine Projektion eines ausgeprägten Minderwertigkeitsgefühls*“ (ebd., S. 157). Fend ist hier durchaus sehr bestimmt in seinem Urteil.

Wilhelm Heitmeyer, der hierzulande wohl bekannteste Gewaltforscher, geht grundsätzlich von einem Desintegrations-Verunsicherungs-Gewaltbereitschaftsparadigma aus. Auch er hat in seinen empirischen Studien versucht, zentrale Aspekte des Selbstbildes und des Selbsterlebens zu operationalisieren und in entsprechende Items umzusetzen, denen sich die befragten Jugendlichen dann zuordnen mussten:

- *Ich habe das Gefühl, wichtig zu sein, zumindest im Vergleich zu anderen*
- *Ich glaube, ich habe eine ganze Reihe guter Seiten*
- *Ich bin in der Lage, meine Angelegenheiten genauso gut zu erledigen wie andere*
- *Ich habe das Gefühl, dass ich nicht gerade stolz auf mich sein kann*
- *Ich kann mich selbst gut leiden*
- *Im großen und ganzen bin ich mit mir zufrieden*
- *Ich habe oft das Gefühl, völlig nutzlos zu sein*

Und auch er kam dabei zu überraschenden, den eigenen theoretischen Erwartungen zuwiderlaufenden Ergebnissen. Denn es ergab sich bei der Gruppe der Jugendlichen mit positivem Selbstkonzept eine unerwartet hohe Zustimmung zu autoritär-nationalisierenden, fremdenfeindlichen, gewaltakzeptierenden

Orientierungen, d.h. zu Thesen wie: „Deutschland den Deutschen“ oder „Kanaken raus“. Eine kritische „Distanz gegenüber solchen Orientierungen“, schreibt Heitmeyer, „läßt sich in jener Gruppe ausmachen, die ein eher negatives Selbstkonzept mit selbstkritischen Zügen aufweisen. ... Am ausgeprägtesten findet sich dies in der Gruppe mit einem negativen Selbstkonzept und Zügen von Minderwertigkeitsgefühlen“ (Heitmeyer 1987, S. 156). Dies bedeutet also, dass gerade diejenigen, die sich selbst eher als schwach und minderwertig empfinden (und dies auch bewusst wahrnehmen und in ihren Antworten zum Ausdruck bringen), größeres Verständnis für die Lage der Fremden hatten als diejenigen, die sich selbst als besonders positiv einschätzen. (Zwar ging es dabei nicht um konkrete Gewalttätigkeit oder Gewaltbereitschaft, sondern eher um eine gewisse Gewaltförmigkeit der rechten, fremdenfeindlichen politischen Einstellung, aber auch diese wird ja typischerweise mit der These von der Verunsicherung bzw. von der Projektion eigener Minderwertigkeitsgefühle gedeutet.) Heitmeyer kommentiert diese Ergebnisse denn auch als „irritierende Hinweise ..., die sich an manchen Stellen den gängigen Annahmen entziehen“ (ebd.), und stellt diese und damit letztlich seinen ganzen empirischen Forschungsansatz an einer Stelle kritisch in Frage, indem er zu bedenken gibt, dass sich die Scham oder das Unbehagen, das eigene schwierige oder negative Selbstbild zuzugeben, unter Umständen auch in einem „gleichsam konstruierten ‚positiven‘ Selbstkonzept im Sinne eines Selbstschutzes ausdrücken kann“ (ebd.).

Soweit scheinen die empirischen Studien eher gegen die Kompensationsthese zu sprechen. Lediglich eine aus der Schweiz stammende, ebenfalls auf einer Fragebogenerhebung basierende Studie zum Thema „Gewalt in der Schule“ aus jüngster Zeit kommt zu einem anderen Ergebnis. Ihr Autor, Wassilis Kassis, fasst die zentralen Ergebnisse folgendermaßen zusammen:

„Die Charakteristika von physisch gewalttätigen Schülern zeigen auf, dass sie in fast allen untersuchten inner- und außerschulischen Lebensbereichen größere Probleme haben bzw. weit negativere Erfahrungen machen als Schüler, die keine Gewalt als Konfliktlösungsmaßnahme einsetzen. Unsere über Strukturgleichungsmodelle ermittelten Ergebnisse stützen unsere Aussage, nach der Täter-Jungen nur sehr oberflächlich an ihre schier grenzenlose physische Kraft glauben. Über ihre soziale Verunsicherung, die sie ja auch offenkundig realisieren, indem sie sehr deutlich über suboptimale Beziehungen zu Eltern und Lehrpersonen sprechen und über ihr angeschlagenes Selbstkonzept, d.h. über ihre erhöhte Depressionsneigung, Prüfungsangst, geringe Selbstakzeptanz und zugleich erhöhte Geschlechtsrollenstereotype, erhalten wir das stimmige, aber doch eher traurige Gesamtbild des physisch starken, jedoch psychisch schwachen heranwachsenden Mannes“ (Kassis 2002, S. 59). Wenn hier festgestellt wird, dass die gewaltbereiten Jugendlichen selbst „nur sehr oberflächlich“ an ihre schier grenzenlose physische Kraft und an ihr grandioses Selbstbild glauben, dann stellt sich schon die Frage, ob die anderen Fragebogenuntersuchungen nicht vielleicht doch zu sehr dieser Oberfläche verhaftet blieben und zu umstandslos das, was die Jugendlichen bei den Selbstbewertungs-Items ankreuzten, für die ganze Wahrheit genommen haben.

6 Wofür sprechen die Erfahrungen mit jugendlichen Gewalttätern im narrativen Interview bzw. im therapeutischen Gespräch?

Ich will deshalb diese Befunde mit einem anderem Material zum gleichen Thema, das auf andere Weise erhoben wurde, kontrastieren: Christiane Tramitz hat im Zusammenhang eines Forschungsprojektes des Deutschen Jugendinstituts zahlreiche Interviews mit Skinheads geführt, die wegen Körperverletzung und anderer Gewalttaten im Gefängnis saßen. Sie hat über ihre Begegnungen mit Skinheads ein eindrucksvolles Buch mit dem Titel „Unter Glatzen" geschrieben (Tramitz 2001). Darin werden zahlreiche individuelle „Karrieren" aus dem gewalttätigen rechtsradikalen Milieu nachgezeichnet, und in langen Interviewpassagen wird ein sehr authentischer, bisweilen beklemmender Eindruck davon vermittelt, wie die Täter über sich, ihr Leben, ihre Taten, ihre Opfer, ihre Szene, ihre Zukunft denken.

Über weite Strecken könnte man aus den zitierten Äußerungen der Skinheads durchaus den Eindruck gewinnen, dass sie Baumeisters Thesen bestätigen. Man ist häufig entsetzt darüber, mit welcher Gleichgültigkeit und Ignoranz die Täter über ihre Taten und mit welcher Arroganz und Verachtung sie über ihre Opfer sprechen. Aber immer wieder dann, wenn die Interviewerin nachhakt, wenn sie sich mit den glatten Schilderungen nicht zufrieden gibt, wenn sie nach Gefühlen fragt, wird deutlich, wie brüchig das vordergründig zur Schau getragene Selbstbewusstsein und wie aufgesetzt die vermeintlich Stärke ist. Ein Auszug soll dies verdeutlichen:

„Mit neunzehn Jahren kam Robert zum zweiten Mal ins Gefängnis, dieses Mal jedoch für längere Zeit, zu brutal war sein Delikt. Im Knast hatte er die Möglichkeit, mit Psychologen zu sprechen, was ihm gut tat. Er genoss es, dass ihm jemand zuhörte, sich endlich für seine Gefühlswelt interessierte, eine verschüttete und totgeprügelte Welt.

‚Hast Du überhaupt noch Gefühle und wie erlebst du die?'

‚Na ja, wenn jetzt jemand aus meiner Familie sterben würde, dann würde ich zum Beispiel nicht weinen. Wenn ich dann am Grab stehe und anfange zu heulen, dann zeige ich Schwäche. Deswegen würde ich das nie machen.'

‚Du hast also Angst, Schwäche zu zeigen?'

‚Ja.'

‚Warum?'

‚Es ist, dadurch, dass ich halt in der Gruppe war. Da hat man halt gelernt, dass man nicht Schwäche zeigt.'

'Also, wenn du in der Gruppe akzeptiert werden möchtest, dann darfst du keine Schwäche zeigen?'

'Ja, Schwäche ist halt ein Fehler. Das passt zu einem nicht.'

'Und Trauer, ist das Schwäche?'

'In dem Fall wäre Trauer Schwäche, ja.'

'Warum ist bei euch in der Gruppe Trauer Schwäche?'

'Trauer ist Schwäche, ja weil, man heult nicht, und ...'

'Unterschreibst du das? Findest du das richtig? Ist das auch deine Meinung oder nur die der Gruppe?'

'Das war die Meinung der Gruppe und ich habe das angenommen. Ich weiß gar nicht mehr. Mittlerweile ist das schon so lange her. Das ist einfach drinnen. Wenn ich Schwäche zeig, habe ich Angst, den Menschen ausgeliefert zu sein und dass ich nicht mehr ich selbst bin, wenn ich Schwäche zeige.'

'Du hast also ein Bild von dir, dass du stark bist?'

'Ja.'

'Und das willst du aufrecht erhalten?'

'Ja.'

'Hast du Angst, jemand könnte bemerken, dass es eigentlich gar nicht so ist?'

'Ja, dass ich auch Schwächen habe. Und das soll niemand merken.'

'Ist dir denn manchmal zum Heulen?'

'Nein'

'Würdest du manchmal ganz gerne weinen?'

(lange Pause)

'Ab und zu ist mir danach, aber ...' (findet keine Worte)

'Was passiert da innerlich, wenn dir danach ist?'

'Da überlege ich irgendwie, und dann – das war's dann.'" (ebd., S. 113f.)

Auch hier im Interview kippen solche nachdenklichen Momente, wo Selbstzweifel aufkommen, dann immer wieder und gehen relativ umstandslos über in Passagen, in denen ein selbstherrlicher, mitleidsloser Überlegenheitsdünkel offensiv zur Schau getragen wird:

„Das Kapitel der Gefühle war noch nicht beendet, und ich fragte ihn, was er bei Schlägereien empfunden hätte, ob er jemals auch nur einen Gedanken den Opfern gewidmet habe, und was die Schlägereien für ihn bedeuteten:

'Just for fun, kein Stress, kein Ärger, nichts.'

'Was geht dir in solchen Momenten durch den Kopf? Hast du Gefühle?'

'Nein, überhaupt keine.'

'Schaltest du ab?'

'Da schalte ich ganz ab.'

'Suchst du das Abschalten?'

'Den Kick ja, aber nicht das Abschalten.'

'Fühlst du dich danach befriedigt?'

'Ja.'

...

‚Ist es dein Recht, andere zu schlagen?'
(wieder Pause)
‚Ja, ich fühle mich im Recht. Ob das recht ist, weiß ich nicht.'
‚Warum glaubst du dann, dass es recht ist?'
‚Weil ... (Pause) ... ja, grad so Ausländer, das ist doch alles so minderwertig.'
‚Hast du irgendeine Tat jemals bereut?'
(lange Pause)
‚Nein.'" *(ebd., S. 116f.)*

Wie labil ganz offensichtlich das Selbstwertgefühl Roberts ist, zeigt sich auch noch an einer anderen sehr bezeichnenden Interviewpassage:

‚Da sind halt ein paar aus dem Bus ausgestiegen und haben gelacht, und ich habe halt gedacht, die haben über uns gelacht. Und da bin ich hin und habe gefragt, warum er lacht, und da hat er gesagt, er lacht nicht und selbst wenn er lacht, ginge mich das nichts an. Und dann habe ich gleich auf ihn eingeschlagen.'
‚Was waren das für Leute?'
‚Das waren normale Studenten.'
‚Hat dir etwas an denen nicht gefallen?'
‚Ja das Lachen halt. Ich habe gedacht der lacht über mich.'" *(ebd., S. 110f.)*

Das bloße Lachen eines Passanten wird als so verunsichernd und provozierend erlebt, dass es massive Gewalttätigkeit auslöst. Soll man die Anmaßung, aus solch nichtigem Anlass andere Menschen zu verprügeln, als Ausdruck eines übersteigerten Selbstwertgefühls nehmen – oder soll man die Tatsache, dass das bloße Lachen eines Passanten jemanden dermaßen in Rage bringen kann, doch eher als Zeichen für ein sehr unsicheres Selbstwertgefühl deuten?

Soweit einige Eindrücke aus den Interviews, die Christiane Tramitz im Rahmen eines Forschungsprojektes geführt hat. In eine ähnliche Richtung geht das, was aus therapeutischen Gesprächen mit jugendlichen Gewalttätern berichtet wird. So fasst etwa der Sozialpsychologe und Psychotherapeut Klaus Ottomeyer seine Eindrücke aus einem längerfristig angelegten Projekt mit gewaltbereiten rechtsradikalen Jugendlichen folgendermaßen zusammen: „Alle von uns untersuchten, klar rechtsextremen Jugendlichen, mit denen wir ausführliche Begegnungen hatten, teilweise in Beratungen, teilweise in der Therapie, zeigten eine Art ‚zweites Gesicht', eine depressive Problematik, sie leiden unter dem Verlust von Halt und Selbstwert und versuchen dieses Leiden mit Hilfe der ‚autoritären Aggression' zu überspielen" (Ottomeyer 1999, S. 32). Und Annette Streeck-Fischer resümiert auf der Grundlage ihrer therapeutischen Erfahrungen mit gewaltbereiten Jugendlichen an der kinder- und jugendpsychiatrischen Klinik in Tiefenbrunn: „Jugendliche, die aufgrund von anhaltenden Traumatisierungen durch narzißtische Entleerung bedroht sind ..., stabilisieren sich durch ein primitives, pathologisches Größenselbst, indem sie sich Skinheads anschließen. Extrem kränkbar neigen sie zu Feindprojektionen und zur Verachtung anderer und können realistische Aspekte an anderen Personen ... nicht oder nur mangelhaft wahrnehmen. ... Ein herablassender Blick, eine unfreundliche Bemerkung, eine Provokation durch den als ‚böse' identifizierten anderen können als tödliche Beleidigung erlebt werden, die nur in einer massiven gewalttätigen Handlung – z. B. den anderen zu schlagen, um ihn bluten zu sehen – Genugtuung findet. Das beschädigte traumatisierte Selbstgefühl scheint so am ehesten repariert werden zu können" (Streeck-Fischer 1992, S. 752 f.).

7 Ist die ganze Kontroverse Ausdruck eines Missverständnisses? – Was genau besagt eigentlich Kohuts Theorie von der „narzisstischen Wut"?

Angesichts dieser Erfahrungen aus der unmittelbaren therapeutischen Begegnung mutet der Gestus, mit dem Olweus, Baumeister und andere beanspruchen, aufgrund von Fragebogenerhebungen und Laboruntersuchungen „psychologische Mythen" zu entlarven, doch etwas merkwürdig an. Vielleicht liegt der ganzen Kritik am „Mythos" von der angeblichen Unsicherheit gewaltbereiter Jugendlicher ja auch nur ein Missverständnis zugrunde: Dass gewalttätige Jugendliche durch ein klar bewusstes negatives Selbstbild, durch ausgeprägte Ängstlichkeit, durch nagende Selbstzweifel, durch schüchterne Zurückhaltung und durch ein bedrückendes Gefühl der Minderwertigkeit gekennzeichnet wären, das so reflektiert und präsent ist, dass es in einem entsprechenden Fragebogen deutlich zum Ausdruck kommt, dies würde wohl niemand ernsthaft behaupten. Im Hinblick auf Personen, die solches im Fragebogen tatsächlich direkt zum Ausdruck bringen, hat Baumeister wohl recht, wenn er schreibt, „Menschen mit einem negativen Selbstbild wursteln sich gewöhnlich schlecht und recht durchs Leben. Sie wollen gerade nicht auffallen und vermeiden deshalb mögliche Anstößigkeiten. Nichts in ihrem Verhalten lässt erkennen, dass sie verzweifelt danach streben würden, um jeden Preis vor anderen überragend zu erscheinen. Gegen andere gerichtetes aggressives Verhalten ist riskant, und Menschen mit einem geringen Selbstwertgefühl meiden eher das Risiko" (Baumeister 2002, S. 71).

Die vorgetragene Kritik am „psychologischen Mythos" richtet sich natürlich primär gegen die psychoanalytischen Deutungen von Gewaltbereitschaft. Gerade dort hat die Unterscheidung zwischen Persönlichkeitsfassade und Persönlichkeitskern, zwischen einem vordergründig zur Schau getragenen, öffentlich (und vielleicht auch noch im Fragebogen) präsentierten positiven Selbstbild und einer dahinter verborgenen tiefen Unsicherheit oder Konflikthaftigkeit ja eine lange Tradition. Die oben zitierten AutorInnen Eggers, Heinemann, Hopf, Ottomeyer und Streeck-Fischer, die sich in unterschiedlichen Varianten auf die Kompensationsthese bezogen haben, stehen in dieser Tradition. Dabei muss jedoch klar gestellt werden, dass das ursprüngliche Freudsche Triebmodell der Aggression in der gegenwärtigen psychoanalytischen Diskussion eigentlich keine große Rolle mehr spielt, sondern dass es einen weitgehenden Konsens darüber gibt, dass die gesteigerte Aggressionsneigung eines Menschen mehr mit einer durch starke und dauerhafte Frustration oder Traumatisierung in früher Kindheit erworbenen Persönlichkeitsdisposition zu tun hat, als mit einer besonderen Triebstärke und einer sich automatisch immer wieder aufladenden Triebspannung.

Einer der maßgeblichen Autoren für diese neue psychoanalytische Betrachtungsweise der Aggressionsgenese war sicherlich Heinz Kohut mit seiner Theorie des Narzissmus und der narzisstischen Wut. Er hat sehr ausführlich die „Schicksale des Narzissmus" als einer „unabhängigen Entwicklungslinie" in der menschlichen Persönlichkeitsentwicklung nachgezeichnet und dabei vor allem betont, wie sehr eine „gesunde narzisstische Entwicklung", d. h. ein Entwicklung hin zu einer positiven bejahenden, gelassenen Einstellung zu sich selbst, die auch Schwächen, Einschränkungen und Enttäuschungen ertragen kann, abhängig ist von einer liebevollen, empathisch spiegelnden, verlässlichen Versorgung in früher Kindheit. Diese Erfahrungen während der Periode der Bildung des Selbst werden nach Kohut „zum Prototyp der spezifischen Formen unserer späteren Verletzbarkeit oder Sicherheit im narzisstischen Bereich: d. h. zum Prototyp der Schwankungen zwischen den Höhen und Tiefen unserer Selbstachtung, unserer Bedürfnisse nach Lob, nach Verschmelzung mit idealisierten Figuren und mit anderen Formen narzißtischer Zufuhr" (Kohut 1975, S. 214). Gibt es nun gravierende Störungen in diesem Regulationsprozess, so werden gewissermaßen schon in diese sich entwickelnde Selbststruktur die Keime spezifischer Vulnerabilität und die Prototypen von Abwehrprozessen eingebaut. Kohut beschreibt die typische Erlebnisstruktur, die damit einhergeht, folgendermaßen: „Narzißtische Wut kommt in vielen Formen vor: ihnen allen jedoch ist ein besonderer psychologischer Anstrich gemeinsam, der ihnen eine eindeutige Stellung im weiten Bereich der menschlichen Aggression verleiht. Der Rachedurst, das Bedürfnis, ein Unrecht zu korrigieren, eine Beleidigung auszumerzen, mit welchen Mitteln auch immer, und ein tief eingewurzelter unerbittlicher Zwang bei der Verfolgung all dieser Ziele, der jenen keine Ruhe lässt, die eine narzißtische Kränkung erfahren haben ... (etwa lächerlich gemacht, verächtlich behandelt zu werden oder eine öffentliche Niederlage zu erleiden)" (ebd., S. 227).

Zwar neigt natürlich jeder Mensch dazu, auf entsprechende Kränkungen mit Ärger oder Beschämung zu reagieren, „quälendste Scham und heftigste narzißtische Wut entstehen jedoch bei jenen Individuen, für die das Gefühl absoluter Kontrolle über eine archaische Umgebung unabdingbar ist, weil die Aufrechterhaltung ihres Selbst und ihrer Selbstachtung auf der bedingungslosen Verfügbarkeit der billigend-spiegelnden Funktion eines bewundernden

Selbst-Objekts beruht“ (ebd., S. 233). Weil sie jene, die diesen Anspruch durch ihr Verhalten irgendwie in Frage stellen, weniger als eigenständige Personen mit eigenen Perspektiven und Interessen und Rechten wahrnehmen, sondern mehr als Störfaktoren in ihrem Bemühen, das eigene labile Selbstbild aufrechtzuerhalten, mangelt ihnen typischerweise auch jedes einfühlende Verständnis für deren Situation.

Ich denke, diese allgemeine theoretische Beschreibung eines prekären Entwicklungsprozesses und einer spezifisch verletzbaren und auf solche potentiellen Verletzungen präventiv und überschießend reagierenden Persönlichkeitsstruktur passt ganz gut sowohl zu dem, was Olweus über die familiären Entwicklungshintergründe gewalttätiger Kinder und Jugendlicher herausgefunden hat, als auch zu dem, was etwa der Skin Robert über seine Empfindungen und Reaktionen im Interview mit Christiane Tramitz berichtet (speziell seine Antwort auf die Frage nach persönlichen Schwächen oder aber die Geschichte mit dem Lachen der Studenten!).

Gleichzeitig schließt dies keineswegs aus, dass jemand mit einer solchen Persönlichkeitsstruktur, die typischerweise ja durchaus mit hohen, vielleicht sogar grandios überzogenen Ansprüchen an das eigene Selbst verknüpft ist, sich in einem entsprechenden Fragebogen sehr positiv über sich selbst, seine Pläne, seine Leistungen, seine Stellung in der Gruppe etc. äußert. Die Antworten Jugendlicher auf die standardisierten Fragen eines Fragebogens haben ja immer auch etwas damit zu tun, wie man sein möchte und wie man von anderen gesehen werden möchte. Von daher spielt einerseits immer die „Verlautbarungspolitik“ der Jugendlichen eine Rolle, d. h. das Bild, das sie von sich selbst präsentieren wollen, zum anderen auch immer die Introspektionsfähigkeit, d. h. das Maß, in dem die Jugendlichen in der Lage sind, eigene unterschwelligen Verunsicherungen, Minderwertigkeitsgefühle, Selbstwertprobleme überhaupt wahrzunehmen und zu durchschauen. Es könnte ja auch so sein, dass gerade diejenigen mit den stärksten Verunsicherungen zugleich auch die ausgeprägtesten Abwehrmechanismen zur Wahrnehmung und die stärksten Widerstände zur Preisgabe derselben entwickelt haben und dass sie gerade deshalb in besonderem Maße dazu neigen, sich als überlegen und selbstsicher darzustellen, somit ein „gleichsam konstruiertes ‚positives‘ Selbstkonzept“ zu präsentieren.

Inzwischen gibt es auch empirische Studien, die die auffällig positiven Selbsteinschätzungen aggressiver Kinder und Jugendlicher nicht mehr unbesehen als Ausdruck hohen Selbstwertgefühls nehmen, sondern sie kritisch auf dahinter liegende Probleme hin analysieren. So haben etwa Hughes, Pavell und Grossman die Frage aufgeworfen: „A positive view of self: Risk or protection for aggressive children“ (1997). Auf der Basis einer subtilen empirischen Vergleichsstudie zwischen den Selbst- und Fremdeinschätzungen bei aggressiven und unauffälligen Kindern und auf dem Hintergrund bindungstheoretischer Überlegungen zur Entwicklung innerer Arbeitsmodelle von sich selbst und von anderen kommen sie zu der folgenden Einschätzung: „...we propose, that unrealistically positive ratings of self that are characteristic of aggressive children reflect a process of defensive exclusion in which information that threatens the self-system is excluded in an effort to support and to maintain the aggressive child's threatened sense of felt security“ (ebd., S. 77). Im Gegensatz zum allgemeinen Trend der Risiko- und Resilienzforschung, hohes Selbstwertgefühl als einen der wichtigsten internalen Schutzfaktoren in der kindlichen Entwicklung anzusehen, betrachten sie in diesem speziellen Fall eine unrealistische und überzogen positive Einschätzung des eigenen Selbst und der eigenen Beliebtheit bei anderen eher als eine problematische Angelegenheit mit prognostisch ungünstiger Bedeutung: „Most importantly, this study supports the view, that rather than serving a protective function, inflated and idealized self-perceptions increase the risk status for aggressive children. Thus, these findings suggest that aggressive children's positive self-perceptions are neither credible nor serviceable“ (ebd., S. 88). Die Rede von den „aufgeblasenen und idealisierten Selbstwahrnehmungen“ passt nun wiederum sehr genau zu den aus therapeutischen Erfahrungen stammenden Beschreibungen Kohuts.

Eine hierzulande von Tanja Stucke vorgelegte Dissertation zum Thema: „Die Schattenseiten eines positiven Selbstbildes: Selbstwert, Selbstkonzeptklarheit und Narzissmus als Prädiktoren für negative Emotionen und Aggression nach Selbstwertbedrohungen“ (Stucke 2000) fußt zwar ausdrücklich auf dem Theoriemodell von Baumeister, nimmt jedoch einige bedeutsame Akzentverschiebungen vor. So wird hier das Konzept der „Selbstkonzeptklarheit“ ins Spiel gebracht und „Narzissmus“ wird nicht mehr einfach als besonders ausgeprägte Form eines positiven Selbstwertgefühls verstanden, sondern doch als etwas qualitativ anderes. Für Stucke besteht er vor allem aus „überzogenen Vorstellungen von der eigenen Grandiosität“ (Stucke 2000, S. 237). Insbesondere Personen mit einem solch offensichtlich übersteigert positiven, aber nicht realitätsangemessenem Selbstbild, das zudem labil und unbeständig war, neigten bei Selbstwertbedrohungen zu aggressiven Reaktionen. In diesem Sinne fasst sie als zentrales Ergebnis ihrer diversen experimentellen Studien zusammen: „Es waren wie erwartet Personen mit hoch ausgeprägtem Narzißmus und geringer Selbstkonzeptklarheit, die den größten expliziten Ärger und die stärkste Aggression nach Mißerfolg aufwiesen“ (Stucke 2000, S. 238). Dies ist nun freilich eine Erkenntnis, die durchaus mit Kohuts Thesen in Einklang steht und angesichts derer Baumeisters Pathos der Zerstörung psychologischer Mythen fast selbst schon ein wenig einen „narzisstischen Beigeschmack“ bekommt.

8 Konsequenzen im Hinblick auf die Gewaltprävention

Zu dem, was aus dieser ganzen komplexen Diskussion über die biographischen Hintergründe und die Persönlichkeitsprofile gewaltbereiter Jugendlicher im Hinblick auf Pädagogik folgt, sollen zum Schluss nur mehr einige knappe zusammenfassende Grundlinien formuliert werden: Aufgrund der vorliegenden Befunde ist davon auszugehen, dass bei allen gewaltpräventiven Bemühungen vor allem den folgenden Dimensionen eine besonderes wichtige Bedeutung zukommt:

- Allem, was bei Kindern und Jugendlichen im Laufe ihrer Biographie ein positives, in der Realität verwurzeltes, d. h. auf erfahrener Beziehungssicherheit, auf positiver Wertschätzung und auf realen eigenen Kompetenzen und Leistungen beruhendes Selbstwertgefühl fördert.
- Allem, was die Selbstkonzeptklarheit fördert, was es jungen Menschen ermöglicht, sich offen auch mit ihren Schwächen, Ängsten, Zweifeln, Sehnsüchten und Schamgefühlen auseinander zu setzen und was dazu dient, illusionäre Grandiositätsvorstellungen zu reduzieren.
- Allem, was die Empathie, das Einfühlungsvermögen in die subjektive Lage von Menschen fördert, die Opfer von Bedrohung, Einschüchterung, Demütigung und Misshandlung werden.
- Allem, was dazu beiträgt, in Jugendcliquen das dort bisweilen herrschende (und in den Medien so populäre) Männlichkeitsideal vom harten, gefährlichen, „unberührbaren", angst- und mitleidslosen Kämpfer abzubauen und durch ein Ideal der Fairness, des Respekts und der Mitmenschlichkeit bzw. der Gelassenheit und Coolness zu ersetzen.
- Allem, was dazu dient, dass junge Menschen in problematischen Lebenslagen die Erfahrung des Gelingens und der sozialen Anerkennung für „produktive" Handlungen und Anstrengungen machen, sei dies im Rahmen des Sports, im Rahmen kreativer Musik-, Theater-, Video- oder Kunstprojekte, sei dies im Rahmen handwerklich-technischer Herausforderungen.
- Allem, was der Herausbildung einer realistischen persönlichen Lebensperspektive förderlich ist, d. h. einer Vorstellung von einer erstrebenswerten und erreichbaren Zukunft, die es den Betroffenen wichtig werden lässt, das eigene Verhalten zu kontrollieren, sich von gewaltbereiten Gruppen und riskanten Situationen zu distanzieren und sich in legalen und „sozialverträglichen" Bahnen zu bewegen.

Literatur

Adl-Amini, B.: Krisenpädagogik. Eine neue Subdisziplin der Erziehungswissenschaft. In: Brinkmann, W. (Hrsg.): Differentielle Pädagogik. Eine Einführung. Donauwörth 2001, S. 184–201

Ahrbeck, B.: Konflikt und Vermeidung. Psychoanalytische Überlegungen zu aktuellen Erziehungsfragen. Neuwied u. a. 1997

Ahrbeck, B.: Erziehung zwischen Selbstwertförderung und Kundenorientierung. In: Vierteljahresschrift für Heilpädagogik und ihre Nachbargebiete, 67. Jg., 1998, S. 127–136

Ahrbeck, B.: Kinder brauchen Erziehung. Die vergessene pädagogische Verantwortung. Stuttgart u. a. 2004

Aichhorn, A.: Verwahrloste Jugend. Die Psychoanalyse in der Fürsorgeerziehung. Bern 1977^9, (Orig. 1925)

Alanen, L.: Zur Theorie der Kindheit. Die „Kinderfrage" in den Sozialwissenschaften. In: Sozialwissenschaftliche Literatur Rundschau, 23. Jg., 1994, S. 93–112

Aries, Ph.: Geschichte der Kindheit. München 1975

Auwärter, M.: „Die Kinder sind meist traurig". Interviews mit Vier- bis Zehnjährigen. In: Kursbuch Nr. 72. Die neuen Kinder, Juni 1983, S. 113–130

Baacke, D. (1993): Jugendkulturen. Darstellung und Deutung. Weinheim und München 1993

Baacke, D./Schulze, Th. (Hrsg.): Aus Geschichten lernen. Zur Einübung pädagogischen Verstehens. Weinheim 1979

Baginsky, A.: Die Impressionabilität des Kindes unter dem Einfluß des Milieus. In: Schaefer, K.L. (Hrsg.): Bericht über den Kongress für Kinderforschung und Jugendfürsorge in Berlin. (1.-4. Oktober 1906). Langensalza 1907, S. 10–26

Barkmann, C.: Psychische Auffälligkeiten bei Kindern und Jugendlichen in Deutschland. Ein epidemiologisches Screening. Hamburg 2004

Barkmann, C./Schulte-Markwort, M.: Prävalenz psychischer Auffälligkeiten bei Kindern und Jugendlichen in Deutschland – ein systematischer Literaturüberblick. In: Psychiatrische Praxis, 31. Jg. 2004, S. 278–287

Bastian, T.: Kinder brauchen böse Eltern. Erziehung zur Selbständigkeit. München 2001

Bauer, J.: Die Freiburger Schulstudie. In: SchulVerwaltung BW 12/2004, S. 259–264

Baumeister, R.F./Smart, L./Boden, J.M.: Relation of threatened egotism to violence and aggression: The dark side of high self-esteem. In: Psychological Review, Vol 103, 1996, S. 5–33

Baumeister, R.F.: Gewalttätig aus Größenwahn. In: Spektrum der Wissenschaft Digest 1/2002. Psyche und Verhalten, S. 70–75

Baumert u. a.: PISA 2000. Basiskompetenzen von Schülerinnen und Schülern im internationalen Vergleich. Opladen 2001

Baumgaertel, A./Wolraich, M./Dietrich, M.: Comparison of diagnostic criteria for Attention Deficit Disorder in a German elementary school sample. Journal of the American Academie of Child and Adolescent Psychiatrie, 34. Jg. 1995, S. 629–638

Beck, U./Beck-Gernsheim, E. (Hrsg.): Riskante Freiheiten. Frankfurt/M. 1994

Becker, P.: Persönlichkeit von Lehrern und Schülern: Seelische Gesundheit, Verhaltenskontrolle und damit zusammenhängende Eigenschaften. In: L. Roth (Hrsg.): Pädagogik. Handbuch für Studium und Praxis. 2., überarbeitete und erweiterte Auflage München 2001, S. 166–183

Beck-Gernsheim, E.: Die Inszenierung der Kindheit. In: Psychologie heute, 12/1987, S. 30–35

Beck-Gernsheim, E.: Alles aus Liebe zum Kind. In: Beck, U./Beck-Gernsheim, E.: Das ganz normale Chaos der Liebe. Frankfurt/M. 1990, S. 135–138

Beck-Gernsheim, E.: Auf dem Weg zur postfamilialen Familie – Von der Notgemeinschaft zur Wahlverwandtschaft. In: Beck, U./Beck-Gernsheim, E. (Hrsg.): Riskante Freiheiten. Frankfurt/M. 1994, S. 115–138

Berg, Chr.: Von Kindheit haben wir keinen Begriff. In: Welt des Kindes, 3/1989, S. 7–11

Berg, S.: Ist das Glück? In: ZEIT-Magazin Nr. 14 vom 31. 3. 1999, S. 22–32

Bernfeld, S.: Sisyphos oder die Grenzen der Erziehung. Frankfurt/M. 1967

Bernhard, Th.: Ein Kind. München 1985

Bettelheim, B.: Die symbolischen Wunden. Pubertätsriten und der Neid des Mannes. München 1975

Bettelheim, B.: Kinder brauchen Märchen. München 1990[5]

Biermann, G.: Unsere kranken Kinder. Fellbach 1975

Bittner, G.: Tarnungen des Ich. Studien zu einer subjektorientierten Abwehrlehre. Stuttgart 1977

Bittner, G.: Selbstwerden des Kindes. Ein neues tiefenpsychologisches Konzept. Fellbach 1981a

Bittner, G.: Was bedeutet „kindgemäß“? Entwicklungs- und tiefenpsychologische Überlegungen zur Erziehung im Kindergarten. In: Zeitschrift für Pädagogik, 27. Jg., 1981b, S. 827–838

Bittner, G.: Zur Wiederherstellung des Bildes vom Kind. Aspekte der Entwicklungs- und Tiefenpsychologie. In: Niegl, A.: Frühe Kindheit. Fundament des menschlichen Lebens. St. Pölten, Wien 1985, S. 69–82

Bittner, G.: Das Teilzeit-Kind. In: Neue Sammlung 29. Jg. 1989a, S. 477–487

Bittner, G.: Zerrissene Welten – zerrissene Menschen – zerrissene Kinder. In: Wehrmann, I./Seehausen, H. (Hrsg.): Kindgerechte Arbeitsgestaltung. Kinder, Erwachsene, Institutionen im Interessenkonflikt? Bremen 1989b, S. 39–56

Bittner, G.: Was ist kindgemäß? In: Das Kind. Halbjahresschrift für Montessori-Pädagogik, Heft 10, 1991a, S. 17–37

Bittner, G.: Von den Schwierigkeiten Jugendlicher eine sinnvolle Lebens- und Zukunftsperspektive aufzubauen. In: Neue Sammlung, 39. Jg., 1991b, S. 82–96

Bittner, G.: Problemkinder. Zur Psychoanalyse kindlicher und jugendlicher Verhaltensauffälligkeiten. Göttingen, Zürich 1994

Bittner, G.: Kinder in die Welt – die Welt in die Kinder setzen – Eine Einführung in die pädagogische Aufgabe. Stuttgart, Berlin, Köln 1996

Bittner, G.: Plädoyer für eine Jugend-Schule. Die vergessenen „Adressaten“ der Sekundarstufe I. In: Fröhlich, V./Göppel, R.: Was macht die Schule mit den Kindern? – Was machen die Kinder mit der Schule? Psychoanalytisch-pädagogische Blicke auf die Institution Schule. Gießen 2003, S. 92–109

Bittner, G.: „Kein Mensch kann für mich fühlen: ich bin“. Über Paradoxien, Komplexitäten und Multiplizitäten des Ich-Gefühls. Würzburg, Königshausen und Neumann 2003

Bittner, G./Thalmann, H.-Chr.: Über die Verbreitung psychischer Störungen bei Kindern im Grundschulalter. In: Zeitschrift für Pädagogik, 16. Jg. 1970, S. 83–98

Bittner, R.: Ist pädagogische Wahrheit subjektiv? In: Bittner, G./Fröhlich, V.: Lebensgeschichten. Über das Autobiographische im pädagogischen Denken. Kusterdingen 1997, S. 225–238

Bogyi, G./Spiel, G.: Die Bedeutung der magisch-animistischen Phase für die Entwicklung des Kindes. In: Ahrens, Th./Lehmkuhl, U. (Hrsg.): Entwicklung und Individuation. München 1991, S. 42–51

Bollnow, O.F.: Methodische Prinzipien der pädagogischen Anthropologie. In: Wulf, Chr./Zirfas, J. (Hrsg.):Theorien und Konzepte der pädagogischen Anthropologie. Donauwörth 1994, S. 171–175

Bornhaupt von, B./Hurrelmann, K.: Kinder im Streß? Ein Ratgeber für die Lebensprobleme der 6–16–Jährigen. Weinheim 1991

Bourdieu, P.: Die feinen Unterschiede. Kritik der gesellschaftlichen Urteilskraft. Frankfurt/M. 1987

Bowlby, J.: Maternal Care and Mental Health. WHO Monographs Series, No 2. Geneva 1951

Bowlby, J.: Verlust, Trauer und Depression. Frankfurt/M. 1983

Bowlby, J.: Bindung: Historische Wurzeln, theoretische Konzepte und klinische Relevanz. In: Spangler, G., Zimmermann, P. (Hrsg.): Die Bindungstheorie. Grundlagen, Forschung und Anwendung. Stuttgart 1995, S. 17–26

Brinkmann, W.: Kindheit im Widerspruch zwischen Selbsttätigkeit und Fremdbestimmung. Würzburg 1987

Bucher, A.: Kindheitsglück: Romantischer Anachronismus oder übersehene Realität? In: Neue Sammlung 47. Jg., 1999, S. 399–418

Bucher, A.: Was Kinder glücklich macht. Historische, psychologische und empirische Annäherungen an das Kindheitsglück. Weinheim und München 2001

Büchner, P.: Vom Befehlen und Gehorchen zum Verhandeln. In: Preuss-Lausitz, U. u. a.: Kriegskinder, Konsumkinder, Krisenkinder. Beltz: Weinheim und Basel 1983, S. 196–212

Buggle, F./Westermann-Duttlinger, H.: Untersuchung zum Animismus bei 5–8jähigen Kindern. In: Zeitschrift für Entwicklungspsychologie und Pädagogische Psychologie. Bd. XX, Heft 1, 1988, S. 3–14

Bühler, Ch.: Das Seelenleben des Jugendlichen. Stuttgart 1967 (Orig. 1921)

Bundesministerium für Familie, Senioren, Frauen und Jugend (Hrsg.): Zehnter Kinder- und Jugendbericht. Bericht über die Lebenssituation von Kindern und die Leistungen der Kinderhilfe in Deutschland. Bonn 1998

Bundeszentrale für gesundheitliche Aufklärung (BZgA) (Hrsg.): Ergebnisse der Wiederholungsbefragung „Drogenaffinität Jugendlicher in der Bundesrepublik Deutschland 2001“. Köln 2002

Bundeszentrale für gesundheitliche Aufklärung (BZgA)(Hrsg.): Jugendsexualität. Wiederholungsbefragung von 14–17–Jährigen und ihren Eltern. Ergebnisse der Repräsentativbefragung 2001. Köln, 2002

Butterwegge, Chr.: Jugend, Gewalt und Gesellschaft. In: Die Deutsche Jugend, 42. Jg., 1994, Heft 9, S. 384–394

Czerwenka, K. u. a.: Was Schüler von Schule halten. In: Die Deutsche Schule. 1988, S. 132–146

Cierpka, M. (Hrsg.): Kinder mit aggressivem Verhalten. Ein Praxismanual für Schulen, Kindergärten und Beratungsstellen. Göttingen 1999

Cierpka, M. (Hrsg.): FAUSTLOS – Ein Curriculum zur Prävention von aggressivem und gewaltbereitem Verhalten bei Kindern der Klassen 1–3. Göttingen 2001

Cladder-Micus A./Kohaus, H.: Integrative Arbeit mit gewalttätigen rechten Jugendlichen und ambulantes Anti-Aggressivitätstraining. In: Stickelmann, B. (Hrsg.): Zuschlagen oder Zuhören. Jugendarbeit mit gewaltorientierten Jugendlichen. Weinheim und München 1996, S. 127–132

Cohn, R.: Von der Psychoanalyse zur themenzentrierten Interaktion. Stuttgart 1975

Csikszentmihalyi, M.: Flow: Das Geheimnis des Glücks. Stuttgart 2002

Dalai Lama XIV/Cutler, H.C.: Die Regeln des Glücks. Bergisch Gladbach 2001

Dalai Lama XIV: Der Weg zum Glück. Freiburg 2002

Dannhäuser, A.: Schule gefährdet Ihre Gesundheit. In: Bayerische Schule. 54. Jg. 2001, Heft 6, S. 3–6

Datler, W.: Das Verstehen von Beziehungsprozessen – eine zentrale Aufgabe von heilpädagogischer Praxis, Lehre und Forschung. In: Bundschuh, K.: Wahrnehmen, Verstehen, Handeln. Perspektiven für die Sonder- und Heilpädagogik im 21. Jahrhundert. Bad Heilbrunn, 2000, S. 59–78

Datler, W./Ereky, K./Strobel, K.: Allein unter Fremden. Zur Bedeutung des Trennungserlebens von Kleinkindern in Kinderkrippen. In: Datler, W./Eggert-Schmid Noerr, A./Winterhager-Schmid, L. (Hrsg.): Jahrbuch für Psychoanalytische Pädagogik 12, Gießen 2002, S. 53–77

Datler, W.: Erleben, Beschreiben und Verstehen: Vom Nachdenken über Gefühle im Dienst der Entfaltung von pädagogischer Professionalität. In: Dörr, M./Göppel, R. (Hrsg.): Bildung der Gefühle. Innovation? – Illusion? – Intrusion? Gießen 2003, S. 241–259

de Grandpre, R.: Der Verlust der Langsamkeit. In: Psychologie heute, Oktober 2002, S. 44–47

deMause, L. (Hrsg.): Hört ihr die Kinder weinen. Eine psychogenetische Geschichte der Kindheit. Frankfurt/M. 1977

DER SPIEGEL: „Tollhaus Schule“ Heft 15/1988, S. 28–49

DER SPIEGEL: „Nervenkrieg im Klassenzimmer – Horrorjob Lehrer“. Heft 24/1993, S. 34–44

DER SPIEGEL: „Vergesst alle Systeme“. Heft 33/1995, S. 154–160

DER SPIEGEL: „Süßer Horror Pubertät: Die Entmachtung der Eltern“. Heft 22/2000, S. 114–132

DER SPIEGEL: „Klassenkrampf. – Warum Lehrer und Schüler in Deutschland versagen“. Heft 46/2003, S. 46–56

Dilthey, W.: Das Erleben und die Selbstbiographie. In: ders: Der Aufbau der geschichtlichen Welt in den Geisteswissenschaften. Frankfurt/M. Suhrkamp 1981, S. 235–251

Döpfner, M.: Zappelphilipp und Wackelpeter. Hyperkinetische Störungen bei Kindern und Jugendlichen. In: Deutsch, W./Wenglorz, M. (Hrsg.): Zentrale Entwicklungsstörungen bei Kindern und Jugendlichen. Aktuelle Erkenntnisse über Entstehung, Therapie und Prävention. Stuttgart 2001, S. 76–110

Döpfner, M./Plück, J./Berner, W./Fegert, J.M./Huss, M./Lenz, K./Schmeck, K./Lehmkuhl, U./Poustka, F./Lehmkuhl, G.: Psychische Auffälligkeiten von Kindern und Jugendlichen in Deutschland – Ergebnisse einer repräsentativen Studie: Methodik, Alters-, Geschlechts- und Beurteilereffekte. In: Zeitschrift für Kinder- und Jugendpsychiatrie, 25. Jg. 1997, S. 218–233

Dolto, F./Dolto-Tolitch, C./Perchemnier, C.: Von der Schwierigkeit, erwachsen zu werden. Stuttgart 1991

Dornes, M.: Der kompetente Säugling. Die präverbale Entwicklung des Menschen. Frankfurt/M. 1993

Dörr, M./Göppel, R. (Hrsg.): Bildung der Gefühle. Innovation? – Illusion? – Intrusion? Gießen 2003

Du Bois, R.: Jugendkultur – Vorbereitung auf neue Zeiten. In: Ders: Jugendkrisen. Erkennen, verstehen, helfen. München 2000, S. 154–166

Du Bois, R.: Jugendkrisen. Erkennen, verstehen, helfen. München, Beck, 2000

Du Bois-Reymond, M./Büchner, P./Krüger, H.-H./Ecarius, J./Fuhs, B.: Kinderleben. Modernisierung von Kindheit im interkulturellen Vergleich. Opladen 1994

Eggers, Chr.: Selbstlosigkeit als Ursache für ausländerfeindliche Gewalt. In: Neue Sammlung, 36. Jg., 1996, S. 245–258

Eliade, M.: Das Mysterium der Wiedergeburt. Versuche über einige Initiationstypen. Frankfurt/M. 1988

Elkind, D.: Das gehetzte Kind – Werden unsere Kleinen zu schnell groß? Hamburg 1991

Ende, M.: Momo. Stuttgart 1973

Erdheim, M.: Die gesellschaftliche Produktion von Unbewusstheit. Eine Einführung in den enthnopsychoanalytischen Prozess. Frankfurt/M. 1982

Ernst, H.: Das Ich der Zukunft. In: Psychologie heute, 12/1991, S. 20–26

Ertle, Chr./Möckel, A. (Hrsg.): Fälle und Unfälle in der Erziehung. Stuttgart 1980

Farin, K.: generatio-kick.de Jugendsubkulturen heute. München 2001

Fend, H.: „Gute Schulen – schlechte Schulen" – Die einzelne Schule als pädagogische Handlungseinheit. In: Die Deutsche Schule 78. Jg., 1986, S. 275–293

Fend, H.: Schulqualität. Die Wiederentdeckung der Schule als pädagogische Gestaltungsebene. In: Neue Sammlung 28. Jg.,1988, S. 537–547

Fend, H.: Sozialgeschichte des Aufwachsens. Bedingungen des Aufwachsens und Jugendgestalten im zwanzigsten Jahrhundert. Suhrkamp: Frankfurt/M. 1988

Fend, H.: Ausländerfeindlich-nationalistische Weltbilder und Aggressionsbereitschaft bei Jugendlichen in Deutschland und der Schweiz – kontextuelle und personale Antecendensbedingung. In: Zeitschrift für Sozialisationsforschung und Erziehungssoziologie, 14. Jg. 1994, S. 131–162

Fend, H.: Entwicklungspsychologie des Jugendalters. Opladen 2000

Ferchhoff, D.: Jugendkulturen im 20. Jahrhundert. Von den sozialmilieuspezifischen Jugendsubkulturen zu den individualitätsbezogenen Jugendkulturen. Frankfurt/M. 1990

Ferenczi, S.: Psychoanalyse und Pädagogik. In: Ders.: Schriften zur Psychoanalyse I. Frankfurt/M. 1970

Figdor, H.: Kinder aus geschiedenen Ehen: Zwischen Trauma und Hoffnung. Eine psychoanalytische Studie. Mainz 1991

Flammer, A./Alsaker, F.D.: Entwicklungspsychologie der Adoleszenz. Die Erschließung innerer und äußerer Welten im Jugendalter. Bern, Huber, 2002

Flitner, A.: Eine Wissenschaft für die Praxis? In: Zeitschrift für Pädagogik, 24. Jg., 1978, S. 183–193

Flitner, A.: Über die Schwierigkeit und das Bedürfnis, Kinder zu verstehen. In: Schwartländer, J. (Hrsg.): Die Verantwortung der Vernunft in einer friedlosen Welt. Philosophisch-pädagogisches Kolloquium aus Anlaß des 80. Geburtstags von Otto Friedrich Bollnow. Tübingen, Attempo Verlag, 1984, S. 123–133
Flitner, A.: Zeit sparen – Zeit nehmen – Zeit schenken. In: Neue Sammlung, 29. Jg., 1989, Heft 4, S. 488–499
Flitner, A.: Spielen – Lernen. Praxis und Deutung des Kinderspiels. München, erweiterte Neuauflage. München 1996 (Orig. 1972)
Flitner, A./Scheuerl, H.: Einführung in pädagogisches Sehen und Denken. Weinheim 2000
FOCUS: „Abenteuer Pubertät. Wenn Teenager plötzlich anders ticken. Forscher entschlüsseln, wie das Gehirn erwachsen wird." Heft 30/2003 vom 21.7.2003, S. 68–78
Fonagy, P. u. a.: Measuring the ghost in the nursury: An empirical study of the relation between parents' mental representation of childhood experiences and their infants' security of attachment. In: Journal of the American Psychoanlytic Association 41, 1993, 957–989
Fontane, Th.: Meine Kinderjahre. Frankfurt/M. 1983
Fraiberg, S.: Die magischen Jahre. Reinbek 1972
Frank, A: Das Tagebuch der Anne Frank. Frankfurt/M. 1955
Franken, L. (Hrsg.): Vom Glück der Kindheit. Schöne Geschichten aus der unbeschwertesten Zeit des Lebens. Bern, München, Wien 1992
Freud, A.: Wege und Irrwege in der Kinderentwicklung. 4., unveränd. Aufl., Stuttgart 1988
Freud, A./Bergmann, Th.: Kranke Kinder. Frankfurt/M. 1972
Freud, S.: (1887): Brief Nr. 120 vom 8.2. 1887. In: Ders.: Briefe an Wilhelm Fließ. 1887–1904. Frankfurt/M. 1986
Freud, S. (1905): Drei Abhandlungen zur Sexualtheorie. In: Studienausgabe, Bd. V, Sexualleben. Frankfurt/M. 1970, S. 37–146
Freud, S. (1908): Die kulturelle Sexualmoral und die moderne Nervosität. In: Studienausgabe Bd. IX (Fragen der Gesellschaft, Ursprünge der Religion), Frankfurt/M. 1974, S. 9–32
Freud, S. (1909): Analyse der Phobie eines fünfjährigen Knaben. (Der Kleine Hans). GW Bd. VII, Frankfurt/M.
Freud, S. (1912—1913): Totem und Tabu. GW Bd. IX, Frankfurt/M.
Freud, S. (1913): Das Interesse an der Psychoanalyse. GW Bd. VIII, Frankfurt/M.
Freud, S. (1916/17): Vorlesungen zur Einführung in die Psychoanalyse. GW Bd. XI, Frankfurt/M.
Freud, S. (1930): Das Unbehagen in der Kultur. GW Bd. XIV, Frankfurt/M.
Freud, S. (1933): Neue Folge der Vorlesungen zur Einführung in die Psychoanalyse. GW Bd. XV, Frankfurt/M.
Freud, S. (1933): Warum Krieg? GW Bd. XVI, Frankfurt/M. S. 11–27
Friebertshäuser, B.: Jugendsubkulturen – Orte der Suche nach einer weiblichen oder männlichen Geschlechtsidentität. In: deutsche jugend, 43. Jg., 1995, H. 4, S. 180–189
Fritsch, S.: Der Kult um die Langsamkeit. Sehnsucht nach Entschleunigung. In: Psychologie heute, 8/1996, S. 52–57
Fröhlich, V./Göppel, R. (Hrsg.): Was macht die Schule mit den Kindern? – Was machen die Kinder mit der Schule? Psychoanalytisch-pädagogische Blicke auf die Institution Schule. Gießen 2003

Fthenakis, W. (2003): „Alles andere ist Kosmetik am System..." In: http://www.forumbildung.de/templates/imfokusinhalt.php?artid=191&start=0&str1=Fthenakis&str2=&str3=&lib =&art=&details=
Fuhr, Th.: Das Glück des Kindes. In: Zeitschrift für Pädagogik, 48. Jg., 2002, S. 514–533
Fuhs, B.: Kinderwelten aus Elternsicht. Zur Modernisierung von Kindheit. Opladen 1999
Garlichs, A.: Kinder verstehen lernen. Das Kasseler Schülerhilfeprojekt im Rahmen einer reformierten Lehrerausbildung. Donauwörth 2000
Gaschke, S.: Die Elternkatastrophe. In: DIE ZEIT vom 26. 4. 2001
Gebauer, K.: „Ich hab sie ja nur leicht gewürgt" – Mit Schulkindern über Gewalt reden. Stuttgart 1996
Geißler, K.: Haben Sie Zeit! In: Psychologie heute, 11/1992, S. 20–26
Geißler, K.: Der Simultant. In: Psychologie heute, 11/2002, S. 30–35
Gennep, A.v.: Übergangsriten. Frankfurt/M. 1986
Gergen, K.: Das übersättigte Selbst. Heidelberg 1996
Gerspach, M.: Wohin mit den Störern? Zur Sozialpädagogik der Verhaltensauffälligen. Stuttgart, Berlin, Köln 1998
Giesecke, H.: Das Ende der Erziehung. Neue Chancen für Familie und Schule. Stuttgart 1985
Giesecke, H.: Vorbehalte gegen eine Sozialpädagogisierung der Schule. In: Neue Sammlung, 25. Jg., 1985, S. 475–509
Giesecke, H.: Wozu ist die Schule da? In: Neue Sammlung, 35. Jg., 1995, S. 93–104
Giovannini, S./Haffner, J./Parzer, P./Steen, R./Klett, M./Resch, F.: Verhaltensauffälligkeiten bei Erstklässlern aus Sicht der Eltern und der Lehrerinnen. In: Praxis Kinderpsychologie und Kinderpsychiatrie, 54. Jg., 2005, S. 104–125
Glotz, P.: Kritik der Entschleunigung. In: Die Neue Gesellschaft/Frankfurter Hefte, 46. Jg., 1999, S. 62 ff.
Glotz, P./Geißler, K.A.: Ein Lob der Langsamkeit? GEO-Wissen-Gespräch. In: Zeit – Das ewige Rätsel. GEOWissen. Nr. 36, 2005, S. 24–28
Goldstein, J./Freud, A./Solnit, A.J.: Das Wohl des Kindes. Grenzen des professionellen Handelns. Frankfurt/M. 1986
Goleman, D.: Emotionale Intelligenz. München 1995
Göppel, R.: „Der Friederich, der Friederich...". Das Bild des „schwierigen Kindes" in der Pädagogik des 19. und 20. Jahrhunderts. Würzburg 1989
Göppel, R.: Kinder als „Kleine Erwachsene"? Wider das Verschwinden der Kindheit in der modernen Kindheitsforschung. In: Neue Sammlung, 37. Jg. 1997, S. 357–376
Göppel, R.: Eltern, Kinder und Konflikte. Stuttgart 1998
Göppel, R.: Kindliche Grundbedürfnisse als Orientierungspunkte für die Pädagogik? In: Göppel, R.: Eltern, Kinder und Konflikte. Stuttgart, Berlin, Köln 1998, S. 188–214
Göppel, R.: „Emotionale Intelligenz" als Bildungsziel? In: Neue Sammlung, 39. Jg., 4/1999, S. 563–582
Göppel, R.: „Wenn ich hasse, habe ich keine Angst mehr..." Psychoanalytisch-pädagogische Beiträge zum Verständnis problematischer Entwicklungsverläufe und schwieriger Erziehungssituationen. Donauwörth 2002
Göppel, R.: Frühe Selbständigkeit für Kinder – Zugeständnis oder Zumutung? In: Datler, W./Eggert-Schmid Noerr, A./Winterhager-Schmid, L.: Das selbständige Kind. Jahrbuch für Psychoanalytische Pädagogik Bd. 12, Gießen 2002, S. 32–52

Göppel, R.: Das Jugendalter. Entwicklungsaufgaben, Entwicklungskrisen, Bewältigungsformen. Stuttgart 2005

Graubner, B.: Korczaks Aufenthalt in Berlin (1907/1908). In: Beiner, F. (Hrsg.): Janusz Korczak. Zeugnisse einer lebendigen Pädagogik vierzig Jahre nach seinem Tod. Wasserberg 1982, S. 139–160

Groeben, N.: Handeln, Tun, Verhalten als Einheit einer verstehend-erklärenden Psychologie. Wissenschaftstheoretischer Überblick und Programmentwurf zur Integration von Hermeneutik und Empirismus. Tübingen 1986

Großegger, B./Heinzlmaier, B.: Jugendkultur Guide. Wien 2002

Grossmann, K. u. a.: Väter und ihre Kindheit – die „andere" Bindung und ihre längsschnittliche Bedeutung für die Bindungsentwicklung, das Selbstvertrauen und die soziale Entwicklung des Kindes. In: Steinhardt, K., Datler, W., Gstach, J. (Hrsg.): Die Bedeutung des Vaters in der frühen Kindheit. Gießen 2002, S. 43–72

Grossmann, K., Grossmann K.: Ist Kindheit doch Schicksal? – Ein Gespräch mit den Wissenschaftlern Karin und Klaus Grossmann über die langfristigen Folgen, die eine unsichere Bindung in der Kindheit haben kann. In: Psychologie heute, 1991, S. 20–27

Hacke, A.: Der kleine Erziehungsberater. München 1992

Hacking, I.: „Was heißt ‚soziale Konstruktion'? – Zur Konjunktur einer Kampfvokabel in den Wissenschaften". Frankfurt/M. 1999

Haffner, J./Esther, C./Münch, H./Parzer, P./Raue, B./Stehen, R./Klett, M./Resch, F.: Verhaltensauffälligkeiten im Einschulungsalter aus elterlicher Perspektive – Ergebnisse zur Prävalenz und Risikofaktoren in einer epidemiologischen Studie. In: Praxis der Kinderpsychologie und Kinderpsychiatrie, 47. Jg. 1998, S. 675–696

Hamburger, F.: Gewaltdiskurs und Schule. In: Schubarth, W./Melzer, W. (Hrsg.): Schule, Gewalt und Rechtsextremismus. Opladen 1993, S. 168–177

Hansen, W.: Die Entwicklung des kindlichen Weltbildes. München 1965

Harbauer, H./Lempp, R./Nissen, G./Strunk, P.: Lehrbuch der speziellen Kinder- und Jugendpsychiatrie. Berlin, Heidelberg, New York 1976[3]

Harnack, G.A.v.: Nervöse Verhaltensstörungen beim Schulkind. Stuttgart 1958

Hebbel, F.: Der Kindheit Zauberkreis. In: Franken, L. (Hrsg.): Vom Glück der Kindheit. Schöne Geschichten aus der unbeschwertesten Zeit des Lebens. Bern, München, Wien 1992

Hehlmann, W.: Wörterbuch der Psychologie. Stuttgart 1974[12]

Heinemann, E.: Szenisches Verstehen und fördernder Dialog im Unterricht der Sonderschule für Erziehungshilfe. In: Jahrbuch für Psychoanalytische Pädagogik 3, Mainz 1991, S. 127–138

Heinemann, E.: Psychoanalyse und Pädagogik im Unterricht der Sonderschule. In: Heinemann, E./Grüttner, Th./Rauchfleisch, U.: Gewalttätige Kinder. Psychoanalyse und Pädagogik in Schule, Heim und Therapie. Frankfurt/M. 1992, S. 39–89

Heinemann, E./Hopf, H.: Psychische Störungen in Kindheit und Jugend. Symptome – Psychodynamik – Fallbeispiele – psychoanalytische Therapie. Stuttgart, Berlin, Köln 2001

Heitmeyer, W.: Rechtsextremistische Orientierungen bei Jugendlichen: empirische Ergebnisse und Erklärungsmuster einer Untersuchung zur politischen Sozialisation. Weinheim, München 1987

Heller, Th.: Psychasthenische Kinder. In: Schaefer, K.L. (Hrsg.): Bericht über den Kongress für Kinderforschung und Jugendfürsorge in Berlin. (1.-4. Oktober 1906). Langensalza 1907, S. 145–158

Helsper, W.: Das „Echte", das „Extreme" und die Symbolik des Bösen. Zur Heavy Metal-Kultur. In: Kemper, P./Langhoff, Th.,/Sonnenschein, U. (Hrsg.): „but I like it" Jugendkultur und Popmusik. Stuttgart 1998, S. 244–258

Hengst, H.: Tendenzen der Liquidierung von Kindheit. In: Hengst, H./Köhler, M./ Riedmüller, B./Wambach, M.M. (Hrsg.): Kindheit als Fiktion. Frankfurt/M. 1981

Henningsen, J.: Peter stört. In: Flitner, A./Scheuerl, H. (Hrsg.): Einführung in pädagogisches Sehen und Denken. München 1967, S. 51–70

Hentig, H.v.: Vorwort. In: Ariès, Ph.: Die Geschichte der Kindheit. München 1975, S. 7–44

Hentig, H.v.: Die Menschen stärken, die Sachen klären. Ein Plädoyer für die Wiederherstellung der Aufklärung. Stuttgart 1985

Hentig, H.v.: „Humanisierung" – Eine verschämte Rückkehr zur Pädagogik? Andere Wege zur Veränderung der Schule. Stuttgart 1987

Hentig, H.v.: Abdankung. In: Fauser, P. (Hrsg.): Wozu die Schule da ist. Eine Streitschrift der Neuen Sammlung. Seelze 1996, S. 57–66

Hentig, H.v.: Bildung. München, Wien, 1996

Hentig, H.v.: Calling for Attention. Nikolaus. In: Neue Sammlung, 36. Jg., 1996, S. 177–187

Hentig, H.v.: Einführung in den Bildungsplan 2004. www.schule-bw.de/unterricht/ bildungsstandards/gymnasium/gy_vorspann.pdf

Herrmann, U.: Können wir Kinder verstehen? Vortrag anlässlich des Emeritierungssymposiums von Richard Michaelis am 29. 9. 1996 in Tübingen. (unveröffentlichtes Manuskript)

Hesse, H.: Unterm Rad. Frankfurt/M. 1906

Hesse, N. (Hrsg.): Hermann Hesse in Briefen und Lebenszeugnissen. Frankfurt/M. 1984

Higgins, Chr.: Das Glück des Lehrers. In: Zeitschrift für Pädagogik, 48. Jg., 2002, S. 495–513

Hiller, G.G./Nestle, W. (Hrsg.): Ausgehaltene Enttäuschungen. Geschichten aus den Arbeitsfeldern der Lernbehindertenpädagogik. Langenau, Ulm 1997

Hirblinger, H.: Pubertät und Schülerrevolte. Gruppenphantasien und Ich-Entwicklung in einer Schulklasse – eine Falldarstellung. Mainz 1992

Hoeg, P.: Der Plan von der Abschaffung des Dunkels. München, Wien 1995

Hoeppel, R.: „Anything goes"? – Zum Verhältnis von empirischer Familienforschung und Psychoanalyse. In: Fröhlich, V./Göppel, R. (Hrsg.): Sehen, Einfühlen, Verstehen. Psychoanalytische Zugänge zu pädagogischen Handlungsfeldern. Würzburg 1992, S. 117–128

Holtappels, H.G./Tillman, K.-J.: „Hausgemachte" Gewaltrisiken – und was in der Schule dagegen getan werden kann. In: Pädagogik 1/1999, S. 8–12

Homburger, E.: Die Zukunft der Aufklärung und die Psychoanalyse. In: Zeitschrift für Psychoanalytische Pädagogik 4. Jg., 1930, S. 201–216

Honig, M.-S.: Probleme der Konstituierung einer erziehungswissenschaftlichen Kindheitsforschung. Ein Überblick über Fragestellungen, Konzepte und Befunde. In: Zeitschrift für Pädagogik, 42. Jg., 1996., S. 325–345

Honig, M.-S./Leu, H.-R./Nissen, U.: Kindheit als Sozialisationsphase und als soziales Muster. Zur Strukturierung eines Forschungsfeldes. In: dies. (Hrsg): Kinder und Kindheit: soziokulturelle Muster – sozialisationstheoretische Perspektiven. Weinheim und München, 1996, S. 9–29

Honig, M.-S.: Forschung „vom Kinde aus“? Perspektivität in der Kindheitsforschung. In: Honig, M./Lange, A./Leu, H.-R. (Hrsg.): Aus der Perspektive von Kindern? Zur Methodologie der Kindheitsforschung. Weinheim und München 1999, S. 33–51

Honig, M.-S., Lange, A./Leu, H.R.: Eigenart und Fremdheit. Kindheitsforschung und das Problem der Differenz von Kindern und Erwachsenen. In: dies.: Aus der Perspektive von Kindern? Zur Methodologie der Kindheitsforschung. Weinheim und München 1999, S. 9–32

Honore, J.-C.: Slow life – Mehr Kreativität und Lebensqualität durch die Verwirklichung von Eigenzeit. München 2004

Hoppe-Graff, S./Mäckelburg, B.: Phantasie und Illusion beim Spielen. Zu William Sterns Psychologie des Kinderspiels. In: Zeitschrift für Entwicklungspsychologie und Pädagogische Psychologie., Bd. XXIII, Heft 2, 1991, S. 115–131

Hughes, J.N./Pavell, T.A./Grossman, P.B.: A positive view of self: Risk or protection for aggressive children? In: Development and Psychopathology 9. Jg., 1997, S. 75–94

Hurrelmann, K.: Das Modell des produktiv realitätsverarbeitenden Subjekts in der Sozialisationsforschung. In: Zeitschrift für Sozialisationsforschung und Erziehungssoziologie, 3. Jg., 1983, S. 91–103

Hurrelmann, K.: Die alten Kinder. In: Psychologie heute, 10/1994, S. 72–77

Hurrelmann, K. „Die Jugendzeit endet gar nicht mehr“. Interview in der Mainpost am 2.2.2002, S. 2

Hurrelmann, K.: Komplexe Anforderungen an die Erziehung. Interview in der taz am 14. 5. 2005

Hurrelmann, K./Linssen, R./Albert, M./Quellenberg, H.: Eine Generation von Egotaktikern? Ergebnisse der bisherigen Jugendforschung. In: Deutsche Shell (Hrsg.): Jugend 2002 – Zwischen pragmatischem Idealismus und robustem Materialismus. Frankfurt/M. 2002

Hurrelmann, K./Klocke, A./Melzer, W./Ravens-Sieber, U. (Hrsg.): WHO-Jugendgesundheitssurvey. Konzept und ausgewählte Ergebnisse für Deutschland. Weinheim 2003

Jegge, J.: Dummheit ist lernbar. Erfahrungen mit „Schulversagern“. München 1991

Jugert, G./Rehder, A./Notz, P./Petermann, F.: Soziale Kompetenzen für Jugendliche. Grundlagen, Training und Fortbildung. Weinheim 2002

Kafka, F.: Brief an den Vater. Frankfurt/M. 1975

Kahlert, J. u. a.: Achtsamkeit und Anerkennung. Materialien zur Förderung des Sozialverhaltens in der Grundschule. (Schriftenreihe der BZgA) Köln 2002

Kanders, M. u. a.: Das Bild der Schule aus der Sicht von Schülern und Lehrern. In: Rolff, H.-G. u. a. (Hrsg.): Jahrbuch der Schulentwicklung Bd. 9. Weinheim 1996, S. 57–113

Kassis, W.: Persönlichkeitsmerkmale gewaltbereiter Schüler. In: Vierteljahresschrift für Heilpädagogik und ihre Nachbargebiete, 71. Jg., 2002, S. 59–73

Kästner, E.: Die vier archimedischen Punkte. (1952) In: Ders.: Gesammelte Schriften für Erwachsene Bd. 7, München 1969

Kelle, H./Breidenstein, G.: Kinder als Akteure. Ethnographische Ansätze in der Kindheitsforschung. In: Zeitschrift für Sozialisationsforschung und Erziehungssoziologie, 16. Jg., 1996, S. 47–67

Kelle, H./Breidenstein, G.: Alltagspraktiken von Kindern aus ethnomethodologischer Sicht. In: Honig, M-S./Lange, A./Leu, H.R.: Aus der Perspektive von Kindern? Zur Methodologie der Kindheitsforschung. Weinheim und München 1999, S. 97–113

Keller, S./Mangold, M.: Glück zwischen Ökonomie und Pädagogik. In: Zeitschrift für Pädagogik, 48. Jg., 2002, S. 534–552

Keupp, H.: Riskante Chancen. Das Subjekt zwischen Psychokultur und Selbstorganisation. Heidelberg 1988

Keupp, H.: Patchworkidentität – Riskante Chancen bei prekären Ressourcen. Vortrag in Dortmund am 20. 5. 2005, http://www.ipp-muenchen. de/texte/keupp_dortmund.pdf, S. 1–21

Key, E.: Das Jahrhundert des Kindes. Hrsg. v. Ulrich Herrmann. Weinheim 1991 (orig. 1902)

Kindt, W. (Hrsg.): Grundschriften der deutschen Jugendbewegung. Düsseldorf 1963

Klein, St.: Die Glücksformel. Reinbek bei Hamburg 2002

Klewes, J.: Retroaktive Sozialisation: Einflüsse Jugendlicher auf ihre Eltern. Weinheim 1983

Klicpera, Chr./Gasteiger Klicpera, B.: Die Situation von „Tätern“ und „Opfern“ aggressiver Handlungen in der Schule. In: Praxis der Kinderpsychotherapie und Kinderpsychiatrie, 45. Jg., 1996, S. 2–9

Klosinski, G.: Pubertätsriten – Äquivalente und Defizite in unserer Gesellschaft. Einführende Anmerkungen eines Jugendpsychiaters. In: Ders. (Hrsg.): Pubertätsriten: Äquivalente und Defizite in unserer Gesellschaft. Bern 1991, S. 11–24

Kohut, H.: Überlegungen zum Narzißmus und zur narzißtischen Wut. In: Ders.: Die Zukunft der Psychoanalyse. Frankfurt/M. 1975, S. 205–251

Kommune 2 (Bookhagen, Chr./Hemmer, E./Raspek, J./Schultz, E): Kindererziehung in der Kommune. In: Kursbuch 17, Juni 1969 S. 147–179

Korczak, J.: Wie man ein Kind lieben soll. Göttingen 1967

Korczak, J.: Das Recht des Kindes auf Achtung. Göttingen 1970

Korczak, J.: Begegnungen und Erfahrungen. Göttingen 1973

Korczak, J.: Wenn ich wieder klein bin und andere Geschichten von Kindern. Göttingen 1973

Korczak, J.: Eindrücke aus Berlin (1907). In: Janusz Korczak, Sämtliche Werke Bd. 8, Sozialmedizinische Schriften, hrsg. v. F. Beiner u. E. Dauzenroth, Gütersloh 1999a

Korczak, J.: Sorgenkinder (1909). In: Janusz Korczak, Sämtliche Werke Bd. 8, Sozialmedizinische Schriften, hrsg. v. F. Beiner u. E. Dauzenroth, Gütersloh 1999b

Korczak, J.: Jede Woche wiegen (1923). In: Janusz Korczak, Sämtliche Werke Bd. 8, Sozialmedizinische Schriften, hrsg. v. F. Beiner u. E. Dauzenroth, Güthersloh 1999c

Korczak, J.: Wer kann Erzieher sein? In: Flitner, A./Scheuerl, H.: Einführung in pädagogisches Sehen und Denken. Weinheim 2000

Krappmann, L./Oswald, H.: Alltag der Schulkinder. Beobachtungen und Analysen von Interaktionen und Sozialbeziehungen. Weinheim und München 1995

Krumpholz-Reichel, A.: Futterkrippe und Punchingball. In: Psychologie heute, 3/ 2002, S. 79

Kühn, L.: Das Lehrerhasser-Buch. München 2005

Kundera, M.: Die Langsamkeit. München 1995

Laarmann, J.: The Raving Society. In: Kemper, P./Langhoff, Th./Sonnenschein, U. (Hrsg.): „but I like it“. Jugendkultur und Popmusik. Stuttgart 1998, S.138–141

Laewen, H.-J.: Bildung und Erziehung in Kindertageseinrichtungen. In: Laewen, H.-J./ Andres, B. (Hrsg.): Bildung und Erziehung in der frühen Kindheit. Bausteine zum Bildungsauftrag von Kindertageseinrichtungen. Weinheim, Berlin, Basel, 2002, S. 16–102

Lange, A.: Eckpfeiler der sozialwissenschaftlichen Analyse von Kindheit heute. Sozialer Konstruktivismus, Vermessung des Alltagslebens und politische Kontroversen. In: Sozialwissenschaftliche Literatur-Rundschau, H. 30, 1995, S. 55–67

Lange, A.: Formen der Kindheitsrhethorik. In: Zeiher, H./Büchner, P./Zinnecker, J. (Hrsg.): Kinder als Außenseiter? Umbrüche in der gesellschaftlichen Wahrnehmung von Kindern und Kindheit. Weinheim und München 1996, S. 75–96

Langness, A./Richter, M./Hurrelmann, K.: Gesundheitsverhalten im Jugendalter: Ergebnisse der internationalen „Health Behavior in School-aged Children“-Studie. In: Gesundheitswesen, 2005, S. 422–431

Laplanche, J./Pontalis, J.-B.: Das Vokabular der Psychoanalyse. Frankfurt/M. 1972

Lara, A.: Mut zur Langsamkeit, München 1996

Leber, A.: Psychoanalytische Reflexion – ein Weg zur Selbstbestimmung in Pädagogik und Sozialarbeit. In: Leber, A./Reiser, H. (Hrsg.): Sozialpädagogik, Psychoanalyse und Sozialkritik. Perspektiven sozialer Berufe. 2. Aufl., Neuwied, Darmstadt, 1972, S. 13–52

Lebert, B.: Crazy. Köln 1999

Ledda, G.: Padre Padrone. Mein Vater, mein Herr. Fischer: Frankfurt/M. 1980

Ledig, M.: Vielfalt oder Einfalt – Das Aktivitätenspektrum von Kindern. In: DJI (Hrsg.): Was machen Kinder am Nachmittag? Ergebnisse einer empirischen Studie zur mittleren Kindheit. München 1992, S. 31–74

Lelord, F.: Hectors Reise oder die Suche nach dem Glück. München 2004

Lempp, R.: Die Belastung der Familie durch die Schule. In: Pädagogik, 43. Jg., 1991, S. 25–27

Lenzen, D.: Das Kind. In: Ders. (Hrsg.): Erziehungswissenschaft. Ein Grundkurs. Reinbek 1994, S. 341–361

Lenzen, D.: Erziehungswissenschaft – Pädagogik. Geschichte – Konzepte – Fachrichtungen. In: Ders. (Hrsg.): Erziehungswissenschaft. Ein Grundkurs. Reinbek 1994, S. 11–41

Leonhard, H.-W.: Pädagogik studieren. Stuttgart, Berlin, Köln 1992

Levine, R.: Eine Landkarte der Zeit. Wie Kulturen mit der Zeit umgehen. München, Zürich 2004[10]

Liebau, E.: Erfahrung und Verantwortung. Werteerziehung als Pädagogik der Teilhabe. Weinheim und München 1999

Liedloff, J.: Auf der Suche nach dem verlorenen Glück. Gegen die Zerstörung unserer Glücksfähigkeit in der frühen Kindheit. München 1984

Linsen, R./Leven, I./Hurrelmann, K.: Wachsende Ungleichheit der Zukunftschancen? Familie, Schule und Freizeit als jugendliche Lebenswelten. In: Deutsche Shell (Hrsg.): Jugend 2002, 14. Shell Jugendstudie. Frankfurt/M. 2002, S. 53–90

Lorenzer, A.: Die Analyse der subjektiven Struktur von Lebensläufen und das gesellschaftlich Objektive. In: Baacke, D./Schulze, Th. (Hrsg.): Aus Geschichten lernen. Zur Einübung pädagogischen Verstehens. München 1979, S. 129–145

Lorenzer, A.: Kindheit. In: Kindheit, 1. Jg., 1979, S. 29–36

Mahler, M., Pine, F., Bergmann, A.: Die psychische Geburt des Menschen. Symbiose und Individuation. Frankfurt/M. 1978

Mayer-Drawe, K./Waldenfels, B.: Das Kind als Fremder. In: Vierteljahresschrift für wissenschaftliche Pädagogik, 64. Jg., 1988, S. 271–287

Metzner, W./Margrean, J.: Sind so kleine Seelen. In: Stern, 28/2001, S. 23–36

Meumann, E.: Die wissenschaftliche Untersuchung der Begabungsunterschiede der Kinder und ihre praktische Bedeutung. In: Schaefer, K.L. (Hrsg.): Bericht über den

Kongress für Kinderforschung und Jugendfürsorge in Berlin. (1.-4. Oktober 1906). Langensalza 1907, S. 27–28
Milhoffer, P.: Wie sie sich fühlen, was sie sich wünschen. Eine empirische Studie über Mädchen und Jungen auf dem Weg in die Pubertät. Weinheim und München 2000
Miller, A.: Am Anfang war Erziehung. Frankfurt/M. 1980
Montada, L.: Fragen, Konzepte, Perspektiven. In: Oerter, R./Montada, L. (Hrsg.): Entwicklungspsychologie. Weinheim 1995, S. 1–83
Montessori, M.: Kinder sind anders. Frankfurt/M., Berlin, Wien 1980, Ullstein
Müller, B.: Rituale und Stil in Jugendkultur und Jugendarbeit. Deutsche Jugend, 37. Jg., Heft 7/8 1989, S. 313–322
Münch, W.: Ansprache zur Eröffnung des Kongresses. In: Schaefer, K.L. (Hrsg.): Bericht über den Kongress für Kinderforschung und Jugendfürsorge in Berlin. (1.-4. Oktober 1906). Langensalza 1907, S. 4–9
Nadolny, S.: Die Entdeckung der Langsamkeit. München 1987
Neidhard, W.: Kinder, Lehrer und Konflikte – Vom psychoanalytischen Verstehen zum pädagogischen Handeln. München 1977
Nissen, U.: Raum und Zeit in der Nachmittagsgestaltung von Kindern. In: DJI (Hrsg.): Was machen Kinder am Nachmittag? Ergebnisse einer empirischen Studie zur mittleren Kindheit. München 1992, S. 127–170
Nohl, H.: Die pädagogische Bewegung in Deutschland und ihre Theorie. Frankfurt/M. 1935[2]
Nöstlinger, Chr.: Gretchen Sackmeier. Hamburg 1981
Nuber, U.: Der Mythos vom frühen Trauma. Über Macht und Einfluß der Kindheit. Frankfurt/M. 1995
Oelkers, J.: War Korczak Pädagoge? In: Beiner, F. (Hrsg.): Janusz Korczak. Zeugnisse einer lebendigen Pädagogik vierzig Jahre nach seinem Tod. Wasserberg 1982, S. 42–60
Oelkers, J.: Erziehung in der Gegenwart. Notizen zu Korczaks pädagogischer Theorie. In: Neue Sammlung, 23. Jg., 1983, S. 228–239
Oelkers, J.: Was ist poetische Pädagogik? In: Beiner, F. (Hrsg.): Zweites Wuppertaler Korczak-Kolloquium. Korczak-Forschung und -Rezeption. Wuppertal 1984 S. 387–401
Oelkers, J.: „Kindheit“ und ihre Kritik. In: Neue Sammlung, 27. Jg., 1987, S. 193–209
Oelkers, J.: Die Natur des Kindes. Theorieprobleme der Reformpädagogik. In: Neue Sammlung, 28. Jg., 1988, S. 474–485
Oelkers, J.: Kindheit – Glück – Kommerz. In: Zeitschrift für Pädagogik, 48. Jg., 2002, S. 553–570
Oelkers, J.: Kindererziehung im Konsumzeitalter. Vortrag in der Reihe „Lebenskunst im 21. Jahrhundert. Neue Wege zu einer alten Philosophie“ im Heinz Nixdorf Forum am 21. Januar 2003 in Paderborn. www.paed.unizh.ch/ap/downloads/oelkers/Vortraege/089_Kindererziehung.pdf
Oelkers, J.: Eine Erwiderung auf Horst Rumpf. In: Zeitschrift für Pädagogik, 50. Jg., 2004, S. 116–118
Olweus, D.: Gewalt in der Schule. Was Lehrer und Eltern wissen sollten – und tun können. Bern, Göttingen, Toronto 1995
Opaschowski, H.: Generation@. Die Medienrevolution entlässt ihre Kinder: Leben im Informationszeitalter. British American Tobacco. Hamburg 1999

Opp, G.: Reflexive Professionalität. Neue Professionalisierungstendenzen im Arbeitsfeld der Kinder- und Jugendhilfe. In: Zeitschrift für Heilpädagogik, 4/1998, S. 148–158
Osten, M.: „Alles veloziferisch“ oder Goethes Entdeckung der Langsamkeit. Zur Modernität eines Klassikers im 21. Jahrhundert. Frankfurt/M. 2003
Ottomeyer, K.: „Die eigenen Ängste werden anderen eingejagt“ Ein Gespräch mit Klaus Ottomeyer. In: Psychologie heute, 1/1999, S. 30–35
Palmowski, W.: Anders handeln. Dortmund 1996
Papesch, W.: Schule und Gewalt. Historische, politische und pädagogische Anmerkungen. In: die deutsche Schule 1994, S. 96–113
Pauen, S.: Überlebt der Animismus? Kritische Evaluation einer Hypothese zum präkausalen Denken. In: Zeitschrift für Entwicklungspsychologie und Pädagogische Psychologie, Bd. XXIX, Heft 2, 1997, S. 97–118
Paulus, J.: Gehgeschwindigkeit: Eilend in den Herztod. In: Zeit – Das ewige Rätsel. GEOWissen Nr. 36, 2005, S. 167–168
Pelzer, W.: Janusz Korczak. Rowohlt Bildmonographie. Reinbek 1987
Pestalozzi, J.H. (1799): Über den Aufenthalt in Stans. Brief Pestalozzis an einen Freund. In: Ders: Sämtliche Werke Bd. 13, Berlin, 1932
Pestalozzi, J.H. (1801): Wie Gertrud ihre Kinder lehrt, ein Versuch, den Müttern Anleitung zu geben, ihre Kinder selbst zu unterrichten. In: Ders.: Sämtliche Werke, Bd. 13, Berlin, 1932
Petri, H.: Kinderängste in unserer Zeit. In: Neue Sammlung, 28. Jg., 1989, S. 14–26
Pfeiffer, Chr.: Gewalt entsteht durch Gewalt. Wie kann der Teufelskreis durchbrochen werden? In: Deutsch, W./Wenglorz, M. (Hrsg.): Zentrale Entwicklungsstörungen bei Kindern und Jugendlichen. Aktuelle Erkenntnisse über die Entstehung, Therapie und Prävention. Stuttgart 2001, S. 164–188
Piaget, J.: Das Weltbild des Kindes. Frankfurt/M., Berlin, Wien 1980
Piaget, J.: Das moralische Urteil beim Kinde. München 1983
Picht, G.: Die deutsche Bildungskatastrophe. Olten 1964
Postman, N.: Das Verschwinden der Kindheit. Frankfurt/M. 1983
Preuss-Lausitz, U./Rülcker, T./Zeiher, H.: Veränderte Kindheitsbedingungen: Neue Freiheiten, neue Zumutungen, neue Chancen? In: dies (Hrsg.): Selbständigkeit für Kinder – die große Freiheit? Weinheim und Basel 1990, S. 10–19
Preuss-Lausitz, U./Rülcker, T./Zeiher, H. (Hrsg.): Selbständigkeit für Kinder – die große Freiheit? Kindheit zwischen pädagogischen Zugeständnissen und gesellschaftlichen Zumutungen. Weinheim und Basel 1990
Quickborns Kampf um den Bund. In: Quickborn, 15. Jahrgang 1927, Heft 3
Qvortrup, J.: Soziale Definition von Kindheit. In: Markefka, M./Nauck, B. (Hrsg.): Handbuch der Kindheitsforschung. Weinheim, Basel, 1990, S. 109–124
Rauscher, K.-H.: Jugendliche verstehen, Konflikte lösen. Freiburg, 2004
Redl, F./Wineman, D.: Kinder, die hassen. Auflösung und Zusammenbruch der Selbstkontrolle. München 1984
Reheis, F.: Die Kreativität der Langsamkeit. Neuer Wohlstand durch Entschleunigung. Darmstadt 1996
Reich, K.: Die Kindheit neu erfinden. In: Familiendynamik, 23. Jg., 1998, S. 7–24
Reik, Th.: Die Pubertätsriten der Wilden. Imago 1915/1916, S. 101–125 und S. 189–222
Reiser, H.: Förderschwerpunkt Verhalten. In: Zeitschrift für Heilpädagogik 4/1999, S. 144–148

Remschmidt, H./Walter, R.: Psychische Auffälligkeiten bei Schulkindern – mit deutschen Normen für die Child Behavior Checklist. Göttingen, Toronto, Zürich 1990

Richter, I.: Vorwort. In: Honig, M.-S./Leu, H.-R./Nissen, U. (Hrsg.): Kinder und Kindheit. Soziokulturelle Muster – sozialisationstheoretische Perspektiven. Weinheim und München S. 5–7

Romhardt, K.: Slow down your life. Berlin 2004

Roming, A.: Zeit Genug! – Wie Sie dem Zeitstress entkommen. In: Psychologie heute. 6/1998, S. 20–28

Roth, H. (Hrsg.): Begabung und Lernen. Stuttgart 1969

Rötlein, B.: Anleitung zur Langsamkeit. München 2004

Rousseau, J.J. (1762): Emil oder über die Erziehung. Paderborn, 1995[12].

Rousseau, J.J.: Abhandlung über den Ursprung und die Grundlagen der Ungleichheit. In: Ders.: Schriften, Bd. 1, hrsg. v. Ritter, H. Frankfurt/M. 1988

Roux, S.: PISA und die Folgen. Der Kindergarten zwischen Bildungskatastrophe und Bildungseuphorie. In: Textor, M. (Hrsg.): Kindergartenpädagogik. Online-Handbuch. 2002 http://www.kindergartenpaedagogik.de/967. html

Rülcker, T.: Selbständigkeit als pädagogisches Zielkonzept. In: Preuss-Lausitz, U./ Rülcker, T./Zeiher, H. (Hrsg.) (1990): Selbständigkeit für Kinder – die große Freiheit? Kindheit zwischen pädagogischen Zugeständnissen und gesellschaftlichen Zumutungen. Weinheim und Basel, S. 38–53

Rumpf, H.: Für einen entdramatisierenden Umgang mit der „neuen Kindheit"? Zur Abwehr pädagogischer Horrorvisionen. Eine Erwiderung auf Jürgen Oelkers. In: Zeitschrift für Pädagogik 50. Jg., 2004, S. 112–116

Rutter, M./Maughan, B./Mortimore, J./Ouston, J.: Fünfzehntausend Stunden. Schulen und ihre Wirkung auf die Kinder. Weinheim und Basel 1980

Scarbath, H.: Was ist pädagogisches Verstehen? Verstehen als Element pädagogischer Handlungskompetenz. In: Ders.: Träume vom guten Lehrer. Sozialisationsprobleme und dialogisch-förderndes Verstehen. Donauwörth, 1992, S. 103–135

Schaefer, K.L. (Hrsg.): Bericht über den Kongress für Kinderforschung und Jugendfürsorge in Berlin (1.-4. Oktober 1906). Langensalza 1907

Schäfer, G.E.: Bildungsprozesse im Kindesalter. Selbstbildung, Erfahrung und Lernen in der frühen Kindheit. Weinheim 1995

Schäfer, G.E.: Aus der Perspektive des Kindes? – Von der Kindheitsforschung zur ethnographischen Kinderforschung. In: Neue Sammlung, 37. Jg., 1997, S. 377–394

Schäfer, G.E.: Bildung beginnt vor der Schule. In: Ministerium für Frauen, Jugend, Familie und Gesundheit des Landes Nordrhein-Westfalen/Sozialpädagogisches Institut des Landes Nordrhein-Westfalen (Hrsg.): Lebensort Kindertageseinrichtung. Bilden – Erziehen – Fördern. Frühkindliche Bildung im Kindergarten. Chancen und Möglichkeiten nach der PISA-Studie. Dokumentation. 2002 http:// www.tageseinrichtungen.nrw.de/diskurs/doku ws5. pdf, S. 23–30

Schick, A./Cierpka, M.: FAUSTLOS – Aufbau und Evaluation eines Curriculums zur Förderung sozialer und emotionaler Kompetenzen in der Grundschule. In: Dörr, M./Göppel, R. (Hrsg.): Bildung der Gefühle. Innovation? – Illusion? – Intrusion? Gießen 2003, S. 146–162

Schiller, F.: Über die ästhetische Erziehung des Menschen in einer Reihe von Briefen, hrsg. v. Berghahn, K., Ditzingen, 2000 (Orig. 1795)

Schneider, W.: Frühzeitiges Training hilft. Wie die Entstehung von Lese-Rechtschreibschwierigkeiten verhindert werden kann. In: Deutsch, W./Wenglorz, M. (Hrsg.):

Zentrale Entwicklungsstörungen bei Kindern und Jugendlichen. Stuttgart 2001, S. 111–133
Scholz, G.: Die Konstruktion des Kindes: Über Kinder und Kindheit. Opladen 1994
Schrader, C.: Mehr Respekt für die Kleinen! In: GEO-Wissen. Kindheit und Jugend. Hamburg, 1993. S. 22–25
Schubarth, W.: Gewalt an den Schulen als Medienereignis. In: Schubarth, W./Melzer, W. (Hrsg): Schule, Gewalt und Rechtsextremismus, Opladen 1995, S. 104–114
Schulz, Ch. M.: The unsinkable Charlie Brown. New York, Chicago, San Francisco 1965
Sichtermann, B.: Frühlingserwachen. Pubertät – Wie Sex und Erotik alles verändern. Reinbek bei Hamburg 2002
Silbereisen, R.K./Eyferth, K./Rudinger, G.: Development as action in context. Problem behavior and normal youth development. Springer: Berlin, Heidelberg 1986
Singer, W.: Was kann der Mensch wann lernen? In: Kilius, N./Kluge, J./Reisch, L. (Hrsg.): Die Zukunft der Bildung. Frankfurt/M. 2002, S. 78–99
Sodian, B.: Entwicklung bereichsspezifischen Wissens. In: Oerter, R./Montada, L.: Entwicklungspsychologie, 3. vollständig überarbeitete Auflage. Weinheim 1995, S. 622–653
Speck, O: Chaos und Autonomie in der Erziehung. München, Basel 1997[2]
SPIEGEL Online: Internationale Studie: Deutsche Kinder beim Rauchen, Trinken, Mobben Spitze. 4. Juni 2004 (http://www.spiegel.de/wissen-schaft/mensch/0,1518, 302685,00.html)
Spitzer, M.: „Wer seinem Kind Gutes tun will, kaufe ihm bitte keinen Computer". Interview in der Zeitschrift Psychologie heute. Januar 2006, S. 34–37
Spranger, E.: Psychologie des Jugendalters. Heidelberg 1979[29] (Orig. 1925)
Steinert, H.: „Die Jugend wird immer gewalttätiger." Ein Essay über die Glaubwürdigkeit einer populären Parole. In: Zeitschrift für Sozialisationsforschung und Erziehungssoziologie, 15. Jg., 1995, Heft 2, S. 183–192
Steinhausen, H.-Ch.: Seelische Störungen im Kindes- und Jugendalter. Stuttgart 2000
STERN „Wahnsinn Pubertät: Neue Hirnforschung: Warum Teenies komisch ticken." Heft 48/2002 vom 21. 11. 2002, S. 242–259
Stern, W.: Grundfragen der Psychogenesis. In: Schaefer, K.L. (Hrsg.): Bericht über den Kongress für Kinderforschung und Jugendfürsorge in Berlin. (1.-4. Oktober 1906). Langensalza 1907, S. 100–110
Strauch, B.: Warum sie so seltsam sind. Gehirnentwicklung bei Teenagern. Berlin 2003
Streeck-Fischer, A.: Beschädigte Identität und Fremdenfeindlichkeit. Über jugendliche rechtsextreme Skinheads und ihren mißglückten Umgang mit dem Fremden. In: Endres, M. (Hrsg.): Krisen im Jugendalter, München, Basel 1994, S. 183–195
Stucke, T.: Die Schattenseiten eines positiven Selbstbildes: Selbstwert, Selbstkonzeptklarheit und Narzißmus als Prädiktoren für negative Emotionen und Aggression nach Selbstwertbedrohungen. Inaugural-Dissertation, Gießen 2000
Stutz, P./Merz, V.: Die Kraft der Langsamkeit. Stuttgart 2005
Süß, G.: Auswirkungen frühkindlicher Bindungserfahrungen auf die Kompetenz im Kindergarten. Inaugural-Dissertation. Regensburg 1987
Süßmuth, R.: Grundbedürfnisse des kleinen Kindes in den Interessenkonflikten der Erwachsenen. In: Psychologie in Erziehung und Unterricht, 37. Jg., 1990, S. 58–66
Tenorth, E.: Pattys Trauma. Oder: die offenbaren Geheimnisse der Pädagogik. In: Zeitschrift für Pädagogik, Beiheft (27) 1991, Weinheim, S. 291–305

Quellennachweis

1 Kindheitsforschung damals und heute – Vom „Kongress für Kinderforschung“ (1906) über Janusz Korczaks Phänomenologie des Kinderlebens bis zur Kindheitsforschung unserer Zeit. Überarbeitete Fassung des Beitrags: Janusz Korczak und die Kindheitsforschung in seiner und in unserer Zeit. In: Janusz Korczak in Theorie und Praxis – Beiträge internationaler Interpretation und Rezeption, herausgegeben von S. Ungermann und K. Brendler, Gütersloher Verlagshaus Gütersloh 2004, S. 136–166

2 „Kinder denken anders als Erwachsene...“ – Was wird aus dem „magischen Weltbild des Kindes“ angesichts der Rede von der „Kindheit als Konstrukt“? Überarbeitete Fassung des Beitrags: „Kinder denken anders als Erwachsene... „(S. Freud) – Die Frage nach dem „magischen Weltbild des Kindes“ angesichts der These von der „Kindheit als Konstrukt“. In: Büttner, Chr./Steinhardt, K./Müller B. (Hrsg.): PISA, IGLU & Co. – Vorschulische Grundlagen von Erziehung, Bildung und Leistung. Jahrbuch für Psychoanalytische Pädagogik Bd. 15. Psychosozial-Verlag Gießen 2006, S. 15–38

3 „Verplante Kindheit“? – Kinder im „Freizeitstress“? – Paradoxien der „optimalen Nachwuchsförderung“. Bisher unveröffentlicht

4 Beschleunigung und Entschleunigung in Entwicklungs- und Bildungsprozessen – Gibt es bei Kindern und Jugendlichen ein Bedürfnis nach Langsamkeit? Bisher unveröffentlicht

5 Frühe Selbständigkeit für Kinder – Zugeständnis oder Zumutung? Überarbeitete Fassung des Beitrags: Frühe Selbständigkeit für Kinder – Zugeständnis oder Zumutung? In: Jahrbuch für Psychoanalytische Pädagogik, Bd. 12, Frankfurt 2002 (Psychosozial Verlag), S. 32–52

6 „Autonomie versus Scham und Zweifel“? – Zum Verhältnis von Autonomiestreben und Anlehnungswünschen in der kindlichen Entwicklung. Überarbeitete Fassung des Beitrags: „Autonomie vs. Scham und Zweifel“? – Die Dialektik von Autonomie und Abhängigkeit in der Psychoanalyse und in der Bindungstheorie. In: Ahrbeck, B. (Hrsg.): Behinderung

zwischen Autonomie und Angewiesensein – psychoanalytische Zugänge. Stuttgart 2005, S. 70–89

7 Sind Kinder heute (noch) glücklich? – Über den erstaunlichen Kontrast zwischen kulturkritischen Klagen und kindlichen Selbsteinschätzungen. Bisher unveröffentlicht

8 Haben „Verhaltensauffälligkeiten" bei Kindern und Jugendlichen dramatisch zugenommen? Bisher unveröffentlicht

9 Kann man Jugendliche verstehen? – Wollen Jugendliche verstanden werden? – Verstehen Jugendliche sich selbst? Überarbeitete Fassung des Beitrags: Kann man Jugendliche verstehen? – Wollen Jugendliche verstanden werden? – Verstehen Jugendliche sich selbst? In: Bittner, G. (Hrsg.): Menschen verstehen. – Wider die „Spinnweben des dogmatischen Denkens". Würzburg 2005, S. 142–154

10 „Provisorische Identitätshülsen" – Der anthropologische Sinn der vielfältigen jugendkulturellen Phänomene. Überarbeitete Fassung des Beitrags: Der anthropologische Sinn der vielfältigen jugendkulturellen Phänomene. In: Henecka, H.-P./Janalik, H./Schmidt, D. (Hrsg.): Jugendkulturen. Heidelberg 2006, S. 33–56

11 Gewaltbereitschaft Jugendlicher – Ein Ausdruck von geschwächtem oder von übersteigertem Selbstwertgefühl? Überarbeitete Fassung des Beitrags: Gewaltbereitschaft – ein Ausdruck von geschwächtem oder von übersteigertem Selbstwertgefühl? In: Carlsburg, G.-B.v./Wehr, H. (Hrsg.): Gewalt beginnt im Kopf. Auer, Donauwörth 2005, S. 20–40